Gymnasium und Ganztagsschule

Isabel Neto Carvalho

Gymnasium und Ganztagsschule

Videographische Fallstudie zur
Konstitution pädagogischer Ordnung

Mit einem Geleitwort von Prof. Dr. Till-Sebastian Idel

 Springer VS

Isabel Neto Carvalho
Kaiserslautern, Deutschland

Dissertation, Universität Bremen, 2014

OnlinePlus Material zu diesem Buch finden Sie auf
http://www.springer.com/978-3-658-18358-5

ISBN 978-3-658-18357-8   ISBN 978-3-658-18358-5   (eBook)
DOI 10.1007/978-3-658-18358-5

Die Deutsche Nationalbibliothek verzeichnet diese Publikation in der Deutschen National-
bibliografie; detaillierte bibliografische Daten sind im Internet über http://dnb.d-nb.de abrufbar.

Springer VS

Gedruckt auf säurefreiem und chlorfrei gebleichtem Papier

Springer VS ist Teil von Springer Nature
Die eingetragene Gesellschaft ist Springer Fachmedien Wiesbaden GmbH
Die Anschrift der Gesellschaft ist: Abraham-Lincoln-Str. 46, 65189 Wiesbaden, Germany

Geleitwort

Das Gymnasium spielt in der Ganztagsschulforschung bislang eine e-her marginale Rolle. Ganztagsschulentwicklung wird eher mit den anderen, sogenannten neuen Sekundarschulen in Verbindung gebracht. Im Zuge der Strukturveränderungen in der Sekundarstufe I wächst aber auch der Transformationsdruck auf das Gymnasium. Die Einrichtung von ganztagsschulischen Angeboten stellt einen Modernisierungspfad dar, und zwar nicht nur hinsichtlich der Bearbeitung von Strukturproblemen, die sich mit der Verkürzung der gymnasialen Schullaufbahn auf 8 Jahre ergeben haben. Auf der einen Seite ist das Gymnasium nach wie vor die Leitfigur im deutschen Schulsystem, auf der anderen Seite wächst der Druck, angesichts eines fehlenden Umgangs mit der wachsenden Heterogenität der Schülerschaft und einer bislang kaum ausgebauten Kultur der individuellen Förderung die Lern- und Schulkultur an Gymnasien zu verändern.

Isabel Neto Carvalho setzt in ihrer äußerst anregenden Dissertation an diesem Problemkontext an. Sie zeichnet in einer differenzierten dichten Beschreibung auf der Grundlage qualitativer Rekonstruktion von Angebotsvideografien nach, wie der Ganztag in der Lernkultur eines Gymnasiums Gestalt gewinnt. Das von ihr untersuchte Gymnasium ist gerade nicht eine traditionelle exklusive Bildungsanstalt, sondern eine ‚Schule für die Meisten', die sich am mittelstädtischen Standort mit konkurrierenden Gymnasien positionieren muss.

Theoretisches Rüstzeug ihrer Arbeit ist zum einen eine Lernkulturanalyse, in deren Mittelpunkt die Frage steht, wie Schüler/innen im Vollzug der pädagogischen Ordnungen von konkreten Angeboten als Lernende subjektiviert werden. Zum anderen geht Isabel Neto Carvalho vom schultheoretischen Rahmen der Hallenser Schulkulturforschung aus. Außerdem wird methodologisch innovativ die Sequenzanalyse der Objektiven Hermeneutik auf die verschriftlichten Lerngeschichten bezogen. An fünf ausführlich dargestellten und mit größter Sorgfalt und Tiefenschärfe rekonstruktiv erschlossenen Fällen aus unterschiedlichen Ganztagsangebotselementen (vom Freizeit-angebot über unterrichtsergänzende Angebote bis hin zur Hausaufga-benbetreuung) diskutiert Isabel Neto Carvalho Frage nach schulischer Subjektivierung im Ganztag. Sie kommt zum Schluss, dass die Praxis der von ihr analysierten Angebote hinter den von den schulischen Akt-euren selbst proklamierten Erwartungen an einen reformierten, geöff-neten Gymnasialunterricht, der den Schüler/innen erweiterte Lern-räume bietet, zurücksteht. Vielmehr reproduziert sich die schul-kulturelle Ordnung und die mit ihr verbundenen pädagogischen Ori-entierungen, die Isabel Neto Carvalho auch an der objektiv hermeneu-tischen Rekonstruktion von Interviews mit Professionellen herausar-beitet. Es wird ein gymnasiales Subjekt kultiviert, das sich als sog. ‚Einzelleister' zu verstehen lernen und selbständig und diszipliniert mit Aufgaben umgehen soll, die für alle gleich sind. Der Ganztag dient – so lässt sich in diesem Fall zusammenfassen – der Gymnasialisierung eines Klientels, das nicht schon aus dem traditionellen gymnasialen Milieu herkommt. Welche Facetten diese Subjektivierungsform in praxi charakterisieren, kann in den instruktiven Fallstudien von Isabel Neto Carvalho nachgelesen werden.

Mit der Dissertation wird ein materialreicher, empirisch fundierter Aufweis einer Adaptionsform an einem Gymnasium ausgebreitet, das sicherlich für ein Segment der gymnasialen Kultur exemplarisch ist, nämlich Gymnasien, die weniger von ihrer Exklusivität zehren, son-dern eher einen niedrigschwelligen Zugang zur gymnasialen Bildung bieten und sich so aufstiegsorientierten Milieus öffnen. Die Studie von Isabel Neto Carvalho vermittelt so einen vorzüglichen Eindruck davon, wie Ganztagsschule als bildungspolitisches Reformprogramm nicht einfach übernommen, sondern in das Setting der einzelschulspezifi-schen Lernkultur und ihrer Geschichte übersetzt wird.

Isabel Neto Carvalho bearbeitet mit ihrer fallrekonstruktiven Studie ein Desiderat, das sich einerseits aus dem Fehlen schulformspezifi-scher Fall- und Detailstudien zur Ganztagsschulentwicklung ergibt. Andererseits trägt sie zur Empirisierung der schultheoretischen Dis-kussion um den Strukturwandel der gymnasialen Schulkultur bei. Die Studie stellt also eine Pionierarbeit zur Ganztagsschulempirie wie auch zur Forschung über das Gymnasium dar. Aus der überzeugenden und wegweisenden Studie ergeben sich weiterführende Forschungsfragen, die in zukünftigen Forschungsvorhaben zum Strukturwandel des Gymnasiums, zu Verschiebungen gymnasialer Subjektformungsprozesse und zu Veränderungen der pädagogischen Arbeit in der höheren Schule angegangen werden sollten.

Dankeschön

Die vorliegende Studie entstand auf der Grundlage eines videographisch-rekonstruktiven Dissertationsvorhabens, mit dem aufwendige qualitative Auswertungsverfahren verbunden waren. Das bedeutet in besonderem Maße, dass nur wenige der Kapitel dieser Arbeit – schon weil es die gute Forschungspraxis vorgibt – alleine aus meiner Feder entstanden sind, gezückt am einsamen Schreibtisch zuhause. Auch deshalb bedanke ich mich bei einigen Menschen.

Vor allen anderen bedanke ich mich bei Sebastian Idel für die sehr gute Betreuung: Für die Inspirationen auf unzähligen Ebenen, aber auch für den seelischen Beistand und den anerkennenden, immer auch freundschaftlichen Zuspruch. Bei der konzeptionellen Gestaltung meiner Arbeit haben mich die Teilnehmer*innen des Mainzer Forschungskolloquiums der AG Schulforschung/Schulpädagogik in den Jahren 2007 bis 2011 unterstützt. Ihnen an dieser Stelle vielen Dank und alles Gute für die weitere Forschungsarbeit. Großen Anteil an Interpretationsansätzen, aber vor allen an der Entwicklung meiner theoretischen und methodischen Zugänge hatte das Mainzer und Berliner LUGS-Team. Von ihnen waren besonders am Feinschliff einiger Interpretationen Kerstin Rabenstein und Anna Schütz beteiligt. Anna danke ich ebenfalls für das umfangreiche Beraten, Feedback geben und Händchenhalten zur schwierigsten Zeit. Sebastian Veits danke ich neben der gemeinsamen Interpretationsarbeit für die akribische und feingeistige Überarbeitung der szenischen Beschreibungen. Vielen Dank auch an Hanna Berger und Daniel Carvalho für die notwendigen Korrekturen.

Danken möchte ich auch Oliver Carvalho, für die liebevolle Umsorgung, für das stete Zutrauen und Vertrauen und für das an der Hand nehmen beim Parcourlauf durch den Formatierungsdschungel. Eine weitaus weniger „schwere Geburt" war die meiner Tochter Leyla gegen Ende des Dissertationsprojektes. Sie hat mich sehr für sich eingenommen und mir neue Perspektiven eröffnet. Vielen Dank meinen starken „Meenzer Mädels" für die ablenkenden und entspannenden Momente.

Dieses Buch wurde in Erinnerung an Fritz-Ulrich Kolbe und Bernhard Stelmaszyk geschrieben. Viele ihrer Gedanken haben hier Einzug gefunden.

Gewidmet ist es meinen Eltern. Danke. Obrigada.

Isabel Carvalho, Kaiserslautern im Februar 2017

Inhaltsverzeichnis

Abbildungsverzeichnis

Abkürzungsverzeichnis

Anm. d. A.	Anmerkung der Autorin
bspw.	beispielsweise
bzw.	beziehungsweise
d.h.	das heißt
ebd.	ebenda
GemSe	Gemeinschaft und soziale Heterogenität in Eingangsklassen reformorientierter Sekundarschulen
i.d.R.	in der Regel
IZBB	Investitionsprogramm Zukunft Bildung und Betreuung
LUGS	Lernkultur- und Unterrichtsentwicklung in GanztagsSchulen
m.E.	meines Erachtens
s.	siehe
s.a.	siehe auch
s.o.	siehe oben
u.a.	unter anderem
usw.	und so weiter
uv.	unverständlich
v.a.	vor allem
vgl.	vergleiche
z.B.	zum Beispiel
z.T.	zum Teil
zit. n.	zitiert nach

1. Einleitung

Das Gymnasium galt bis vor weniger als 20 Jahren als Leitfigur der Schulentwicklung – zu dem sich die anderen Schulformen der Sekundarstufe zu positionieren hatten – und damit als Leitinstitution im hierarchischen Gefüge allgemeinbildender Schulen. Als Repräsentant von Hochkultur setzte es Maßstäbe für die Form der schulischen Vermittlung von Kultur, während alle anderen Schulformen an seinem Maßstab gemessen als reduzierte Formen schulischer Allgemeinbildung angesehen wurden. Gerade weil das Gymnasium als Schulform höchstes Ansehen in der Gesellschaft genoss und auch heute noch genießt und lange Zeit nicht kritisiert wurde, konnte es einen gewissen Strukturkonservativismus wahren, auch wenn der erziehungswissenschaftliche bzw. schulpädagogische Diskurs nicht unkritisch mit der Einschätzung der gymnasialen Lernkultur verfuhr. Als Fortschreibung eines seit den 1970er Jahren andauernden Bildungsexpansionsprozesses gehen heute 40% der Schüler*innen Deutschland von der Grundschule in das Gymnasium über (Statistisches Bundesamt für den Übergang im Schuljahr 2014/2015). Dadurch ist es vielerorts nicht mehr eine Schule für die Besten, sondern zu einer Schule für die Meisten geworden, weshalb das Gymnasium in der bildungspolitischen Diskussion oft als „Schule der Vielen" (Mack 1997) oder gar als „neue Hauptschule" (s. z.B. Schwarz-Jung 2012) tituliert wird. Auf der Schattenseite dieses Öffnungsprozesses zeichnen sich auch für das Gymnasium kriseninduzierende Problemlagen ab, die bisher noch kaum diskutiert, geschweige denn empirisch erforscht und theoretisch beschrieben worden sind: Vor allem sind dies die Irritationen, die von den Innovations- und Profilierungsprozessen der neuen Sekundarschulformen, allgemeiner: dem Schulreformdiskurs, den konkurrierenden Alternativen zum Erwerb des Abiturs und insbesondere der zunehmend heterogenen Schüler*innenschaft auch auf dem Gymnasium selbst ausgehen (s. Kiper 2005).

Die zu Beginn des Jahrtausends veröffentlichten internationalen Vergleichsstudien (z.B. Baumert u.a. 2001) weisen darauf hin, dass in

Deutschland die Schere zwischen den Kompetenzen von Schüler*innen aus verschiedenen sozialen Milieus besonders weit auseinander-
klafft und dass dabei sekundäre Disparitäten, die nicht nur über Schul-
wahlentscheidungen von Eltern, sondern auch vermittelt durch das
Schulsystem selbst, eine große Rolle spielen. Offenbar handelt es sich
um schicht- und milieuspezifisch unterschiedlich vermittelte Verhaltensweisen, auf die Schule unterschiedlich bevorzugend oder benachteiligend reagiert, wodurch schulische Lernchancen beschränkt oder
begünstigt werden. Vor allem durch die Dreigliedrigkeit, mit dem
Gymnasium an seiner Spitze, unterscheide sich in der öffentlichen
Wahrnehmung das deutsche Schulsystem von denen der skandinavi-
schen und asiatischen „PISA-Gewinner". Das Gymnasium erscheint vor
diesem Hintergrund in der erziehungswissenschaftlichen und bildungspolitischen Debatte mehr als zuvor als Ort der starken Selektion:
es gibt bereits soziale und ethnische Benachteiligungen bei der Ein-
mündung, denn trotz der Tendenz zur Zulassungsöffnung besuchen
Kinder aus bildungsfernen Schichten das Gymnasium eher selten (vgl.
Krais 1996; Schimpl-Neimanns 2000; Stompe 2005; Solga/Dom-
browski 2009). Auch auf dem Gymnasium selbst werden Formen der
Abschulung praktiziert, die zu homogenen Lern- und Leistungsgrup-
pen führen sollen (ebd.). Zudem weisen Leistungsvergleichstests darauf hin, dass am Gymnasium keine angemessene Förderung der Leistungsspitze stattfindet (vgl. Köller 2006). Damit wird das Gymnasium
zum Problemfall, weil es seine Legitimationsgrundlage verliert, nämlich gerade besonders begabte Schüler*innen zu fördern.

Es ist also nicht nur die veränderte Schüler*innenschaft und die auf-
steigende Konkurrenz zu Schulformen, die ebenfalls das Abitur verleihen, die das Gymnasium unter Reformdruck setzen. Im Zuge der geführten Debatten werden auch die Vermittlungsinhalte und – methoden und damit das Gymnasium als Schulform insgesamt in Frage
gestellt. Es sind vor allem Gymnasien, die sich an ihren Standorten
nicht auf den distinktiven Status einer exklusiven Bildungsanstalt zurückziehen können, die sich in dieser Situation mit der Aufforderung
konfrontiert sehen, den Bildungserfolg nicht mehr allein in die Verant-

wortung des Einzelnen zu legen, sondern als Koproduktion aller Beteiligten zu erachten. Die Umstellung auf ein ganztägiges Förderkonzept verspricht Adaptionsmöglichkeiten an eine veränderte gymnasiale Schüler*innenschaft (s. Rabenstein u.a. 2009). In der bildungspolitischen Debatte um Ganztagsschulen werden – vor dem Hintergrund internationaler Leistungsvergleichstests, aber auch in Bezugnahme auf reformpädagogische Forderungen – hohe Erwartungen formuliert: Neben der besseren Vereinbarkeit von Familie und Beruf werden die Qualitätssteigerung in der Bildung und mehr Chancengleichheit als zentrale Ziele von Ganztagsschule genannt (vgl. Kolbe u.a. 2009). Die Transformation zur Ganztagsschule als Option verspricht also jene Problemstellung einer gymnasialen Lernkultur, dass diese nur unzureichend mit der sozialen Verschiedenheit und Leistungsheterogenität einer pluralisierten Schüler*innenschaft umzugehen wisse, zu bearbeiten. Die Brisanz besteht nun darin, dass die im Diskurs um Ganztagschule eingelagerten reformpädagogischen Forderungen nach Schulöffnung in einem Spannungsverhältnis zu den bisher etablierten strukturkonservativen Ausformungen des Gymnasiums zu stehen scheinen. Die beschriebene Entwicklungskonstellation – die Umstellung auf Ganztagsschule und die damit einhergehende Adaption reformpädagogischer Programmatiken und Arrangements – soll im Rahmen der vorliegenden Arbeit entlang des Falls eines kleinstädtischen Gymnasiums betrachtet werden. Aus der Perspektive einer praxistheoretischen Schul- und Unterrichtsentwicklungsforschung wird danach gefragt, inwiefern nun diese moderne Form der Beschulung den Vermittlungsalltag am Gymnasium transformiert und welche Verschiebungen innerhalb der gymnasialen Lernkultur durch ganztagsschulische Formate beobachtet werden können. Wie zeigen sich die Akteur*innen in den offenen Angeboten, neu hinzugekommenen Lernformaten und Fördersituation? Was wird unter Förderung verstanden und welche Folgen hat dieses Verständnis für die Subjektivierung der Schüler*innen? Exemplarisch steht die untersuchte Schule gerade nicht für eine traditionsreiche, exklusive Bildungsanstalt oder eines der G8-Gymnasien mit klassischem gymnasialem Klientel, sondern sie befindet sich an ihrem Standort in Konkurrenz zu anderen Gymnasien bzw. Schulformen und wird als

Schule des sozialen Aufstiegs von aufstrebenden sozialen Milieus an-
gewählt, was die Schule mit einer deutlich heterogenen Schüler*innenschaft konfrontiert.

Bislang gibt es nur einen geringen empirisch abgesicherten Kenntnisstand über die tatsächliche Beschaffenheit ganztägiger Angebote. Ein
großer Teil der Ganztagsschulforschung ist evaluativ angelegt (vgl.
Holtappels u.a. 2007; Coelen/Otto 2008; Fischer u.a. 2013) und versucht, systematisches Wissen über Gestaltung und Entwicklung des jeweiligen Ganztagsschulprogramms zu generieren. Im Fokus ihres Interesses stehen die Entstehungsbedingungen, Implementierung und
organisatorische Gestaltung ganztägiger Angebote sowie das Lern-
und Sozialisationsumfeld der Kinder und Jugendlichen bezüglich ihrer
Selbstgestaltung, welche mittels statistischer Analysen erhoben werden. Der Erkenntnisstand darüber, was genau in diesen Angeboten
passiert und was diese mit den an ihnen partizipierenden Heranwach-
senden jeweils „machen", bleibt bislang eher theoretisch als empirisch
begründet. Zudem hat sich die Ganztagsschulforschung bisher zumeist
nicht hinreichend differenziert mit schulformspezifischen Aspekten
der Ganztagsschulentwicklung befasst, insbesondere auch nicht mit
der Ganztagsschulentwicklung an Gymnasien. An dieser Stelle setzt
die vorliegende Studie an: Sie entstand als Dissertationsvorhaben im
Rahmen des Forschungsprojektes „Lernkultur- und Unterrichtsforschung in Ganztags-Schulen" (LUGS), das von 2005 bis 2009 die Entwicklung der Lernangebote an zwölf Ganztagsschulen unterschiedlicher Schulformen in den Bundesländern Rheinland-Pfalz, Brandenburg und Berlin begleitet hat. Geleitet wurde das Projekt an zwei
Standorten von Fritz-Ulrich Kolbe†, Till-Sebastian Idel (Universität
Mainz) sowie Sabine Reh, Bettina Fritzsche und Kerstin Rabenstein
(TU Berlin). Ziel des Projektes war es zu erforschen, ob mit der Umstellung auf den Ganztagsbetrieb den bildungspolitischen Erwartungen entsprechend eine Transformation des Lehrens und Lernens einhergeht. Im Mittelpunkt des Projekts stand daher die Rekonstruktion
einer angebotsspezifischen Lernkultur. Die vorliegende Dissertation
ist als Detailstudie im LUGS-Kontext entstanden. Die Fragestellung des

Projekts nach Transformationsprozessen der Lernkultur in Ganztagsschulen wird hier fokussiert auf eine Schulform: das Gymnasium.

Im Verlauf der vorliegenden Arbeit wird *erstens* das *Untersuchungsfeld
„Gymnasium und Ganztagsschule"* abgesteckt, werden Forschungsdesiderate aufgezeigt und die der Studie zugrunde liegende Fragestellung
begründet entfaltet. Aus einer kulturtheoretischen Perspektive heraus
soll der Frage nachgegangen werden, wie sich an einem Ganztagsgymnasium Positionierungen einer spezifischen Subjektform zeigen. Das
zur Ganztagsschule transformierte Gymnasium bietet dabei mit seinen neu hinzugekommenen Angebotsformaten ein hervorragendes
Forschungsfeld, um einen veränderten Sachumgang zu untersuchen.
Unterricht soll dabei nicht nur als Ort der Sozialisation, sondern auch
als gegenstandsbezogenes Arrangement in den Blick geraten.

Für dieses Forschungsinteresse und diese spezifische Beobachtungsperspektive bieten sich ein praxistheoretisches Verständnis von Kultur und ein praxistheoretischer Zugang zur Kultur des Gymnasiums
an, welche in einem *zweiten* Kapitel entfaltet werden sollen. Der *theoretische Rahmen* der vorgelegten Studie orientiert sich auf der einen
Seite an den Arbeiten des Hallenser Kreises um Werner Helsper zur
Schulkulturtheorie (z.B. Helsper u.a. 2001; Helsper 2000a, 2006, 2008;
Kramer 2002), welche Schulkulturen als symbolische Ordnungen vor
allem auch im Hinblick auf Sozialisationsleistungen der Institution
Schule zum Thema macht. Auf der anderen Seite orientiert sie sich an
der Lernkulturtheorie, wie sie aus dem Projekt LUGS heraus entstanden ist (Kolbe u.a. 2008; Reh/Rabenstein/Idel 2011; Reh/Rabenstein
2013; Idel 2013; Reh/Idel/Rabenstein/Fritzsche 2014). Diese Theorie
geht im Rahmen eines deskriptiv-ethnographischen, praxistheoretisch begründeten Kulturbegriffs davon aus, dass jede Schule immer
schon eine Lernkultur besitzt, die im Vollzug sozialer Praktiken hervorgebracht wird.

Mit diesem gegenstandstheoretischen Fokus auf den Zusammenhang
von gesellschaftlichem und schulischem Wandel auf der einen und sozialen Praktiken als kleinste Einheiten des Sozialen, die Kultur zur Auf-

führung bringen, auf der anderen Seite, richtet sich der Blick der vorliegenden Studie in einem Dreischritt erstens auf bildungspolitische und fachwissenschaftliche, zweitens auf einzelschulspezifische Debatten (sogenannte Symbolische Konstruktionen, in denen die Vorstellungen der Akteur*innen zum Thema Gymnasium und Ganztagsschule enthalten sind) und drittens auf die sichtbaren, materialisierten sozialen Prozesse, die dann im Sinne einer visuellen Sozialforschung videographisch als audiovisuelle Daten protokolliert werden. Der Zugang zum Feld muss also durch Datentriangulation geschehen, woraus sich die *methodische Orientierung* dieser Arbeit auf der einen Seite hin zur Sequenzanalyse von Transskripten (Rekonstruktion der Symbolischen Konstruktionen) und zur fokussierten Videographie (Rekonstruktion der Praktiken) ergibt, welche in einem *dritten* Kapitel entfaltet wird.

Im Rahmen der Untersuchung der Ganztagsschulpraxis eines rheinland-pfälzischen Gymnasiums wird sich also dafür interessiert, was die verantwortlichen, an Ganztagsschule beteiligten Lehrer*innen von ihren Schüler*innen erwarten und welche Rolle dabei die ganztagsschulspezifischen Formate und die Praktiken, die in deren Rahmen zur Aufführung gebracht werden, spielen. In einem *vierten* Kapitel wird daher beschrieben und rekonstruiert, wie die Akteur*innen sich im Rahmen sogenannter *Symbolischen Konstruktionen* eine ganztägige Förderung am Gymnasium vorstellen, welche pädagogischen Konzepte sie implementieren und welche Reformen sie – vor dem Hintergrund bildungspolitischer sowie fachwissenschaftlicher Diskussionen und bereits gemachter Erfahrungen – durchsetzen wollen. Indirekt lassen sich so Vorannahmen und Vorstellungen zum idealen Schüler*innensubjekt, wie also eine Schüler*in zu sein oder nicht zu sein hat, rekonstruieren.

Den Schwerpunkt der vorliegenden Arbeit bildet aber die Frage, wie sich diese Erwartungen in ganz konkreten Situationen des Angebotsalltags ausformen, wie die gymnasiale Sache in den Angeboten zum Thema gemacht wird und welchen Einfluss die Lehrer*innen in dieser Situation auf die Entwicklungsmöglichkeiten der Schüler*innen nehmen. Es wird davon ausgegangen, dass die Schüler*innen durch das spezielle Förderangebot zur Leistungssteigerung auf eine ganz spezielle Art und Weise angesprochen, also als bestimmte Subjekte adressiert werden. Diese Adressierungspraktiken, die sowohl Lehrer*innen- als auch Schüler*inneninszenierungen beinhalten, zeichnen sich nicht nur durch sprachliche Interaktion, sondern auch durch Körperlichkeit und Materialität aus. Es geht also nicht nur darum, *was* die verschiedenen Akteur*innen zueinander sagen, sondern auch darum, *wie* sie es sagen, welche Körperhaltung sie dabei einnehmen, wie sie die zu verhandelnden Gegenständen und Dingen zeigen und aneignen, also wie mit der Sache an sich umgegangen wird und welche Bedeutung diese über eine Sache vermittelten Adressierungspraktiken für die Subjektkonstitution haben. In dem diese Analysen präsentierenden *fünften* Kapitel werden außer- und innerschulische Debatten zu den jeweiligen Formaten vorgestellt und daraufhin befragt, welche strukturellen Chancen und Fallstricke sich durch deren Rahmung für pädagogische Praktiken ergeben können. Daraufhin werden die Rekonstruktionsergebnisse im Rahmen sogenannter *Lerngeschichten* dargestellt und *zentrale Praktiken* herausgearbeitet. Zu diesem Zweck wurden verschiedene videographierte ganztagsspezifische Formate szenisch beschrieben und rekonstruiert. Neben dem „herkömmlichen Unterricht", der an der untersuchten Schule i.d.R. in Form von Frontalunterricht mit eingebetteter Einzelarbeit erscheint, geraten Projekte des Ganztags, hier als sogenannter „projektartiger Unterricht" vertreten, offene Lernzeiten, am untersuchten Gymnasium schlicht „Hausaufgaben" genannt und zuletzt offene Angebote, zu finden als „Arbeitsgemeinschaften", näher in den Blick.

Die Ausgangsthese der vorliegenden Arbeit lautet, dass das Gymnasium sich im Rahmen seiner Entwicklung zur Ganztagsschule reformpädagogische Formate aneignet, in die strukturell Öffnungsbewegungen eingewoben sind. Diese stehen dann möglicherweise in einem Spannungsverhältnis zu den bisher etablierten, tendenziell strukturkonservativen Ausformungen des Lehrens und Lernens. Aus einer praxistheoretischen Perspektive soll die Spezifik der transformierten Schul- und Lernkultur und die pädagogische Ordnung der aufgeführten Praktiken aufgezeigt und im Hinblick auf Konsequenzen für die

Vermittlungsarbeit am Gymnasium befragt werden. Im Anschluss an die Rekonstruktion von Angebotsordnungen ist es, so die Hypothese, im Sinne einer kulturtheoretischen Forschung auf der Grundlage der *Kontrastierungsergebnisse*, die in einem *sechsten* und letzten Kapitel zur Darstellung gebracht werden, möglich, typische Adressierungspraktiken zu identifizieren und damit Formen des Ansprechens zu benennen. Die Expansion des Gymnasiums und seine Transformation im Rahmen von Ganztagsschule schaffen für die Schüler*innen und Lehrer*innen an dieser Schulform Chancen, aber auch neue, evtl. unausweichliche Herausforderungen. Die vorliegende Studie versteht sich als ein Beitrag zur empirischen Gymnasialforschung und zwar unter der praxistheoretisch justierten Fragestellung, wie ganz konkret am heutigen Gymnasium die zu lernende Sache gezeigt und angeeignet wird und welche Subjekte dadurch hervorgebracht werden, v.a. in den modernisierten Ganztagsschulformaten.

2. Wandel der gymnasialen Schulkultur: Transformation des Gymnasiums und Konstitution des gymnasialen Subjekts

Die seit Mitte des 20. Jahrhunderts zunehmende Bildungsexpansion hat in der Bundesrepublik Deutschland dazu geführt, dass immer mehr Kinder und Jugendliche das Gymnasium besuchen (s. z.B. KMK 2015). Die jeweilige Institutionsgröße steigt, womit auch die Heterogenität der Schüler*innen zunimmt. Betrachtet man also die Entwicklung der Bildungsbeteiligung, so ist die größte Herausforderung des heutigen Gymnasiums der Umgang mit einer immer heterogener werdenden Schüler*innenschaft. Mit der vermehrten Aufnahme von Schüler*innen, geht auch ein politisch unterstützter Funktionswandel des Gymnasiums dergestalt einher, dass neben der Selektion einer Elite zusätzlich die Ausbildung breiter Bevölkerungsschichten zum gymnasialen Programm wird. Das Gymnasium unterzieht sich damit selbst dem Paradox der Umsetzung eines gesetzlich verankerten Bildungsrechts und dem Streben nach Elitenrekrutierung. Das mittelmäßige bis schlechte Abschneiden Deutschlands in einigen internationalen Vergleichsstudien zu Beginn dieses Jahrtausends (z.B. Baumert u.a. 2001; Prenzel u.a. 2004) hat dazu geführt, dass auch das Gymnasium immer mehr unter Reformdruck gesetzt wird. Die Umstellung auf Ganztagsschule, mit ihren implizierten reformpädagogischen Intentionen, erscheint in diesem Zusammenhang als Modernisierungsoption.

Es ist allerdings nicht das erste Mal, dass das Gymnasium sich im Zuge politischer und/oder gesellschaftlicher Veränderungsprozesse einem Wandel unterzieht. Die These des nun folgenden Kapitels lautet nämlich, dass es das Gymnasium Zeit seines Bestehens verstanden hat, sich durch inneren und äußeren Wandel für die „Kundschaft" attraktiv zu halten und wiederrum das rekrutierte Klientel den institutionseigenen Vorstellungen entsprechend zu formen.

1. Daher soll zunächst aus einer historischen und einer diskursspezifischen Perspektive erörtert werden, welche Determinanten das

Äußere, also die Organisation, und das Innere, also die pädagogische Praxis des Gymnasium, von heute bedingen und welche aktuellen Reformanforderungen – vor allem in Bezug auf die voranschreitende Einführung von Ganztagsschulen – an die Schulform aktuell gestellt werden.

2. Um das Forschungsfeld „Gymnasium" besser begreifen zu können, wird in einem zweiten Schritt dargestellt, wie sich ein bereits eingetretener Wandel der gymnasialen Schulstruktur und -kultur im Rahmen empirischer Studien und deren Ergebnisse zeigt.

3. In einem letzten Abschnitt wird erläutert, welche Forschungsdesiderate durch die Fragestellung der vorliegenden Studie, nämlich welche Schüler*innensubjekte das Gymnasium in seiner modernisierten Form als Ganztagsgymnasium hervorbringt, bearbeitet werden können.

2.1. Der Weg des Gymnasiums von der „Schule für die Elite" zur „Schule für die Meisten"

Vor einigen Jahren hat Wiater (2001) einen Beitrag vorgelegt, der mit „Überlegungen zu einer Theorie des Gymnasiums" überschrieben ist. Ihm geht es in diesem Artikel um die Frage, „was das Gymnasium als Schule der höheren Bildung ausmacht" (ebd., S. 151). Wiater stellt selbst fest, dass diese Frage sehr komplex ist und unterschiedlich beantwortet werden kann. Das vorliegende Kapitel beansprucht daher nicht zu klären, was das Gymnasium grundsätzlich ausmacht und wie es zu dem heutigen geworden ist. Es sollen nur historische Aspekte und aktuelle Rahmenbedingungen zur Vorstellung gebracht werden, die es ermöglichen zu verstehen, was die heutige Verfasstheit des Gymnasiums ausmacht, mit dem besonderen Fokus darauf, mit welchen Subjektformen sich das Gymnasium jeweils konfrontiert sah bzw. sieht. Die leitende Frage zum historischen Wandel des Gymnasiums ist somit folgende: Welche Klientel hatte zu welcher Zeit Zugang zum Gymnasium und welche Folgen hatte dies für sich anschließende Schulentwicklungsprozesse? Bei der Darstellung wird dabei jeweils zwischen einem „äußeren" und einem „inneren" Wandel, also zwischen Schulstruktur (Organisation des Gymnasiums) und Schulkultur (pädagogische Praxis)[1], unterschieden.

Bevor man jedoch Aussagen darüber treffen kann, welchem Wandel sich das Gymnasium unterzogen und welche Subjektpositionen es aus historischer Perspektive seinen Schüler*innen zugewiesen hat, muss zunächst geklärt werden, wann überhaupt vom Beginn des Gymnasiums gesprochen werden kann. Auch wenn die Festlegung dieses Zeitpunkts in der Literatur umstritten ist, plädieren die meisten wissenschaftlichen Beiträge dafür, dass man nicht von einer Vorstellung der Kontinuität des Gymnasiums von der Antike bis zur Moderne ausgehen sollte (s. aber auch z.B. Heller 2003). Eine m.E. nachvollziehbare Argumentation ist die von Ludwig Freisel (2007), der das Gymnasium als Neugründung des 18. Jahrhunderts sieht. Seiner Meinung nach ist die Einführung von formalen Zugangsberechtigungen zur Universität, welche exklusiv durch das Gymnasium verliehen werden, als Beginn eines Prozess der fortschreitenden Verstaatlichung von Schule und Universität und als Beginn der Ablösung der Vorstellung vom Ständeprinzip hin zum Leistungsprinzip einzuschätzen (Freisel 2007, S. 53). Die Schulreform von 1808 erwirkte zwar die Einführung des humanistischen Gymnasiums, dessen erklärtes Ziel die Eröffnung eines Möglichkeitsraums zur Entfaltung der Persönlichkeit des einzelnen Schülers sein sollte. Als zentral für die Argumentation Freisels zeigt sich aber, dass keine pädagogischen Konzepte zur Formung eines spezifischen Subjekts durch gymnasiale Bildung, sondern die Einführung des Abiturs als staatliches Steuerungsinstrument im Mittelpunkt der Gründung des modernen Gymnasiums steht. Es wurde gerade dazu geschaffen, um – zunächst dem männlichen Bürgertum – einen sozialen und ökonomischen Aufstieg zu ermöglichen, weshalb seiner Pädagogik immer schon nicht nur ein selektives, sondern auch ein egalitäres Moment innegewohnt hat.

---

[1] Da die eine Form des Wandels meistens die andere bedingt, sind beide Perspektiven immer auch im Bezug aufeinander zu sehen und zu reflektieren.

2.1.1. Wandel des Gymnasiums von der Jahrhundert- bis zur Jahrtausendwende

Gegen Endes des 19. Jahrhunderts ist das Gymnasium die „exklusive Schulform der männlichen Elitebildung" (von Engelhardt 1997, S. 219), die durch das Wilhelminisches Kaiserreich stark ständisch geprägt ist und ihre homogene Schüler*innenschaft aus dem Bildungs- u. Besitzbürgertum rekrutiert. Zu Beginn des 20. Jahrhunderts gerät das Gymnasium und seine Schulstruktur erstmals in Konflikt mit Modernisierungsanforderungen, in deren Mittelpunkt die sogenannten „Realien" (Freisel 2007, S. 56) – moderne Fremdsprachen, die naturwissenschaftlichen Fächer und Mathematik – stehen. Obwohl sich das höhere Schulwesen als Antwort auf den immer größer werdenden Modernisierungsdruck reformiert, indem es die Gleichberechtigung aller drei Schularten (Realgymnasium, Oberrealschule und humanistisches Gymnasium) beschließt und als pragmatischen Kompromiss, die Möglichkeit der Beteiligung von Mädchen an höherer Bildung gesetzlich festschreibt, wird das Gymnasium weiter kritisiert. Trotz steigender Reformforderungen, die u.a. auch die Abschaffung des Gymnasiums beinhalten, können Konzepte zur Einheitsschule, wie sie sich in der Weimarer Republik entwickeln, allerdings nicht verwirklicht werden. Das Gymnasium bleibt als zentrale Bildungsinstitution auch im Zuge einer Demokratisierung der deutschen Gesellschaft erhalten. Übergreifende Veränderungen lassen sich dagegen für den Primarschulbereich – im Rahmen der Einführung der Einheitsgrundschule – und das höhere Schulwesen beobachten, welches sich als Reaktion auf die steigende Komplexität der Beschäftigungswelt zunehmend differenziert bzw. diversifiziert. Mit steigender Pluralität der Bildungsangebote im Sekundarschulbereich – in den 1920er Jahren existieren etwa zwanzig verschiedene Gymnasialformen –, steigert sich laut Freisel (2007, S. 58) auch die Angst der Bevölkerung vor einer Beliebigkeit der Schulprogramme. Dies hat zur Folge, dass immer deutlicher die deutsche Kultur und nicht die Vorbereitung auf Beruf oder Studium im Mittelpunkt der Überlegungen zur Reform des Bildungswesens gestellt wird.

Die Zeit des Nationalsozialismus markiert zunächst einen Bruch mit den neuhumanistischen Traditionen, da nun die Formung des „nationalsozialistischen Menschen" (Freisel 2007, S. 59) Ziel der gymnasialen Bildung sein soll. Um diesen ideologischen Anspruch verwirklichen zu können, kommt es 1934 auf organisatorischer Ebene zur Abschaffung der Schulhoheit der Länder und zur Rücknahme der Differenzierung im höheren Schulwesen, in dem nur noch geschlechtergetrennte Oberschulen und das altsprachliche Gymnasium als Sonderform vorgesehen sind. Daneben tritt eine Vereinheitlichung der Lehrpläne, die nun weniger an der humanistischen Tradition orientiert sind und stärkeres Gewicht auf volkskundliche Themen und Inhalte des Sportunterrichts legen. Entgegen der bildungspolitischen Maßnahmen weitet sich das höhere Schulwesen im Sinne einer größeren Beteiligung jedoch immer weiter aus, da sich laut Freisel (ebd.) v.a. der Krieg als Modernisierungsmotor höherer Mädchenbildung entpuppt. Die Expansion des höheren Bildungswesens setzt sich so hinter dem Rücken der Politik fort.

Nach dem Zweiten Weltkrieg kommt es in der neugegründeten BRD, im Gegensatz zur sowjetischen Besatzungszone, in der die achtjährigen Einheitsschule eingeführt wird, vor dem Hintergrund des Ost-West-Konfliktes nicht zu einer Übernahme der Schulsysteme der Alliierten, sondern zu einem Festhalten an traditionellen Strukturen, wie sie sich in der Weimarer Republik etabliert hatten. Im Anschluss an die gesellschaftlichen Protestbewegungen der 1968er Jahre wird jedoch die Diskussion um das Gymnasium neu entfacht.[2] Grundlage ist die generelle Kritik an der deutschen Gesellschaftsstruktur und die mit ihr einhergehende Forderung nach Gleichheit, Gerechtigkeit, Emanzipation und Systemüberwindung, wodurch das gesamte deutsche Erziehungs- und Bildungssystem in Frage gestellt wird. Die Kritik an Schule bezieht sich auf einen grundsätzlichen Modernisierungsrückstand, dem durch die Reduktion von Fächern und Stofffülle, ein

---

[2] Modernisierungsschübe bilden dabei die ständig fortschreitende Individualisierung, in Form von „Freisetzungsprozessen als erhöhter Freiheitsgewinn des Individuums einerseits und Individualisierung von Risikolagen andererseits durch brüchiger werdende soziale Bindungen und Netzwerke" (Mack 1997, S. 356), der Wandel der Familie und der Jugendphase.

Mehr an individuellen Wahlmöglichkeiten und die verstärkte Vermittlung von formalen Fähigkeiten und Methodenkompetenzen entgegengewirkt werden soll. Im Mittelpunkt dieser „Pädagogik des Gymnasiums" soll die Erziehung der Schüler*innen zur Selbstständigkeit stehen. Leitende Motive der Bildungspolitik bilden die Modernisierung und Demokratisierung des Schulsystems, welche sich hauptsächlich in einem quantitativen Ausbau des Gymnasiums niederschlagen. Laut Mack (1997) handelt es sich dabei nicht um eine echte Reform, sondern nur um die Umsetzung des Leitsatzes „Bildung für alle. [...] Durch diese Entwicklung – quantitativer Ausbau weitgehend ohne institutionelle Anpassung – gerät das Gymnasium in einen Widerspruch zwischen neuer Realität und alter Verfassung. Eine innere Reform des Gymnasiums in der Sekundarstufe I steht weiterhin aus." (ebd., S. 354)

Als große strukturelle Veränderung bis zur Jahrtausendwende kann man auf der einen Seite die Tatsache nennen, dass sich die gymnasiale Bildungslandschaft weiter ausdifferenziert. Obwohl es in Deutschland kein traditionsreiches Privatschulsystem, wie etwa in England gibt, lassen sich dennoch laut Helsper (2006) segmentartige Orte exklusiver Bildung ausmachen: Es gäbe „Schulen in konfessioneller Trägerschaft", „gymnasiale Bildungsanstalten mit langer Tradition" und „International Schools", besonders „schwere" Gymnasien in bestimmten Städten und Schulen der „alten Reformpädagogik" sowie staatliche Laborschulen (ebd., S. 169). Die zweite große Veränderung geht mit der Tatsache einher, dass das Gymnasium nicht mehr das Monopol auf das Abitur besitzt, da heute auch andere Schulformen die Berechtigung zum Hochschulzugang vergeben dürfen. Diese Schulformen des „zweiten Bildungswegs" beziehen sich programmatisch auf die Berufswelt, sind aber zunächst quantitativ gesehen wenig relevant. Mit diesen Veränderungen entsteht laut Freisel zwar ein „Gymnasium neuen Typs" (2007, S. 63), das aber trotzdem die meist angestrebte Schulform bleibt, in den alten wie auch in den neuen Bundesländern, die 1990 das BRD-System übernehmen.

Als Gründe für die Kontinuität der Schulstruktur des Gymnasiums nennt Freisel (2006, S. 66) auf der einen Seite die ständige Pendelbewegung der strukturellen Verfasstheit des Gymnasiums zwischen institutioneller Ausdifferenzierung und Vereinheitlichung bzw. Zusammenführung. Auf der anderen Seite versteht sich das Gymnasium darauf, seine „Kunden" zu bedienen, die ihrerseits ein gewisses Ziel verfolgt haben. Im Hinblick auf die Fragestellung der hier vorliegenden Arbeit kann festgehalten werden, dass das Schüler*innensubjekt und dessen Formung bis zur Jahrtausendwende kaum im Mittelpunkt der Überlegungen zu einer Reform der Schulstruktur des Gymnasiums gestanden hat. Eine Eignung und ein gymnasialer Habitus verbürgt durch die bildungsbürgerliche Herkunft des Gymnasiasten wurde bis weit in die 1980er Jahre hinein strukturell vorausgesetzt. Das gymnasiale Subjekt wird durch die bisherigen Reformbemühungen als Berechtigungsträger angesprochen und damit tendenziell entpersonalisiert. Dennoch hat es seine Berechtigung vom heutigen Gymnasium als einer Schulform „neuen Typs" zu sprechen. Auch wenn sich an der äußeren Konstitution des Gymnasiums seit der Weimarer Republik kaum etwas geändert hat, lassen sich dennoch zunächst bis zur Jahrtausendwende vier Bereiche des inneren Wandels für Schule, v.a. aber für die Schulkultur des Gymnasium feststellen, die auch direkte Auswirkungen auf die Subjektkonstitution am Gymnasium haben:

1. Es lassen sich Veränderungen im Anerkennungsverhältnis und Partizipationsgeschehen zwischen Gymnasium und seinen Schüler*innen erkennen. Den Verhältnissen des 19. Jahrhunderts entsprechend, war die Schule für Schüler*innen ein weitgehend rechtloser Raum. Seit der politischen Wende in Deutschland wird die Handlungskompetenz einzelner Akteur*innen gestärkt, wodurch es vermehrt zur „Freisetzung partizipativer Gestaltungsmöglichkeiten" und „umfassendere Partizipationsaufforderungen" (Helsper 2000a, S. 39) kommt. Dieses Mehr an Raum für Aushandlungsprozesse beinhaltet aber laut Helsper (ebd., S. 40) ein grundlegendes Strukturproblem, welches theoretisch mit der sogenannten „Autonomieantinomie" erfasst werden kann. Die allgemeine Schulpflicht in Deutschland setzt strukturell voraus, dass Kinder nicht hinreichend neugierig und motiviert genug sind, um freiwillig zu kommen. Sie werden also paradoxerweise zugleich als

welche angesprochen, die sich eigentlich gar nicht für die Schule interessieren, und als solche, die sich an der Ausgestaltung der Schulkultur beteiligen sollen.

„Die unter dem Vorzeichen der Autonomie, der selbständigen Teilhabe an Entscheidungen, und mit dem Anspruch auf moralische Anerkennung vorgebrachte verstärkte Partizipationsforderung tritt den Schüler(innen) [...] als heteronom gerahmte Aufforderung entgegen. [...] Die Einforderung von Autonomie und Partizipation gegenüber dem Ausschluss aus Mitgestaltungsmöglichkeiten verändert sich zur Einforderung von Mitwirkung und selbstständiger Gestaltung im Rahmen eines neuen Normalisierungsdiskurses. Die erweiterten partizipativen Möglichkeiten im schulischen Feld werden somit anfällig für paradoxe Verschlingungen, für pragmatische Paradoxien der Gestalt: ‚Seid autonom und beteiligt euch freiwillig!'" (Helsper 2000a, S. 41)

2. Die höhere Schule wird nicht mehr als Bewahranstalt für wichtiges Kulturwissen gesehen, wodurch sie ihre „Aura" (Ziehe 1996, S. 80ff) verliert. Ziehe versucht mit der Gegenüberstellung von auratisierter und entauratisierter Schule die zentrale Differenz der Vor-und-Nach-1968er Jahre zu benennen. Während die Schule der 1950er Jahre durch einen „normativ geteilten Bedeutungshintergrund" (ebd. S. 80) von Schüler*innen und Lehrer*innen und eine deutliche Generationendifferenz gekennzeichnet sei, seien diese „Gratisproduktionen" (ebd. S. 83) in den 1980er Jahren passé. Durch die Bildungsexpansion der Nachsiebzigerjahre wird die Schüler*innenschaft des höheren Schulwesens aufgrund unterschiedlicher „Erfahrungs- und Bildungsvoraussetzungen" und „Zukunftsperspektiven" sowie aktueller „Probleme des Jugendalters sowie der jugendkulturellen Ausdrucksstile" (von Engelhardt 1997, S. 222f) heterogener, was dazu führt, dass die Differenz zwischen Hoch- und Alltagskultur bei den Jugendlichen zunehmend an Bedeutung verliert. Man könnte quasi von einer inneren „Entbürgerlichung" (Freisel 2007, S. 65) des Gymnasiums sprechen. Helsper (2000a) beschreibt diesen Vorgang als „Wandel vom Kanon zum Angebot": Das Gymnasium entwickelt sich weg von „der

Orientierung an der Fachsystematik und der Verwissenschaftlichung hin zur verstärkten Problematisierung des (antinomischen) Verhältnisses von Sache und Person" (2000a, S. 48). Es werden von Seiten der Schule immer mehr flexible Angebote gemacht, die für Lehrer*innen, aber auch für Schüler*innen mehr Handlungsoptionen eröffnen. Antinomisch, also widersprüchlich, ist das Verhältnis deshalb, weil es auch eine gesteigerte Anforderung durch die notwendig gewordenen Auswahl- und Aushandlungsprozeduren zwischen den Akteur*innen enthält. Die Inhalte des Gymnasiums – in den 1950er Jahren noch als Selbstverständlichkeit hingenommen – sind heute ständig begründungspflichtig. So bietet der Verlust des Gymnasiums als Hüter von als allgemein anerkanntem gültigem Wissen die „Chance für eine Öffnung der Unterrichtsinhalte in Richtung auf Schüler*inneninteressen" (ebd., S. 48), bürdet den Beteiligten aber auch die „Last der Orientierung" (ebd., S. 48) auf.

3. Zugleich führt diese Öffnung zu einem eher entspannten Verhältnis zwischen Lehrer*innen und Schüler*innen, da es mehr Verhaltensspielräume zulässt. Von Engelhardt (1997) ist der Meinung, dass „für die Schüler eine dieser gesellschaftlichen Entwicklung angemessene Bedingung schulischer Sozialisation geschaffen" wurde (ebd., S. 229). Das Lehrer-Schüler-Verhältnis hat sich insofern verändert, dass es weniger Befehle und mehr Aushandlungen im Unterricht gibt.[3] Stattdessen gerät mehr und mehr die Eigenverantwortlichkeit und Selbstständigkeit der Schüler*innen ins Zentrum des pädagogischen Handelns. Dies hat laut Helsper (2000a) „komplizierte kommunikative Prozesse" und „hohe Anforderungen an Selbstregulierung und Selbstkontrolle" (ebd., S. 46) zur Folge.

4. Zuletzt verliert das Gymnasium durch die Bildungsexpansion seine Bedeutung als Ausbildungsanstalt der Elite und seinen ex-

---

[3] Während in den 1950er Jahren etwa 60% der Lehrer*innen die Bedeutsamkeit von Disziplin und Ordnung als zentral hervorhoben, waren es in den 1990ern nur noch 30% (Helsper 2000a, S. 45).

klusiven Charakter, da dessen Besuch mehr und mehr zur zentralen Bildungsinstitution und damit zum Normalfall wird. Dieser Bedeutungsverlust führt – wie weiter oben bereits erwähnt – wiederum im Rahmen der Schulstruktur zu einer Ausdifferenzierung innerhalb der Gymnasiallandschaft. Alte Traditionen werden fortgeführt, andere modernisiert und neuprofiliert, so dass es zu einer stärkeren Vernetzung von Schulen mit ihrem Umfeld kommt, was wiederum Auswirkungen auf die jeweilige Schulkultur und die an ihre beteiligten Subjekte hat. „In diesen Institutionen-Milieu-Kopplungen entstehen im Feld gymnasialer Bildung Kraftzentren, zu denen – wie in einem magnetischen Feld – Linien hin und fortführen." (Helsper u.a. 2008, S. 218). Der Bildungshintergrund der Schüler*innen, ihre Bildungsaspirationen und ihr „gymnasialer Habitus", welcher von den verschiedenen Schulen schon als mehr oder weniger gegeben vorausgesetzt oder innerhalb der Institution als herzustellend gedacht wird, entscheiden zunehmend nicht mehr über den Besuch *des* Gymnasiums, sondern über den Besuch *eines bestimmten* Gymnasiums. Erziehungsorientierte Haltungen, in deren Mittelpunkt die Gesamtformung der Schülerpersönlichkeit steht, werden auf Subjektformungsprozesse reduziert, die Schüler*innen in die Lage versetzen sollen, „strategische auf künftige Berufschancen und soziale Platzierungsmöglichkeiten zielende Haltungen" (Helsper 2000a, S. 41) einnehmen zu können.

Das Gymnasium bewegt sich also als Schulform zwischen einem Ort der Ausbildung einer Elite, bei der eine bestimmte gymnasiale Habitusbildung bereits vorausgesetzt wird, auf der einen und einer „Schule für die Meisten", bei einer gleichzeitig sich immer stärker ausdifferenzierenden gymnasialen Schullandschaft auf der anderen Seite. Der Wandel der Schulkultur des Gymnasiums von der Jahrhundert- bis zur Jahrtausendwende kann daher in Anlehnung an Habel u.a. (1992, S. 94) mit den kontrastierenden Begriffen von der „homogenen Ausleseschule", welche die Eignung ihrer Klientel, die sich aus seiner bildungsbürgerlichen Herkunft heraus legitimiert, immer schon voraussetzt, zur „Wettbewerbsschule" zusammengefasst werden. Wettbewerbsschule deshalb, weil man sich als Schüler*in innerhalb der

Schulform nun erst beweisen muss. Die Anwesenheit auf einem Gymnasium wird in der Vorstellung seiner Akteur*innen nicht mehr ausschließlich an einen bestimmten Herkunftstand geknüpft und muss daher ständig neu legitimiert werden. Diese Lücke erzeugt einen Legitimationssog, der laut Helsper (2000a) zu einer Zuspitzung antinomischer Strukturen führt, die beobachtbare Folgen für die Subjektkonstitution am Gymnasium haben: Erstens beobachtet er eine „gesteigerte Leistungsaspiration und -bereitschaft bei ungewisser werdendem Wert schulischer Zertifikaten" (ebd., S.44), zweitens schafft dieses Ringen nach guten Leistungen die Notwendigkeit „umfassender, langsichtiger, selbstkontrollierter Formen der Gestaltung der Schulleistungslaufbahn bei widerstreitenden hedonistischen, erlebnisorientierten jugendkulturellen Haltungen" (ebd.) und drittens „gesteigerte Exklusionsrisiken mit tendenziell stärker drohender Beschädigung des eigenen Selbstwertes aufgrund der individualisierten Zuschreibung eigenen Leistungsversagens" (ebd.).

2.1.2. Unter erhöhtem Transformationsdruck: Das Gymnasium des neuen Jahrtausends

Mit Beginn des neuen Jahrtausends und mit der Veröffentlichung internationaler Leistungsvergleichsstudien wie den PISA- und TIMMS-Studien (Baumert u.a. 2001; Prenzel u.a. 2004) erhöht sich der Transformationsdruck auf das deutsche Schulsystem, was wiederum grundlegende Strukturveränderungen zu Folge hat, die auch Auswirkungen auf die Schulkultur des Gymnasiums haben sollen. So zeigen die Ergebnisse genannter Studien, dass das deutsche Schulsystem die Forderung nach Demokratisierung und Emanzipation, die zur „Öffnung" des Gymnasiums für breitere Bevölkerungsschichten geführt hat, nur bedingt einlösen kann. Sie weisen dagegen darauf hin, dass in Deutschland der soziale Hintergrund der Schüler*innen und damit die kulturellen Kapitalien der Familie besonders bedeutsam für das Erreichen von schulischen Erfolgen sind. Auf struktureller Ebene stellen sie fest, dass das deutsche Schulsystem zwar eine formale Chancengleichheit, aber keine Bildungsgerechtigkeit herstellen könne und das Festhalten am Gymnasium ein Grund dafür sei.[4] In den letzten zehn Jahren lässt sich im Anschluss an die bildungspolitische Diskussion genannter Ergebnisse daher in Deutschland ein Wandel der Schulstruktur verzeichnen: Neben anderen Maßnahmen wird die Hauptschule in vielen Bundesländern abgeschafft, während unterschiedliche Sekundarschulformen (z.b. Gesamt-, Ober- und Gemeinschaftsschulen), die alternativ zum Gymnasium ebenfalls das Abitur vergeben können, etabliert werden (z.b. Caruso/Ressler 2013 oder Hurrelmann 2013). Aber auch die Schulkultur des Gymnasium benachteilige Kinder aus sozial schwächeren Milieus, wodurch sogenannte sekundäre Disparitäten (z.b. Ehmke/Baumert 2007, S. 318 ff.) entstehen. Offenbar handelt es sich um schicht- und milieuspezifisch unterschiedlich vermittelte Verhaltensweisen, auf die diese Schulform jeweils bevorzugend oder benachteiligend reagiert, wodurch schulische Lernchancen für bestimmte Schüler*innen beschränkt oder begünstigt werden. Die Ergebnisse der

---

[4] Diese Aussage ist zunächst schwer nachzuvollziehen, da gezeigt werden kann, dass die bundesweite Quote der Schüler*innen, die Schule mit dem Abitur abschließen, seit 1970 einen kontinuierlichen Anstieg erfährt (1970: 11%, 2010: 49%; s. KMK 2011). Ein genauerer Blick auf die Zusammensetzung dieser Schüler*innenschaft erscheint sinnvoll. Längsschnittstudien, die die Abiturquote in Abhängigkeit zur Schicht zu betrachten (z.b. Schimpl-Neimanns 2000; Ehmke/Baumert 2007) zeigen, dass wenn man die Ergebnisse zur Bildungsungleichheit in Chancenproportionen misst, das bundesdeutsche Schulsystem immer gerechter zu werden scheint: So erreichten 1950 38mal mehr Kinder aus der Oberschicht das Abitur als aus der Unterschicht und 1989 schließen nur noch ungefähr 6mal und 2006 nur noch 4mal so viele Oberschichtkinder die Schule mit dem Abitur ab wie Unterschichtkinder. Misst man allerdings die Bildungsungleichheiten nicht in Chancenproportionen, sondern vergleicht die prozentualen Beteiligungsquoten, so zeigt sich ein anderes Bild: Betrug der Abstand zwischen Ober- und Unterschicht 1950 37%, so vergrößerte er sich bis ins Jahr 1989 auf 54%. 2009 lag er jedoch nur noch bei 40% (Ehmke/Jude 2010). Es zeigt sich, dass es Ungleichheiten bei der Bildungsbeteiligung und dementsprechend Ungleichheiten an Lebenschancen aufgrund der Schichtzugehörigkeit gibt. Eine Verringerung der Ungleichheiten durch die Bildungsexpansion kann mit den vorliegenden Studien weder bestätigt noch verneint werden. Vielmehr ergeben sich unterschiedliche Ergebnisse durch verschiedene Analyse- und Auswertungsmodelle. Einigkeit besteht in den einschlägigen Beiträgen darin, dass schichtspezifische Bildungsungleichheiten existieren und noch immer vorhanden sind und dass neben dem Zugang zum Gymnasium auch dessen Vermittlungsinhalte und -methoden dabei eine große Rolle spielen.

Studien weisen zudem darauf hin, dass am Gymnasium keine angemessene Förderung der Leistungsspitze stattfinde.[5] Das Gymnasium verliert so zunehmend seine Legitimationsgrundlage, was den Druck zur Transformation noch weiter erhöht: Im Anschluss an diese Befunde ergibt sich eine Schulstrukturdebatte, die eher implizit eine Kritik am Gymnasium übt und sich vor allem den Themen der Verbesserung der Chancenungleichheit bzw. -gerechtigkeit sowie der Leistungssteigerung widmet. Im Rahmen dieser Debatte werden programmatische Forderungen zu einer Reform der Pädagogik des Gymnasiums formuliert, wobei sich zusammenfassend zwei Positionen gegenüber stehen:

1. Die eher *bildungspolitische* Perspektive fordert mehr Steuerung von außen und formuliert als Ziel die Steigerung von Schüler*innenleistungen sowohl am unteren v.a. aber am oberen Ende der Bewertungsskala (s. Heller 2003, S. 228 ff.). Als Bildungsauftrag für das Gymnasium wird aus dieser Perspektive die „Bindung des Gymnasiums an die Universität" (Kiper 2005, S. 302) formuliert. Um dies kontrollieren zu können wird u.a. die Einführung von Bildungsstandards für notwendig gehalten. Bildungsstandards seien „im Sinne einer gestuften Präzisierung der Erwartungen [...] in einer demokratischen Leistungsschule unverzichtbar, wobei nicht einfach die Ziele des Lehrplans erneuert werden dürfen, sondern tatsächlich kompetenzbezogene und gestufte Standards für jedes einzelne Schulfach entwickelt werden müssen, einhergehend mit genauen Bestimmungen, was unter überfachlichen Kompetenzen bestimmt werden soll." (Oelkers 2006, S. 14)
2. Die eher *schulpädagogische* Betrachtungsweise (s. z.B. Helsper 2006, S. 163) dagegen unterstellt Bildungsstandards eine utilitaristische und lediglich auf ihre Alltagstauglichkeit bezogene Perspektive auf Bildung, da sie den Anspruch erheben würden, definieren zu können, was der Begriff der Allgemeinbildung bedeutet,

---

[5] Köllers (2006) Analyse der TIMSS-Oberstufenuntersuchung ergab für das Gymnasium „Schwächen in der Spitze" (ebd., S. 22), da nur ungefähr ein Drittel der Gymnasiast*innen wirklich Spitzenleistungen erreicht. Köller konstatiert daher für die Schüler*innen des deutschen Gymnasiums einen wenig befriedigenden Umgang mit kompetenz- und alltagsorientierten Aufgaben.

ohne zu thematisieren, dass der Bildungsbegriff selektiv ist, weil
bestimmte kulturelle Inhalte und Praktiken bestimmten Milieus
näher oder weniger nah stünden. Diese Perspektive auf Schulentwicklung fordert deshalb mehr Autonomie für die Einzelschule
ein, da sie der Meinung ist, dass die an Schule beteiligten Akteur*innen maßgeblich für das Gelingen von Schule verantwortlich seien. Die im Anschluss an diese Argumentation formulierte
programmatische Forderung beinhaltet deshalb eine sensible Pädagogik und Investitionen in Einzelschulentwicklung. Vor diesem
Hintergrund enthält der Bildungsauftrag an das Gymnasium die
Forderung, zur „Jugendschule" (Kiper 2005, S. 302) und „Lebensraum" (Mack 1997) zu werden und damit zum Ort, an dem die
Breite eines Jahrgangs beschult wird. Im Mittelpunkt dieser Pädagogik steht der Umgang mit heterogenen Lerngruppen und ein er-
leichterter Zugang zu höherer Bildung durch Angebote wie Hausaufgabenbetreuung, Förderangebote und weitere Angebote zur
Interessensentwicklung der Schüler*innen.

Aus beiden Betrachtungsweisen scheint es jedoch Einigkeit darüber
zu geben, welche Organisationsform bzw. welche äußere Verfasstheit
in Zukunft im Zentrum der Schulentwicklungsbemühungen stehen
soll: Die Ganztagsschule gilt als umfassende Lösungsmöglichkeit, um
das Gymnasium strukturell und kulturell zu verbessern, ungeachtet
dessen was von der jeweiligen Seite unter dem Begriff „Verbesserung"
verstanden wird. Mit dem Verweis auf einige skandinavische und asi-
atische PISA-Gewinner, die ganztägig organisiert sind, ließe sich nur
durch die ganztägige Anwesenheit der Schüler*innen in der Schule
und das dadurch entstehende Mehr an Zeit die Forderungen auf der
einen Seite nach Frei- und Wochenplanarbeit, Vorstellungen von „gegenseitigem Helfen" (Mack 1997, S. 367) in Form von Tutorien, Projekten, Hausaufgabenbetreuung und dem Kennenlernen der Lernbiographien der einzelnen Schüler*innen und der hinter den Lernschwierigkeiten liegenden Lebensprobleme und auf der anderen Seite
z.B. „Curriculum Compacting und Pull-Out-Programme, Arbeitsge-

meinschaften zur Förderung besonders befähigter GymnasialSchüler*innen" (Heller 2003, S. 228), aber auch die eher bildungsökonomischen Motivationen zur Schulzeitverkürzung („G8") realisieren.

Zusammenfassend lässt sich sagen, dass die durch die Bildungsexpansion zunehmende Heterogenität der Schüler*innen, die ein Gymnasium besuchen und die steigende Konkurrenz durch andere Schularten, welche eine Optionenvielfalt zum Erwerb des Abiturs darstellen (Gesamtschulen/Sekundarschulen mit Oberstufe/Berufsschulen, die zum „Meisterabitur"), aber auch das erschütterte Vertrauen in die Qualität des gymnasialen Unterrichts, in den letzten Jahren den Profilierungsdruck der jeweiligen Gymnasien gesteigert haben. Doch nach wie vor und trotz aller Kritik ist das Gymnasium im weiterführenden Schulsystem Deutschlands die begehrteste Schulform. Dabei spielen v.a. die gestiegenen beruflichen Qualifikationsanforderungen und das Abitur als höchstqualifizierender Schulabschluss – also die Motivation seitens der Kinder und Eltern, die „beste Startposition im schärferen Bildungswettbewerb" (Kiper 2005, S. 301) zu ergattern – und weniger die Attraktivität der Bildungsinhalte des Gymnasiums bei der Wahl dieser Schulform eine Rolle.[6] Das Gymnasium sieht sich also im Anschluss an die Befunde internationaler Vergleichsstudien zu Beginn des neuen Jahrtausends unter Reformdruck gestellt, wobei die Transformation zur Ganztagsschule als Modernisierungsoption für Schulstruktur und Schulkultur erscheint.

2.2. Ganztagsschule als Entwicklungsperspektive

Auch wenn Schule in Deutschland – im Unterschied zu vielen Nachbarländern – eine lange Tradition als Halbtagseinrichtung hat, lässt sich Ganztagsschule keineswegs ausschließlich als Phänomen des neuen Jahrtausends beschreiben (s.a. Ludwig 2005; Neto Carvalho 2008). Im 19. Jahrhundert gilt die ganztägige Beschulung auch in Deutschland als

---

[6] Beim Erwerb des Abiturs gerät nämlich nicht nur der Zugang zum Studium, sondern auch die anderweitige Verwertbarkeit dieses Zertifikats in den Blick, da auch der Arbeitsmarkt immer mehr an kognitiver und theoretischer Leistungsfähigkeit interessiert ist.

Normalform: Während am Vormittag Unterricht nach Stundentafel
stattfindet und am Nachmittag die dazugehörigen Hausaufgaben erledigt werden, gehen die Kinder, angelehnt an den Alltag der handwerk-
lichen Betriebe, zum Mittagessen nach Hause. Erst um die Jahrhun-
dertwende wird der Schulunterricht in Deutschland, im Gegensatz zu
anderen europäischen Ländern, zumeist auf den „Halbtag" beschränkt.
Einige Gründe dafür sind die langen Schulwege zu den weiterführenden Schulen oder die Einführung des Schichtunterrichts in den über-
füllten Klassen der Elementarschulen. Mit Beginn des 1. Weltkrieges
endet jegliche ganztägige Förderung und wird auch, obwohl in der
Weimarer Republik Restaurationsbemühungen aufscheinen, vorerst
nicht wieder aufgenommen, da das nationalsozialistische Regime verstärkt die außerschulische Jugendarbeit ausbaut. Auch mit der Gründung von BRD und DDR, die durch Einführung der achtjährigen Einheitsschule mit alten Strukturen im Bildungssystem bricht, wurde die
traditionelle Halbtagsschulstruktur weitgehend beibehalten (vgl. Ludwig 1993, S. 255 ff.). Erst mit der Einrichtung der ersten Reformschu-
len in der BRD wird die Ganztagsschule wieder zum Thema gemacht,
die nun auch sozialpädagogische und sozialpolitische Aufgaben erfüllen soll. In den 1960ern spricht der Bildungsrat eine Empfehlung für
die Ganztagsschule aus, deren ganzheitlicher Ansatz als besonders förderlich für das Lernen angesehen wird. Trotzdem sind 1990 nur etwa
2% aller Schulen in Deutschland Ganztagsschulen. Vorgebrachte Positionen gegen die Einführung der Ganztagsschule sind folgende (s.a.
Wunder 2007, S 53-56): z.B. Kirchen und konservativ ausgerichtete
Bildungspolitiker konstatieren, dass der Nachmittag den Kindern und
ihren Eltern gehöre und durch die Ganztagsschule die Erziehungskraft
der Familie geschwächt werde. Eine weitere, vor allem aus der Jugendarbeit heraus entstandene Position, fordert, dass der Unterricht nicht
auf den Nachmittag ausgeweitet werden soll, denn diese Grenzüber-
schreitung würde zu einer Verschulung der Freizeit und damit zu einer Überlastung der Schüler*innen führen. Befürworter der Ganztagsschule nehmen dagegen an, dass eine verlängerte Schule auch eine
bessere Schule sei, wozu aber reformpädagogische Neuerungen und
eine damit einhergehende Bereicherung der Lernkultur notwendig
seien.

Vor allem nach dem Bekanntwerden des unerwartet schlechten Abschneidens der deutschen Schüler*innen in der PISA-Studie im Jahr 2001 werden von Seiten der Bildungsministerien Maßnahmen zur Einführung von mehr Ganztagsschulen ergriffen. Nach einem massiven Ausbau der ganztägig organisierten Schulen besuchen zehn Jahre später bundesweit 30,6% aller Primar- und Sekundarschüler*innen eine Ganztagsschule (KMK 2013). Umfang, Teilnahme, Akzeptanz und Gestaltung der Ganztagsangebote variieren einzelschulisch aber sehr stark, da auch jedes Bundesland verschiedene Anforderungen an die Schulen stellt bzw. Fördergelder nach verschiedenen Kriterien verteilt. Die Ganztagsschulen in Rheinland-Pfalz – dort befindet sich die Schule, an der das empirische Material zur vorliegenden Einzelfallstudie erhoben wurde – bilden insofern eine Ausnahme, da ihre Einführung schon vor der Veröffentlichung der PISA-Ergebnisse stattgefunden hat. Dabei spielten vor allem familienpolitische Motive eine Rolle. Neben der familienpolitischen Dimension zeichnet sich aber auch in den rheinland-pfälzischen Bildungsprogrammen eine zweite Begründungslinie ab: dass durch Ganztagsschule eine Steigerung von Leistungserträgen erreicht werden soll und zwar vor allem bei Kindern aus bildungsfernen Milieus. Schule soll durch diese Transformation nicht mehr nur als Unterrichts-, sondern als Lebensraum gesehen werden, in dem ganzheitliche Erfahrungen gesammelt werden können. Dies soll zu einer anderen Lernkultur führen, in der auch neue, zeitintensivere Lernformen Berücksichtigung fänden. Zudem soll sich Schule außerschulischem Personal öffnen und damit unter anderem eine sinnvolle Freizeitgestaltung anbieten, angemessen auf Probleme der Kinder reagieren und ihre Lebenswelt besser mit einbeziehen können. Jedoch „im Mittelpunkt aller pädagogischer Arbeit steht die Förderung eines jeden Schülers. Ganztagsschule bietet mehr Zeit und Raum für die individuelle Förderung des Einzelnen. Lehrkräfte können gemeinsam mit Schülern und Kollegen Förderkonzepte erstellen."[7]

---

[7] Broschüre des rheinland-pfälzischen Ministeriums für Bildung, Wissenschaft, Weiterbildung und Kultur (2007)

In der bildungspolitischen Debatte um Ganztagsschulen werden also hohe Erwartungen formuliert, die Bewältigungsmöglichkeiten gerade auch für die spezifischen Probleme einer entwicklungsbedürftigen gymnasialen Lernkultur verheißen. Vor dem Hintergrund des im vorherigen Abschnitt dargestellten Strukturwandels und des steigenden Reformdrucks wird somit eine besondere Ausgangslage für die Errichtung von Ganztagsangeboten an Gymnasien deutlich: Die Transformation zur Ganztagsschule als Option verspricht, die als zentral bezeichnete Problemstellung des Gymnasiums, dass es als „Schule der Vielen" den Umgang mit sozialer Heterogenität und Leistungsheterogenität einer pluralisierten Schüler*innenschaft erst noch lernen müsse, zu bearbeiten. Die Konstruktion von Ganztagsschule als Ort der Förderung von Benachteiligten mit seiner Forderung der Schulöffnung schafft zunächst Distanz zum Gymnasialbereich mit seiner Orientierung an etablierten Strukturen und seiner positiv selektierten Schüler*innenschaft. Ab 2007 setzt in den meisten Bundesländern trotzdem ein massiver Ausbau der gymnasialen Ganztagsschulversorgung ein: Als Motiv für diese Entwicklung lässt sich weniger ein gestiegener Reformeifer ausmachen, denn zwischen 2002 und 2005 betreiben lediglich die Bundesländer Bayern, Hamburg und Schleswig-Holstein einen gezielten Ausbau des Ganztagsschulwesens im Gymnasialbereich (Holtappels u.a. 2007, S. 20), sondern vielmehr wird in diesem Zusammenhang auf die Zwänge und Folgen der flächendeckenden Schulzeitverkürzung (G8) verwiesen (s. Bosse 2009a,b und d). Inzwischen werden daher 52,6 % der deutschen Gymnasien als Ganztagsschulen geführt (KMK 2013). Mit dieser Einführung verbunden sind erhebliche inhaltliche und organisatorische Veränderungen, die sich sowohl auf die Praxis der Lehrkräfte als auch auf den Schulalltag der Schüler *innen auswirken.

Die meisten aktuellen Forschungsbeträge über die Transformation zur Ganztagsschule und deren Auswirkungen erheben systematisch Wissen über Gestaltung und Entwicklung ganztägiger Angebote (z.B. Holtappels 2006; Speck u.a. 2011; Fischer u.a. 2013). Im Fokus des Interesses stehen deren Entstehungsbedingungen und Implementation, die organisatorische Gestaltung der Angebote und das Lern- und Sozialisationsumfeld der an Ganztagsschule teilnehmenden Kinder und Jugendlichen, welche mittels statistischer Analysen erhoben werden. Diese Untersuchungen orientieren sich allerdings an eher normativ gedachten Vorgaben von „Leistungssteigerung" durch „Förderung" und Stärkung der Motivation/Selbstmotivation durch eine „eigenständige Haltung" der Schulen selbst. Ein mikrologischer Blick auf die Praxis, der das untersucht, was bestimmte praxisrelevante und vom Bildungsdiskurs aufgeladene Begriffe bzw. Arbeitsformen, wie „Projektunterricht", „offene Angebote" oder „Hausaufgabenbetreuung" in ihrer Qualität ausmacht, kann so allerdings nicht entwickelt werden. Zudem hat sich die Forschung bisher zumeist nicht hinreichend differenziert mit schulformspezifischen Aspekten der Ganztagsschulentwicklung befasst. Die StEG-Studie stellt zwar z.b. fest, dass es zwischen den Ländern unterschiedliche Grade des Ausbaus von Ganztagsschulen an den jeweiligen Schulformen gebe, differenzieren ihre statistischen Befunde auch nach Grundschule und Sek. I, auf das Gymnasium und seine spezifische Verfasstheit gehen die Analysen aber nicht näher ein. Neben wenigen anderen schulformspezifischen Ganztagsschulforschungen (s. z.B. für die Grundschule Merkens/Schründer-Lenzen/Kuper 2009 oder für den Förderschulbereich Meser/Urban/Werning 2013) bildet das Projekt „Lernkultur- und Unterrichtsentwicklung in Ganztagsschulen" (LUGS) eine Ausnahme, da zwei Gymnasien aus dem ländlichen Raum von Rheinland-Pfalz und Brandenburg zu den untersuchten Schulen des qualitativen Forschungsprojekts (s.a. Rabenstein u.a. 2009) zählen. Das rheinland-pfälzische Gymnasium ist die Schule, an der das in dieser Arbeit präsentierte Material erhoben wurde. Über dieses Projekt hinaus werden aktuell vor allem Beiträge zum Thema Schulzeitverkürzung für alle Schüler*innen am Gymnasium (nicht nur für sogenannte „D-Zug"-Klassen) und Ganztagsschule veröffentlicht. Die vermehrte Forschung zum Thema lässt sich vor dem Hintergrund verstehen, dass sowohl Pädagog*innen als auch Eltern einen sogenannten „Schilderwechsel" befürchten. Gymnasien, die im Zuge von G8 zu Ganztagsschulen werden, stehen nämlich unter dem Verdacht, in diesem Rahmen nicht die reformpädagogischen Ziele umzusetzen, sondern einfach nur Unterricht über den ganzen Tag zu veranstalten, ohne „einen gewissen Ausgleich über den Schultag" zu gewährleisten (Bosse 2009b, S. 85). Ganztagsschule würde quasi als äußere Form bemüht, um in kürzerer Zeit das gleiche „Lernpensum" zu schaffen, ohne den durch sie implizierten Reformansprüchen Rechnung zu tragen.[8]

Hier deutet sich bereits an, dass die reformpädagogischen Forderungen, die vor dem Hintergrund der Einführung von Ganztagsschule gestellt werden, widersprüchliche Erwartungen an das Gymnasium von heute richten. Es erscheint in der bildungspolitischen, aber auch in der erziehungswissenschaftlichen Debatte als in seiner starken Orientierung an der Sache und weniger an ihm teilhabenden Schüler*innen und seiner Monokultur des Unterrichts eher strukturkonservativ. Als „verkopfte Buchschule", die wenig an der Lebenswelt der Schüler*innen orientiert ist. Die reformpädagogisch modernisierten Formate des Ganztagsgeschehens unter der Programmformel der „Öffnung von Schule", in der Schule als rhythmisierter Lebensraum gedacht wird, in dem mit allen Sinnen gelernt wird, könnten bislang eher fremde Praktiken in den gymnasialen Alltag einsickern lassen, was zu Grenzverschiebungen, zu Entgrenzungen führen und bereits bestehende ambivalente Strukturen, wie sie im Wandel des letzten Jahrhunderts herausgebildet haben, weiter verstärken könnte.

2.3. Das Gymnasium im Spiegel empirischer Schulforschung

Abgesehen von den sich aus der aktuellen Diskussion zur Einführung des achtjährigen Gymnasiums ergebenden Studien, gibt es nur wenige für die Fragestellung dieser Arbeit anschlussfähige empirische Forschung zum Thema „Gymnasium und Ganztagsschule" (vgl. aber auch Tillmann 2013). Es erscheint daher sinnvoll, sich der empirischen For-

---

[8] An dieser Stelle kann und muss aber nicht näher auf das Thema eingegangen werden, da es sich bei der im Rahmen der vorliegenden Fallstudie untersuchten Schule nicht um ein G8-Gymnasium handelt, sondern um ein 9-jähriges Gymnasium mit Ganztagsschulangebot.

schung zum Gymnasium und seiner pädagogischen Praxis zu zuwenden, um herauszufinden, welche Beiträge von Interesse für die vorliegende Untersuchung sein können. Die wissenschaftliche Literatur nähert sich mehrheitlich statistisch-deskriptiv dem Thema empirische Gymnasialforschung an (z.B. Kiper 2005; Köllers 2007) und behandelt es meistens unter der Perspektive „Bildungsexpansion und Bildungsungleichheit" (z.B. Ditton 1992; Bos u.a. 2004; Ehmke/Jude 2010). Insgesamt lassen sich zwei Forschungsstränge ausmachen, die in ausgewiesenen Beiträgen das Gymnasium und die an ihm beteiligten Akteur*innen thematisieren:

1. Zum einen sind es Studien, die sich mit dem Wandel der *Schulstruktur*, also der äußeren Verfasstheit des Gymnasiums beschäftigen. Diese haben zumeist ein quantitatives Sample und untersuchen das Abschneiden der Schüler*innen des Gymnasiums in Leistungsvergleichstests, den Zugang und Verbleib am Gymnasium, sowie den Schulstrukturwandel und seine Auswirkungen auf die Akteur*innen.

2. Zum anderen gibt es Studien, die sich mit der *Schulkultur* des Gymnasiums beschäftigen. Z.B. versucht die Forschung zum Unterricht am Gymnasium durch die Befragung der beteiligten Akteur*innen Aussagen über die Qualität des Unterrichts zu treffen (z.B. Bosse 2009a-d). Ein anderer Forschungsstrang benutzt einen Kulturbegriff, der nicht-normativ verwendet wird, da er immer schon das Bestehen einer spezifischen Schulkultur voraussetzt (z.B. Helsper u.a. 2001; Budde 2005; Kramer 2008). Diese Untersuchungen beschreiben Gymnasium im Rahmen qualitativer Designs und versuchen, die Bedeutung bestimmter Haltungen und Handlungen deutlich werden zu lassen.

Eine große Rolle in der empirischen Forschung und auch in der öffentlichen Wahrnehmung des Gymnasiums zum Wandel der Schulstruktur spielen, wie oben bereits erwähnt, Leistungsvergleichstest. Dies ist nicht verwunderlich, da im Zuge des Wandels des Gymnasiums und seiner Legitimationen auch die Leistungserbringung immer stärker in den Aufmerksamkeitsfokus der Akteur*innen gerät.[9] Z.B. im Spiegel der Interpretation Kipers (2005) der PISA-Ergebnisse erscheinen Gymnasiasten als Schüler*innen, die die höchsten Leistungen im Vergleich zu Schüler*innen anderer Schularten in Bezug auf die Kategorien „Wissen" und „Lernstrategien" erbringen (ebd., S. 303) und weniger Brüche in ihrer Schulkarriere haben (weniger Rückstellungen, Wiederholungen etc.). Dennoch lässt sich vermehrt eine Abgabe von Schüler*innen an eine niedrigere Schulform beobachten, die Kiper als „Abwärtsmobilität" (ebd., S. 303) bezeichnet. Das zuvor genannte „gute" Abschneiden des Gymnasiums in bestimmten Bereichen ist daher laut Kiper (ebd., S. 305) wahrscheinlich nicht auf dessen Unterrichtsqualität, sondern auf eine sozial selektierte Schüler*innenschaft zurückzuführen. Köllers (2007) Analyse der PISA 2000-Daten in Bezug auf den „relativen Gymnasialbesuch und mathematische Kompetenz" (S. 16f) ergibt, dass es zwar einen Zusammenhang zwischen Bildungsexpansion und Leistungsergebnis gebe (ebd., S. 17), dass aber auch Ausnahmen identifiziert werden können und kein Nachweis dafür existiere, dass sich die Expansion beispielsweise kostenungünstig auf die Leistungsstärksten auswirke. Die sonstigen Beiträge zur Gymnasialforschung beschäftigen sich im Rahmen internationaler Vergleichsstudien u.a. mit der Analyse von Steuerungselementen, welche im Anschluss an die PISA-Ergebnisse an deutschen Gymnasien installiert wurden.[10]

---

[9] Ich finde es interessant zu beobachten, dass sich seit dem Jahrtausendwechsel verstärkt ein spezifisches Bedingungsgeflecht aufgebaut hat: Laut Helsper kann am Gymnasium ohnehin von einer zunehmenden „Dominanz der individualisierten Leistungserbringung und der universalistischen Leistungsbeurteilung" (2000a, S. 41) gesprochen werden. Es scheint so, dass im Zuge dieser Fokussierung auf Leistung am Gymnasium, Leistungsvergleichsstudien ebenfalls immer mehr an Einfluss auf dessen Struktur und Unterricht gewinnen. Je größer der Einfluss solcher Studien hingegen wird, je stärker wird auch der Druck auf die Akteur*innen, Leistung in das Zentrum ihres Handelns zu stellen. Diese zirkuläre Verstrickung ist m.E. für die Zukunft besonders beobachtenswert.

[10] Kiper (2007) findet beispielsweise heraus, dass die Einführung von Zentralabitur, Kerncurricula und Schulinspektionen nur dann effektiv sind, wenn sich die Lehrer*innen auf heterogene Lerngruppen einstellen, um dann „durch einen guten Unterricht zum Ausgleich sozialer und ethnischer Benachteiligung" (Kiper 2007, S. 89) beitragen zu können.

Wie oben bereits angedeutet, gibt es einige ältere und neuere Studien zu Zugangs- und Verbleibchancen am Gymnasium. Zusammenfassend lauten deren Ergebnisse folgendermaßen:

- die Selektivität des Gymnasiums hat sich leicht entschärft habe
- es gibt weniger frühzeitige Abgänge (finden meistens nach der Orientierungsstufe statt)
- Mädchen beenden heute erfolgreicher das Gymnasium als Jungen
- Kinder aus bildungsfernen Schichten haben deutlich schlechtere Zugangs- und Verbleibchancen am Gymnasium
- es gibt migrationsspezifisch häufigere Schulwechsel
- die außerschulische, privatwirtschaftliche Unterstützung (z.b. in Form von Nachhilfe) steigt weiter an (s. Abedele-Brehm /Liebau 1996, zit. nach Mack 1997), wodurch laut Mack (1997, S. 359) eine „geschönte Bilanz" zustande kommt.

Die nachgewiesenen Ungleichheiten haben u.a. leistungsunabhängige Ursachen, wie z.b. der schichtspezifische Bildungswille in den Familien: Ditton (1992, S.130ff) macht beispielsweise deutlich, dass Bildungsungleichheiten in unserem Schulsystem nicht leistungsbedingt sein müssen. Eher im Gegenteil, deckt Ditton eine Tendenz zur Reproduktion von Bildungsungleichheiten auf, die nur auf der Schichtzugehörigkeit gründet.[11] Ein weiterer Grund für Chancenungleichheit entlang einer schicht- bzw. milieuspezifischen Achse ist die leistungs-

---

[11] Er kommt in seiner Studie zu dem Ergebnis, dass bei Grundschülern mit guten Noten fast alle Eltern aus der Oberschicht ihr Kind auf das Gymnasium schicken wollen. Im Gegensatz dazu beabsichtigen dies nur 38% der Unterschichteltern. Noch stärker zeigt sich der schichtspezifische Bildungswille bei Grundschülern mit durchschnittlichen Noten. Bei fast drei Viertel der mittelmäßigen Oberschichtkinder beabsichtigen die Eltern ihr Kind auf das Gymnasium zu schicken, wohingegen nur 11% der Eltern von Kindern mit vergleichbaren Noten aus der Unterschicht selbiges vorhaben. Grimm (1966, zit. n. Krais, 1996, S.125) und Fend (1974, zit. n. Krais, 1996, S.125) kommen zu ähnlichen Ergebnissen, und erklären diese mit der unterschiedlichen Bildungsferne der Eltern. Diese Bildungsferne führe dazu, „dass der Übertritt in das Gymnasium als eine risikoreiche und für lange Jahre mit einer Fülle von Unwägbarkeiten belastete Entscheidung

unabhängige soziale Auslese im Bildungssystem selbst.[12] In Anlehnung an Hansen und Rolff (1990) beschäftigen sich Habel et al. (1992)
beispielsweise mit der „Gymnasialauslese" (ebd., S. 101). Die Autoren
stellen als Ergebnis fest (ebd., S. 102), dass die Auslese insgesamt ab-
genommen habe. Statistische Ungenauigkeiten entstünden dadurch,
dass sich nicht bestimmen lasse, ob die Schüler*innen, welche in der
Oberstufe ankommen, auch tatsächlich die sind, die neun Jahre zuvor
in dieses Gymnasium eingeschult wurden, da lediglich die Zahlen und
keine Biographien miteinander verglichen würden. Weitere Studien
zum Übergang von Grundschule zum Gymnasium finden sich bei Gar-
lichs/Schmitt 1978, Ditton 2007, Bos u.a. 2004 und Kramer u.a. 2009.

Die Studien von Kramer u.a. (2009) bilden dabei eine innovative Besonderheit, da sich ihr Projekt „Erfolg und Versagen in der Schulkarriere – ein qualitativer Längsschnitt zur biographischen Verarbeitung
schulischer Selektionsereignisse" in Anlehnung an Bourdieu mit den
spezifischen Passungsverhältnissen von Schüler*innen zur Schule beschäftigt, wobei die Biographie der Schüler*innen zum Ausgangspunkt
genommen wird, um zu untersuchen, wie diese zu bestimmten Plat-
zierungen im Gymnasialsystem beiträgt. Sie erforschen in einer rekonstruktiven Zugangsweise, welche „Wechselwirkungen" (ebd., S. 12)
sich zwischen Schülerbiographie und den Selektionsprozessen am

---

angesehen werden muss, als ein Übertritt in eine Bildungswelt zudem, in der die Eltern ihre eigenen Handlungsmöglichkeiten bei eventuell auftretenden Schwierigkeiten als äußerst begrenzt
einschätzen." (Krais 1996, S. 125)

[12] Die LAU-Studie von Lehmann und Peek (1997, zit. n. Geißler 2004, S. 372), die den unterschiedlichen Leistungsstand von Fünftklässlern untersucht und Erklärungsmöglichkeiten im sozialen Umfeld findet, nimmt unter anderem die Notengebung in Grundschulen in den Blick und
kommt zu dem Ergebnis, dass Unterschichtkinder 50% mehr Leistung als Oberschichtkinder erbringen müssen, um eine Empfehlung für das Gymnasium zu erhalten. So mussten in einem Leis-
tungstest im Schnitt 78 Punkte erreicht werden, um eine Empfehlung für das Gymnasium zu erhalten. Differenziert man die Ergebnisse nun nach dem Bildungstand des Vaters fällt auf, dass
Kinder, deren Vater das Abitur erreicht hat, im Schnitt nur 65 Punkte für die Gymnasialempfeh-
lung benötigten. Schüler*innen aus bildungsfernen Familien mussten durchschnittlich 98 Punkte
erreichen, um die gleiche Empfehlung zu erhalten. In den Schülerbeurteilungen der Lehrer*innen spielen also nicht nur Leistung, sondern zu einem erheblichen Anteil auch die soziale Herkunft des Schülers oder der Schülerin eine Rolle.

Gymnasium beobachten lassen, je nachdem, welche ungleiche Ausgangslange für den oder die jeweilige Schüler*in besteht. Sie kommen u.a. zu dem Ergebnis, dass Schüler*innen bereits vor ihrem Eintritt in die Sekundarstufe I einen „impliziten, a-theoretischen Wissensbestand" (ebd., S. 124) über ihre Schülerrolle und darüber haben, ob sie an eine bestimmte Schule „passen" oder nicht. Sie können ebenfalls herausarbeiten, dass diese Vorstellungen (sie nennen es „individuellen Orientierungsrahmen", ebd., S. 13) zwar von den Leistungen in der Grundschule, noch stärker aber von den Bildungserfahrungen der Eltern beeinflusst sind.

Habel u.a. (1992) führen ebenfalls nicht nur quantitative Studien zum Zugang und Verbleib auf dem Gymnasium durch, sondern untersuchen den Zustand der Institution Gymnasium, sowie die Fremd- und Selbstdeutung der in ihr befindlichen Akteur*innen. Die Autoren (ebd., S. 106ff) versuchen das von ihnen festgestellte Desiderat, dass nämlich durch quantitative Forschungsdesigns nur wenig über tatsächliche Verläufe von Gymnasiastenbiographien aussagt werden kann, zu beheben, indem sie die Schullaufbahn von spezifischen Schüler*innen von der siebten bis zur dreizehnten Klasse des Gymnasiums begleiten. Die Autoren erheben zudem Schulleiterinterviews, Gruppengesprächen und Schülerinterviews, um sogenannte „bewegende Bildprogramme" (ebd., S. 117) in ihnen aufzuspüren. Bei den Bildprogrammen handelt es sich um Konstrukte, Sinngehalte, Handlungswissen, Kollektivwissen und Erinnerungen, die die Akteur*innen mit dem Gymnasium und seiner bremischen Reform verbinden.[13] Die Schulleiter*innen lassen sich laut Habel u.a. (1992) dabei unterscheiden in „traditionalistische Leitungen" (S. 118), Leitungen, die „partielle Reformfreude" (S. 120) erkennen lassen und die „Reformer unter den

---

[13] Bremen hat sich einem schulpolitischen Wandlungsprozess unterzogen, an dessen Ziel eigentlich die Einheitsschule stehen sollte, was aber v.a. wegen des Einspruchs von Seiten der Lehrer*innenschaft nicht umgesetzt werden konnte. Dennoch kam es zu einem tiefgreifenden Reformprozess für alle Schulen: In Bremen gibt es zum Zeitpunkt der Erhebung von Habel u.a. (1992) noch zwei Langformgymnasien. Nach einer erneuten Reform im Jahr 2010 sind es im Stadtgebiet Bremen heute 8 Gymnasien gegenüber 33 Oberschulen.

Schulleitern" (S. 121). Ein Verlustempfinden ist jedoch bei allen präsent und eher unbewusst scheint die „Sogkraft des Gymnasium" auch in Bremen ungebrochen. Für das Lehrerkollegium und für die Schüler*innen halten die Autoren fest: „Die früheren Ziele verdämmern und sind jüngeren Generationen nicht deutlich. Neue, pädagogisch relevante und eine Mehrheit der Beteiligten verpflichtende allgemeine Zielprogramme sind empirisch in den Beteiligten kaum erkennbar." (Habel et al. 1992, S. 130).

Im Spiegel der empirischen Forschung zur Schulstruktur des Gymnasiums erscheint diese Schulform als Ort der Selektion bzw. der Verteilung von Lebenschancen. Wie gestaltet sich jedoch die pädagogische Praxis am Gymnasium? Der herkömmliche Unterricht am Gymnasium, erfasst man diesen als Kerngeschehen einer Schulkultur, wird aus Sicht der Wissenschaft zumeist als besonders lebensfern und von den aktuellen gesellschaftlichen Entwicklungen und der Lebenswelt der Schüler*innen getrennt beschrieben (s. z.B. Klieme/Schümer/Knoll 2001). Zudem soll er sich Alltagsbeobachtungen zu Folge – empirische Studien zum Thema gibt es kaum – durch eine Monokultur des Frontalunterrichts auszeichnen (s. z.B. Hage u.a. 1985; Meyer 1987). Weitere fachwissenschaftliche Diskussionen (z.B. Bosse 2009a-d; Köller 2007) werden an dieser Stelle der Studie nicht weiter ausgeführt, sondern finden im Kapitel 6 ihre Würdigung. Die wenigen empirischen Studien zum Unterricht am Gymnasium ergeben zusammengefasst folgenden Befund: „Im Vergleich zu anderen Schulformen erscheint in der gymnasialen Sek I u.a. die Arbeit mit der gesamten Klasse und vor allem das geleitete, entwickelnde Unterrichtsgespräch, das eine relativ hohe Kommunikationsdichte bei ausgeprägter Sach- bzw. Problematisierung gewährleistet, stärker gewichtet." (Habel et al. 1992, S. 96) Auch wenn die Studien von Bosse (2009c) und Köller (2007) diesen Eindruck leicht differenzieren und zeigen, dass der gymnasiale Unterricht auch andere Interaktionsformen zulässt, kann im Zusammenhang des Gymnasiums immer noch von einer „'kognitiv akzentuierten' Unterrichtskultur" (ebd. S. 96) gesprochen werden.

Ein weiterer Forschungsstrang zum Thema „Schulkultur des Gymnasiums" hat sich für die vorliegende Arbeit als besonders anschlussfähig herausgestellt: Die Hallenser Forschungen zu Schulkultur und Schulmythos, in dessen Rahmen auch die oben bereits erwähnten Arbeiten von Kramer et al. (2009) entstanden sind. Helsper et al. (2001) untersuchen die sich nach der Wende etablierende gymnasiale Schullandschaft der neuen Bundesländer und damit ebenfalls eine Form der Transformation des Gymnasiums. Dabei vertreten die Autoren ein „weites Kulturverständnis, in dessen Rahmen die Schulkultur als symbolische Ordnung verstanden wird" (ebd., S. 36). Sie betrachten damit sowohl das makro- und mesopolitische Handeln bildungspolitischer Akteur*innen als auch die Veränderungen auf der Ebene der Einzelschulen. Im Rahmen des Projektes „Institutionelle Transformationsprozesse der Schulkultur an ostdeutschen Gymnasien", welches „mit einem durch Bourdieus bildungssoziologische Theorie geschärften Blick" (Helsper u.a. 2008, S. 216) hermeneutisch-rekonstruktiv Abiturreden, Konferenzszenen und Lehrerinterviews an vier kontrastreichen Gymnasien auswertet, wird die Rekonstruktion der jeweils dominanten Schulkultur zum Forschungsziel erklärt. Eine Kontrastierung z.b. der jeweiligen Transformationsverläufe der Schulen (Helsper et al. 2001, S. 472ff) ergab, dass für alle drei Schulen die Wende ein Bruch darstellte, mit dem Hauptproblem der Herstellung von Kontinuität. Diese wurde nachträglich durch die Orientierung an „BRD-kompatiblen" Entwürfen (ebd., S. 473) oder die „Arbeit an der Reauratisierung, der Restauration oder gar der ‚Exhumierung' alter und ältester Schultraditionen" (ebd., S. 473) herbeigeführt. Bei der Rekonstruktion der jeweiligen Schulkultur der Gymnasien orientierten sie sich unter anderem an der Frage nach dem von den Akteur*innen konstruierten idealen Schülerhabitus und nach der sozialen und biographischen Herkunft der Pädagog*innen. Ein Ergebnis ihrer Studie lautet, dass Jugendliche, je nach Herkunftsmilieu, mehr oder weniger gut „zu dem jeweils institutionell geforderten sekundären Schülerhabitus der jeweiligen Schule [‚passen']" (Helsper 2006, S. 183), was dazu führt, dass ihnen bestimmte Chancen zum sozialen Aufstieg eröffnet, erschwert oder ganz verschlossen werden. Helsper stellt als Gesamtergebnis der Studie fest: „Für den Wandel der Schulkultur kann von einer Universalisierung individualisierter Leistung als schulischem Anspruch mit Entgrenzungs- und Deinstitutionalisierungstendenzen in andere Lebensbereiche gesprochen werden." (ebd., S. 164)

2.4. Zusammenfassung und Herleitung der Fragestellung: Ein kulturtheoretischer Zugang zur Schulkultur und zur pädagogischen Ordnung des Gymnasiums

Im Zentrum der bisherigen Geschichte des Gymnasiums steht, so lässt sich resümieren, das Gymnasium als Ort des institutionalisierten Zulassung zur Hochschule, was bis heute seine Attraktivität ausmacht und seine historische Beständigkeit erklärt. Das Gymnasium erscheint vor dem gezeichneten historischen Hintergrund aber zugleich als „lernende Organisation", die es schon immer verstanden hat, auf die Bedürfnisse ihrer Klientel einzugehen – z.B. in Form einer Pendelbewegung zwischen Ausdifferenzierung und Vereinheitlichung –, und in deren vordergründigem Interesse von jeher nicht die Bildungsfunktion, sondern die Berechtigungsfunktion des Gymnasiums gestanden hat. Der im letzten Jahrhundert einsetzende gesellschaftliche Wandel hat dazu geführt, dass die Selektionshürden niedriger geworden sind und immer mehr Akteur*innen – Eltern, Schüler*innen, aber auch Lehrer*innen – die Möglichkeit wahrnehmen, Teil dieser Klientel zu werden. Denn auch wissenschaftliche Studien belegen das kollektiv geteilte Wissen darüber, dass das Gymnasium den sichersten Weg bietet, um eine Studienberechtigung oder zumindest die Voraussetzung zu erhalten, einen einträglichen Lehrberuf zu ergreifen. Der Besuch des Gymnasiums wird damit, ungeachtet der an ihm seit über 100 Jahren wellenartig geübten Kritik, mehr und mehr zum Normalfall, das Gymnasium selbst zur „Schule der Vielen" (Mack 1997).

Zu Beginn dieses Kapitels konnte gezeigt werden, dass die Bildungsfunktion des Gymnasiums bei den politischen Schulentwicklungsprozessen, die seine äußeren Verfasstheit hervorgebracht haben, selten im Mittelpunkt der Erwägungen stand. Dennoch konnte das Gymnasium bis zur Mitte des letzten Jahrhunderts eine „Aura" als Hüterin von

„bildungsrelevantem Wissens" mit Blickrichtung auf die Universität zunächst erhalten. Die Differenz zwischen Hoch- und Alltagskultur, welche bisher durch die Aura des Gymnasiums, in seiner personalisierten Form des Lehrers als bürgerlichem Milieuvertreter, verbürgt und durch den Unterricht am Gymnasium tradiert wurde, verliert bei den Jugendlichen, aber auch bei den Professionellen an Bedeutung. Die durch die kulturelle Pluralisierung des Gymnasiums und seiner Klientel geweiteten Anerkennungs- und Partizipationsräume eröffnen zudem mehr Planungs- und Gestaltungsmöglichkeiten für Lehrer*innen, was wiederum den Einbezug der Interessen von Schüler*innen an der Sache erleichtert und zugleich notwendig zu machen scheint. Diese „Entbürgerlichung" des Gymnasiums – in Form der Annäherung beider Kulturräume – lässt auf der einen Seite Chancen entstehen: Ein entspanntes Verhältnis zwischen Lehrer*innen und Schüler*innen und ein an Schülerinteressen anschlussfähiges Zeigen der Sache kann die Wahrscheinlichkeit einer nachhaltigen, entwicklungsförderlichen Sachaneignung erhöhen. Die im Unterricht des modernisierten Gymnasiums erweiterten Verhaltens- und Interpretationsspielräume erzeugen aber auch ambivalente Anforderungen an die Akteur*innen: Professionelles Lehrerhandeln wird zur Aushandlungssache, wodurch der Begründungs- und Entscheidungsdruck wächst und erhöhte Anforderungen an die Selbstregulierung und Selbstdisziplin der Schüler*innen gestellt werden. Als besonders bedeutsam erscheinen daher im Zusammenhang mit der zunehmenden Heterogenität sowohl der Lehrer- als auch der Schüler*innenschaft am Gymnasium die Erforschung eines möglicherweise mit diesem Phänomen einhergehenden Wandels im Sachumgang und ein flankierendes verändertes Verhältnis von Sache und Person.

Obwohl sich das Gymnasium in den letzten 50 Jahren von außen betrachtet erkennbar gewandelt hat, bleibt die Kritik an seinem „Inneren" bestehen. Nicht nur das Festhalten am Gymnasium und damit am gegliederten Schulsystem und seinem selektiven Zugang stehen im Mittelpunkt der anhaltenden Strukturdebatte, auch das Gymnasium selbst und seine pädagogische Praxis wird kritisiert. Im gymnasialen

Unterricht würden die Schüler*innen, trotz der beschriebenen institutionellen Öffnung, immer noch zu sehr als „kognitive Fachleister"
adressiert, was eine zu geringe Durchdringung des Sachgegenstandes
zur Folge hätte. Diese Lernkultur der mangelnden Schüler*innen- und
Außenorientierung sei, so die Kritik, selbstbezüglich und daher wenig
lern- und entwicklungsförderlich (s. z.B. Mack 1997). Die Umstellung
auf ein ganztägiges Förderkonzept mit seinen unterschiedlichen Lernformaten verspricht dagegen Kompensationsmöglichkeiten. Das zur
Ganztagsschule modernisierte Gymnasium soll sich nach innen und
außen öffnen, zeitgleich zum Lern- und Lebensort werden. Die Separierung der Schule zu einer eigenlogisch operierenden Institution
wird in dieser Konstruktion defizitär als künstliches Arrangement
konnotiert und als Schwundform des authentischen Lebens außerhalb
der Schule diametral entgegengesetzt. Der Erkenntnisstand darüber,
was genau in den ganztagsschulspezifischen Settings am Gymnasium
passiert und was diese mit den an ihnen partizipierenden Heranwach-
senden jeweils „machen", bleiben bislang eher theoretisch als empirisch begründet. Für die Forschung zum Gymnasium kann festgehalten werden, dass sich die Autor*innen scheinbar häufig dazu gezwungen sehen, ein Votum pro oder kontra Gymnasium abzugeben,
wodurch eventuell die Unmöglichkeit entsteht, über Gymnasium zu
sprechen. Eine Lösungsmöglichkeit bietet die ethnomethodologische
Perspektive, wie sie auch Helsper, Kramer u.a. einnehmen, die das Feld
zunächst verstehen und seine Mechanismen offenlegen will, ohne an
sich selbst den Anspruch zu stellen, diese Beobachtungen in ein Wer-
tesystem einzuordnen. Eine Rekonstruktion des Unterrichts speziell
am Gymnasium als Vermittlungsgeschehen von Sache und Person
steht aber weitgehend noch aus. Die ethnographischen Forschungen
zum „Schülerjob" (Breidenstein 2006) und der „Bewertungspraxis am
Gymnasium" (Zaborowski/Meier/Breidenstein 2011) beobachten
zwar die Unterrichtspraxis am Gymnasium unter schülerzentrierter
Perspektive, beziehen ihre Befunde aber nicht oder nur am Rande auf
die Schulform und den verhandelten Unterrichtsgegenstand.

An dieser Stelle lässt sich ein klares Desiderat im Forschungsstand
zum Gymnasium ausmachen: Es wurde bisher kaum untersucht, wie

Schüler*innen in der konkreten Unterrichtspraxis durch Schule, Lehrer*innen, die Sache selbst und den ihr beigeordneten Artefakten als Gymnasiasten adressiert werden und welche Rolle dabei der gymnasiale Habitus spielt. Die Hallenser Schulkulturforschung leistet einen großen Beitrag zur empirischen Erforschung des Gymnasiums, aber auch zu seiner schultheoretischen Erfassung. Das Unterrichtsgeschehen selbst, welches immer ein Wechselverhältnis von Sache und Person beinhaltet, die zur Bestimmung der am Gymnasium stattfindenden Subjektivierungsprozesse zentral erscheinen, gerät bisher in der empirischen Forschung aber kaum in den Blick. Die vorliegende Fallstudie interessiert sich nun genau für diese Subjektivierungspraktiken an einem modernisierten Gymnasium. Das zur Ganztagsschule expandierte Gymnasium bietet dabei mit seinen neu hinzugekommenen Angeboten ein hervorragendes Forschungsfeld, um den Sachumgang in den jeweiligen Formaten zu untersuchen. Im Zuge der Bearbeitung dieses Falles soll Unterricht dabei nicht nur als Ort der Sozialisation, sondern auch als gegenstandsbezogenes Arrangement in den Blick geraten. Für dieses Forschungsinteresse und diese spezifische Beobachtungsperspektive bieten sich ein praxistheoretisches Verständnis von Kultur und ein praxistheoretischer Zugang zur Kultur des Gymnasiums an. Durch Ganztagsschule kommen neue Unterrichtsformate zu den traditionellen des Gymnasiums hinzu. Diese Unterrichtsformate, so kann angenommen werden, bringen einen veränderten pädagogischen Sachumgang hervor, der wiederum auf die Subjekte einwirkt und den Schüler*innen eine bestimmte Position zuweist. Dieser Sachumgang am „modernisierten" Gymnasium hat immer auch eine bestimmte Materialität, der bisher wenig in den Beobachtungsfokus der Schulkulturforschung geraten ist (vgl. aber bspw. Priem/König/Casale 2012; Röhl 2013; Reh u.a. 2014).

Der theoretische und methodologische Rahmen, wie er auf den folgenden Seiten der vorliegenden Studie entfaltet wird, orientiert sich deshalb an einem Begriff von Lernkultur (s. z.B. Kolbe u.a. 2008; Reh u.a. 2014), der im Gegensatz zu normativen Lesarten des Lernkulturbegriffs, wie sie unter dem Schlagwort der „Neuen Lernkultur" (z.B. Gasser 1999) kursieren, ein deskriptiv-ethnographisch, praxistheoretisch begründeten Kulturbegriff in Ansatz bringt. Jede Schule besitzt dem-nach immer schon eine Lernkultur, die im Vollzug sozialer Praktiken hervorgebracht wird und so den Schüler*innen Kontexte der Entwick-lung von Subjektivität ermöglicht. Lernkulturanalyse und Subjektana-lyse können miteinander verknüpft werden, d.h. die pädagogischen Praktiken des Hervorbringens einer Lernkultur können auch als Prak-tiken der Subjektivierung gelesen werden. Im Rahmen dieser Arbeit wird bewusst auf die Verwendung des Bergriffs der Sozialisation zu-gunsten des Begriffs Subjektivierung (Foucaults 1987) verzichtet. Der Begriff Subjektivierung macht deutlich, dass man es in Schule mit his-torisch kontingenten Praktiken zu tun hat, in denen die Subjekte Ver-hältnisse zu sich selbst, zu anderen und zur Welt bilden. Das autonome Subjekt, wie es im Diskurs der Sozialisationstheorie konstruiert wird, wird hier nicht als der Lernkultur und den Praktiken vorgängig ge-dacht, sondern beide sind gleichursprünglich, nichts Gegensätzliches, sondern ineinander verwobene Ereignisse und Prozesse. Im An-schluss an Foucault muss dann gefragt werden, wie in den institutio-nell präformierten schulischen Machtverhältnissen – Macht hier ver-standen als produktive Kraft – Wissensordnungen entstehen, die zugleich Subjekte unterwerfen und ermächtigen. Für den Umgang mit der Person sind sie dabei als ein Geschehen von Anerkennung (Ricken 2009a) zu thematisieren, in welchem Individuen höchst ambivalent sich und andere als jemand ansprechen, also personal adressieren. Das Subjekt zeichnet sich somit durch eine doppelte Struktur aus: Das Subjekt muss sich der kulturellen Ordnung unterwerfen, um aner-kennbar zu sein. Untersucht werden muss deshalb laut Reckwitz (2003, 2006, 2007 und 2008) also die Art und Weise, wie das Subjekt durch performative Praktiken als ein spezifisches entworfen wird. Im vorliegenden Fall als gymnasiales Subjekt.

Es geht in der vorliegenden Arbeit also lernkulturtheoretisch formu-liert um die Fragen, wie

1. im übergreifenden Prozess personaler Zuschreibungen zwischen den Beteiligten und in der Kooperation im Umgang mit der Lernsa-che die zentralen Praktiken strukturiert sind, vor allem in den

durch Ganztagsschule am Gymnasium neu hinzugekommen Angeboten, und
2. welche Folgen das für mögliche Aneignungs- und Subjektivierungsprozesse der Adressaten hat. Aus einer kulturtheoretischen
Perspektive heraus soll dann der Frage nachgegangen werden, wie
sich an einem Ganztagsgymnasium Positionierungen spezifischer
Subjektformen zeigen.

Vor dem Hintergrund der oben genannten Kritik und der konstatier-
ten Differenz zwischen gymnasialem Opportunismus bzw. Pragmatis-
mus und einer emphatisch-reformpädagogischen Vorstellung von
ganztägigem Lernen, lässt sich die Frage stellen, ob die Transformation zum ganztägigen Gymnasium tatsächlich die angenommenen Defizite kompensiert, die alte Lernkultur nur weiter fortgeführt oder bereits vorhandene paradoxen Phänomene vor dem Hintergrund der
unreflektierten Übernahme geforderter Grenzverschiebungen gar
eine Steigerung erfahren lässt. Die vorliegende Arbeit interessiert sich
nun speziell dafür, was konkret an einem Gymnasium geschieht, das
sich dazu entschlossen hat, ganztagsschulische Angebote bereit zu
stellen: Wie lässt sich die Schulkultur eines Gymnasiums vor dem Hintergrund der Transformation zur Ganztagsschule beschreiben? Wie
findet Lernen an einem modernisierten Ganztags-Gymnasium statt?
Welche Aussagen können also über die spezifische Lernkultur getroffen werden? Was macht dieser möglicherweise veränderte/moderni-
sierte Sachumgang mit den Subjekten? Wie wird also die pädagogische
Ordnung durch ganztagschulspezifische Angebote verschoben?

3. Schulkultur- und Lernkulturtheorie als theoretischer Bezugsrahmen

Die Beantwortung der oben genannten Fragen und die Hypothese, dass neben der zunehmenden Heterogenität sowohl der Lehrer- als auch der Schüler*innenschaft die Erforschung eines möglicherweise mit diesem Phänomen einhergehenden Wandels im Sachumgang als besonders relevant für ein Verstehen des modernisierten Gymnasiums erscheint, macht einen spezifischen theoretischen Zugang zum Feld erforderlich. Wie der skizzenhafte Überblick zu den in Kapitel 2 dargestellten Forschungsergebnissen zeigt, wird das Thema „Gymnasien als Ganztagsschulen" in der bildungspolitischen und erziehungswissenschaftlichen Diskussion der letzten Jahre in erster Linie aus einer schulstrukturellen Perspektive thematisiert. Die Entwicklungsräume für die Veränderung der gymnasialen Bildungsarbeit, die sich im Zusammenhang mit Schul- und Unterrichtsentwicklungsprozessen in Ganztagsgymnasien auftun, die „schulkulturelle Ebene", werden weniger fokussiert. Dennoch ist es sinnvoll, sich auf der Meso- und Mikroebene mit ganztagsschulischen Angeboten zu beschäftigen, z.B. vor dem Hintergrund, dass erste Langzeitstudien darauf hinweisen, dass v.a. die Qualität dieser Angebote und nicht so sehr die lediglich Teilnahme für einen Kompetenzzuwachs bei Schüler*innen in der Sek. I entscheidend sind (StEG-Konsortium 2016, S. 24 ff.).

An diesem Desiderat setzt die vorliegende Arbeit an, in deren Mittelpunkt das Verstehen der Schulkultur eines spezifischen Falls von Gymnasium steht. Dazu wird im Anschluss an Helsper u.a. (z.B. Helsper 2000a und 2001, Kramer 2002) ein nicht-normativ gewendeten Kulturbegriff in Gebrauch genommen, der sich abgrenzt z.B. von dem Schulkulturbegriff, wie er in bekannten Schulentwicklungstheorien (s. Fend 1986) verwendet wird, die in einer streckenweisen Gleichsetzung von Schulkultur und Schulklima davon ausgehen, dass „gute" Schulen eine hohe Schulqualität im Sinne einer positiven Schul- und Lernkultur besitzen, während „schlechte" Schulen sich durch kulturelle Defizite auszeichnen (vgl. Idel/Stelmaszyk 2015). Dagegen ver-

steht die Hallenser Schulkulturtheorie Kultur nicht normativ, wodurch sich m.E. schulischer Wandel angemessen theoretisch und empirisch erfassen lässt. Für die vorliegende Arbeit von besonderem Interesse ist die Tatsache, dass sich die Hallenser Schulkulturtheorie
zwar auf Schule generell bezieht, aber in einem Forschungszusam-
menhang entstand, der v.a. die *gymnasiale* Schulkultur näher in den
Blick genommen hat. Auch wenn deren Fokus auf die Einzelschule gerichtet ist, wird das individuelle Handeln der schulischen Akteur*innen als sozial in ein mikropolitisches Feld eingebettet verstanden (vgl.
Helsper u.a. 2001, S. 28). In Form einer „qualitativen Mehrebenenanalyse" (s. z.B. Hummrich/Kramer 2011, S. 109) verweist sie auch methodologisch differenziert auf unterschiedliche Ebenen sozialer Wirklichkeit. Die Schulkulturtheorie lässt sich damit als basale Schultheorie
lesen (vgl. Idel/Stelmaszyk 2015), der es „grundlegend um die Frage
nach den Sozialisationsleitungen der Schule" (Kramer 2002, S. 11)
geht. In der Empirie, aber auch in der schultheoretischen Verfasstheit
des Hallenser Schulkulturbegriffs, geraten v.a. die in sprachlichen Interaktionen verhandelten Vorstellungen zu Schule und ihre schülerbi-
ographische Wirkungsmächtigkeit in den Blick. Was kaum in den Fokus gerät, ist der konkrete Unterricht als Vermittlungsgeschehen und
damit die Sache, über die in Schule verhandelt wird. Die „Dinge" des
gymnasialen Alltags, also die Bildungsinhalte bzw. die spezifische
Form des gymnasialen Umgangs mit der Sache, spielen m.E. aber eine
eine besondere Rolle und insistieren auf eine spezifische Betrachtung.

Ein zweiter, ergänzender theoretischer Zugang erscheint daher für
eine angemessen Beschreibung und Analyse der Forschungsgegen-
standes erforderlich: *Die Lernkulturtheorie* (vgl. Kolbe u.a. 2008;
Reh/Rabenstein/Idel 2011; Reh/Rabenstein 2013; Idel/Raben-
stein/Reh 2013; Idel 2013; Reh/Idel u.a. 2014), verstanden als Unterrichtstheorie, begreift über die Schulkulturtheorie hinaus schulische
Akteur*innen als sich sprachlich und körperlich Zeigende, „die sich auf
sich selbst, aufeinander und auf Dinge beziehen" (Kolbe u.a. 2008, S.
128), wodurch pädagogische Praktiken in ganz konkreten lernkulturellen Arrangements identifiziert und analysiert werden können. Im
Umgang mit der Sache zeigt sich nämlich deren gymnasiale Relevanz

und ein mit ihr verbundener gymnasialer Bildungsmythos. Durch das Zeigen der als gymnasial verstandenen Sache werden wiederum die schulischen Akteur*innen zu gymnasialen subjektiviert. „Praktiken als Konzept für das pädagogisch Wirksame einer Lernkultur zu begreifen, hat die Pointe, Lehren und Lernen als sichtbare Tätigkeiten zu fokussieren und – methodologisch gesehen – als körperliche und sprachliche Vollzüge ethnographisch zu beschreiben, in denen sich in sozialen Situationen sequenziell Sinn aufbaut und Lerngelegenheiten hervorgebracht werden." (Idel 2013, S. 155)

Beide erziehungswissenschaftliche Ansätze und die sich aus ihnen ergebenden Methodologien bilden im Rahmen dieser Arbeit eine Heuristik, eine „Theoriebrille", mit deren Hilfe ein bestimmter Fall von Gymnasium untersucht werden soll. Eine Theorieintegration ist insoweit legitim, da beiden Ansätzen – in Bezugnahme auf Schatzki (1996 und 2001), Reckwitz (2000 und 2003) und andere praxistheoretische Überlegungen – ein nicht-normativer, beschreibend-formaler Kulturbegriff zu Grunde liegt. Sie verpflichten sich auf einen „cultural turn" und verstehen sich damit „als Beitrag zu einer reflexiven, kulturwissenschaftlich orientierten Pädagogik" (Kolbe u.a. 2008, S. 128).

3.1. Schulkulturtheorie als Heuristik gymnasialer Transformationsprozesse

Die Schulkulturtheorie entstand in den 1990er Jahren im Rahmen des DFG-Projekts „Institutionelle Transformationsprozesse der Schulkultur an ostdeutschen Gymnasien"[14], in dessen Zentrum die Erforschung der sich nach der Wende etablierenden gymnasialen Schullandschaft der neuen Bundesländer und damit ebenfalls eine Form der Transformation des Gymnasiums stand. Ziel des Projektes war auf der einen

---

[14]Projektleitung: Prof. Dr. Werner Helsper, wissenschaftliche Mitarbeiter: Jeanette Böhme, Rolf-Torsten Kramer, Angelika Lingkost

Seite die Rekonstruktion[15], der durch das Handeln der schulischen Akteur*innen in der Auseinandersetzung mit den einzelschulspezifischen Transformationsentwicklungen jeweils entstandenen dominanten Schulkultur. Auf der anderen Seite wurde untersucht, welchen Entwurf eines als ideal vorgestellten Schüler*innenhabitus die jeweils entstandene symbolische Ordnung der jeweiligen Schule beinhaltet und welche Konsequenzen sich in der Relationierung für das Schüler*innensubjekt aus einer Institutionsnähe oder -ferne der tatsächlichen Lebensform ergeben (vgl. Helsper u.a. 2001). Als Analyseinstrument für Transformationsprozesse hat die Forschergruppe um Werner Helsper flankierend zur empirischen Datenerhebung eine Schulkulturtheorie in Ansatz gebracht. Dieser Schulkulturansatz wurde nach Beendigung des Vorhabens im Rahmen nachfolgender Projekte und Qualifikationsarbeiten ständig weiterentwickelt und empirisch erprobt. Er kann daher an dieser Stelle nicht in seiner ganzen Komplexität entfaltet werden, sondern es können nur einzelne Aspekte zur Sprache kommen, die dem grundlegenden Verständnis der Theorie dienen und die klären sollen, inwiefern der Ansatz für die Bearbeitung der zentralen Fragestellungen der vorliegenden Arbeit ertragreich ist.

In Abgrenzung zu anderen Schulkulturbegriffen bestimmen Helsper u. a. (2001) in ihrem Entwurf einer Theorie der Schulkultur „Kultur" aus einer analytischen Perspektive als nicht normativ (s.o.) und befinden, dass jede Schule ihre eigene Schulkultur habe (ebd., S. 18). Sie grenzen sich zudem von einer Schulkulturforschung ab, die Schulkultur in einer eher ganzheitlichen Betrachtungsweise als „sinnhafte Erschließung der Alltagspraxen, Rituale, Interaktionsformen, Symboliken, außeralltäglichen Ereignissen (z.B. Feste) in der Spannung formeller und informeller Ebenen einer Schule" (ebd., S. 19) sieht. Die Hallenser Forschergruppe nimmt folgende Probleme an dieser Perspektive wahr: Das Untersuchungsfeld erscheint sehr weit, da nicht mehr klar zwischen Schule und Schulkultur unterschieden werden kann. Zweitens

---

[15] Rekonstruktion bedeutet hier, die hermeneutisch-rekonstruktiver Auswertungen von Abiturreden, Konferenzszenen und Lehrerinterviews an vier kontrastreichen Gymnasien.

kann die Akteur*innenperspektive kaum beachtet werden und drittens wird unter dem Begriff der „Schulkultur" eine innere Homogenität der Schule fingiert. Sie plädieren daher in Anlehnung an Reckwitz für einen „differenzierungstheoretischen Kulturbegriff" (Helsper 2008b, S. 64).

3.1.1. Der Hallenser „Schulkulturbegriff"

Die Hallenser Forschergruppe versteht zusammengefasst unter dem Begriff Schulkulturen „symbolische, sinnstrukturierte Ordnungen der einzelnen Schulen, die von den schulischen Akteuren in der Auseinandersetzung mit äußeren Strukturvorgaben konkret ausgestaltet werden" (Helsper 2000a, S. 35). Sie sehen „Schulkultur als Ergebnis institutionalisierenden Handelns der schulischen Akteure in Strukturrahmungen" und „der kollektiven und individuellen Auseinandersetzungen und Interaktionen der schulischen Akteure mit äußeren Vorgaben" (Helsper u.a. 2001, S. 21) – z.B. bildungspolitische Entscheidungen und historische, bauliche oder organisatorische Rahmenbedingungen, welche in die Schulkultur mit einwirken. Sie differenzieren zwischen dem Begriff „Schulkultur", der das makro- und mesopolitische Handeln bildungspolitischer Akteur*innen bezeichnet, und dem Begriff „Schulkulturen", der Veränderungen auf der Ebene der Einzelschulen beschreibt. Sowohl die innere als auch die äußere Schulentwicklung müsse demnach bei der Beschreibung einer spezifischen Schulkultur in den Beobachtungsfokus geraten, da sie nicht nur von den Akteur*innen vor Ort gestaltet wird. Betrachtet werden daher die von den Akteur*innen innerhalb der Schulkultur generierten Sinnstrukturen und deren Auseinandersetzung mit den vorgegebenen sozialen und organisatorischen Strukturen, denen immer schon Antinomien[16] innewohnen.

---

[16] Im Rahmen seiner strukturtheoretischen Professionstheorie sieht Helsper Antinomien „auf der Ebene einer idealtypischen Rekonstruktion des Lehrerhandelns angesiedelt, wo sie Gegensatzpaare bzw. idealtypische, einander widersprechende Anforderungen darstellen, die gleichermaßen relevant sind und Ansprüche auf Gültigkeit erheben können." (Helsper 2004, S. 61)

Helsper u.a. (2001) verstehen im Rahmen ihres weiten Kulturver-
ständnisses Schulkultur als symbolische Ordnung, „als sinnstruktu-
riertes Gefüge von Werten, Normen, Regeln und Erwartungen, in der
Spannung von Realem, Symbolischen und Imaginären" (ebd., S. 36).
Das *Reale* bezeichnet die gesellschaftliche, bildungspolitische, historische, bauliche und organisatorische Rahmung, die jede einzelne
Schule vorstrukturiert. Es meint die spezifisch ausgeformte, latente
Strukturproblematik, mit der sich jede schulische Praxis auseinandersetzen muss. Damit sind die übergreifenden Strukturvorgaben, also
der „harte Fels" (ebd, S. 553) gemeint, auf den die Handelnden stoßen
und der in ihre spezifische Ordnung hineinragt. Dieser besteht auf der
einen Seite aus den konstitutiven Antinomien des pädagogischen Handelns (s. Helsper 2000b, 2002 und 2004) und auf der anderen Seite
aus den Strukturprinzipien des Bildungssystems. Die sich ergebenden
Strukturprobleme – so die Annahme – können von den Akteur*innen
nicht aufgehoben, sondern nur bearbeitet werden. Das *Symbolische*
beinhaltet die Interaktions- und Kommunikationsprozesse im Rahmen der Ausgestaltung von Schule, mit denen die Akteur*innen auf
verschiedene Weise das Reale bearbeiten. Auf der Ebene der konkreten Handlungen geraten bei Helsper u.a. (2001) v.a. Partizipations-
und Anerkennungsverhältnisse in der Praxis des Schulhaltens, aber
auch der jeweilige Schüler*innenhabitus in den Blick. Aus den Struk-
turvarianten, die sich aus dem je spezifischen Umgang mit der Unterrichtspraxis[17] rekonstruieren lassen, können nun Fallstrukturgesetz-
lichkeiten abgeleitet werden. Das *Imaginäre* wiederum meint das
Selbstverständnis der Institution, in Form des Symbolischen und dessen Idealkonstruktionen, wie sie sich z.B. in einem „Schulmythos" ma-
nifestieren. Es beinhaltet das kollektive, dominante Wissen darüber,
wie sich z.B. gelingende Bildung und das ideale Schüler*innensubjekt
vorgestellt wird. „Diese Idealisierungen sind dort umso dringender,
wo angesichts von Ungewissheit, Kontingenz und der Zuspitzung von

---

[17] „Dazu zählen die Formen, die Regeln und Rituale des Unterrichts, die Unterrichtsinhalte, Arbeitsmaterialien im Zusammenhang der Fächer, aber auch Praktiken der Kontrolle, der Beurteilung, des Strafens, der moralischen Rechenschaftslegung etc." (Helsper 2008, S. 69)

Entscheidungszwang und Begründungspflicht eine gesteigerte Lebenspraxis generiert wird, wie dies für das pädagogische Handeln in der Schule anzunehmen ist." (Kramer 2002, S. 257) Helsper u.a. (2001) sprechen in diesem Zusammenhang von der „übergreifenden Stiftung pädagogischen Sinns" (ebd., S. 554). „Diese mythischen Konstruktionen erfüllen damit einerseits deutlich funktionale Kriterien der Selbsttreferenz, ermöglichen pädagogisches Handeln. [...] Andererseits verbirgt gerade diese Formung des Unsagbaren reale Strukturprobleme, trägt zur Verschleierung von Herrschaftsverhältnissen sowie zur Legitimation symbolischer Gewalt bei und kann darüber neue Konfliktpotenziale für das Handeln bereitstellen." (ebd.). Das schulisch Reale würde meistens von den Akteur*innen verkannt und als gelöst angesehen, wodurch innerschulische Strukturprobleme dethematisiert und nach außen verlagert würden. Damit würde „das Reale der Schule zum gesellschaftlichen Realen verschoben und innerschulisch durch das Imaginäre ersetzt" (ebd., S. 555).[18]

Für die Hallenser Forschergruppe bedeutet also die Rekonstruktion der Schulkultur die Erschließung des Verhältnisses zwischen Realem, Symbolischem und Imaginärem und der sich daraus ergebenden Antinomien. Dabei geht die Forschergruppe nicht davon aus, dass es *die*

---

[18] Helsper u.a. postulieren dass diese drei Ebenen wiederum in vier Dimensionen, die eine Schulkultur maßgeblich auszeichnet (Helsper u.a. 2001), ihren Niederschlag finden: Die *Leistungsdimension* beschreibt *erstens* die selektive Codierung mit der die jeweilige Schule auf die „sozial konstituierte Struktur des Bildungssystems" (ebd., S. 36) reagiert. Diese Dimension ist unaufhebbar und hängt eng mit dem jeweils „spezifisch favorisiertem Jugendhabitus" (ebd.) zusammen. Die *zweite* Dimension jeder Schulkultur ist die der vermittelten *Inhalte*, die eine Auswahl aus einem soziokulturellen Wissensvorrat, die Bezugnahme auf bestimmte fachkulturelle Traditionen und damit „unterschiedliche Modi universitärer und beruflicher Einsozialisation" beinhaltet (ebd.). Neben (*drittens*) den *Pädagogischen Orientierungen*, also den schulischen Werten und Normen und damit den „unterrichtsrelevante Vorstellungen" und „professionelle Deutungsmuster zu Erziehung" (ebd.) (die miteinander in Spannungsverhältnis stehen können), sind es vor allem und *viertens* die *Partizipationsmöglichkeiten* an einer Schule, die gleichzeitig Schulkultur auszeichnen und hervorbringen. Gute Partizipationsbeziehungen zwischen Leitung und Kollegium, wie auch zwischen Lehrer*innen bzw. Lehrer*innen und anderen Professionen bedingen in der Vorstellung der Autor*innen die Möglichkeit der Partizipation von Schüler*innen. Eine mangelnde Anerkennung bedroht dagegen die soziale Integrität eines jeden schulischen Akteurs bzw. einer jeden schulischen Akteurin (ebd.).

Schulkultur einer Einzelschule gibt, sondern sie spricht von „dominanten Strukturmomenten" (ebd., S. 26), die „ein Feld von spezifisch ausgeprägten exzellenten, legitimen, tolerablen, marginalen und tabuisierten kulturellen Ausdrucksgestalten, Handlungen und Lebensformen" (ebd., S. 26) erzeugen. Die Schulkultur jeder Schule unterliegt immer auch einem Wandel im Rahmen der Auseinandersetzung von Lehrer*innen-, Eltern- und Schüler*innenschaft, in deren Anschluss sich bestimmte pädagogische Orientierungen durchsetzen. „Wenn die Schulkultur als Sinnordnung konzipiert wird, die durch die handelnde Auseinandersetzung der schulischen Akteuren mit den übergreifenden Strukturproblemen zustande kommt, dann lässt sich dies im Horizont eines Kampfes um die Anerkennung und Distinktion kultureller Ordnungen des Pädagogischen begreifen." (Helsper 2008, S. 71) Diese kulturellen Ordnungen dürfen jedoch nicht für die ganze Schulkultur homogenisiert werden. Es gibt immer mehrere Lehrergruppierungen, die ihrerseits für differente Problemlösungen stehen, wodurch sich meistens aber Dominanzmuster herausbilden (ebd., S. 73). Größere Machtressourcen führen daher dazu, dass es mehr Möglichkeiten gibt, eine spezifische soziale Ordnung durchzusetzen, wobei die Schüler*innen am wenigsten diejenigen sind, die hegemoniale Strukturen hervorbringen. Für diese bestehen milieubedingt unterschiedliche Ausgangslagen, die einzelschulspezifisch mehr oder weniger gut integrierbar sind (vgl. Kramer 2002, S. 226).

Helsper u.a. (2001) gehen nämlich in Anschluss an Bourdieu[19] davon aus, dass am Gymnasium die sekundären Habituskonzepte der Schule

---

[19] Ausgangspunkt der Theorie Bourdieus (s. z.B. Bourdieu 1982 und 1992) ist „die Konzeption der sozialen Welt in Form eines mehrdimensionalen Raumes, dem bestimmte Unterscheidungs- und Verteilungsprinzipien zugrunde liegen" (Kramer 2002, S. 288). Unter „sozialem Raum" versteht Bourdieu ein Distinktionsgeschehen: Verschiedene gesellschaftliche Gruppen sind darum bemüht, ihre Stellung im sozialen Raum zu verbessern. Dieses Aufstiegsvorhaben ist allerdings mit einem hohen Kraft- bzw. Zeitaufwand verbunden. Die Stellung der Einzelnen im sozialen Raum ist vom Lebensstil der jeweiligen Person und ihrem ökonomischen, kulturellen (inkorporiert z.B. als Bildung oder objektiviert z.B. in Form materieller Kulturgütern) und sozialen Kapital (Besitz eines dauerhaften Netzes von Beziehungen) abhängig. Die gesellschaftlichen Klassenunterschiede entstehen nämlich durch ökonomische und symbolische Gewalt und das Gesamt an

auf die primären Habituskonzepte der Schüler*innen treffen, die zusammenpassen können oder auch nicht. Die Forscher*innengruppe fragt demnach „mit einem durch Bourdieus bildungssoziologische Theorie geschärften Blick [...], wie mit besten pädagogischen Absichten Unterscheidungen gemacht werden und wie die so Unterschiedenen ihrerseits zum Unterscheiden angeleitet werden." (Helper u.a. 2008, S. 216). So bilden sich spezifische Schulkulturen heraus, „die für Schüler aus verschiedenen Milieus unterschiedliche Möglichkeitsräume bieten, ihre Sinnmuster mit den schulkulturellen Sinnentwürfen und Lernkulturen zu verbinden." (ebd., S. 73), wodurch für bestimmte Schüler*innensubjekte Lernchancen eröffnet bzw. geschlossen werden. „Die jeweils dominanten einzelschulspezifischen Strukturen und der dominante Schulmythos erzeugen ein Feld von spezifisch ausgeprägten exzellenten, legitimen, tolerablen, marginalen und tabuisierten kulturellen Ausdrucksgestalten, Haltungen und Lebensformen. Damit bietet das Feld der jeweiligen Schule für Schülergruppen aus unterschiedlichen Herkunftsmilieus und mit unterschiedlichen Lebensstilen divergierende Bedingungen für die Artikulation und die Anerkennung ihres Selbst im Rahmen schulischer Bewährungssituationen und Bildungsverläufe." (Helper u.a. 2001, S. 26) Die Autor*innen sprechen in diesem Zusammenhang von einer „profilbezogenen Selektion" (ebd., S. 597), da nicht jede Form der Lebensführung mit den Rollenanforderungen, wie man sie an Schule vorfindet, zusammengeht. Helper nennt diesen Zusammenhang eine „Institutionen-Milieu-Verschränkung" (Helper u.a 2001, S. 598): je mehr es einer Schule gelingt, eine bestimmte Lehrer*innenschaft, mit spezifischen Haltungen und Vorstellungen zum Schüler*innenhabitus,

---

Arbeit, dass in die Anhäufung und Umwandlung verschiedener Kapitalarten investiert wird. Den Begriff des „Habitus" versteht Bourdieu als Vermittlungsglied zwischen der Stellung im sozialen Raum und dem für die jeweilige Position typischen Lebensstil, den Praktiken und Vorlieben, die von einer Person in dieser Stellung erwartet werden. Er ist damit ein System von Grenzen und eine Lebensform, die über die gesamte Existenz erhalten und entwickelt wird. Er kann im Rahmen sozialer Auf- bzw. Abstiegsprozesse „verstärkt", aber auch in Grenzen verändert werden, wenn sich Chancen bieten. Eine Veränderung der Position im sozialen Raum führt so auch zur Veränderung des Lebensstils.

aus einem bestimmten Milieu zu rekrutieren, je stärker ist die Kopp-
lung zwischen Schule und Milieu und einem damit verbundenen Schul-
erfolg. „Dann bilden sich schulische Institutionen-Milieu-Komplexe,
deren imaginäre pädagogische Sinnstrukturen Homologien mit habituellen milieuspezifischen Sinnfigurationen aufweisen" (Helsper
2006, S. 183), so dass bestimmte Schüler*innen nun mehr oder weniger gut zu der jeweiligen Schule „passen". Entscheidend beim Passungsverhältnis von Schüler*innen und Schule sind demnach die jeweiligen Traditions- und Gründungslinien, aber auch die „dominante
Anwesenheit von ,Milieuvertretern'" (Helsper u.a. 2001, S. 604).

3.1.2. Schulkulturtheorie als schultheoretischer
Bezugsrahmen und ihre Weiterführung

Während Helsper u.a. das Gymnasium und seine (Re-)Etablierung
nach der Wende in den neuen Bundesländern untersuchen, interessiert sich die vorliegende Arbeit für das als „neue Schule der Vielen"
unter Modernisierungsdruck geratene Gymnasium in seiner reformierten Form als Ganztagsschule. Durch die Schulkulturtheorie kann
m.E. der Wandel des Gymnasiums theoretisch und empirisch gefasst
werden: Auch wenn sich diese auf Schule allgemein bezieht, ist sie als
Analyseinstrument für gymnasiale Transformationsprozesse deshalb
besonders anschlussfähig, weil sie sich erkenntnissensibel Transformationsprozessen annähert, diese aber nicht immer schon voraussetzt, sondern auch Schule in ihrer Beharrungskraft zeigen kann (vgl.
Idel/Stelmaszyk 2015). Nachvollziehbar erscheint m.E. auch die Argumentation der Schulkulturtheorie, dass ein Verstehen von schulischen
Transformationsprozessen nur dann möglich ist, wenn man auch die
auf mehreren Ebenen angesiedelten Rahmenbedingungen pädagogischen Handelns (neben dem Symbolischen, auch das Imaginäre und
das Reale) in den Blick geraten lässt. Vor allem bei der Umstellung zur
Ganztagsschule scheinen bildungspolitisch hervorgebrachte Rahmenrichtlinien als besonders beobachtenswert – unter besonderer Berücksichtigung des spezifischen Transformationsdrucks, der auf das
Gymnasium und seine Akteur*innen einwirkt.

An dieser Stelle zeigt sich allerdings, worin ein Desiderat in den bisherigen empirischen Forschungen vor dem Hintergrund des Schulkulturansatzes besteht. Im Mittelpunkt der Analyse der bisherigen Schulkulturforschung – Helsper selbst stellt dies fest (Helsper 2008, S. 69) – stehen die sprachlichen Interaktions- und Kommunikationsprozesse über Schulehalten und weniger der Unterricht als Vermittlungsgeschehen von Sache und Person (Idel/Stelmaszyk 2015). „Die Schule wäre als Feld schulischer Praktiken zu rekonstruieren – im Kontext unsere Schultheorie wäre dies vor allem das ‚Symbolische' der Schulkultur – in denen die in schulischen Praktiken konstituierten Schüler ihrerseits Praktiken des Umgangs mit dem Schulischen generieren." (Helsper 2008, S. 70) Vor allem die sich wandelnden Unterrichtsformate in modernisierten Settings und der damit einhergehende mögliche Wandel der Ansprache der Subjekte bedürfen allerdings einer eingehenden Beobachtung. Dies spiegelt sich z.b. in der vermehrten sozialwissenschaftlichen Forschung der letzten Jahre zum Thema „schulische Materialität" wider (z.B. Langer 2008; Nohl 2011; Priem/ König/Casale 2012; Röhl 2013; Reh/Idel u.a. 2015). Neben den Vorstellungen und Entwürfen zu spezifischen pädagogischen Ordnung einer Schulkultur muss daher auch das konkrete Unterrichtsgeschehen, v.a. müssen die lernkulturellen Settings der durch Ganztagsschule neu hinzugekommenen Formate in den Blick genommen werden.

Als weiterentwicklungsfähig erscheint auch der Hallenser Anerkennungsbegriffs, der im Anschluss an Axel Honneth (1992)[20] weitgehend als moralische Kategorie verstanden wird. Der Begriff, der von den Autor*innen weitgehend synonym zu den Begriffen Wertschätzung und

---

[20] In der Vorstellung von Helsper u.a. (2001) müssen sich Lehrer*innen und Schüler*innen gegenseitig anerkennen, damit im Unterricht ein Arbeitsbündnis entstehen kann – verstanden als sozialen Vertrag über die Zusammenarbeit und die damit verbundenen Rechte und Pflichten im Unterricht. Dabei geht es den Autor*innen um emotionale Anerkennung in Form von gegenseitigem Vertrauen, um kognitive Achtung (z.B. im Rahmen der gerechten Behandlung und der nicht nur formal gleichen Chancen der Partizipation) und um soziale Wertschätzung (Ansprache des Subjekts als individuellen Fähigkeitsträger, der keiner sozialen Beschämung und Entwertung ausgesetzt werden darf). Im Zentrum des professionellen Lehrerhandelns steht daher, den Klienten, der als Experte bezüglich des eigenen Lernprozesses gedacht wird, vor Scheitern zu bewahren und Krisen zu bearbeiten bzw. vorzubeugen (Helsper 2002).

Respekt gebraucht wird, erscheint als Analyseinstrument eher weniger geeignet, da er „den Blick auf pädagogische Verhältnisse und die pädagogische Praxis ein[schränkt], weil Anerkennung ‚immer positive Anerkennung heißen' (Gerhardt 2006, 16) muss" (Balzer/Ricken 2010, S 53). Wenn Anerkennung ins Zentrum von Subjektvierungsprozessen gestellt wird, der Begriff aber nur wohlwollende Handlungen einschließt, können anders gerichtete Handlungen, so „wie die Möglichkeit einer Verkennung des Anerkannten in der – noch so positiv gemeinten – Anerkennung selbst" (ebd.) theoretisch, aber auch empirisch nicht in den Blick geraten. Um die Struktur sozialer Anerkennungsverhältnisse offenlegen zu können, sollte diese Perspektive um ein nicht-normatives Verständnis von Anerkennung ergänzt werden, das jenes nicht auf Wertschätzung reduziert, sondern den Begriff „Anerkennung" als grundsätzlich Positionierung zu anderen versteht – mit seinen positiven, aber auch seinen verkennenden oder ignorierenden Elementen (vgl. Ricken 2009a; Balzer/Ricken 2010; Reh/Ricken 2012; Idel/Neto Carvalho/Schütz 2012). Dass Anerkennung als ambivalentes Geschehen verstanden werden kann, ist bei Helsper empirisch bereits angelegt (s. z.B. Helsper 2004; vgl. Idel/Stelmaszyk 2015).[21] Eine theoretische Verankerung müsste aber noch begrifflich gefüllt werden.

---

[21] Helsper rekonstruiert beispielsweise anhand eines Verbalzeugnisses den „doppelten Timo" (Helsper 2004, S. 50): Ein Schüler wird gezeigt, der zwar schon positive Leistungen vorweisen kann, aber noch nicht ist, was er sein könnte. Er zeigt einen „Widerstreit [...] zwischen Wahrheit [...], Fürsorge und Gerechtigkeit (ebd., S. 51). Der Lehrer vermeide im Rahmen einer taktvoll gemeinten Beurteilung, in der jedoch gleichzeitig Zuschreibungen von Defiziten Timos mitschwingen, eine „ehrliche Beurteilung", die zur „Ermöglichung von Bildungsprozessen" notwendig sei (ebd., S. 50). Gleichzeitig werde mit der Aussagen des Lehrers, er freue sich auf den Timo der Zukunft, eine Nähe aufgebaut, die aber nur dem imaginären Schüler Anerkennung verschaffe. Helspers Rekonstruktion der Haltung des Lehrers zusammenfassend: „Ich entwerfe dich als jemand, der du nicht bist, aber doch schon bist und werden sollst. In dem, was du bist und noch nicht bist, aber werden sollst, erhältst du meine Anerkennung. Als der, der du bist, erhältst du meine Anerkennung nur insofern, als du die Bereitschaft zeigst, zu dem werden zu wollen, was du in meinem Entwurf bereits geworden bist " (ebd., S. 53).

3.2. Lernkulturtheorie als Heuristik pädagogischer Praktiken

Um diese beiden „blinden Flecken" zu bearbeiten, dass erstens im Rahmen der Schulkulturtheorie die pädagogische Ordnung des Unterricht zu wenig in den Blick gerät und um zweitens in Bezug auf die hier interessierenden Subjektivierungsprozesse an einem modernisierten Gymnasium einen weniger normativ gelagerten Anerkennungsbegriff zur analytischen Verfügung zu haben, wird im Folgenden die Lernkulturtheorie (vgl. Kolbe u.a. 2008 Reh/Rabenstein/Idel 2011; Reh/Rabenstein 2013; Idel/Rabenstein/Reh 2013; Idel 2013; Reh/Idel u.a. 2015), wie sie im Rahmen des LUGS-Projekts entstanden und auch in Anschlussprojekten (s. Projekt GemSe) weiterentwickelt worden ist, als Heuristik zur Darstellung gebracht.

3.2.1. Lernkultur und pädagogische Praktiken

Der theoretische und methodische Rahmen der vorliegenden Arbeit orientiert sich stark an den Entwicklungen, die aus dem bereits genannten LUGS-Projekt heraus entstanden sind. Es untersuchte die Entwicklung der Lernangebote an zwölf Ganztagsschulen unterschiedlicher Schulformen in den Bundesländern Rheinland-Pfalz, Brandenburg und Berlin. Ziel des Projektes war es zu erforschen, ob mit der Umstellung auf den Ganztagsbetrieb der bildungspolitischen Erwartungen entsprechend eine Transformation des Lehrens und Lernens einhergeht. In einer ersten „Erkundungsbewegung" (vgl. Kolbe u.a. 2009, S. 14) wurden im Projekt-Kontext, auch in Anlehnung an Helsper u.a., ganztagsschulspezifische bildungspolitische und fachwissenschaftliche Debatten analysiert (s. Reh/Idel u.a. 2015) und sogenannte „Symbolische Konstruktionen" der Akteur*innen selbst zur Umstellung auf den Ganztagsbetrieb und ihrem Verständnis von Ganztagsschule erhoben (z.B. Kolbe u.a. 2009; Reh/Breuer/Schütz 2011). Da aber das Lehren und Lernen, das eigentliche Unterrichtsgeschehen und damit die Rekonstruktion einer angebotsspezifischen Lernkultur im Mittelpunkt des Projekts stand, wurden diese drei Ebenen kaum aufeinander bezogen. Im Zentrum der forscherischen Aufmerksamkeit geriet im Projektverlauf immer mehr die Rekonstruktion pädagogischer Praktiken und die diese flankierende Ausarbeitung und Ausdifferenzierung eines unterrichtstheoretischen Lernkulturbegriffs.

Im Gegensatz zu normativen Lesarten des Lernkulturbegriffs, wie sie
unter dem Schlagwort der „Neuen Lernkultur" kursieren (s. Mayer
2005), vertreten Reh u.a.. im Anschluss an praxistheoretische Überlegungen zur Theorie sozialer Praktiken (Reckwitz 2003 und 2006;
Schatzki 1996 und 2001) einen deskriptiv-ethnographischen, praxistheoretischen Kulturbegriff. Er geht davon aus, dass jede Schule immer schon eine Lernkultur besitzt, die im gemeinsamen Handeln von
Lehrer*innen und Schüler*innen hervorgebracht wird (Kolbe u.a.
2008; Reh/Rabenstein/Idel 2011; Reh/Rabenstein 2013; Idel/Rabenstein/Reh 2013; Idel 2013; Reh/Idel u.a. 2015). Nicht strukturalisitisch und daher eine Weiterführung des Ansatzes von Helsper u.a.
(2001) ist er deshalb, weil er Sozialität als etwas versteht, das in Form
sozialer Praktiken in Körper eingeschrieben sei (Reh/Idel u.a. 2015)
und so über Text hinaus gehe. Die Lernkulturtheorie geht also davon
aus, dass die Konstitution von Sozialität in der Gleichursprünglichkeit
von Praktiken und Ordnungen zu prozessualisieren sei: „Social orders
[...] are arrangements of people and the artefacts, organisms, and
things through wich they coexist, in which these entities relate and
possess identity and meaning. To say that orders are established
within practices is to say that arrangements – their relations, identities, and meanings – are determined there." (Schatzki 2001, S. 53)
Reckwitz (2000) versteht soziale Praktiken als „regelmäßige körperliche Hervorbringungen, die notwendigerweise von jeweils spezifischen Mustern der Selbst- und Fremdinterpretation der Akteure begleitet werden. Diese Interpretationen ergeben sich wiederum auf der
Grundlage von übersubjektiv existierenden aber subjektiv inkorporierten Wissenscodes, die nun ähnlich einem System von Deutungsschemata erscheinen, welche in den routinisierten Sinnzuschreibungen der Handelnden verarbeitet werden" (ebd., S. 308). Lernkultur
kann im Anschluss an diese Definition verstanden werden, als eine
performative symbolische Ordnung, eine zusammengehörige, am Fall

nachvollziehbare Strukturierung aller Lehr-Lernprozesse, die von den Akteur*innen einer Schule in verschiedenen Settings hervorgebracht wird (vgl. Kolbe u.a. 2008, S. 131 f.; Reh/Rabenstein/Idel 2011, S. 213 f.). Damit sind auch Angebote gemeint und damit theoretisch wie empirisch erfassbar, die über den „eigentlichen" Unterricht hinausgehen. Dies ist v.a. für die empirische Untersuchung von Ganztagsschulen bedeutsamen, da bspw. auch ganztagsschulspezifische Phasen der „Freizeitgestaltung" (Pausen, Mittagessen, „freies Spiel" usw.) zum Gegenstand des Interesses gemacht werden können. Im Gegensatz zu strukturtheoretischen Annahmen über die Vorstrukturiertheit sozialer Ordnungen, geht die Lernkulturtheorie also davon aus, dass diese performativ sind, weil sie in den sozialen Praktiken erst entstehen bzw. von konkreten menschlichen, wie nicht-menschlichen Akteur*innen hergestellt werden (s. Idel 2013, S. 154). Auf der Grundlage dieses Konzepts einer Lernkultur, für die soziale Praktiken konstitutiv sind, können demnach alle sichtbaren Prozesse, in denen konkrete Lerngelegenheiten entstehen, also nicht nur Aktivitäten des Lesens und des Schreibens, sondern auch des Pausenbrot-Essens, des An-die-Tafel-Schauens, des Ranzen-Ordnens, des Plakat-Entwerfens und des Mit-dem-Lineal-auf-den-Tisch-Klopfens, aber auch implizites und materialisiertes Wissen, wie es in schulischen Materialien, Möbeln, aber auch Zeiten eingelagert ist, fokussiert werden (vgl. ebd.).

Nach Reckwitz (2000, S. 354ff; 2003, S. 289 und 2006, S. 36) sind soziale Praktiken nicht nur von einem „Knowing-that", sondern auch von einem „Knowing-how" abhängig. Soziale Praktiken werden damit verstanden als von einem praktischen Verstehen zusammengehaltene Verhaltensroutinen, deren Wissen einerseits in den Körpern handelnder Subjekte eingeschrieben ist, andererseits die Form von routinisierten Beziehungen zwischen Subjekten und von ihnen verwendeten Artefakten annehmen. Für den Vollzug von Praktiken ist es konstitutiv, dass Individuen in ihnen eigene Sichtweisen zum Ausdruck bringen und zugleich auch die Anderer wahrnehmen und interpretieren. Die diskursive Reaktion des Gegenübers muss daher bei der Analyse sozialer Praktiken immer mitgedacht werden (vgl. bspw. Kolbe u.a.

2008, S. 131; Reh/Rabenstein/Idel 2011, S. 214 f.). Für die Verwendung von Artefakten in lernkulturellen Arrangements bedeutet dies,
dass dem Gegenstand keine strukturell vorgegebene Bedeutsamkeit
zugemessen wird, sondern dass diese im jeweiligen Lernkontext (auf
den aber bestimmte übergreifende Wissensordnungen einwirken) immer wieder neu hergestellt wird: „Wissen wird weder an die innere
Welt von Personen, die über Wissen und Können intentional verfügen,
noch an vorgängige kulturelle Objektivationen und Sinnstrukturen,
sondern konstitutionstheoretisch an die sichtbaren pädagogischen
Praktiken gebunden" (Kolbe u.a. 2008, S. 134 f.). „Entgegen struktur-
funktionalistischen Vorstellungen von Ordnung – Ordnung als Regel-
system, als Wiederkehr des Gleichen –, entgegen systemtheoretischen
Vorstellungen – Ordnung als prästabilisierende Harmonie bzw. als
Selbstregulationsmechanismus –, aber auch entgegen Ordnungsvor-
stellungen, die dem Modell des Symbolischen Interaktionismus entsprechen – Ordnung als Handlungskoordination oder Interdependenz
– wird der Blick weniger auf konsensuale, [...] sondern vielmehr auf
‚praktische Aspekte sozialen Handelns' (Giddens 1995: 29) gelenkt."
(Reh/Breuer/Schütz 2011, S. 139)

Pädagogische Lerngelegenheiten sind als Sinnzusammenhänge zu verstehen, die die symbolische Ordnung der schulischen Interaktion hervorbringen. Diese sogenannten Arrangements bestehen aus sprachlichen und körperlichen, iterativen, d.h. sich wiederholenden und
wiederholbaren Praktiken, die zum Zweck des Lernens aufgeführt
werden. Die Praktiken dienen der Differenzbearbeitung in den verschiedenen Lernangeboten. Sie wiederholen sich als Routinen konventionalisiert im Rahmen komplexer Aktivitäten und sind sinnlich-
leiblich verankert, kommunikativ vermittelt, materiell fundiert und
raumzeitlich gebunden sind (vgl. ebd. S. 132). Durch die ständige Wiederholung der Praktiken im Praxisvollzug von Tun und Sprechen wird
in ihnen eine Einheit hervorgebracht, die ein praktisches, implizites,
handlungsrelevantes Wissen zusammenhält, das den Akteur*innen im
Vollzug aber nicht vollständig bewusst ist, da es bereits inkorporiert
wurde (ebd., S.132 f.). Das praktische Wissen besteht *erstens* aus dem

Können, die jeweilige Praktik zu vollziehen, *zweitens* aus einem Deutungswissen, das Selbst- und Fremdverstehen ermöglicht, und *drittens* aus einem motivational-emotionalen Wissen, das die innere Gestimmtheit der Akteur*innen betrifft. Praktiken weisen also eine „teleoaffektive Struktur auf: In ihnen sind Kombinationen von hierarchisierten, normierten Zielen, Intentionen, Vorhaben und Aufgaben ,insitutionalisiert' und sie transportieren Gefühle und Stimmungen" (Reh/Rabenstein/Idel 2011, S. 214). Die Wiederholung der Praktiken erfolgt aber niemals vollständig gleich, zwar wiedererkennbar, aber mit Unterschieden. Stattdessen werden sie in ihren Aufführungen mit neuen Bedeutungen versehen, aus denen sich Verschiebungen der pädagogischen Ordnungen ergeben können (Reh/Idel u.a. 2015). Sie sind „mimetisch" und nehmen auf andere soziale Handlungen Bezug (s. Wulf 2001, S.254)[22], was wiederum bei den Subjekten eine Reaktion hervorruft (vgl. Reckwitz 2003). In der sich kreativ vollziehenden Nachahmung liegt dann nämlich die Möglichkeit zur Veränderung von Praktiken und Kulturen. Gerade für eine Rekonstruktion schulischen Wandels bietet sich dieses Verständnis von Praxistheorie an, weil die Annahme, dass in den Praktiken ein Wandel eingelagert ist, bereits vorausgesetzt wird (vgl. Idel 2013, S. 154).

Zusammengefasst lässt sich sagen, dass unter Kultur an dieser Stelle eine in sozialen Praktiken hervorgebrachte performative und symbolische Ordnung verstanden wird. Mit Lernkultur ist dann die symbolische Ordnung des Unterrichts und anderer schulischer Angebote gemeint, die im Vollzug pädagogischer Praktiken als kleinsten Einheiten des Sozialen hervorgebracht wird. Die Rekonstruktion einzelschulspezifischer Lernkulturen wiederum, geschieht über die Beobachtung, Beschreibung und den Nachvollzug performativer pädagogischer

---

[22] „Im Unterschied zu den Prozessen der Mimikry sind mimetische Prozesse eher auf die Erzeugung von Ähnlichkeit und Differenz ausgerichtet. Menschen erwerben die Fähigkeit der Orientierung und der Selbstgestaltung durch Anähnlichung an die Umwelt und an andere Menschen. [...] Durch die Beteiligung an deren Lebenspraxis weiten sie ihre Lebenswelt aus und schaffen sich neue Handlungs- und Erfahrungsmöglichkeiten. In diesen Prozessen überlagern sich Rezeptivität und Aktivität; in ihnen verschränken sich die vorgegebene Welt und Subjektivität der sich mimetisch Beziehenden. In diesen Prozessen schaffen Subjekte die Welt außerhalb ihrer noch einmal und machen sie in ihrer Verdopplung zu ihrer eigenen." (Wulf 2001, S. 260)

Praktiken. Für das sozial Wirksame an Praktiken ist grundlegend, was jemand vollzieht, der eine Praktik ausführt, und speziell bei pädagogischen, was jemand auszuführen versucht, obwohl er den Vollzug noch nicht beherrscht, aber die Praktik in der Sicht des Feldes dazu dient etwas Neues zu lernen. Fundamental dafür ist, dass im Vollzug von Praktiken sprachlich, aber auch materiell-körperlich vermittelte Bedeutungszusammenhänge des Verständnisses der sozialen Welt und des Lebenszustands der Akteur*innen hervorgebracht werden, und zwar durch die Verknüpfung von Verhaltensvollzügen mit Bedeutungszusammenhängen, welche die Verhaltensweisen zum Ausdruck bringen. Praktiken sind insofern dann auch als Prozess eines sequentiellen Vollziehens verschiedener Verhaltensweisen und Kommunikationen zu verstehen und zu rekonstruieren, als beide besondere Bedeutungsstrukturen zum Ausdruck bringen und in der Interaktion Sinn emergieren lassen.

3.2.2. Lernkulturtheorie: Eine kulturwissenschaftliche Methodologie

Diese grundlagentheoretischen Überlegungen werden mit folgenden methodologischen Überlegungen verknüpft: Durch die Bearbeitung von Differenzen bzw. Differenzbezügen, also im Rahmen von Durchsetzungsprozessen, werden pädagogische Praktiken reproduziert, transformiert und mit Sinn versehen. Die Ebene von drei Sinndifferenzen ist für die Konstruktion einer Lernkultur entscheidend. Sie machen soziale zu pädagogischen Praktiken, so dass Lernen überhaupt erst ermöglicht wird (Kolbe u.a. 2008, S. 133; Idel/Kolbe/Neto Carvalho 2009, S. 183): *Erstens* die Strukturierung und Kommunikation sozialer Regeln, die im Unterricht in der Differenz zu anderen sozialen Kontexten interaktiv errichtet werden. Die LUGS-Forscher*innengruppe spricht hier von der *Herstellung beziehungsweise Aufrechterhaltung der sozialen Ordnung des Unterrichts*. Im Prozess des Kommunizierens finden in dieser Differenz schulische, auch leistungsmäßig hierarchisierende Positionierungen der Akteur*innen statt. *Zweitens* die für einen pädagogischen Zusammenhang zentrale *Differenz zwischen Aneignung und Vermittlung*, die immer an den Umgang mit einer

Sache gebunden sein muss, über die wiederum die Akteur*innen sich wechselseitig adressieren. Diese beiden Prozesse verlaufen gegeneinander eigendynamisch und gleichzeitig kontingent und eröffnen unterschiedliche Chancen der Partizipation. Entlang der Frage, wie diejenigen adressiert werden, die lehren, und diejenigen, die lernen sollen, wird der Unterschied zwischen dem, was vermittelt und dem, was gelernt wird, immer wieder neu erzeugt und bearbeitet. *Drittens* interessiert die Unterscheidung zwischen dem *schulisch relevanten und nicht-relevanten, bzw. nicht-zugelassenem Wissen.* An dieser Stelle geht es um die Frage, wie das in der Schule verhandelte, gegenstandsbezogene Wissen und Können legitimiert wird. Schule kann auf unterschiedliche Weise mit Alltagswissen gegenüber dem von ihr privilegierten Wissen umgehen. Es geht um die Differenzbearbeitung von dem Wissen, das hegemonial, machtförmig als schulisches Wissen erscheinen darf und anderem Wissen. Die Praktiken zeigen, wie die Grenze gezogen wird zwischen dem, was gelernt werden soll, und dem, was nicht relevant für schulisches Lernen ist, und wie und welches Wissen dabei entsteht.

Diese drei Differenzbezüge sind insofern miteinander verknüpft, als die schulische Leitdifferenz von Aneignung und Vermittlung (vgl. Kade 1997) gegenstandstheoretisch niemals getrennt von der Wissenskonstruktion beobachtet werden kann, da sie immer an die Konstruktion einer Sache und das an sie geknüpfte Wissen gebunden ist. Die Leitdifferenz bestimmt ebenfalls darüber, welche Position einer Akteur*in in der Hierarchie des Leistungsgefüges zugewiesen wird. „Da das Pädagogische immer als institutionell gerahmtes soziales Geschehen betrachtet werden muss [...], sind mit der Leitdifferenz immer spezifische soziale Regulierungen verbunden, [...] die, zumindest was die Lernkultur betrifft, immer inhaltlich auch etwas mit der Leitdifferenz von Vermittlung und Aneignung zu tun hat: mit der Vorstellung der Rolle von Leistung, von Autorität etc." (Idel/Rabenstein/Fritzsche 2009, S. 2). Im Anschluss an die Überlegungen zur Konstitution sozialer Praktiken sind bei ethnographischen Rekonstruktion der Gestalt pädagogischer Praktiken die Ebenen der *Körper*, der sprachlich vermittelten *Interaktion*, der *Artefakte* im Sinne der Gegenstände und Sachen, mit denen umgegangen wird, und die *Raum-Zeitverhältnisse* zu analysieren (Kolbe u.a. 2008, S. 136). In der Verkopplung dieser Dimensionen mit den oben genannten Differenzen, konstituieren sie sich in pädagogischen Praktiken einer Lernkultur und werden unterschiedlichen Akteur*innen verschiedene Subjektpositionen zugewiesen. Die in Abbildung 1 dargestellte Grafik (vgl. ebd., S. 137) versteht sich in dem bisher skizzierten theoretischen und methodologischen Zusammenhang als Heuristik, als „sensitizing concept" (ebd., S. 136), um Lernkultur empirisch erfassbar werden zu lassen. Die Trennung der Ebenen und Differenzbezüge ist rein analytisch als Beobachtungsinstrument gedacht, unter der Voraussetzung, dass die „Ausdrucksgestalten pädagogischer Praktiken […] miteinander verschränkt" (ebd.) sind.

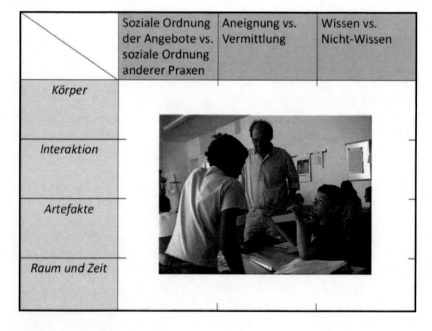

Abbildung 1: Pädagogische Praktiken konstituieren sich über die Bearbeitung spezifischer Differenzen

Die mit Hilfe dieser Heuristik zu beobachtenden Praktiken erscheinen in folgenden operationalisierten Hauptdimensionen (vgl. Reh/Idel u.a. 2015). *Zum einen* erscheinen sie in den Interaktionen als *Beziehungsgestaltung und Adressierung:* „Für Individuierungsvorgänge und den Umgang zwischen Personen sind sie [Praktiken; Anm. d. A.] dabei als Geschehen von Anerkennung (vgl. auch Ricken 2009a) zu thematisieren, in welchem Individuen höchst ambivalent sich und andere als jemand ansprechen, also personal adressieren." (Idel/Kolbe/Neto Carvalho 2009, S. 183) *Zum anderen* zeigen sich Praktiken im je lernkulturell spezifischen *Umgang mit der Sache:* „Hinsichtlich der ‚Sache' des Lernens vollzieht sich immer eine Zeigen der Sache durch den pädagogischen Akteur: er/sie zeigt den Sachgegenstand als etwas, das die Lernenden in ein bestimmtes Verhältnis zur Welt, zu sich und den anderen bringt, und indem er etwas andern zeigt wird er selbst zur Welt, zu anderen und zu sich selbst ins Verhältnis gesetzt." (ebd., S. 183 f.) Das Pädagogische an Praktiken beziehungsweise die pädagogische Interaktion einer Lernkultur entsteht praxistheoretisch betrachtet also in einer performativen Verbindung von pädagogischer Adressierung und sachbezogener Bedeutungsgenese im Umgang mit Artefakten.

Um diese beiden Dimensionen empirisch erfassbar zu machen, werden im Folgenden zwei theoretische Linien entfaltet, auf die sich im Rahmen dieser empirischen Studien mehrfach bezogen werden wird: Zur Erforschung der Transformation des Umgangs mit der Sache wird sich im Anschluss an Prange (2002 und 2005; Prange/Strobel-Eisele 2006) auf das Zeigen als Grundform des Erziehens, in der pädagogischen Differenz von Zeigen und Lernen und pädagogische Kommunikation in einem Dreiecksverhältnis zwischen Vermittelndem, Wissen und Aneignendem bezogen. Um die Beziehungsgestaltung in lernkulturellen Settings in den Blick zu bekommen, wird dagegen an poststrukturalistische Konzepte nach Butler (1998, 2005 und 2007) und Ricken u.a. (Ricken 2009a; Balzer/Ricken 2010; Reh/Ricken 2012), die Subjektivierungsprozesse als Adressierungs- und Anerkennungsgeschehen sehen angeknüpft.

3.2.3. Pädagogisches Zeigen als Relationierung von Sache und Person

Aus dem oben formulierten praxistheoretischen Annahmen zur Konstitution pädagogischer Praktiken lassen sich im Anschluss an Schatzki (1996 und 2001) und Reckwitz (2000 und 2003) Bestimmungen zum Wissen herleiten, wie es in im Rahmen von Können und dem Umgang mit der Sache erscheint. Für die je spezifische Lernkultur und ihre pädagogische Praktiken bedeuten die Implikationen, dass sich hinsichtlich der Sache des Lernens immer ein Zeigen der Sache durch die pädagogische Akteur*in vollzieht, der wiederum den Sachgegenstand als etwas zeigt, das die Lernenden in ein bestimmtes Verhältnis zur Welt, zu sich und den anderen bringt. Zeigen wird damit zu einer „fundamental menschlichen Geste [...], deren Spezifik darin besteht, dass sich Personen nicht nur aufeinander, sondern *gemeinsam auf ein Drittes* beziehen können." (Idel/Rabenstein/Reh 2013, S. 40)

Die vorliegende Arbeit interessiert sich nun für ein bestimmtes Zeigen, nämlich das Zeigen der als gymnasial verstandenen Sache in pädagogischen, durch ganztagsschulische Formate möglicherweise „geweiteten" Settings. Prange (2002 und 2005; Prange/Strobel-Eisele 2006) versteht im Rahmen seiner operativen Pädagogik unter pädagogischem Handeln ebenfalls ein auf Lernen antwortendes Zeigen. Pädagogisches Handeln ist damit immer kommunikativ und auf andere Personen und die Sache bezogen (Prange/Strobel-Eisele 2006, S. 41). Das pädagogische Zeigen ist im Gegensatz zum Zeigen als soziale Praktik in Form einer „Brücke zwischen Zeigen und Lernen" (Prange 2005, S. 109) auf das Lernen bezogen und damit die Prozessierung der Leitdifferenz von Aneignung und Vermittlung (vgl. Reh/Idel u.a. 2015). „Die Form ist gleichsam dem didaktischen Dreieck eingeschrieben und nicht ein weiterer Faktor, der auch noch neben den anderen zu berücksichtigen wäre. Form ist dasjenige, wodurch Themen zu Lernaufgaben, andere Menschen zu Lernenden und wir selber zu Erziehern werden." (ebd., S. 55) Im Anschluss an Prange wird daher im Folgenden von pädagogischem Zeigen als konstitutive Praktik für Unterricht ausgegangen (vgl. Idel/Rabenstein 2013).

Im Zeigen und indem man einem anderen etwas so zeigt, dass es auf sein Lernen bezogen ist, zeigt man sich immer selbst als Zeigenden, indem man einen bestimmten Stil des Sich-Zeigens offenbart. „Zeigen ist [...] ein zweistelliges Prädikat: Bezug auf Sachverhalte und Personen zugleich, und das bedeutet, dass wir als Zeigende immer auch selbst uns zur Erscheinungen bringen, nämlich durch die Form, die wir je nach Umständen, nach Adressaten und thematischen Gegebenheiten wählen. Wir zeigen uns, indem wir einem anderen etwas zeigen, und zwar so, dass der es selber wieder zeigen kann." (2002, S. 118) In der Vorstellung Pranges kann Lernen also über das Zeigen sichtbar gemacht werden: Der oder die Lehrende zeigt etwas, was die oder der Lernende dann wieder zeigt. Die Adressat*innen werden indirekt über die Sache (in Form von Schulaufgaben und -materialen, über die gewählte Methode, Sozialform etc.) und direkt über sprachliche und körperliche Akte angesprochen. Laut Prange enthält das pädagogische Zeigen in seiner Machtförmigkeit also nicht nur einen „Hinweis" (Prange/Strobel-Eisele 2006, S. 44), der Lernen ermöglichen kann, sondern auch immer eine „Aufforderung" (ebd.) an den Lernenden oder die Lernende, sich in Bezug auf die Sache zu zeigen. Was Prange an dieser Stelle weniger in den Blick nimmt, da seine operative Pädagogik aus handlungstheoretischer Perspektive formuliert ist, ist das Zeigen durch den Lernenden oder die Lernende. In modernisierten Lernsettings verwischen aber die Grenzen zwischen Lehrendem oder Lehrender als Zeigendem oder Zeigender und Lernendem oder Lernender als Zeigendem oder Zeigender (vgl. Idel/Rabenstein/Reh 2013), weshalb an dieser Stelle im Anschluss an Ricken (2009b) davon ausgegangen wird, „dass im Akt des Zeigens der andere als bestimmter Anderer angesprochen und damit zu einem besonderen Jemand gemacht wird" (Idel/Rabenstein/Reh 2013, S. 41), was eine wechselseitige Wirkung hervorbringt. In dieser Adressierungsbewegung konstituiert der oder die Zeigende die Anderen in der Position des oder der Lernenden, womit sich diese dann wieder auseinandersetzen müssen. Diese zeigende Relationierung wirkt wiederum auf die Pädagog*in zurück. Es handelt sich so gesehen bei pädagogisch-motivierten Adressierungen immer um einen Konnex von (Selbst-)Adressierung und Readressierung in

Bezug auf das Zeigen einer Sache, die gleichzeitig subjektivierend wirkt (vgl. Reh/Idel u.a. 2015).

3.2.4. Eine Subjektivierungstheorie: Poststrukturalistische Konzepte von Anerkennung

Im Rahmen dieser Bestimmungen zu Adressierung im Umgang mit der als schulisch verstandenen Sache, schließen sich bestimmte Annahmen über Subjektivierungsprozesse an, die dieser Arbeit zugrunde liegen: In jeder lernkulturellen Praxis sind Bildungspotenziale enthalten, die den Schüler*innen Kontexte der Entwicklung von Subjektivität eröffnen. Lehren und Lernen geschieht immer in Bezug auf eine Sache und indem diese gezeigt bzw. angeeignet wird, findet ein Adressierungsgeschehen statt, in welchem sich die Akteur*innen gegenseitig als bestimmte anerkennen (vgl. Ricken 2009a): Die Analyse der Praktiken als Ausdruck einer Lernkultur kann damit auch immer als Analyse eines Individuierungsvorgangs und damit als Praktiken der Subjektivierung gelesen werden.

Im Rahmen dieser Arbeit wurde auf den Begriff der Sozialisation zugunsten des Foucault'schen (1987) Begriffs der Subjektivierung verzichtet. Im philosophischen Denken der Moderne, wie es sich beispielsweise in entwicklungspsychologischen Theorien und in Sozialisationstheorien manifestiert, erscheint das „Subjekt als eine autonome, sich selbst begründete Instanz, die zugleich zur Schlüsselfigur der modernen politischen, ökonomischen, ästhetischen und religiösen Emanzipationsbewegung avanciert" (Reckwitz 2008, S. 75). Diese Theorien haben es sich zur Aufgabe gemacht, Antworten auf Probleme der Passung zwischen Gesellschaft und Individuum zu finden. Mead (1973), um nur ein Beispiel zu nennen, vertritt die Vorstellung eines „Selbst als balancierte Persönlichkeit, die sich idealerweise zwischen dem *me* und der Rollenerwartungen und dem Spontaneismus des *I* herausschält" (Reckwitz 2008, S. 77). Postmoderne Zugänge distanzieren sich tendenziell von diesem Konzept eines Subjekts im „Sinne einer allgemeingültigen, selbsttransparenten, reflexiven, mentalen Instanz" (ebd., S. 78). Laut Laclau und Mouffe (2006) sind es v.a. drei Punkte, auf die die Kritik an Rationalismus und Empirismus abziele: „auf die Auffassung des Subjekts als sowohl rationalem als auch sich selbst transparentem Agenten; auf die angebliche Einheit und Homogenität des Ensembles seiner Positionen; und auf die Konzeption des Subjekts als Ursprung und Grund der gesellschaftlichen Verhältnisse (die Konstitutionsproblematik im strengen Sinne)" (ebd., S. 152f.). Stattdessen müsse man sich „vom konstituierenden Subjekt, vom Subjekt selbst befreien, d.h. zu einer Geschichtsanalyse gelangen, die die Konstitution des Subjekts im geschichtlichen Zusammenhang zu klären vermag" (Foucault 1978, S. 32). Das Subjekt wird dagegen gesehen als „Produkt historisch spezifischer kultureller (und psychischer) Subjektivierungsformen" (ebd.). Es zeichne sich somit durch eine doppelte Struktur aus: Übergeordnete Strukturen wirken auf die Subjekte ein, denen es nicht als „sinnstiftendes Zentrum voraus[geht], sich erst in diesem Zusammenhang konstituiert" (Reckwitz 2000, S. 347). Das Subjekt muss sich auf der einen Seite der kulturellen Ordnung unterwerfen, um auf der anderen Seite Kompetenzen auszubilden, die das Subjekt ausmacht und es zu sinnvollem Handeln erst befähigt. Es wird durch gesellschaftliche Macht hervorgerufen und ist gleichzeitig Antwort auf diese. Bei einer Analyse von Subjektivierungspraktiken muss deshalb laut Reckwitz (2008, S. 78) also die Art und Weise beobachtet werden, wie das Subjekt durch performative Praktiken definiert wird. Subjektivierung beschreibt demnach folgenden Vorgang: Ich mache mich selbst zum Subjekt, geprägt von kulturellen Strukturen, die bereits vorherrschen. Der Begriff macht deutlich, dass im Rahmen historisch kontingenter Praktiken das Subjekt sich ins Verhältnis zu sich selbst, zu anderen und zur Welt bildet.

Das autonome Subjekt wird im Rahmen des oben entwickelten Verständnisses von Lernkultur, den pädagogischen Praktiken nicht vorgängig gedacht: Beide sind gleich-genuin bzw. nicht-diametral und damit verkoppelte Ereignisse und Prozesse. Im Anschluss an Foucault (1978 und 1987) kann gefragt werden, wie in den institutionell vorstrukturierten schulischen Machtverhältnissen – Macht hier verstanden als produktive Kraft[23] – Wissensordnungen entstehen, die zugleich Subjekte unterwerfen und ermächtigen. Macht wird in diesem Zusammenhang zur anonym zu denkenden Struktur, die nicht mit „Gewalt" verwechselt werden darf, da diese keinen „anderen Gegenpol als der der Passivität" (Foucault 1987, S. 254) zulassen würde. „Ein Machtverhältnis hingegen errichtet sich auf zwei Elementen, ohne die kein Machtverhältnis zustandekommt: so daß der ‚andere' (auf den es einwirkt) als Subjekt des Handelns bis zuletzt anerkannt und erhalten bleibt und sich vor dem Machtverhältnis ein ganzes Feld von möglichen Antworten, Reaktionen, Wirkungen, Erfindungen eröffnet." (ebd.) Für den Umgang mit der Person sind diese Machtverhältnisse also als ein Geschehen von Anerkennung (Ricken 2009a; Reh/Ricken 2012) zu thematisieren, in welchem Individuen höchst ambivalent sich und andere als jemand ansprechen, also personal adressieren.

In der wissenschaftlichen Diskussion der 1990er Jahre hat der Anerkennungsbegriff in verschiedenen Disziplinen große Aufmerksamkeit erfahren (vgl. Balzer/Ricken 2010). Der Literaturwissenschaftler Todorov (1998) hat z.B. die anthropologische und bildungstheoretische Dimension des Anerkennungsbegriffs herausgearbeitet. In seiner Perspektive erscheint Anerkennung als fundamentales Wesensmerkmal und relationale Struktur menschlicher Existenz, die nach Todorov immer Koexistenz ist.[24] Auch Honneth, auf den sich auch Helsper u.a

---

[23] „Der Grund dafür, daß die Macht herrscht, daß man sie akzeptiert, liegt ganz einfach darin, dass sie nicht nur als neinsagende Gewalt auf uns lastet, sondern in Wirklichkeit die Körper durchdringt, Dinge produziert, Lust verursacht, Wissen hervorbringt, Diskurse produziert; man muß sie als produktives Netz auffassen, das den ganzen sozialen Körper überzieht und nicht so sehr als negative Instanz, deren Funktion in der Unterdrückung besteht." (Foucault 1978, S. 35)

[24] Er macht dies zunächst an der Grundfigur des kindlichen Bildungsprozesses fest: Die Anerkennung „ist in der Tat in doppelter Hinsicht außergewöhnlich. Inhaltlich, weil sie stärker als jede andere Handlung den Eintritt des Individuums in das spezifische menschliche Dasein bezeichnet. Strukturell, weil sie geradezu zwangsläufig in allen anderen Handlungen mitenthalten scheint. Tatsächlich wird das Kind beim Wechsel- oder Zusammenspiel zugleich dadurch in seinem Dasein bestätigt, daß sein Partner ihm einen Platz einräumt: er hält inne, um es ‚singen' zu hören, oder singt mit ihm zusammen. Wenn es die Umgebung erkundet oder umgestaltet, einen

(2001) beziehen, geht vom Primat der Anerkennung aus, dass also das Anerkennen dem Erkennen immer voraus geht (Honneth 2005, S. 53). Kinder können nichts über die Welt und von der Welt lernen, wenn sie nicht zuvor ein Gefühl der Verbundenheit mit nahestehenden Bezugspersonen entwickelt haben. Sie können also ihre Sicht auf die Welt nur verändern, wenn sie gefühlsmäßig an andere gebunden sind, die ihnen neue Perspektiven zur Verfügung stellen. In diesem Sinne könnte man Anerkennung auch als blinde Akzeptanz, als reine, habitualisierte, unproblematische Toleranz missverstehen. Gegen eine solche harmonistische Interpretation richtet sich z.b. die feministische Psychoanalyse. Jessica Benjamin (1993) betont, dass es sich bei der Anerkennung um ein spannungsvolles Paradoxon handelt: Um von anderen anerkannt zu werden, muss man diese als von sich unterschiedene eigenständige Individuen anerkennen. Ich muss also mein Gegenüber ins seiner Differenz zu mir anerkennen, was eine unhintergehbare Spannung erzeugt. Daher muss man auch grundlagentheoretisch immer vom Problem der Anerkennung sprechen und von der Fragilität von Anerkennungsverhältnissen ausgehen, aus welcher sich die Notwendigkeit der Balancierung von Gemeinsamkeiten und Unterschieden innerhalb einer Gemeinschaft ergibt.

Sabine Reh und Norbert Ricken (2012) sehen in Anlehnung an Foucault (1987) und Reckwitz (2006, 2007 und 2008) pädagogische Praktiken als ambivalentes Anerkennungs- und Subjektivierungsgeschehen. Dabei verstehen sie nach Butler (2005 und 2007) Anerkennung nicht moralisierend als Wertschätzung, sondern in seinen bildenden-hervorbringenden, nicht nur bestätigenden, sondern auch negativen und versagenden Anteilen. Sie untersuchen, wie sich ein bestimmtes Adressierungsgeschehen in spezifischen pädagogischen Settings ausformt und sich damit in die Subjekte einschreibt. Gerade in pädagogischen Beziehungen zeigt sich die Ambivalenz von Anerken-

---

Erwachsenen nachahmt, erkennt es sich als Subjekt seiner Handlungen und damit als existierendes Wesen. Wird es getröstet oder gestraft, tritt es in innige Verbindung mit anderen, so erhält das Kind ebenfalls eine abgeleitete Befriedigung, einen Beweis seines Daseins. Jede Koexistenz ist eine Anerkennung." (S. 38)

nung als Subjektivierung (s. Balzer/Ricken 2010, S. 70). In gegenseitiger Bezugnahme aufeinander erkennen sich die schulischen Akteur*innen als jemand an und machen sich zu jemandem, in dem sie sich, auch vermittelt über die Sache, in spezifischer Weise ansprechen. Dabei spielen wiederum die kulturellen Gehalte, über die anerkannt wird, eine wichtige Rolle (s. Reh/Idel u.a. 2015, S. 8 ff.). Subjektivierung ist auf fragile, spannungsvolle kokonstruktive Prozesse sozialer Anerkennung zwischen Selbst und Anderen verwiesen, da das Subjekt nicht in sich selbst bleiben kann, sondern immer die Verschränkung mit der Sozialität hervorgerufen wird. Anerkennung ist ein konstatierendes, d.h. bestätigendes Handeln, konstitutives, d.h. stiftendes Handeln und transformierendes, d.h. veränderndes Handeln, das den anderen, indem man ihn als jemanden anspricht, eine bestimmte Position zuweist und zu jemandem macht, ihn subjektiviert (Ricken 2009a, S. 83 ff.). Sowohl direkte, als auch indirekte Adressierungen zwischen schulischen Akteur*innen vermittelt über eine spezifische als schulisch verstandene Sache haben also eine bildende Kraft, die in ineinander verschränkten sozialen Praktiken zur Entfaltung gebracht wird. Pädagogisches Handeln wird so zu einem responsiven Geschehen.

Die dargestellten Überlegungen zur Transformation des Umgangs mit der Sache im Anschluss an Pranges Konzept des *Zeigens als Grundform des Erziehens* (Prange 2002 und 2005; Prange/Strobel-Eisele 2006) und zur Beziehungsgestaltung in lernkulturellen Settings in Bezugnahme auf Ricken u.a. (Balzer/Ricken 2010; Ricken 2009a; Reh/Ricken 2012), die *Subjektivierungsprozesse als Adressierungs- und Anerkennungsgeschehen* sehen, sind in Abbildung 2 zu einem Schaubild zusammengefasst und zeigen das dreistellige Verhältnis zwischen Sache, Vermittelndem oder Vermittelnder und Lernendem oder Lernender. Diese grundlagentheoretische Justierung dient der Analyse pädagogischer Praktiken, verstanden als Subjektivierungsprozess in dessen Rahmen durch Anerkennung – in Form von Adressierung – das Subjekt positioniert wird. Diese Konstituierung und Adressierung vollzieht sich wiederum vermittelt über das Zeigen einer Sache.

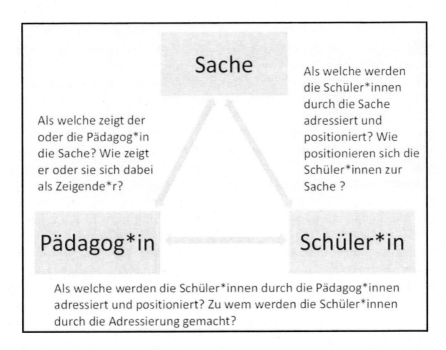

Abbildung 2: Zeigen als Grundform des Erziehens und Adressierung als Anerkennung

3.3. Zusammenfassung: Schulkultur- und Lernkulturtheorie als Heuristik zur Rekonstruktion gymnasialer Transformations- und Subjektivierungspraktiken

Im Laufe der letzten 20 Jahre hat sich in vielen Bereichen der Erziehungswissenschaft der Gebrauch des Begriffs „Kultur" im Rahmen eines „cultural turns" von einem normativen zu einem beschreibend-formalen verändert. In diesem Zusammenhang entstand auch der Begriff von „Schulkultur", den die Hallenser Forschergruppe um Helsper seit Ende der 1990er Jahre entwickelt hat. *Schulkultur wird von ihnen verstanden als „symbolische, sinnstrukturierte Ordnungen der einzelnen Schulen, die von den schulischen Akteuren in der Auseinandersetzung mit äußeren Strukturvorgaben konkret ausgestaltet werden" (2000a, S. 35) und zwar in der Spannung von Imaginärem, Symbolischem und Realem.* Innerhalb der an der jeweiligen Schule aufgeführten Kommunikationsprozesse ergeben sich dann „dominante Sinnordnungen, in denen jeweils exzellente, tolerable, marginalisierte und tabuisierte kulturelle Entwürfe und Praktiken enthalten sind. Sie korrespondieren mit milieuspezifischen Habitusformen und stellen für Heranwachsende Passungsverhältnisse zwischen Homologie und Abstoßung her" (Helsper 2008, S. 63). Durch den im Rahmen des Schulkulturansatzes generierten theoretischen wie empirischen Fokus geraten (z.B. im Gegensatz zur traditionellen Unterrichtsforschung) übergreifende Zusammenhänge, in die Schule eingebettet ist, auf mehreren Ebenen in den Blick, die v.a. bei der Betrachtung von schulformspezifischen Ganztagsschulen eine erhebliche Rolle spielen. Die Schulkulturforschung nimmt Schule als Institution wahr, weshalb die Sozialisationsleistungen von Schule im Mittelpunkt der empirischen Betrachtungen stehen. Das konkrete Unterrichtsgeschehen in seiner Bezugnahme auf den Umgang mit einer spezifischen Sache, wird so empirisch eher vernachlässigt.

Wer sich aber nicht nur für die Gestalt der Präsentation der Sache und ihren Charakter der Repräsentation interessiert, sondern auch für die Weise, in der die Unterrichtenden mit dieser umgehen und Eigenschaften symbolisierend bearbeiten, wer sich für schulische Kommunikationsprozesse und gleichzeitig für das soziale Verhältnis interessiert, in das es die Lernenden setzt, wer davon ausgeht, dass der eigene Beitrag der Lernenden zur emergenten Sachbedeutung wichtig ist, muss danach fragen, worin der pädagogische Umgang mit der Sache des Lernens erkennbar wird und wie auf der Ebene von pädagogischen Praktiken die Sache durch Lehrer*innen performativ gezeigt wird, wie die Lernenden daran anschließen, welche Mitkonstruktion in der Bedeutungsaushandlung zur Sache erkennbar wird und welches Weltverhältnis sich durch die Bedeutungsemergenz herstellt. Wie die Lernenden an das Zeigen der Lehrenden anschließen und welche Mitkonstruktion in der Bedeutungsaushandlung vorkommt, ist dabei nicht auf Kommunikationsprozesse verkürzt zu verstehen. *Die*

Lernkulturtheorie nach Kolbe/Reh u.a. (Kolbe u.a. 2008; Reh/Raben-stein 2013; Idel/Rabenstein/Reh 2013; Idel 2013; Reh/Idel u.a. 2015) geht davon aus, dass pädagogische Praktiken hinsichtlich ihres Wir-kungspotentials auf Subjektivierungsvorgänge performativ sind und auch dadurch bedeutsam werden. Außerdem sind die Kommunikations-vorgänge hinsichtlich ihres Wirkungspotentials an Zeigen anzuschlie-ßen. Mit diesem Blick auf Lernkultur kann die Transformation von Un-terricht in den Blick genommen werden, in deren Zentrum die Be-arbeitung von Differenzbezügen steht. Pädagogische Praktiken, die im Unterricht vorgefunden werden, weisen nämlich über das einzelne lernkulturelle Arrangement hinaus und stehen stellvertretend „für Aneignungs- und Vermittlungsprozesse von Lehrenden und Lernen-den [die] in einer Schule typisch sind" (Kolbe u.a. 2008, S. 138). Die Einheit einer spezifischen Lernkultur wird dabei im Helsper'schen Sinne als fragile, wandelbare, von hegemonialen Strukturen durchzo-gene gedacht, der immer auch etwas Widerständiges inne wohnt.

Schulkulturtheorie, verstanden als basale Schultheorie, mit ihrer Be-zugnahme auf die Verwobenheit pädagogischen Handelns mit über-greifenden, auf mehreren Ebenen angesiedelten Strukturen, und *Lern-kulturtheorie,* verstanden als Unterrichtstheorie, mit ihrem Verständ-nis pädagogischer Praktiken und der sich in ihnen präfigurierende Sa-chumgang an den sich wiederum bestimmte Subjektivierungspro-zesse anschließen, bilden daher gemeinsam die „Theoriebrille", durch die im Rahmen dieser Arbeit die pädagogische Ordnung eines spezifi-schen, unter Reformdruck geratenen Gymnasiums und seine Subjekti-vierungspraktiken in den Blick genommen werden können. In Abbil-dung 3 sind nun diese Überlegungen zusammengefasst, die in den folgenden empirischen Kapiteln als Heuristik herangezogen werden sollen: *Gymnasiale Schul- und Lernkultur wird verstanden als Ort, an dem in der Kommunikation über „Schulehalten" und in je spezifischen Lernarrangements symbolische und pädagogische Ordnungen etabliert werden. In diesen Ordnungen werden die Schüler*innen des Gymnasiums in ihrem Verhältnis zu sich, zu anderen und zur Sache als Bestimmte adressiert und positioniert und damit zu spezifischen Subjekten ge-macht.* Sowohl auf der Ebene der bildungspolitischen Entscheidungen und diskursiver Praktiken, auf der Ebene der hegemonialen „Symbolischen Konstruktionen", also der Vorstellungen der schulspezifischen Akteur*innen zum Schulehalten am Gymnasium, als auch auf der Ebene der pädagogischen Praktiken eines konkreten Lernarrangements, sind bestimmte Idealvorstellungen von Schüler*innensein eingeschrieben, die bestimmte Differenzverhältnisse schaffen und die dann bearbeitet werden müssen. Die gymnasialen „Sachen", denen durch die Gebrauchspraxis, also durch das Zeigen des Professionellen ein Wert im Handlungsgefüge zugeteilt wird, wirken hingegen auf die schulische Situation ein. Im Rahmen dieser direkten und indirekten (Re-)adressierung werden Subjekte in pädagogischen Praktiken definiert: Im vorliegenden Fall das gymnasiale Subjekt.

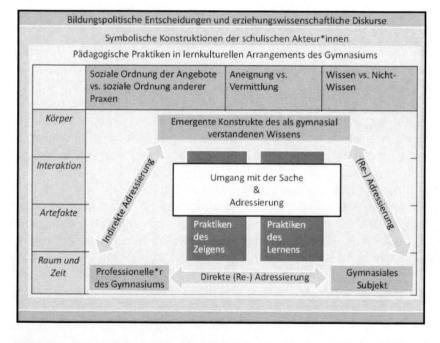

Abbildung 3: Mehrdimensionale Heuristik zur Rekonstruktion gymnasialer Schul- und Lernkultur

Die im Zentrum dieser Arbeit stehenden empirischen Detailstudien werden im Anschluss an diese Überlegungen immer in dreifacher Blickrichtung betrachtet: Zunächst werden bildungspolitische und fachwissenschaftliche bzw. fachdidaktische Rahmungen zum je spezifischen Thema in den Blick genommen, dann werden die Vorstellungen der schulischen Akteur*innen, die im Folgenden im Anschluss an Kolbe u.a. (2009) als „Symbolische Konstruktionen" bezeichnet werden, rekonstruiert und die pädagogische Praktiken in konkreten lernkulturellen Arrangements beschrieben und gehoben. Dabei wird aber nicht davon ausgegangen, dass Ebene 1 und 2 die beobachtbaren Praktiken bedingt, sondern dass sie einen Rahmen für das beobachtbare Handeln bilden. Bei den im Folgenden dargestellten Rekonstruktionen wurde deshalb auf die theoriebezogene und methodologische Terminologie der Schulkulturtheorie verzichtet, weil die vorliegende Arbeit der ausgefeilten Methodentriangulation, wie sie bspw. Hummrich und Kramer (2011) für eine „qualitative Mehrebenenanalyse" entwerfen, aus forschungspragmatischen Gründen nicht gerecht werden kann (vgl. Reh/Breuer/Schütz 2011). Es wird daher z.B. nicht davon gesprochen, dass auf der Ebene des Imaginären ein spezifischer „Schulmythos" im Helsper'schen Sinne rekonstruiert wird, sondern in Anlehnung an die Konzeptionierungen im LUGS-Projekt werden die „Symbolischen Konstruktionen" der Akteur*innen in Bezug auf ein spezifisches, gymnasiales Programm dargestellt und strukturtheoretisch rekonstruiert. Beide Ebenen werden dann systematisch auf die pädagogischen Praktiken bezogen, um die Frage nach der pädagogischen Ordnung eines spezifischen Typs von Gymnasium empirisch bearbeitbar machen zu können. Symbolische Konstruktionen sind als Reden über Praxis nicht mit deren Vollzug gleichzusetzen. Sie stehen aber in einer elementaren Beziehung zu den Praktiken pädagogischer Ordnungsbildung. Zum einen kann man sie als Teil der organisationalen Sinnstiftung verstehen: Das Reden der Praxis über sich selbst trägt selbst zur Aufrechterhaltung der Ordnung bei. Zum anderen gehen die Vorstellungen der Akteur*innen in das implizite Wissen der Praktiken ein und bauen wiederum in ihrer Kommunikation auf dem impliziten Wissen der Praktiken auf. Symbolische Konstruktionen und die Vollzugsebene pädagogischer Ordnungen sind also in einer Beziehung alternierender Ermöglichung zu sehen (vgl. Idel/Rabenstein/Reh 2013). Explizite Hinweise zum methodischen Vorgehen, wie es dieser Arbeit zugrunde liegt, werden im folgenden Kapitel zur Vorstellung gebracht.

4. Sequenzanalytische und praxeologische Rekonstruktion gymnasialer Schul- und Lernkultur

Die im vorangegangenen Kapitel skizzierte grundlagentheoretische und methodologische Orientierung an den Überlegungen zur Schulkultur- und Lernkulturtheorie, die Schule als Ort vorstellen, an dem vor dem Hintergrund bildungspolitischer, sozialwissenschaftlicher und innerschulischer Debatten, in Lernarrangements pädagogische Ordnungen etabliert werden, und die zuvor skizzierte Fragestellung, wie das heutige Gymnasium als „Schule der Vielen" am spezifischen Fall eines zur Ganztagsschule ausgebauten Gymnasiums gymnasiale Subjekte hervorbringt, ergeben bestimmte methodische Anschlüsse, für die ein qualitatives Forschungsdesign unumgänglich ist.

Der Blick auf die Einzelschule durch die methodologische Brille der „qualitative[n] Schul- und Bildungsforschung scheint in besonderer Weise geeignet, die Wirksamkeit bzw. den Einfluss von Steuerungsversuchen in der Schule selbst in den Fokus zu nehmen und rekonstruieren zu können" (Reh/Breuer/Schütz 2011, S. 135). Die Fragestellung zur vorliegenden Fallstudie ist auf mehreren Ebenen angesiedelt, was es erforderlich macht, auf mehreren Ebenen Daten zu sammeln, die jeweils mittels unterschiedlicher Auswertungsmethoden zu analysieren sind. *Zur Erfassung der Ebene der bildungspolitischen Entscheidungen und erziehungswissenschaftlichen Debatten,* werden in den folgenden empirischen Kapiteln fallbezogen einschlägige bildungspolitische und fachwissenschaftliche Diskussionen sowie institutionelle Rahmenrichtlinien zum Thema „Gymnasium und Ganztagsschule" bzw. zum Thema des jeweiligen empirischen Kapitels in den Blick genommen. Diese werden sowohl im Rahmen des Schulporträts als auch in den jeweiligen Rekonstruktionen zu den videographierten Angeboten einleitend zusammengefasst und auf ihre impliziten normativen Vorstellungen von Schule, Schulehalten, Lehrer- und Schülersein hin befragt, die wiederum, so die konstitutionstheoretische Annahme, auf die schulischen Akteur*innen einwirken, insofern diese sich zu den themenspezifischen Diskussionen positionieren müssen, von ihnen beeinflusst werden, abgrenzen, diese legitimieren usw..[25] *Zur Erfassung der Ebene der „Symbolischen Konstruktionen" der Akteur*innen* (vgl. Kolbe u.a. 2009) wurden an der Fallschule Gruppen- und Einzelinterviews mit an der Konzeptionalisierung und Durchführung von Ganztagsschule beteiligten Professionellen erhoben, aus denen die Vorstellungen und der Deutungsrahmen der Akteur*innen zum Thema „Gymnasium und Ganztagsschule" rekonstruiert wurden. Einige Ergebnisse dieser Rekonstruktionen werden im Folgenden im Schulporträt und in den Rekonstruktionen zu den videographierten Angeboten zur Vorstellung gebracht. Die beiden genannten Ebenen werden in der vorliegenden Studie als Sensibilisierungsrahmen *zum Verstehen der Ebene des Vollzugs pädagogischer Ordnungen in lernkulturellen Arrangements des Gymnasiums* aufgefasst: Im Mittelpunkt dieser Arbeit stehen auch die Rekonstruktionen pädagogischer Praktiken, wie sie sich in videographierten lernkulturellen Settings des untersuchten Gymnasiums zeigen.

Im Rahmen dieser Arbeit werden demnach *zwei* unterschiedliche bzw. einander ergänzende qualitative forschungspraktische Verfahren verwendet: Zum einen die Auswertung von Transkripten mittels einer an der Interpretationstechnik der Objektiven Hermeneutik orientierten Sequenzanalyse und die videographische Analyse verschiedener Unterrichtspraxen. Auf das Verfahren der Datenerhebung wird in diesem Kapitel nur skizzenhaft eingegangen, da im Zentrum dieser Arbeit die Rekonstruktion der „unterrichtsnahen Formate", also die lernkulturellen Episoden, die pädagogischen Praktiken und ihre videographische Aufzeichnung stehen.[26]

---

[25] Aus forschungspragmatischen Gründen wird auf eine Diskursanalyse, wie sie vielleicht vor der Folie des skizzierten Theoriezusammenhangs angemessen wäre, verzichtet.

[26] Diese Fokussierung hat auch forschungspragmatische Gründe: An der Erhebung der Daten war ich nicht beteiligt, da ich erst nach der Phase der Ersterhebung – aus dieser Phase stammen alle der in dieser Arbeit zur Darstellung gebrachten Einzel- und Gruppeninterviews bzw. das verwendete Videomaterial – zum Projekt LUGS gestoßen bin. Zum Thema „Datenerhebung" werden

4.1. Gymnasium und Ganztagsschule als symbolische Konstruktion

Die in den folgenden empirischen Kapiteln dargestellten Einzel- und Gruppeninterviews wurden im Rahmen des LUGS-Projekts in den Jahren 2005 bis 2008 geführt. Allgemein gesprochen war es Ziel des Projektes „zu erforschen, inwiefern mit der Umstellung auf den Ganztagsbetrieb Transformationen der Lernkultur einhergehen" (Kolbe u.a. 2009, S. 14) „und welche Ge- und Misslingensbedingungen sich in den einzelnen schulischen Entwicklungsprozessen identifizieren lassen" (Reh/Breuer/Schütz 2011, S. 136). Dazu wurden an 12 Schulen in den Bundesländern Rheinland-Pfalz, Berlin und Brandenburg Prozesse der Unterricht- und Angebotsentwicklung untersucht. Der erste forschungspraktische Schritt, im Anschluss an eine Felderkundung, war die Erhebung von „problemzentrierten, narrativ orientierten Interviews zur Entwicklungsgeschichte der Schule [...] mit der Schulleitung und Lehrkräften bzw. Gruppendiskussionen [...] mit den in der Entwicklung des Ganztags engagierten Lehrer*innen" (Kolbe u.a. 2009, S. 14), um auf ihrer Basis die zu videographierenden Unterrichtselemente auszuwählen.

An dem im Rahmen dieser Arbeit zur Vorstellung gebrachten Gymnasium wurden in regelmäßigen Abständen verteilt auf drei Jahre vor allem Interviews mit dem Schulleiter und dem Ganztagsschul-Koordinator geführt. Diese haben sich im Vorfeld der Forschergruppe gegenüber selbst als besonders kompetente Ansprechpartner zu erkennen gegeben. Im Verlauf des Interviews kam der erste Gesprächsimpuls meistens von Forscherseite, war in der Regel relativ offen gehalten und in der Sprache des Feldes formuliert („Wie wird am X-Gymnasium Ganztagsschule gemacht?" oder später: „Was hat sich seit unserem letzten Treffen denn so getan?"), damit sich die beiden Akteure „inner-

---

deshalb in diesem Kapitel die Möglichkeiten und Herausforderungen, die sich den Forscherteams eröffnet bzw. gestellt haben, kurz skizziert und auf einschlägige Veröffentlichungen hingewiesen. Mein eigenes Vorgehen bei der Datenkonstruktion und -analyse soll dagegen im Detail zur Vorstellung gebracht werden.

halb ihres Relevanzrahmens entfalten" (Bohnsack 2008, S. 21) konnten. Durch dieses Vorgehen erhoffte man sich, Unterschiede zum eigenen Referenzsystem erkennbar werden zu lassen, um am Ende des Forschungsvorhabens zu einer „Theoriebildung in der Sprache des Falles'" (Wernet 2000, S. 19) gelangen zu können. Über diese Interviews hinaus wurde eine Gruppendiskussion aufgezeichnet.[27] Im Anschluss an die Datenerhebung wurden die Erst-Interviews und die Gruppendiskussion als Ganze transkribiert[28]. Zu diesen sehr umfangreichen Transkripten wurden sogenannte thematische Verläufe erstellt, „um einen Überblick über die Themen der Organisation, also der jeweiligen Schule, zu gewinnen" (Kolbe u.a. 2009, S. 14). Mit Bezugnahme auf die thematischen Verläufe und auf die je spezifische Fragestellung wurden dann besonders „dichte" Passagen (vgl. Bohnsack 2008) aus den Transkripten ausgewählt und in Orientierung an den Interpretationsregeln der Objektiven Hermeneutik im Rahmen einer Sequenzanalyse rekonstruiert.[29] An dieser Stelle ergab sich für die vorliegende Arbeit zunächst eine forschungspraktische Hürde: Da die hier spezifische Fragestellung erst im Nachgang an das Material herange-

---

[27] Eigentlich wollten die Forscher*innen eine, in ihrer Vorstellung bereits als solche seit längerem etablierte Teamsitzung der an Ganztagsschule beteiligten Lehrer*innen mitschneiden. Während die Aufnahme bereits lief, stellte sich heraus, dass das Treffen in dieser Form zum ersten Mal stattfand und sich die Akteur*innen erst anlässlich der Anfrage der Forscher*innen dazu aufgefordert sahen, eine solche Besprechung abzuhalten.

[28] Zu den verwendeten Transkriptionsregeln: Die gesprochene Sprache bleibt erhalten und es findet keine Verbesserung nach den Regeln der Grammatik oder Logik statt, wobei Eigennamen und Orte nach Möglichkeit anonymisiert werden. Lokale Varietäten werden, soweit es möglich ist, in Lautschrift abgebildet. Der gesamte Sprachtext wird klein geschrieben. Veränderungen der Sprechweise, Hinweise zu Handlungspraktiken oder Husten etc. werden in eckigen Klammern vermerkt. Stottern wird durch einen Bindestrich dargestellt („i-i-ich"). Unverständliche Passagen werden durch [u.v.] gekennzeichnet. Unsichere Transkriptionen werden in runde Klammern gesetzt. Es gibt keine Interpunktion. Punkte und Kommata kennzeichnen Sprechpausen (, = kurze Sprechpause; . = Sprechpause von etwas 1 sec.; .. = Sprechpause von etwa 2 sec. usw.).

[29] Dieses Verfahren erwies sich als unangemessen aufwendig, weshalb ich bei der Aufbereitung der weiteren Interviews in anderer Reihenfolge vorgegangen bin: Zuerst habe ich, nach wiederholtem Anhören der Audioaufnahmen, die Thematischen Verläufe angefertigt, dann die dichten Passagen ausgewählt und danach von diesen Fragmenten Transkripte angefertigt, die dann sequenziell rekonstruiert wurden.

tragen worden ist, kamen die Interviewten selten explizit auf ihr Verständnis zum Gymnasium in seiner Schulformspezifik zu sprechen, weshalb ihre Vorstellungen (zur idealen Gymnasiast*in/Gymnasiallehrer*in, zu der als gymnasial verstandenen Sache usw.) eher implizit blieben. Dank der Offenheit der Fragestellung und der auf Narration angelegten Interviewweise scheinen aber in einigen Passagen die latenten Vorstellungen der Akteur*innen zum Thema hervor.

Die Auswertung der Daten wurde an den methodologischen Vorgaben der Objektiven Hermeneutik orientiert, weil sie als Prototyp eines sequenziellen Verfahrens bereits präzise ausgearbeitet, methodisiert, kanonisiert und in anerkannten Forschungszusammenhängen erprobt ist. Sie ist, und dies ist im Sinne der Fragestellung der vorliegenden Arbeit, besonders geeignet zur Offenlegung grundsätzlicher Strukturproblematiken, die dann im Rahmen von Strukturgesetzlichkeiten generalisiert werden können. Die Objektive Hermeneutik soll hier nur knapp in ihrer Konstitutionstheorie und Methodologie entfaltet, aber nicht diskutiert werden (vgl. als einschlägig zum Thema z.B. Oevermann 2000). Die Objektive Hermeneutik geht als Konstitutionstheorie davon aus, dass soziale Welt regelgeleitet und sinnstrukturiert ist. Das über Sprache vermittelte universelle Regelwissen[30] bedingt die sequenzielle Strukturiertheit sozialen Handelns: Lebenspraxis konstituiert sich dadurch, dass die Akteur*innen zeitlich-selektierend Anschlussoptionen wählen oder verwerfen (vgl. Schelle/Rabenstein/Reh 2010, S. 47). Die durch das Regelwissen begrenzten wohlgeformten Optionen und deren Realisationen[31] stehen dann für das Gesamt der Dispositionen einer je konkreten Lebenspraxis und bilden damit die

---

[30] Oevermann u.a. (1979, S. 387 f.) verweisen in diesem Zusammenhang auf vier Regelkomplexe: Diese umfassen *erstens* in Anlehnung an Chomsky universelle und einzelsprachspezifische Regeln (bspw. Syntax, Phonologie), *zweitens* auf Habermas und Searle rekurrierend kommunikative und illokutive Kompetenzen (bspw. Theorien zur Universalpragmatik und zum Sprechakt), *drittens* in Bezugnahme auf die Theorien Piagets und Kohlbergs kognitive und moralische Kompetenzen und *viertens* institutionalisierte Normen, lebensweltspezifische Typisierungen und Deutungsmuster.

[31] Laut Oevermann (2000, S. 64) sind diese auf zwei Ebenen angesiedelt: Parameter I beinhaltet das Gesamt an Sequenzierungs- und Erzeugungsregeln. Die konkret getroffene Auswahl ist dagegen auf der Ebene des Parameters II angesiedelt.

sogenannte Fallstruktur (vgl. Oevermann 2000, S. 65). Diese Konstitutionslogik geht „davon aus, [dass] sich die sinnstrukturierte Welt durch Sprache konstituiert und in Texten materialisiert" (Wernet 2000, S. 11). Die erzeugten Sinnstrukturen sind aber nicht unbedingt auf einer bewussten Ebene des Handelns angesiedelt, sondern beinhalten Bedeutungsdimensionen, die offenkundig nicht im intentionalen Horizont der Beforschten stehen. Der Objektiven Hermeneutik ist somit, wie anderen Verfahren der interpretativen Sozialforschung, am „Nachvollzug des subjektiv gemeinten Sinns als auch [an] der Rekonstruktion des latenten Sinns und des damit einhergehenden impliziten Wissens der in der Sozialwelt Handelnden" (Rosenthal 2011, S. 19) gelegen. Eine Rekonstruktion latenter Sinnstrukturen deutet „den Text nicht aus der Perspektive der Motive und Intentionen der Handelnden" (Wernet 2000, S 18), interessiert sich also nicht für deren innerpsychischen Vorgänge. Sie geht vielmehr davon aus, dass die Akteur*innen auf der Grundlage ihres sozialisatorisch gewonnenen Regelwissens ihrem eignen Handeln und der sie umgebenden Welt Bedeutung zuschreiben, die methodisch kontrolliert gehoben werden kann.

Auf diese forschungslogischen Prämissen, die Lebenspraxis als prozessuales Geschehen interpretieren, folgt die Orientierung an der „Sequenzanalyse" als Mittelpunkt des methodischen Verfahrens. Über den schrittweisen und extensiven Nachvollzug der jeweiligen Fallstruktur kommt man in der Gesamtheit zur sogennanten „Fallstrukturhypothese" (ebd., S. 15 f.): Einer Schlussfolgerung über die besondere Beschaffenheit des Falles, die von einem Text protokolliert wird. „Die generierte Fallstrukturhypothese ist *approximativ*, also immer eine Annäherung an eine faktische Fallstruktur, und sie ist vorläufig, kann also immer durch eine weitere, den Regeln der Objektiven Hermeneutik folgenden Interpretation *falsifiziert* werden." (Idel 2007, S. 64) Die Objektive Hermeneutik ist eine Methode zur Textinterpretation, wobei ihr ein weitgefasster Textbegriff zugrunde liegt. Texte (z. B. Interviews, aber auch Zeitungsausschnitte, Bilder und Videos) gelten als Protokolle einer sinnkonstituierten Wirklichkeit, welche sozialen Regeln folgt. Sie unterstellt, dass unser aller Regelwissen als kompetente Sprecher*innen eigentlich genügt, um den Sinn eines Textes zu rekonstruieren. Dennoch unterscheidet sie sich durch ein sehr sorgfältiges und kritisches methodisches Vorgehen vom alltäglichen Verstehen. Der Begriff „Objektive Hermeneutik" bezeichnet somit die „methodische Kontrolle der wissenschaftlich-empirischen Operation des Verstehens" (Wernet 2000, S. 11) und zielt dabei auf die „Rekonstruktion der Strukturiertheit der Selektivität einer protokollierten Lebenspraxis" (ebd., S. 15) ab. Dieses methodische Vorgehen „erfordert einerseits die Bereitschaft, riskante und folgenreiche Hypothesen aus einer akribischen Textanalyse zu gewinnen, andererseits weitgehende Zurückhaltung bezüglich textlich nicht zwingend indizierter Mutmaßungen" (ebd. S. 38).

Die „turn-by-turn"-Analyse (zunächst Wort-für-Wort, später dann Satz-für-Satz, zuletzt Abschnitt-für-Abschnitt) der Protokolle und die Genese der Fallstrukturhypothesen richteten sich an den von Wernet (2000) formulierten methodischen Interpretationsmaximen aus:

1. Das Prinzip der *Kontextfreiheit* ruft dazu auf, das Vor- und Kontextwissen eines Interpreten systematisch auszublenden, indem dieser sich in einen Zustand „künstlicher Naivität" versetzt. Zunächst werden losgelöst vom eigentlichen, konstitutionstheoretisch als zukunftsoffen angenommenen Zusammenhang, textkompatible, gedankenexperimentell wohlgeformte Kontexte formuliert. Ziel dieses Vorgehens ist die „Vermeidung von Zirkularität" (ebd., S. 23), da man nicht das eigene Wissen um einen Fall, sondern nur das am Text Belegbare dazu nutzen kann, eine spezifische Lesart zu legitimieren. Der methodisch kontrollierte Einbezug des tatsächlichen Kontextes „ist der kontextfreien Bedeutungsexplikation *systematisch nachgeordnet*" (ebd., S. 22).
2. „Das Prinzip der *Wörtlichkeit* korrespondiert dem Postulat der Textförmigkeit sozialer Wirklichkeit und verpflichtet die Interpreten, den Text nicht zu glätten, sondern ihn so wie er als Protokoll vorliegt zu beachten." (Idel 2007, S. 65). Forschungspraktisch wird dabei der „Text auf die Goldwaage gelegt"

(Wernet 2000, S. 24), was auch die Interpretation von Versprechern, Lachen, Husten und grammatischen bzw. phonetischen Fehlern beinhaltet. In der konsequenten Nachverfolgung der textimmanenten Gestalt, auch in ihrer Widersprüchlichkeit, eröffnet sich dann die Differenzen zwischen manifester und latenter Sinnstruktur und können Abweichungen identifiziert werden.

3. Das Prinzip der *Sequenzialität* fordert, als forschungspraktische Umsetzung der konstitutionstheoretischen Prämisse der sequenziellen Strukturiertheit sozialer Wirklichkeit, dass man dem Textprotokoll Schritt für Schritt folgt und den nachfolgenden Text zunächst nicht beachtet. Der Fall soll in seiner Entstehungslogik verstanden werden, denn „erst die Beachtung der sequenziellen Positioniertheit der Sprechakte führt dazu, die Strukturlogik der Interaktion zu rekonstruieren" (ebd., S. 28). Im Laufe des Interpretationsgeschehens wird so nach und nach die jeweils spezifische Fallstruktur offen gelegt.

4. Das Prinzip der *Extensivität* beansprucht, dass die Interpretation einer Textsequenz „sinnlogisch erschöpfend zu sein" (ebd., S. 33) hat. Die Lesarten müssen typologisch vollständig sein, bzw. es müssen so viele sein, wie sinnvoll möglich ist. In der Forschungspraxis wird sich, im günstigen Fall im Rahmen einer mehrköpfigen Interpretengruppe, die alle die Chance haben müssen, gleichgestellt ihre Sichtweisen und Interpretationen einzubringen, zunächst geringen Textmengen detailliert gewidmet.

5. Das Prinzip der *Sparsamkeit* weist wiederum das Prinzip der Extensivität in seine forschungsökonomischen, vor allem aber forschungslogischen „Schranken". Es soll verhindern, dass dem Fall eine nicht am Text belegbare Regelverletzung unterstellt wird. „Voreilige, unvernünftige, am Text nicht näher nachvollziehbare Lesarten und Fallstrukturhypothesen sind fallen zu lassen" (Schelle/Rabenstein/Reh 2011, S. 54) und nur die Fallstrukturhypothesen sind zugelassen, die textlich überprüfbar sind. Dem Handeln der Akteur*innen wird damit zunächst eine „praktische Vernünftigkeit unterstellt" (Idel

2007, S. 66), denn erlaubt sind nur „diejenigen Bedeutungsex-
plikationen, die den Text als regelgeleitetes und wohlgeform-
tes Gebilde ansehen und verbietet diejenigen Lesarten, die den
Text *ohne dass dieser selbst darauf verweist,* als fallspezifisch
motivierte Regelabweichung interpretiert" (Wernet 2000, S.
36). Die Interpretengruppe verpflichtet sich zwar auf einen
Konsens in Bezug auf die Valenz einer Lesart, es geht aber
nicht darum, einen Kompromiss zu erzielen. Diese sollen stattdessen „eine hohe Bereitschaft zeigen, geradezu streitsüchtig
ihre Interpretationen möglichst lange mit Argumenten gegen
Einwände aufrechtzuerhalten, damit sie, wenn sie scheitern,
möglichst informationsreich scheitern" (Oevermann u.a. 1979,
S. 393), so dass die Angemessenheit einer generierten Lesart
ausgeschöpft beurteilt werden kann.

Die Sequenzanalyse der genannten Interview- und Gruppendiskussi-
onspassagen erfolgte forschungspraktisch-idealtypisch unter Beachtung der oben genannten Prinzipien und dem von Wernet (2000, S. 39
f.) vorgeschlagenen „Dreischritt der Interpretation": *Zuerst* wurden
vom eigentlichen Kontext differierende Geschichten erzählt und generiert, in deren Rahmen der Text dennoch wohlgeformt erschien. An
den Text wurden somit keine bereits formulierten Hypothesen herangetragen, sondern vielmehr wurde „im sequenziellen Verlauf der
Textanalyse ausgehend vom Text Hypothesen gebildet und deren
Plausibilität am weiteren Fortgang des Textes überprüft." (Rosenthal
2011, S. 24). In einem *zweiten* Schritt wurden zu diesen Geschichten
meist mehrere Lesarten formuliert, die wiederum typologisch grup-
piert und auf Strukturgemeinsamkeiten bzw. -unterschiede hin befragt wurden. Aus diesen Typen von Lesarten ergab sich dann „die *fall-
unspezifische* Textbedeutung" (Wernet 2000, S. 39). In einem *dritten*
und letzten Schritt wurde die Bedeutungsexplikation mit dem tatsächlichen Kontext der Äußerung und der manifesten Aussageintention
konfrontiert, um zur Formulierung bzw. Transformation, Erweiterung
oder Revidierung einer Fallstrukturhypothesen zu kommen. Die Sequenzanalyse wurde beendet, wenn sich die Sinnstrukturen wieder-
holten und somit die Textrekonstruktion als „gesättigt" erschien. Die

methodisch abgesicherte Fallstrukturhypothese wurde abschließend mit den theoretischen Ausgangsüberlegungen in Verbindung gesetzt (s. ebd., S. 85). Da die konstitutionstheoretischen Überlegungen davon ausgehen, dass der „Fall als solcher sich ja im Medium des Allgemeinen ausgebildet hat und daher *eine spezifische empirische Besonderung einer allgemeinen Struktur* darstellt" (Idel 2007, S. 66), konnte man den Fall in seiner Struktur nun generalisieren.

Unter einer allgemeinen Fragestellung wurde zunächst herausgearbeitet, wie die Schule „die Ausweitung des Ganztagsangebots begründet [...], welche grundlegenden Ziele damit verfolgt werden, kurz gesagt: wie der Ganztagsschule Geschichten erzählend Sinn verliehen wird" (Kolbe u.a. 2009, S. 14). Unter einer eher subjekttheoretisch gelagerten Fragestellung wurde im Rahmen der vorliegenden Arbeit darüber hinaus danach gefragt, welche Erwartungen die Lehrer*innen des Gymnasiums an sich selbst und die Schüler*innen stellen, welcher Sinn den ganztagsspezifischen Angeboten verliehen wird und welche pädagogischen Vorstellungen dadurch zum Vorschein kommen. Der fallspezifische Interpretationsfokus wird später in den einzelnen empirischen Kapiteln noch weiter expliziert werden. Über die genannten „Symbolischen Konstruktionen" hinaus und im Anschluss an diese wurden konkrete Unterrichtssituationen, sogenannte pädagogische Arrangements, im Feld gefilmt.

Konstitutionstheoretisch wurde „im ethnographisch angelegten Forschungsprojekt LUGS das verbindende Element der Sammlung und Erhebung unterschiedlicher Datensorten im praxistheoretischen Verständnis von sozialer Ordnung gesehen." (Reh/Breuer/Schütz 2011, S. 138). Im Rahmen der oben skizzierten Annahmen zur Eigenart sozialer Praktiken, erscheinen die protokollierten Audioaufnahmen als „organisationale" (ebd.) oder – ich benutze hier einen etwas weiteren Begriff – diskursive Praktiken mit Hilfe derer „das Sprechen über die pädagogischen Praktiken rekonstruiert" (ebd.) werden kann. Der konkrete Vollzug operativ-pädagogischer, sogenannter repräsentierender Praktiken kann dann über die „Analyse von Videoaufnahmen des Unterrichts" (ebd.) geschehen. Da Symbolische Konstruktionen und pädagogische Praktiken in einem Wechselverhältnis stehen, erscheint eine Reflexion des Verhältnisses der Daten zueinander sinnvoll und wird auch in den einzelnen empirischen Kapiteln im Anschluss zur Vorstellung gebracht werden. Forschungspraktisch dienten die Rekonstruktionen der Symbolischen Konstruktionen aber zunächst dazu, einen weiteren Forschungs- bzw. Beobachtungsfokus zu konkretisieren, also Themen für die Beobachtung im Feld freizugeben. Das videographische Verfahren, wie es im Rahmen der vorliegenden Studie methodisiert wurde, ist bisher allerdings noch nicht kanonisiert und verlangt nach einer detaillierten Offenlegung des Forschungsprozesses.

4.2. Videographische Analysen als Zugang zu den pädagogischen Praktiken eines Gymnasiums

Das gesteigerte Interesse am Visuellen und die technischen Errungenschaften der letzten beiden Jahrzehnte haben dazu geführt, dass immer mehr sozialwissenschaftliche Forschungsprojekte sich ihrem Gegenstand über videographisch gewonnene Daten annähern. In der Bildungsforschung findet diese Entwicklung ihre Abbildung im Erscheinen zahlreicher Sammelbände (z.B. Friebertshäuser/von Felden/Schäffer 2006; Corsten/Krug/Moritz 2010) und Lehrbücher, die ihrerseits eher einen beschreibenden (z.B. Dinkelaker/Herrle 2009; Tuma/Schnettler/Knoblauch 2013) bzw. eher einen rekonstruktiven Umgang mit dem gewonnenen Datenmaterial wählen (z.B. Reichertz/Englert 2011). In der rekonstruktiven Unterrichtsforschung können in Anlehnung an Rabenstein/Reh (2008, S. 143 ff.) drei unterschiedliche Formen der videobasierten Gegenstandskonstruktion ausgemacht werden: *Erstens* der Einsatz von „Videodaten zur Vervollständigung von Transkripten verbaler Interaktionen" mit einem Fokus auf den Verlauf des Unterrichtsgesprächs, *zweitens* der Einsatz von „Videographie als Beobachtungsverfahren", bei dem das Geschehen auf der Vorder- und Hinterbühne in den Blick gerät und *drittens* der Einsatz einer „fokussierten Kameraethnographie", bei der „nicht die Versprachlichung des Visuellen im Vordergrund" (ebd.) steht, sondern sich über serielles Schneiden der Sinn des Gefilmten erschließt. Da sich die vorliegende Arbeit im Rahmen ihrer Fragestellung nicht nur für die sprachlichen Interaktionen und das körperliche und sprachliche Verhalten der Schüler*innen interessiert, sondern pädagogische Praktiken in den Blick nimmt, wird im Folgenden das Verfahren einer Videographie als Analyse pädagogischer Praktiken zur Vorstellung gebracht, die Videos als wissenschaftlichen Text versteht.

Aus dem grundlagentheoretischen und methodologischen Ansatz einer praxeologischen Lernkulturforschung (s. Reh/Idel u.a. 2015), ergibt sich im Anschluss, wie oben bereits erwähnt, eine rekonstruktionslogisch orientierte und videographisch vorgehenden Methode. Die in den Sozialwissenschaften häufig verwendete Audiographie von Unterricht erscheint nicht ausreichend, da die Fokussierung auf sprachliche Interakte, will man pädagogische Praktiken in den Blick nehmen, nur einen Teil der relevanten Daten darstellt (Kolbe u.a. 2008, S. 135). Um dieses Problem zu lösen, wurden die grundlegenden Daten an den Schulen durch die Videographie von Lernsituationen erhoben. Der Vorteil besteht darin, dass neben der Sprache auch das Zeigen der Sache und körperlichen Praktiken, also der Umgang der Akteur*innen mit sich selbst, mit anderen und mit schulischen Artefakten, in den Blick genommen werden können. Das Feld Ganztagsschule mit seinen möglicherweise veränderten Praktiken, die an einem Gymnasium durchaus auf Widerstände treffen können, beinhaltet Grenzverschiebungen (s. Idel 2013; Idel/Rabenstein 2013), die es bedingen, dass mit einer offenen, durch die Sichtweisen und Vorerfahrungen des Forschers nur gering determinierten Methode und Fragestellung das zu untersuchende Feld beforscht wird: Das LUGS-Projekt hat sich nach einer gegenstandstheoretischen Justierung daher für ein ethnographisch orientiertes Erhebungs- und Auswertungsverfahren entschieden.[32] Die vorliegende Arbeit versteht sich nicht als ethnographische, auch wenn sich die Datenerhebung, -konstruktion und -analyse an einigen Grundsätzen des ethnographischen Forschens orientiert: Das Material wurde auf der Grundlage einer relativ offenen Fragestellung

---

[32] Zur ethnographischen Ausrichtung des Projekts siehe ausführlicher: Rabenstein/Reh 2008; Schütz 2014; Reh/Rabenstein u.a. 2015)

und von wenigen Grundannahmen, die sich durch die Analyse des Feldes auch wieder irritieren lassen wollen, erhoben, weiter bearbeitet und rekonstruiert. Die von meinen Kolleg*innen erhobenen Videos werden im Rahmen dieser Arbeit als Text verstanden, der eine bestimmte Wirklichkeitswahrnehmung der Akteur*innen zur Darstellung bringt, die wiederum unter einer bestimmten Fragestellung rekonstruiert werden soll. Rekonstruktionslogisch geht es nämlich um einen bestimmten Fall von Gymnasium, dessen Struktur es zu bestimmen gilt.[33] Im Folgenden wird in die Anwendungsschritte der videographischen Analyse eingeführt. Die Darstellung fokussiert nur in Ansätzen Themen der Datenerhebung im Feld (Strategien des Zugangs und der Teilnahme im Feld, Arbeiten mit der Kamera, Formen der fokussierten Datenerhebung), dafür aber stärker die Prozesse der Datenaufbereitung, -auswertung und -analyse außerhalb des Feldes.

4.2.1. Datengrundlage

Die grundlagentheoretischen Annahmen der vorliegenden Arbeit lauten zur Wiederholung resümiert, dass das Gesamt aller Lehr-Lernprozesse sich als einzelschulspezifische Lernkultur fassen lässt. Praktiken sind dabei die sichtbare Prozesse, in denen Lerngelegenheiten hervorgebracht werden, also zu beobachtende körperliche und sprachliche Vollzüge, in welchen sich in sozialen Situationen Sinn aufbaut. Sie sind durch implizites Wissen reguliert, durch Kommunikation vermittelt, in Körpern fundiert, in Raum und Zeit situiert und an Artefakte und

---

[33] Der strukturtheoretischen Annahme folgend, dass auch Unterrichtsvideos Protokolle vertexteter sozialer Wirklichkeit sind, werden auch die als Texte gelesenen Filme daher im Folgenden sequenzanalytisch interpretiert, um dann eine Strukturhypothese zu diesem Fall bilden zu können. Zudem folgt die vorliegende Arbeit der Annahme rekonstruktiver Forschung, dass eine intersubjektive Überprüfbarkeit der Rekonstruktionsergebnisse nur dann gewährleistet werden kann, wenn mehr als ein kompetenter Sprecher bzw. eine kompetente Sprecherin an der Lesartenbildung beteiligt war. Folgt man diesem Prinzip, sind immer mehr als die im Feld anwesenden Personen an der Dateninterpretation beteiligt. Um zu nachvollziehbaren, qualitativ hochwertigen Hypothesen zu kommen, ist daher m.E. eine Feldkenntnis nicht erforderlich. Auf Besonderheiten des ethnographischen Forschens wird im Folgenden daher nicht weiter eingegangen, sondern nur der Forschungsweg gezeichnet, wie ihn meine Kolleg*innen beschritten haben.

Dinge gebunden. Die soziale Ordnungsbildung kann wiederum als Iteration, d.h. als nie identische Wiederholung feldspezifischer, familienähnlicher Praktiken verstanden werden. Die im Folgenden zur Vorstellung gebrachten Videorekonstruktionen fokussieren eben diese Praktiken. Im Mittelpunkt der Aufmerksamkeit steht das Lernen am Gymnasium und der mit ihm zusammenhängende Sach- und Subjektbezug, wie er für das Gymnasium in besonderer Weise angenommen wird. „Es geht also um gegenstandbezogene Vermittlungs- und Aneignungsprozesse, in denen unter bestimmten sozialen Ordnungsregeln das schulisch relevante Wissen konstituiert wird und die Schüler*innen Lerngelegenheiten erhalten, in denen sie zugleich qua Adressierung subjektiviert werden." (Idel/Rabenstein/Fritzsche 2009, S. 4).

Im Anschluss an die genannten methodologischen Vorüberlegungen mit ihrem „geschärften Interesse an der Performativität und Materialität des Sozialen" (Idel/Kolbe/Neto Carvalho 2009, S. 181) wird der Gewinn videographisch gewonnener Daten in folgenden Punkten gesehen:

1. In der „realzeitlichen Protokollierung sozialer Prozesse" (ebd.) und damit in der *Komplexität* der Datenerzeugung: In Abgrenzung zu audiogestützten Verfahren, kann eine integrierte Ton- und Bildspur erfasst und damit im Gegensatz zur ethnographischen Forschungspraxis der teilnehmenden Beobachtung erst auf den zweiten Blick Interessantes auffallen.

2. Ein weiteres Plus wird in der Möglichkeit gesehen „Sprech- und Körperhandlungen in ihrer *Simultanität* und raumzeitlichen Situierung" (ebd.) festhalten zu können.

3. In der Möglichkeit der *Konservierung* der Daten: sie ist zuverlässig, detailliert und reproduzierbar, womit auch auf den ersten Blick unscheinbare Beobachtungen die Chance haben, in der nachgehenden Analyse entdeckt zu werden (vgl. Wagner-Willi 2005, S. 256).

Die Multimodalität der Dokumentation und der Einsatz der Kamera als optisches Instrument führt zu einer Konzentration auf das Sichtbare und das Sichtbarmachen, wodurch die Sensitivität und visuelle

Aufmerksamkeit der Forscher*innen im Unterschied zur habituali-
sierten auditiven Konzentration auf die Ebene der Sprache für die
„schweigsamen Dinge des Sozialen" und die „leisen Daten" (Hirschauer 2001, S. 429) erhöht werden kann und diese eine neue Wertschätzung erhalten. „Mit Hilfe der Kamera kommen die körperlich aufgeführten Praktiken verstärkt in den Blick und es wird die Aufmerksamkeit auf etwas Spezielles gelenkt, auf das Sehen und nicht das Hören. Ob eine Situation interessant ist, entscheidet sich vorrangig an
dem, was sichtbar ist, was die als Subjekte agierenden und wahrgenommenen Körper mit sich, anderen und Artefakten im Raum tun. Das
heißt vor allem, dass wir unserer verstehenden Wahrnehmung des Visuellen folgen." (Idel/Rabenstein/Fritzsche 2009, S. 7). Videographie
geschieht trotzdem nicht unabhängig vom Blick des oder der Forschenden oder dokumentiert eine „objektive" soziale Wirklichkeit: "It
is recognized that the videotape is not the phaenomen per se, but is a
theoretically motivated perspectival view" (Mehan, 1979, S. 19). Videographien haben einen Ausschnittcharakter, da immer nur ein Teil des
Geschehens (bspw. im Klassenzimmer) erfasst werden kann. Das eingeschränkte Blickfeld der Kamera und des bzw. der durch das Kame-
radisplay schauenden und verstehenden Forschenden, die räumlichen
Vorgaben des Feldes und die Reduktion der Wahrnehmung auf zwei
Sinne, erzeugen u.a. Beschränkungen. Ziel der Datenerhebung bildet
daher die nachvollziehbare und vergleichbare visuelle Aufzeichnung
eines festgelegten Ausschnitts eines sozialen Geschehens. Dieser Prozess bedarf aber der ständigen Reflexion und Rückversicherung: Alles
was laut Fragestellung nicht interessiert, wird begründet außen vor
gelassen (vgl. Huhn u.a. 2012, S. 137 f.). „Mit dieser Professionalisierung der Datenerhebung ist dann die Aufgabe verbunden, die methodische Innovation forschungspraktisch zu konzeptualisieren, methodologisch zu reflektieren und theoretisch grundzulegen." (Idel/Kolbe/
Neto Carvalho 2009, S. 182).

	Ordnung der Angebote vs. soziale Ordnung anderer	Aneignung vs. Vermittlung	Wissen vs. Nicht-Wissen
Körper	Wie werden Körperbewegungen, Mimik und Gestik eingesetzt, wenn Lehrer*innen und Schüler*innen sich wechselseitig als solche und v.a. als Akteur*innen des Gymnasiums ansprechen oder sich nichtsprachlich aufeinander beziehen? Welche Möglichkeiten der Körperbewegung gibt es und wer legt die Offenheit bzw. Geschlossenheit der situativen Gestaltungsmöglichkeiten für den Einzelnen fest?	Welche körperlichen Handlungen der Aneignung und Vermittlung sind beobachtbar? Wie werden Körperbewegungen, Mimik und Gestik eingesetzt? In welcher Körperhaltung wird gezeigt und angeeignet?	Welche individuellen, körperlich ihren Ausdruck findenden Umgangsweisen mit Wissen gibt es? Wie wird Wissen dabei als relevant für das Lernen am Gymnasium dargestellt? Wie wird mit eigenen Erfahrungswissen umgegangen?
Interaktion	In welcher Situation sprechen sich Schüler*innen und Lehrer*innen als solche bzw. als Akteur*innen des Gymnasiums an? Welche wechselseitigen Zuschreibungen kennzeichnen die Lehrer*innen-Schüler*innen-Beziehung bzw. die Beziehung der Schüler*innen untereinander? Wer besitzt die Möglichkeit, die Situationsgestaltung festzulegen?	Wie und in welcher Situation sprechen Lernende und Lehrende sich als solche an und welche Ansprüche werden gestellt? Welche Handlungsspielräume entstehen durch diese wiederkehrenden Zuschreibungen? Welche Sinngehalte über das eigene Verhältnis zur Welt werden in	Welche Möglichkeiten bestehen für die Lernenden eigene, auch vor- und außerschulische Wissensbestände in die gymnasiale Lernkultur einzubringen? Wie wird dies von den Lehrenden aufgenommen und wie präsentieren diese sich als Repräsentant*innen der schulischen Wissensordnung?

		den Lernhandlungen deutlich?	
Artefakte	Wie wird in der (nicht-) sprachlichen Interaktion auf Material Bezug genommen?	Welche Aneignungsoptionen offerieren die zur Verfügung gestellten Materialien? Wie wird in der Interaktion aufs Material Bezug genommen? Als welche werden die Aneignenden angesprochen, um mit dem Material umgehen zu können?	Welche Materialien präsentieren das vom Gymnasium geforderte Wissen und welche Möglichkeiten eröffnen die Materialien für die Lernenden ihre eigenen Wissensbestände einzubringen? Welche Materialien erhalten als Wissensträger, -speicher oder -medien Bedeutung?
Raum und Zeit	Welche Räume und Zeitabschnitte werden zur Bedeutungsaushandlung hervorgebracht?	Wie werden Räume und Zeitabschnitte zum Aneignen und Vermitteln genutzt? Wie und von wem werden individuelles und kollektives Lernen aufeinander abgestimmt und welche Voraussetzungen enthalten diese Zuschreibungen?	Wie werden Zeiten und Räume inszeniert, um die Differenzmarkierung zwischen Wissen und Nicht-Wissen besonders hervorzuheben? Wird das Neue an bestimmten Orten und zu bestimmten Zeiten zum Thema?

Was nun forschungspraktisch relevant ist, d.h. für welchen bestimmten Fokus man sich bei der Datenerhebung, -verarbeitung und -rekonstruktion entscheidet, ergibt sich auf der einen Seite aus einem einzelfallspezifischen Interesse, welches im Rahmen der vorliegenden Arbeit in den jeweiligen empirischen Kapiteln konkretisiert wird. Die forschungs- und erkenntnisleitenden Fragen ergeben sich auf der anderen Seite aus der im Anschluss an Kolbe u.a. (2008) skizzierten Heuristik, die sich aus den theoretischen Überlegungen zur Lernkultur ergeben. Die durch Auswertung der Fragen erhaltenen Antworten, können dann aber ein ganz neues Interesse ergeben. Im Folgenden wurde ein Versuch unternommen, die Heuristik mit für diese Arbeit forschungsleitenden Fragen zu füllen.

Diese Fragen können natürlich noch weiter ausdifferenziert und konkretisiert werden und erheben daher nicht den Anspruch auf Vollständigkeit. Die Auflistung soll lediglich visualisieren, wie die Heuristik für das Auffinden eines Beobachtungsfokus, von Interpretationsideen und von wiederkehrenden Mustern sensibilisiert hat. Im Anschluss an diese Fragestellungen gerieten bei der Datenkonstruktion und -analyse vor allem Adressierungspraktiken in den Blick, die die Lernenden in ein spezifisches, vom Feld als gymnasial verstandenes Verhältnis zur Sache setzten.

4.2.2. Datenerhebung

Im Anschluss an die Beobachtungen im Feld und an die Erhebung der Interviews und der Gruppendiskussion wurde am untersuchten Gymnasium in allen „ganztagsschulspezifischen" Angebotsformaten und auch vereinzelt im „herkömmlichen" Unterricht gefilmt. Im Rahmen der videographischen Datenerhebung im Feld orientierten sich die Forscher*innen an einem ihrerseits modifizierten kamera-ethnographischen Konzept von Mohn und Amann (2005, 2006a und b; Mohn 2008), welche sich als Ethnographen einen Zugang zum Feld durch die blickende Kamera als Federhalter verschaffen, d.h. sie benutzten quasi ihre Kamera wie der Ethnograph seinen Stift: „In der Erhebungssituation versuchen wir Blickschneisen zu werfen und Blickspuren durch den Praxisausschnitt zu ziehen" (Idel/Kolbe/Neto Carvalho 2009, S. 184), je nachdem, welche Fragen sie sich zu diesem Zeitpunkt stellten. Damit ist gemeint, dass man nicht der Versuchung erliegt, alles aufzeichnen zu wollen, was in einem beobachteten Setting passiert, da dies ohnehin nicht möglich ist, sondern nur jenes, was sich laut einer zuvor festgelegten Fragestellung – nämlich der nach dem Auffinden pädagogischer Praktiken – auch lohnt (vgl. Mohn 2008). Die Kamera folgt dem Blick des Forschers bzw. der Forscherin und konstruiert bzw. interpretiert bereits soziale Wirklichkeit, während der bzw. die durch die Kamera Blickende gleichzeitig auf das Feld einwirkt, da die Kamera selbst zu Darstellungen der Feldakteur*innen vor der Kamera anregt (s. ausführlich Mohn/Amann 2006a; Reh/Labede 2012). Die Kamera wurde so zur dritten Instanz, zur generalisierten Anderen und zur Protokollantin der Situation (s. Reh/Rabenstein u.a. 2015). Im Feld haben die Forscher*innen versucht sogenannte „Geschichten", die das jeweilige Setting freigibt, zu finden (s. Rabenstein/Reh 2008). Das Feld generiert Prozesse, die eine narrative Struktur aufweisen und sich auf diese Weise auch rekonstruieren lassen – so die methodologische These über den episodalen bzw. periodischen Charakter der Zeitlichkeit von Unterrichtsinteraktion (Luhmann 2002). „Indem die Kamerafrau das Geschehen im Feld aufmerksam wahrnimmt und situativ entscheidet, eine Situation zu fokussieren und mit der Kamera zu verfolgen, entdeckt sie Geschichten und Episoden eines lernkulturellen Geschehens. Auch wenn sie den Anfang oder vermeintlichen Beginn einer Sequenz nicht hat aufzeichnen können, nimmt sie dann diese Aktivitäten so lange auf, bis sie ihr zu Ende zu kommen scheint, bis die Situation sich ‚auflöst', etwas Anderes beginnt." (Idel/Rabenstein /Fritzsche 2009, S. 7)

Forschungspraktisch waren es i.d.R. zwei Kameraforscher*innen, die schon einige Minuten bevor der zeitliche Beginn des Angebots von den Akteur*innen angesetzt wurde, „Stellung" bezogen hatten. Auf diese Weise wurden am beobachteten Gymnasium mehrere Lerngruppen begleitet – meistens über den ganzen Schultag hinweg. Nachdem die Forscher*innen zuerst ohne Kamera beobachtet und Feldnotizen gesammelt hatten, „drängten" sie sich nun mit der Kamera den Akteur*innen auf, gingen aber auch wieder auf Abstand. Das Vorgehen der Videograph*innen zeichnete sich also auf der einen Seite durch Offenheit für die jeweilige, im Vollzug entstehende Situation, aber auch durch Fokussierung aus. Im Projekt wurden dabei zwei mögliche Herangehensweisen der Kameraführung etabliert (s. Schütz 2015, S. 111

f.): Es wurde je nach Setting, also je nachdem wie die betreffenden Akteur*innen das Lernarrangement gestalteten (z. B. als eher „frontales"
oder „geöffnetes" Setting), entweder eine den Weitwinkel erfassende
fest positionierte, aber schwenkbare Standkamera installiert, um das
Geschehen möglichst breit einfangen zu können (s. Bsp. Wagner-Willi
2004), oder eine Handkamera benutzt, die eine stärker fokussierte Videographie erlaubte (s. Knoblauch 2006; Breidenstein 2006; Raben-
stein/Reh 2008). Das in dieser Arbeit verwendete Datenmaterial
wurde hauptsächlich aus der Perspektive einer Standkamera heraus
gefilmt und beschreibt i.d.R. eine Halbtotale. Es entstammt, wie bereits
erwähnt, der Ersterhebungsphase und versteht sich selbst noch als
methodische Suchbewegung, die dem Drang geschuldet war, möglichst wenig von dem, was gesehen werden kann, zu verpassen. Teilweise wurde den Forscher*innen diese Vorgehensweise aber auch
vom Feld vorgeben: An dem untersuchten Gymnasium finden sich
häufig Settings vor, bei denen das „offizielle" Geschehen im vorderen
Teil des Raumes stattfindet und die Akteur*innen sich sehr wenig im
Raum bewegen. Da die pädagogischen Praktiken, also die beobachtbaren Lehr-Lernprozesse im Aufmerksamkeitsfokus standen, entsprach
der Einsatz der Standkamera zunächst dem Vorgehen, aus der Perspektive der Lehrenden auf das Geschehen zu blicken, um sich dann
auf einzelne Aktivitätszentren (Gruppen, Paare, Einzelne, einzelne Artefakte) zu fokussieren, auf die dann herangezoomt wurde.

4.2.3. Datenkonstruktion

Die grundlegende Herausforderung jeder Forschung, die sich videographisch einem Gegenstand annähert, ist die angemessenen Erfassung bzw. Würdigung der durch die Datenerhebung gewonnenen
Fülle an Datenmaterial. Die vom Videomaterial eingefangenen Geschichten mussten zunächst ausfindig gemacht werden. Dazu wurde
das komplette Material mehrmals gesichtet, um den Gesamtzusam-
menhang der lernkulturellen Arrangements und deren pädagogische
Praktiken und Themen zu erfassen. In einem ersten Schritt der Vertextung der audiovisuellen Daten wurden dann Gliederungen bzw. nach
dem Vorbild der dokumentarischen Methode sogenannte szenische

Verläufe (vgl. Bohnsack 2009) zu den jeweiligen gefilmten Episoden angefertigt, um daraufhin erste Hypothesen aufstellen zu können, die entlang der „lernkulturtheoretischen Differenzen sowie der einzelschulspezifischen Blickspuren immer begründungspflichtig sind" (Idel/Kolbe/Neto Carvalho 2009, S. 184). Auf der Grundlage der erarbeiteten Fragestellungen wurden aus dem Videomaterial besonders dichte, komplexe Szenen herausgeschnitten und kurze Filmclips erstellt, die dann eine sogenannte Lerngeschichte erzählten. Diese Geschichten bestehen entweder im Anschluss an einen *szenische Schnitt* aus einem mehrminütigen zusammenhängenden Film (wobei z.B. die technisch nicht verwertbaren Teile aus den Geschichten herausgeschnitten wurden) oder im Anschluss an einen *episodalen Schnitt* aus mehreren kleinen Fragmenten. Diese kleinen Videofragmente werden nach mehrmaligem Schneiden dann ebenfalls sequenziell zu einer „Lerngeschichte" zusammengefügt. Im Prozess des Schneidens wurden also schon relevante Themen entdeckt und erste Thesen entwickelt, die beim weiteren Verarbeiten der Daten eine Rolle spielten.

Auf die visuelle folgte eine weitere textuelle Datenkonstruktion: Zunächst wurden zur detaillierten Analyse der Filme sogenannte ausführliche szenische Beschreibungen zu ihnen angefertigt. Diese Beschreibung erhebt den Anspruch, Handlungspraktik und Sprache einander zuzuordnen, so dass diese in einem letzten Schritt rekonstruiert werden können. Die entstandenen Videos wurden also unter verschiedenen einzelfallspezifischen Fragestellungen segmentiert, visuell und textuell weiter be- und verarbeitet, so dass Protokolle für die Datenauswertung konstruiert werden konnten. Eine szenische Beschreibung, verstanden als detaillierte Vertextung einer zuvor begründet ausgewählten Sequenz, wird in diesem Zusammenhang als „Dokument des genauen Schauens" verstanden. Der Blick der bzw. des Forschenden wird durch das Anfertigen immer weiter geschärft, so dass durch das detaillierte Beschreiben schon ein Erkenntnisgewinn entsteht. Die szenischen Beschreibungen bilden aber auch „Protokolle des gemeinsamen Schauens" (Idel/Rabenstein/Fritzsche 2009, S. 8), denn an der Anfertigung der vertexteten Videoprotokolle waren häufig mehrere Forscher*innen beteiligt, die zudem bei der Interpretation ständig

zwischen Film und Beschreibung oszillierten. Im Zuge dieses Vorgehens wurden die szenischen Beschreibungen immer wieder überar-
beitet, weshalb sich diese lediglich als vorläufige Endversionen verstehen (siehe Produktseite dieses Buches auf www.springer.com). An die
Anfertigung einer szenischen Beschreibung wurden im Anschluss an
die bereits genannten methodologischen Überlegungen drei grund-
sätzliche Anforderungen gestellt. Sie dient der …

… Explikation des Beobachtungsfokus: Vor der Anfertigung einer szenischen Beschreibung muss die Frage beantwortet werden, welche
Prozesse im Fokus der Beschreibung stehen und aus welchem Grund
dieser Fokus gewählt wurde. Auf was wird sich konzentriert? Was beschreibt man?

… Dokumentation des Ineinandergreifens von Handeln und Sprachhandeln: Handlungspraktik und Sprache müssen einander zugeordnet
werden, um zu einer dichten Beschreibung gelangen zu können.

… Darstellung von Simultanität: Nach Wagner-Willi (2005, S. 277) ist
das Aufschreiben entlang kleiner Aktivitätssysteme sinnvoll. Dabei
werden zwei oder mehrere Akteur*innen beschrieben, die sich aufeinander beziehen. So kann die Simultanität mehrerer unabhängig agie-
render Gruppen dargestellt werden.

Die ausgewählten Sequenzen wurden in ihrer tatsächlichen materiellen Verfasstheit und raum-zeitlichen Abfolge möglichst genau und
dicht beschrieben (s. Bohnsack 2009). Die szenischen Beschreibungen
zu dieser Studie[34] sind daher ansatzweise in einem „vor-ikonographi-
schen" (ebd., S. 13) Sinne verfasst. Dies bedeutet, dass bei der Anfertigung auf Bewertungen und subsumtive Beschreibungen möglichst
verzichtet wurde. Es handelt sich aber auch bei dieser Form der Da-
tentransformation um eine Form der Interpretation, da man nur das
beschreiben kann, was man selbst sieht, versteht und eine Bedeutung
beimisst. „Gerade weil Praktiken auf sozial konventionalisiertem Wissen aufruhen und deswegen als solche auch in der Regel intersubjektiv

---

[34] Die szenischen Beschreibungen zu dieser Studie sind zu finden auf der Produktseite dieses
Buches unter www.springer.com.

verständlich sind, muss bei der Anfertigung szenischer Beschreibungen die ikonographische Sinnebene, auf welcher die Praktik selbst schon als eine bestimmte soziale Gestalt interpretiert würde, ausgeklammert werden. Denn die Rekonstruktion der sozial konventionalisierten Gestalt der Praktiken, des ihnen zugrunde liegenden praktischen Wissens und Könnens und des in ihnen hergestellten sozialen Sinns ist ja gerade Aufgabe der sich anschließenden Datenanalyse, die an den in der szenischen Beschreibung detailliert notierten Bewegungen, Gesten und Gebärden ansetzt." (Idel/Kolbe/Neto Carvalho 2008, S. 185)

Aus der Perspektive der bzw. des Beobachtenden werden nun Blicke (Blickrichtungen, Blickschneisen, Blickkontakte), Körper (Bewegungen der Körper im Raum, mit Dingen, Körperhaltungen zu einander, Mimik und Gestik), Sprechakte (simultan zu körperlichen Handlungen), Objekte, Dinge, Artefakte, die in Praktiken involviert sind und Kontexte, in welche die Praktiken eingebettet sind beschrieben. „Die szenischen Beschreibungen richten sich auf die fokussierten Aktivitätszentren und ihre Praktiken. Sie sind allerdings keine lückenlosen Beschreibungen, sondern gleichermaßen selektiv fokussiert. Die Verschriftlichung zum textuellen Datum ist so wiederum Teil des analytischen Prozesses und damit auch wieder begründungspflichtig. Die szenische Beschreibung schafft Distanz zum Film (man muss überprüfen, was man gesehen hat), sie hilft beim Herausarbeiten des analytischen Fokus, und sie ist insofern ebenso wie der Film keine neutrale Aufzeichnung, sondern ein fokussiertes Protokoll." (Idel/Rabenstein/Fritzsche 2009, S. 8).

Im LUGS-Kontext wurden verschiedene Notationsformate für die szenischen Beschreibungen erprobt. Übrig blieben zwei Varianten mit ihren Modulationen: Zum einen die Notationsweise als „Dramentext" mit Regieanweisungen, bei dem in einer Spalte das nicht-sprachliche Handeln und in einer weiteren das sprachliche Handeln der Akteur*innen als Transskript vermerkt wird (s. z.B. Schütz 2015). Der Vorteil besteht darin, dass die diskursive und die non-diskursive Ebene analytisch leichter voneinander getrennt werden können, was das Sprechen darüber vereinfacht. Der Nachteil besteht darin, dass das Ineinandergreifen verschiedener Handlungen nicht so präzise dargestellt werden kann. Ich habe mich für die zweite Variante entschieden: Die szenischen Beschreibungen (s. Abb. 4) werden als Fließtext dargestellt, wobei das transkribierte Sprachhandeln wie in Prosatexten durch Anführungszeichen markiert wird. Diese Notationsweise ist unübersichtlicher und die dazugehörige Beschreibungstätigkeit aufwändiger, die Simultanität verschiedener Handlungsstränge (z.B. wenn der eine Akteur dem anderen „ins Wort fällt") können aber eindeutiger dokumentiert werden. Folgende praktische Hinweise zur Anfertigung einer szenischen Beschreibung haben sich aus den oben genannten Überlegungen ergeben: Jedes Aktivitätssystem bildet seinen eigenen Absatz und beginnt mit einer eingerückten Zeile, in der vorzugsweise die Hauptakteur*innen des Aktivitätssystems genannt werden. Falls die Kamera schwenkt oder nach einem Schnitt ein Bild erscheint, das sich von dem vorherigen unterscheidet, wird die Szenerie neu beschrieben. Solche Einfügungen werden durch Leerzeilen vor und nach dem Abschnitt gekennzeichnet. Es gibt zwei verschiedene Möglichkeiten Sprachhandlungen zu beschreiben: In erster Linie geschieht dies, indem sie durch Anführungszeichen gekennzeichnet werden. Sich überschneidende Sprechbeiträge werden allerdings in Block-Partitur-Schreibweise notiert. Der Text innerhalb der Anführungszeichen wird fett gedruckt, derjenige innerhalb der Block-Schreibweise kursiv. Das Wiedergeben von Sprachhandlung entspricht den oben genannten Transkriptionsregeln. Am Rand der szenischen Beschreibung wird eine Zeilenzählung hinzugefügt.

Das Setting ist ein geschlossener Raum. Die hintere Wand ist grün und in der Mitte hängt eine große Pinwand. Auf der rechten Seite befindet sich eine Fensterfront. Es sind fünf Tischreihen zu sehen. An der letzten sitzen zwei Kinder, davor vier, dann wieder vier und in der vordersten Reihe sind nur zwei Kinder zu sehen. Auf diese

5 beiden Jungen ist auch der Fokus der Kamera gerichtet. Der Junge links im Bild (Ruud) trägt ein rotes T-Shirt, der Junge rechts im Bild (Rafael) trägt einen schwarzen Pullover. Vor beiden liegt jeweils ein Blatt Papier, jeweils ein geöffnetes Federmäppchen und beide halten einen Stift in der Hand.

Die Stimme eines Erwachsenen ist zu hören: „**pscht** *[langgezogen]* **jetzt** *[Ton fällt*

10 *für etwa drei Sekunden aus]* **die erste erkrankung.**" Rafael beginnt sofort zu schreiben, während Ruud seine Ellenbogen auf dem Tisch aufstützt, seinen Kopf in beide Hände legt und auf das Blatt schaut. Der Erwachsene fährt fort: „**laura** *[unverstdl.]* **lies mal was da steht . überschrift . und . die erste.**"

Rafael: *verletzungen der gliedmaßen* [pathetisch]

15 **Laura:** *verletzungen der gliedmaßen man sagt auch jemand hat sich den arm* [u.v.]

Dabei verkrampfen scheinbar Rafaels Finger und er zieht die Hand zu sich heran. Der Erwachsene sagt: „**verb**", worauf die Mädchenstimme etwas akustisch Unverständliches erwidert. Katja, ein Mädchen mit orangen T-Shirt, das in der vorletzten Bank am Durchgang sitzt, sagt: „**was wa-as.**" Die Mädchenstimme sagt

20 laut: „**verrenkt**", worauf Rafael seinen Arm hebt und „**ausgerenkt**" sagt. In dem Moment als das Mädchen laut *verrenkt* sagt, nimmt Ruud seinen Stift in die Hand, stützt sein Kinn auf den Tisch auf und beginnt zu schreiben. Die erwachsene Stimme sagt: „**verrenkt . ausgerenkt** *[gedehnt und in fragendem Tonfall]* [...] **kann man vielleicht auch sagen klingt aber en bisschen komisch kann aber sein dass man**

25 **das auch verwenden kann als** [..] **verb also man sagt auch jemand hat sich den arm . verrenkt.**"

Die Kamera schwenkt in der Pause vor *verrenkt* nach links, wo man weitere Kinder an Tischen und den Erwachsenen sieht. Vorne ist ein Teil eines großen Tisches zu sehen, auf dem ein silberfarbener Aktenkoffer liegt. Davor steht ein weiterer kleiner

30 Tisch, an dem ein Kind sitzt. Die Wand auf der linken Seite ist weiß und es stehen drei Tischreihen an ihr. An der ersten und letzten Tischreihe sitzen vier, an der mittleren drei Kinder. Es ist ebenfalls zu sehen, dass sich Rafael und Ruud ihre Tischreihe mit zwei weiteren Kindern teilen. Die Gruppe besteht also aus 29 Kindern und einem Erwachsenen. Der Mann steht vorne, den Kindern zugewandt, vor der ersten

35 Tischgruppe. Hinter ihm steht ein künstliches menschliches Knochengerüst.

Der Mann hält ein Blatt in der Hand und sagt: „**ich schreib gleich die begriffe an.**"

Abbildung 4: Szenische Beschreibung am Beispiel "Ein naturwissenschaftlicher Unterricht, Teil 1"

4.2.4. Datenanalyse

Die in den szenischen Beschreibungen vertexteten Lerngeschichten und die in ihnen erscheinenden pädagogischen Praktiken wurden nun interpretiert und miteinander kontrastiert. Die rekonstruktive Datenanalyse bildete damit die finale Maßnahme in der vorausgegangenen Reihe von Interpretationsvorgängen und orientiert sich an den Prinzipien der Sequenzialität und Serialität. Die geschnittenen Filme erzählen sequenziell Geschichten in denen „seriell familienähnliche, aber doch in ihrer Ausdrucksgestalt variierende Praktiken (des Helfens, Übens, Aufgabenerledigens, der Herstellung von Nähe etc.)" (Idel/Rabenstein/Fritzsche 2009, S. 7f.) erscheinen.

Das Prinzip der *Serialität* „folgt gegenstandstheoretisch aus dem Wiederholungscharakter sozialer Praktiken und fundiert methodologisch die komparative Analyse. Wenn wir davon ausgehen, dass Aktivitäten dadurch zu Praktiken werden, dass sie wiederholt ausgeführt und damit sozial konventionalisiert, aber – konstitutionstheoretisch gesehen – nie in gleicher Weise repetiert werden, dann kann man Praktiken unterschiedlichster Kontexte miteinander vergleichen." (Idel/Kolbe/Neto Carvalho 2008, S. 186) Praxistheoretisch gesehen beinhaltet es die simultane Rekonstruktion des komplexen Zusammenwirkens diskursiver und non-diskursiver Elemente von iterativen Praktiken zu ganzheitlichen sozialen Ausdrucksgestalten. Bereits im Feld konstituiert das Prinzip der Serialität die videographische Fokussierung auf bestimmte, sich wiederholende pädagogische Praktiken, um die auf Familienähnlichkeit beruhende Ordnung zu erfassen oder durch komparative Analyse die Formvariation von Praktiken zu bestimmten.

Das Prinzip der *Sequenzialität* beinhaltet die sequenzielle Rekonstruktion von Sinnemergenz und die Fokussierung auf die in raum-zeitlich gebundenen Praktiken entstehenden Prozesse. „Im Prozess der Datenanalyse versuchen wir die lernkulturellen Geschichten in ihrer Sinngenese sequenziell zu erschließen, d.h. wir legen entlang der Szenischen Beschreibung und des Films Sequenzen fest, die wir in ihrer Aufeinanderfolge im Stil einer objektiv-hermeneutischen Lesartenvariation interpretieren." (ebd.) Praxistheoretisch gesehen beinhaltet das Prinzip der Sequenzialität also die prozessuale Analyse der pädagogischen Praktiken mit sich, mit anderen und mit Dingen in Raum und Zeit entstehenden je spezifischen Möglichkeitsräume des Lehrens und Lernens und die sequenzielle Rekonstruktion der Genese lernkultureller Episoden und Szenen und der Emergenz pädagogischen Sinns. Im Feld konstituiert es die videographische Fokussierung von lernkulturellen Erzählungen und szenischen Gefügen.

Bei der Auswertung der Daten wurde immer wieder zwischen den verschiedenen Datenformaten, d.h. zwischen einer visuellen und einer textuellen Analyse oszilliert. Demzufolge wurde nicht nur die szenische Beschreibung interpretiert, sondern auch das Videomaterial wurde immer wieder mit Bedeutungszuschreibungen versehen. Oszilliert wurde dabei auch zwischen einer Auswertung, die zum einen an einer ethnographischen Zugangsweise orientiert ist, insofern sozialer Sinn durch Sichten, Schneiden, Verdichten, Schreiben, Umschreiben in Sprache erschlossen wird und einer, die an einem sequenzanalytischen Vorgehen in Anlehnung an den Interpretationsprinzipien der Objektiven Hermeneutik (s.o.) orientiert ist. Durch diese Vorgehensweise sollen die eigenen Daten in ihrer Genese ständig reflektiert werden, um die nachfolgenden Interpretationen und die aus ihr entstehenden Fallrekonstruktionen abzusichern.

Die Verbindung von praxeologisch-ethnographisch orientierter Datenerhebung und -konstruktion und strukturlogischer Rekonstruktion der sich aus ihr ergebenden vertexteten Daten ist methodologisch und methodenpraktisch noch bearbeitungsbedürftig (vgl. Reh/Breuer /Schütz 2011). Zusammenfassend bedeutet die Anwendung der Videographischen Analyse, wie sie hier vorgestellt wurde, aus einer begründet festgelegten, reflektierten Perspektive zu filmen, das so entstandene Material zu schneiden, zu beschreiben und zu analysieren. Der idealtypische Forschungsprozess der videographischen Analyse pädagogischer Felder kann folgendermaßen zusammengefasst und visualisiert werden:

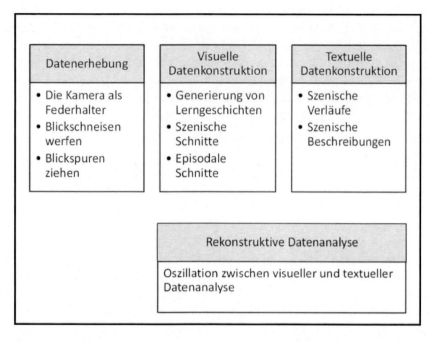

Abbildung 5: Idealtypischer Forschungsprozess der videographischen Analyse pädagogischer Praktiken

4.3. Die Konstruktion des Falles: Zur Darstellung, Auswahl, Kontrastierung und Theoretisierung der Forschungsergebnisse

Im Anschluss an diese methodischen Überlegungen werden in den nachfolgenden Kapiteln die Rekonstruktionsergebnisse zur Schul- und Lernkultur des untersuchten Gymnasiums vorgestellt. Die vorliegende Arbeit stellt als Ganzes gesehen eine Fallstudie dar. Sie folgt der Logik fallrekonstruktiver Forschung, dass man unter der Anwendung eines sequenzanalytischen Verfahrens abgeschlossene Fallstudien zur Darstellung bringen kann, die auf der einen Seite als spezifischer Fall für sich stehen, auf der anderen Seite aber eine „besondere Ausformung des Allgemeinen" (Idel 2007, S. 61) darstellen. Unter „Fall" wird dabei sowohl das Produkt als auch der Gegenstand des Forschungsprozesses verstanden (vgl. Schütz 2015, S. 123 f.): Das Interesse an einem zur Ganztagsschule transformierten Gymnasium, welches sich als durch bildungspolitische und lokale Determinanten bestimmte „Schule der Vielen" unter Druck sieht, mit der Heterogenität seiner Schüler*innen umzugehen lernen zu müssen, war leitend in der Konstruktion des vorliegenden Falles. Die Reflexion dieses Interesses und der Fall-Konstruktion, was Oevermann „Fallbestimmung" (zit. nach Wernet 2000, S. 53) nennt, stellt einen ersten Rekonstruktionsschritt dar. Ziel der vorliegenden Studie ist es aber nicht, möglichst umfassend das untersuchte Gymnasium als Ganztagsschule zu beschreiben, sondern es sollen in der detaillierten Darstellung von einzelnen, vom Feld aber als besonders exemplarisch gekennzeichnete Situationen, übergreifende Strukturmerkmale und zentralen Praktiken herausgearbeitet werden. *Die vorliegende Fallstudie besteht demnach zum einen aus dem „Schulporträt", zum anderen aus den „Lerngeschichten", in denen jeweils ein ganztagsschulspezifisches Format des untersuchten Gymnasiums näher betrachtet wird.*

Das *Schulporträt* soll das untersuchte Gymnasium in seiner organisationalen Eingebettetheit und Verfasstheit zeigen. Zu dieser gehört auf der einen Seite der rheinland-pfälzische Ganztagsschuldiskurs mit seinen Argumentationsmustern und Begründungen – unter besonderer Berücksichtigung der schulformspezifischen Stellung des Gymnasiums in diesem Zusammenhang. Vor diesem Hintergrund wird auf der anderen Seite nach der lokalen Verflochtenheit, der organisationalen Konzeption des untersuchten Gymnasiums und seiner Entwicklungsgeschichte gefragt, um so einen Raum für die Begründungsfiguren der Akteur*innen zur Einführung von Ganztagsschule an dem Gymnasium und der spezifischen Angebotsentwicklung zu öffnen. In diesem Rahmen werden auch die „Symbolischen Konstruktionen", also die allgemeinen Vorstellungen der Akteur*innen zum Thema „Ganztag und Gymnasium" zur Vorstellung gebracht. Der zweite, im Vergleich deutlich umfangreichere empirische Teil dieser Arbeit, bildet die Darstellung der Ergebnisse der jeweiligen Rekonstruktionen der videographierten Angebotsformate in Form jeweils einer *Lerngeschichte* ab.

Die Begründung der Auswahl der spezifischen pädagogischen Angebote und in ihnen die Wahl eines bestimmten Beobachtungsfokus, vollzieht sich dabei entlang der „Symbolischen Konstruktionen": Es wurden nur lernkulturelle Settings für diese Detailstudie ausgewählt, die von den Akteur*innen selbst als für die einzelschulspezifische Schul- und Lernkultur besonders relevant konstruiert wurden. Daher wurden nur sogenannte „unterrichtsnahe Formate" in die Studie aufgenommen, da andere videographierte Formate (Mittagessen, „Entspannungstraining", Pausen) von den Akteur*innen selbst nicht zum Thema gemacht wurden[35]. Die Darstellung der Angebotsformate erfolgt also nach Relevanz und nach einem sich sinnvoll ergänzenden Verlauf für die sich anschließende theoretisierende Argumentation und nicht nach der eigentlichen Chronologie der Datenerhebung. Die Auswahl des jeweiligen Formats bzw. der jeweiligen Lerngruppe und der je spezifischen Beobachtungs- und Rekonstruktionsperspektive wird wiederum im Rahmen der je spezifischen Lerngeschichte begründet, die ihrerseits, je nach Thema und Fragestellungen, wieder an die bildungspolitische bzw. fachwissenschaftliche Debatte und an die innerschulischen Konstruktionen der Akteur*innen angebunden wird. Der Einbezug von politischen Rahmenrichtlinien und Symbolischen Konstruktionen dient nicht der Validierung, sondern soll „vielmehr einer Ausweitung potenzieller Erkenntnismöglichkeiten" (Reh/Breuer/ Schütz 2011, S. 137) und der Vermeidung der Übernahme von präskriptiven subsumtionslogischen Setzungen dienen. Schul- und Lernkulturtheorie enthalten eine bestimmte Vorstellung von Ordnung, die sowohl aus den diskursiven als auch aus repräsentierenden Praktiken hervorgebracht wird, die sich zueinander in Beziehung setzen lassen.

---

[35] In den folgenden empirischen Darstellungen wird nur dann von „Unterricht", „Arbeitsgemeinschaft", „Hausaufgaben" usw. gesprochen, wenn der Begriff selbst aus dem Feld kommt. Hierbei wird einer ethnomethodologischen Definition von Unterrichtsgeschehen gefolgt: Unterricht wird beobachtet als soziales Geschehen, das sich selbst als Unterricht versteht und daher von den Akteur*innen erst als solcher beobachtbar gemacht werden muss (s. Breidenstein 2006). Vorläufig wird daher in Bezug auf die beobachteten Settings immer vorerst von „Angeboten" oder von „Vermittlungs-, Aneignungs- und Lehr-Lern-Situationen" gesprochen. Praktikentheoretisch besteht der Sinn von Unterricht nur in Relationen und lässt sich daher nur in seiner Prozessierung als solcher benennen und verstehen.

Diese verhalten sich zueinander im Horizont von „komplementärer ‚Passung' von Themen, Bildern und Figuren, als ‚Parallelismus' oder als Probleme heraufbeschwörende 'Widersprüchlichkeit'" (Reh/ Breuer/Schütz 2011, S. 149). Ziel der Inbeziehungsetzung der drei Ebenen ist es, ein besonders differenziertes Bild der vorgefundenen Schul- und Lernkultur entstehen zu lassen.

Sowohl die Aufgabe, der Komplexität des erhobenen Protokoll- und Videomaterials vor dem Hintergrund der skizzierten grundlagentheoretischen Fragestellung gerecht zu werden als auch die sich aus der oben beschriebenen Oszillationsbewegung heraus entstandenen Rekonstruktionsergebnisse angemessenen darzustellen, bedeutet noch eine methodologische Herausforderung. Die im Anschluss an dieses Kapitel formulierten Rekonstruktionsergebnisse werden daher in einer kondensierten Weise im Rahmen sogenannter „Fallvignetten" zur Darstellung gebracht, da es im Rahmen einer schriftlichen Veröffentlichung, ohne bspw. der Beigabe einer DVD, nicht möglich ist, den Forschungsprozess eins zu eins abzubilden. In den Fallvignetten finden sich denn auch kurze Beschreibung der innerschulischen Rahmenbedingungen und des Angebotsformats, wobei einzelne Szenen näher betrachtet und eine zugespitzte Version der Fallinterpretation dargestellt wird. Im Rahmen der folgenden Fallvignetten sind ebenfalls „Weiterentwicklungen" bzw. stärker interpretierende Versionen der szenischen Beschreibungen abgedruckt: Es sind das Gesehene und Gehörte paraphrasierende Beschreibungen des lernkulturellen Settings enthalten, in denen die modifizierten szenischen Beschreibungen eingebettet sind. Diese nochmals verdichteten szenischen Beschreibungen sind leichter zu lesen und setzen ein „Verstehen" der Situation bereits voraus (vgl. Reh/Labede 2012). Sie beinhalten alles, um die nachfolgende Interpretation, die unter einer spezifischen Fragestellung verfasst ist und ihrerseits ein Kondensat eines viel ausführlichen Interpretationsgeschehens darstellt, verstehen zu können und stellen damit einen weiteren Schritt des Rekonstruierens dar. Diese kondensierten szenischen Beschreibungen sind in einem nicht-naturalistischen Sinne verfasst, um einen Ausgleich zwischen Genauigkeit und Lesbarkeit herstellen zu können. Dies ist aus zweifacher Sicht sinnvoll:

Zum einen entsteht so weniger leicht die Illusion, man hätte es bei dem vorliegenden Dokument mit der protokollierten Wahrheit und nicht mit einer bereits geleisteten Interpretation des Gesehenen zu tun. Zum anderen kann sich auch eine Leserin bzw. ein Leser, die bzw. der das aufbereitete Filmmaterial nicht gesehen hat, besser vorstellen, um was es in der Szene geht.

Durch die Inbeziehungsetzung der drei Ebenen – bildungspolitische und lokale Rahmenbedingungen, das Reden der Akteur*innen über Schule und die Vollzugsebene pädagogischer Ordnungen – besteht nun die Möglichkeit der Theoretisierung durch Kontrastierung, wofür es aber noch kein kanonisiertes Verfahren gibt. Jede Kontrastierung als schrittweise Verallgemeinerung „bottom up" trägt zur Modifikation gegenstandstheoretischer Vorannahmen bei – im vorliegenden Fall zum Verstehen einer gymnasialen Schul- und Lernkultur. Konstitutionstheoretisch gesehen sind Praktiken als Gesamteinheit von Elementen auf verschiedenen Ebenen sinnvoll zu betrachten, über deren Charakterisierung sich Aussagen zur Schul- und Lernkultur einer Einzelschule treffen lassen. „Mit der Rekonstruktion der Lernkultur lassen sich nun jene Praktiken herausarbeiten, die über die einzelne Lerngruppe hinaus für Aneignungs- und Vermittlungsprozesse von Lehrenden und Lernenden in einer Schule typisch sind." (Kolbe u.a. 2008, S. 138) Dabei geht es dieser Studie aber nicht um eine Beschreibung der Vielheit *aller* beobachtbaren Praktiken, in all ihren Gemeinsamkeiten und Unterschieden, sondern um das Sichtbarmachen von Typen von Praktiken, über deren soziale Bedeutung beziehungsweise deren hervorgebrachter sozialer Sinn, wiederum die Schul- und Lernkultur einer Schule charakterisiert werden kann. So wird die Schul- und Lernkultur als symbolische Ordnung der Praktiken erkennbar. Forschungspraktisch verläuft die Kontrastierung der Lerngeschichten horizontal zu den Formaten: Praktiken und Strukturmerkmale, die in allen Angeboten zum Thema werden, geraten in den Blick, so dass sich in den Angeboten variierenden Ausformungen spezifische, für die Schule charakteristische Typen von Praktiken zeigen können: „Erst eine kontrastierende Typisierung dieser fallspezifischen Rekonstruktionen könnte es dann erlauben, dass Allgemeine dieser Praktiken empirisch auszumachen." (Kolbe u.a. 2008, S. 136).

5. Schulporträt eines Ganztagsgymnasiums in Rheinland-Pfalz

Die durch fortschreitende Bildungsexpansion zunehmende Heterogenität der Schüler*innen, die ein Gymnasium besuchen und die steigende Konkurrenz durch andere Schularten, welche eine Optionenvielfalt zum Erwerb des Abiturs darstellen auf schulstruktureller Seite, aber auch der Auraverlust des Gymnasiums und die gestiegenen antinomischen Anforderungen durch modernisierte Angebote auf schulkultureller Seite, haben in den letzten 20 Jahren den Profilierungsdruck auf die jeweiligen Gymnasien gesteigert. Das Gymnasium zu Beginn des neuen Jahrtausends wird damit unter Reformdruck gestellt, wobei die Transformation zur Ganztagsschule als Modernisierungsoption erscheint. An der im Rahmen der vorliegenden Studie untersuchten Schule, lässt sich diese Entwicklungskonstellation exemplarisch beobachten: Das kleinstädtische Gymnasium gerät in Folge der Konkurrenz zu anderen Sekundarschulen am Ort in Bestandsprobleme und sieht sich nun unter Profilierungsdruck gesetzt, weshalb es seine Umstellung auf Ganztagsschule beschließt. Bei der nun folgenden Darstellung und Analyse der ganztagsschulspezifischen Entwicklungsgeschichte des Gymnasiums und des Redens der Akteur*innen über das Ganztagsschulprogramm, steht die Frage im Mittelpunkt, welche Verschiebungen innerhalb der gymnasialen Lernkultur durch die ganztagsschulischen Formate beobachtet werden können.

5.1. Verortung in der lokalen Bildungslandschaft und die Entwicklungsgeschichte aus Sicht der Akteur*innen

Das untersuchte Gymnasium[36] befindet sich in einer kreisfreien Stadt in Rheinland-Pfalz, die etwa 45 000 Einwohner zählt. Seit jeher gilt sie als Stadt der Mittelschicht, in der früher Weinbau und Landwirtschaft

---

[36] S.a. Neto Carvalho/Veits/Kolbe 2015; Rabenstein u.a. 2009

von Bedeutung waren und in deren Umfeld sich seit den vierziger Jahren zahlreiche Industriebetriebe angesiedelt haben. Der damit verbundene industrielle Aufschwung führte seit den 1970er Jahren zur territorialen Expansion der Stadt, in Form der Anlage randstädtischer Neubaugebiete und der Eingemeindung umliegender Siedlungen.[37] Sie verfügte zum Zeitpunkt der Erhebung aufgrund des großen Einzugsgebiets ihrer Schulen in der ländlichen Umgebung über drei staatliche Gymnasien und eine private katholische Mädchenschule mit Gymnasial- und Realschulzweig. Hinzu kamen zwei Realschulen, eine Hauptschule, eine duale Oberschule[38], eine staatliche berufsbildende Schule und ein naturwissenschaftliches Technikum. Das untersuchte Gymnasium wurde vor etwa 175 Jahren gegründet und gab sich in den 1950er Jahren den Namen eines deutschen Chemikers und Nobelpreisträgers. Konnte es in den 1970er Jahren der Anwahl durch die im unmittelbaren Einzugsgebiet situierten potenziellen Gymnasialschüler*innen sicher sein, wurde es bis heute immer mehr zur Schule derer, die wegen unterschiedlicher Motive nicht eines der neuen Gymnasien mit Fächerschwerpunkt besuchen. Die Schüler*innenschaft scheint daher eher dem städtischen Kleinbürgertum und dem aufstiegsorientierten Milieu der unteren Mittelschicht anzugehören und nicht den im Zuge des wirtschaftlichen Aufschwungs bereits aufgestiegenen neuen Mittelschichten. Die beiden staatlichen Konkurrenzgymnasien liegen in den äußeren, neu gebauten Stadtteilen und beschreiben in ihren Qualitätsprogrammen eine neusprachliche bzw. eine humanistische Ausrichtung. Eine der Schulen besteht seit 125 Jahren,

---

[37] Diese und die folgenden Informationen sind der offiziellen Homepage der Stadt, der Homepage des untersuchten Gymnasiums und einem Erstinterview mit dem Schulleiter entnommen.

[38] Die duale Oberschule war eine Form der Regionalen Schule in Rheinland-Pfalz mit den Klassenstufen 5 bis 10. Die Schüler*innen wurden in sogenannte Profilstufen eingeteilt, die sich am Bildungsgang von entweder Real- oder Hauptschulen ausrichteten. V.a. vor dem Hintergrund einer engen Zusammenarbeit mit berufsbildenden Schulen hatte die duale Oberschule zum Ziel, die Schüler*innen in besonderem Maße auf die Berufswahl vorzubereiten. Im Schuljahr 2009/10 wurden die dualen Oberschulen und andere sogenannte Regionale Schulen im Zuge der „Umstellung auf Zweigliedrigkeit" des rheinland-pfälzischen Schulsystems in sogenannte Realschulen Plus umgewandelt.

gab sich aber erst in den späten siebziger Jahren des letzten Jahrhunderts einen neuen sprachlichen Schwerpunkt, die andere ging aus einer der ältesten Lateinschulen der Region hervor (Gründung im siebzehnten Jahrhundert) und entschied sich ebenfalls in den siebziger Jahren für eine neue, humanistische Ausrichtung. Durch den Neubau in attraktiver Umgebung und die Umstrukturierung durch eine spezifische Profilierung dieser beiden Schulen, hatte das untersuchte Gymnasium in der weniger modernisierten Altstadt mit sinkenden Schüler*innenzahlen zu kämpfen. Es wurde im Anschluss, so der jetzige Schulleiter in einem Interview im Jahr 2005, von vielen schon als nicht länger haltbar aufgegeben und stand Anfang der achtziger Jahre kurz vor der durch die Baufälligkeit des Schulhauses und geringen Schüler*innenzahlen bedingten Schließung. Als Wendepunkt markiert der Interviewte die Berufung eines neuen Schulleiters (nicht mit dem aktuellen identisch), dem es gelang, städtische Gelder zu mobilisieren. Die Anwahlzahlen begannen in Verbindung mit Anstrengungen zur umfassenden Innovation, zu der die Etablierung eines naturwissenschaftlichen Schwerpunkts und das Engagement als „Modellschule für ökologische Erziehung" gehören, zu steigen.

Die Renovierung konnte aber eine langfristige Instandsetzung des zweihundert Jahre alten Baus lediglich herauszögern, weshalb sich der heutige Schulleiter dazu gezwungen sah, eine grundlegende Sanierung zu veranlassen, die sich jedoch als sehr kostspielig herausstellte. Die Kommune stellte nur unter der Voraussetzung, dass das Gymnasium in Zukunft ein Ganztagsschulprogramm anbiete, finanzielle Zuschüsse für eine Sanierung zur Verfügung. Zusätzlich offerierte das bundesweite Programm zum Ausbau der Infrastruktur im Ganztagsschulbereich (IZBB) ab dem Jahr 2003 weitere Fördermittel. Diese „Bedingungen" wurden laut Schulleiter „zum Anstoß [genommen], ein Ganztagsangebot in Erwägung zu ziehen", im Kollegium zu diskutieren und schließlich auch durchzusetzen. Die Schulleitung reichte im Schuljahr 2003/04 einen entsprechenden Antrag ein und ernannte danach eine Studiendirektorin zur Ganztagsschul-Beauftragten, die bis heute in Kooperation mit einem Studiendirektor, der das

Ganztagsschulkonzept des untersuchten Gymnasiums entwickelte und seine Durchführung immer noch prägt, sowie mit einem anderen Mitglied des Kollegiums und dem Schulleiter eine informelle Entwicklungsgruppe bildet.[39] Gleichzeitig wurde die Sanierung des Schulgebäudes im geplanten Rahmen durchgeführt und „ganztagsschulgerechte" Räume (Mensa, eine neue Sporthalle, „Leseecke" usw.) angebaut, so dass es heute v.a. durch seine modernen Glasfronten ins Auge fällt. Seit dem Schuljahr 2004/2005 ist das Gymnasium eine Ganztagsschule.

5.2. Ganztagsschule am Gymnasium und seine Konstruktionen

5.2.1. Ganztagsschule in Rheinland-Pfalz

Das deutsche Schulwesen hat – im Unterschied zu vielen Nachbarländern – seit Ende des 19. Jahrhunderts eine Tradition als Halbtagsschule. Obwohl es seitdem auch bildungspolitische Bemühungen gab, eine zeitliche Ausweitung schulischen Lernens zu etablieren (s.a. Ludwig 2005; Kolbe u.a. 2009, S. 11 ff.), hat es bis Ende des letzten Jahrhunderts keinen relevanten Ausbau der Ganztagsschulen gegeben. Vor allem nach dem Bekanntwerden des unerwartet schlechten Abschneidens der deutschen Schüler*innen in der PISA-Studie im Jahr 2001 wurden von Seiten der Bildungsministerien allerdings Maßnahmen zur Einführung von mehr Ganztagsschulen ergriffen, auf die im Jahr 2002 ein Ganztagsschul-Sonderprogramm der Bundesregierung folgte, welches mit 4 Mrd. Euro ausstattet wurde (s.a. Tillmann u.a. 2008; Kuhlmann/Tillmann 2009). „In einer unmittelbar auf PISA bezogenen Argumentationslinie wird davon ausgegangen, dass mit der Ganztagsschule eine wesentliche Rahmenbedingung zur Steigerung

---

[39] Aus verschiedenen informellen Gesprächen erfährt das Forscherteam, dass in der Konstruktion der Akteur*innen die eigentliche Entscheidungskompetenz beim Schulleiter und dem konzeptentwickelnden Studienleiter liegt, die sich den Forscher*innen gegenüber auch als entscheidungsmächtig zeigen.

der schulischen Leistungserträge geschaffen wird." (Kolbe u.a. 2009, S. 12) Nach einem massiven Ausbau der ganztägig organisierten Schulen, besuchten zwölf Jahre später bundesweit 37,7% aller Primar- und Sekundarschüler*innen eine Ganztagsschule, während es 2002 nur 9,8% waren (KMK 2016).

Umfang, Beteiligung, Akzeptanz und Gestaltung der Ganztagsangebote variieren einzelschulisch aber sehr stark, da auch jedes Bundesland verschiedene Anforderungen an die Schulen stellt bzw. seine Fördergelder nach verschiedenen Kriterien verteilt. Holtappels (2006, S. 9ff) konstatiert, dass es in den Bundesländern, welche ihrerseits unterschiedliche Strategien beim Ganztagsschulausbau verfolgen, mehrere, unterschiedlich gewichtete Begründungszusammenhänge zur Einführung von ganztagsschulischen Lernprogrammen gibt. Die folgende Auflistung verschiedener Legitimationsfiguren bedeutet also keine inhaltliche Priorisierung: Erstens soll durch sie ein erhöhter Bedarf an erzieherischer Versorgung abgedeckt und damit eine bessere Vereinbarkeit von Familie und Beruf erzielt werden. Zweitens soll Schule familienunterstützend und integrativ wirksam werden. Drittens soll sie auf die gewandelten Bildungsanforderungen (höhere formale Bildungsabschlüsse, zunehmende Bedeutung von komplexen Zusammenhängen, zentrale Lebensfragen als Bildungsinhalte) reagieren und viertens soll sie die Verbesserung der Begabungsausschöpfung bzw. der Systemleistung und der Chancengleichheit bzw. die Förderung von Schüler*innen aus sogenannten bildungsfernen Milieus als Reaktion auf Leistungsvergleichsstudien gewährleisten. Die Schule soll zudem, so der neue pädagogische Anspruch, vor dem Hintergrund einer ganztägigen Rahmung zum „Lern-, Lebens-, Erfahrungs- und Kulturraum" (s.a. Höhmann 2012) werden. In Bezugnahme auf die genannten Erwartungen und Motivationen und der jeweils landesspezifischen Regelungen haben in den letzten Jahren viele Schulen auf den Ganztagsbetrieb umgestellt und dafür standortspezifische Konzepte erarbeitet.

Die Ganztagsschulen in Rheinland-Pfalz – dort befindet sich die Schule, an der die vorliegende Einzelfallstudie durchgeführt wurde – bilden insofern eine Ausnahme, da das bildungspolitische Vorantreiben ihrer

Einführung schon vor der Veröffentlichung der PISA-Ergebnisse stattgefunden hat. „Die rheinland-pfälzische Landesregierung hatte sich in der Legislaturperiode 2001-2006 das bildungspolitische Ziel gesetzt, an insgesamt 300 allgemeinbildenden Schulen ein schulisches Ganztagsangebot zu implementieren [...] Mit Blick auf diese Systemtransformation nimmt Rheinland-Pfalz eine bundesweite Vorreiterrolle ein." (Kunze/Kolbe 2007, S. 255) Die Rekonstruktion einer themenspezifischen Broschüre des Ministeriums, welche im Jahr 2001 veröffentlicht wurde, ergab, dass bei der Förderung von ganztagsschulspezifischen Infrastrukturen familienpolitische Motivationen vor der Folie eines demographischen Wandels und eines v.a. unter Akademikerinnen veränderten Reproduktionsverhaltens (s. Kolbe u.a. 2009, S. 13) im Zentrum der ministeriellen Maßnahmen standen. Dies ist vor dem Hintergrund zu verstehen, dass sich das Bundesland zunächst gezwungen sah, das Mehr an Zeit, welches die Schüler*innen in der Schule verbringen sollten, zu legitimieren. Es antizipierte, so kann man der Broschüre entnehmen, dass die Eltern, hier v.a. die berufstätigen Mütter, ihre Kinder „umsorgt" sehen wollen, jedoch befürchteten, so die Annahme, dass ihre Kinder durch Ganztagsschule „zu viel Unterricht" zugemutet bekämen und nicht mehr an außerschulischen Aktivitäten partizipieren könnten. Ein geeignetes Konzept müsse also die Kinder und Jugendlichen verlässlich und durch „weitergebildetes" Personal betreuen und dürfe keine „Verschulung" von Freizeit darstellen. Die Themen „Förderung" und „Steigerung der Leistungsmotivation" durch ganztagsschulische Lernprogramme spielten in dieser Veröffentlichung noch eine untergeordnete Rolle. Ganztagsschule in Rheinland-Pfalz findet an vier Nachmittagen der Woche bis 16 Uhr statt, die sich, neben dem Mittagessen, durch folgende vier verbindliche Gestaltungselemente, welche in ausgewogenem Verhältnis stehen sollen, auszuzeichnen hat (vgl. Holtappels u.a. 2007, S. 31):

-   „Unterrichtsbezogene Ergänzungen einschließlich Hausaufgabenbetreuung"
-   „themenbezogene Vorhaben und Projekte"
-   „Förderung"
-   „Freizeitgestaltung"

Die Ausformung dieser Elemente ist dennoch jeder Ganztagsschule selbst überlassen, denn das Programm des rheinland-pfälzischen Ministeriums setzt auf lokale Entwicklung, was jeder Einzelschule einen individuellen Gestaltungsraum eröffnet. Ganztagsschulen in Rheinland-Pfalz können sowohl in „verpflichtender" Form als auch in einer sogenannten „Angebotsform" geführt werden (s.a. Neto Carvalho 2008; Kunze/Kolbe 2007). Im Rahmen der Angebotsform ist die Teilnahme am Ganztagsangebot einer Schule für die Schüler*innen generell freiwillig, insofern sie sich mindestens für ein Jahr verpflichten, am schulspezifischen Ganztagsprogramm teilzunehmen. Diese Entscheidung wird meistens stellvertretend von den Eltern getroffen, was zu dem von Idel und Kunze (2008, S. 99) so genannten Paradox der „freiwilligen Verpflichtung" führt. Andererseits unterliegt die Teilnahme an dem Ganztagsangebot auch der Akzeptanz durch die Schüler*innen, was dazu führt, dass sich die jeweilige Angebotskonzeption in ihrer Qualität und Attraktivität immer wieder neu beweisen muss. „Je nach einzelschulspezifischer Situation ist es sowohl möglich das Angebot auf einzelne Züge zu beschränken als auch ein klassen- und klassenstufenübergreifendes Additum zur konventionellen Halbtagsschule zu entwickeln." (Kunze/Kolbe 2007, S. 255) Eine Besonderheit gegenüber anderen landesministeriellen Vorgaben ist dieses Konzept deshalb, weil die „letztere Lösung durch die Freiwilligkeitsforderung organisatorisch nahe gelegt wird" (ebd.). Die „additive Form" wird nämlich in vielen bildungspolitischen und auch fachwissenschaftlichen Debatten als eher strukturkonservatives Modell vorgestellt, welches als defizitär eingestuft wird, da die Nachmittagsgestaltung häufig außerschulischen Fachkräften überlassen werde. Idel und Kunze (2008, S. 101) sprechen auch von „zwei Schulkulturen in einer Schule", da im Rahmen dieses Modells häufig Vor- und Nachmittag – maximal über die Hausaufgaben verbunden – nebeneinander existieren würden. Dem „gebundenen Modell", in dessen Praxis häufig wegen der verbindlichen Teilnahme zumindest eine ganze Klasse über den ganzen Tag beschult, wird dagegen häufig zugeschrieben, dass es mehr Transformationsmöglichkeiten z.B. in Form eines rhythmisierten Schulalltags eröffne (s. Fischer u.a. 2013, S. 3).

Im Anschluss an die bildungspolitischen Entwicklungen nach 2003 wurde auch das rheinland-pfälzische Verständnis von Ganztagsschule erweitert: Neben der besseren Vereinbarkeit von Familie und Beruf formuliert das entsprechende Bildungsministerium 2007 in einer neuen Broschüre, in der es die eigenen Ganztagsschulen bereits als „Erfolgsmodelle" beschreibt, ebenfalls die „Qualitätssteigerung in der Bildung und mehr Chancengleichheit" als zentrale Ziele von Ganztagsschule. Neben den bisherigen landesspezifischen Regelungen, tritt nun hinzu, dass „die individuelle Förderung im Mittelpunkt der pädagogisch-organisatorischen Konzeption" zur jeweiligen Ganztagsschule stehen muss. Auch als Neuerung hervorzuheben: Das sogenannte „zügige Modell", in seiner gebundenen oder teilgebundenen Form, welchem die organisatorische und pädagogische Idee zu Grunde läge, „unterrichtliche und außerunterrichtliche Elemente, Lern- und Entspannungsphasen im sinnvollen Wechsel über den Tag zu verteilen" und das „additive Modell", dessen Vorteil v.a. darin gesehen wird, dass durch die „klassenübergreifende Teilnahme der Kinder und Jugendlichen an Kursen und Förderangeboten das Schulklima entscheidend verbessert" werden könne, werden explizit als gleichberechtigte Modelle nebeneinander gestellt.

Wegen der genannten bildungspolitischen Motivationen stand das Gymnasien als Schulform zunächst nicht im Fokus der Aufmerksamkeit der ministeriellen Bemühungen. Laut StEG konnten 2005 in Rheinland-Pfalz „keine schulartbezogenen Schwerpunkte im Ganztagsschulausbau auf der Basis der Veränderungsfaktoren festgestellt werden" (Holtappels u.a. 2007, S. 19). Da die verstärkte Einführung von Ganztagsschule in Rheinland-Pfalz eben nicht auf bestimmte Schulformen, wie in manchen anderen Bundesländern[40], beschränkt war, wurden die Gymnasien gewissermaßen dazu angehalten, vielleicht auch entgegen der Wünsche der Akteur*innen, Ganztagsschulkonzepte zu entwickeln. Heute wird das Thema „Gymnasium und

---

[40] Nach Holtappels u.a. (2007, S. 19) waren 2005 bereits 98,9% aller Grundschulen im Bundesland Berlin Ganztagsschulen, während nur 4,3% der Berliner Gymnasien ganztägig organisiert waren.

Ganztagsschule" verstärkt unter dem Blickwinkel „Verkürzung der Schulzeit auf 8 Jahre" diskutiert. Das rheinland-pfälzische Bildungsministerium hat sich gegen eine flächendeckende Einführung von G8 entschieden und lässt jeder Einzelschule offen, ob sie sich dazu entscheidet, in acht oder in neun Jahren die Schüler*innen zum Abitur zu führen. Eine landesspezifische Besonderheit stellt in diesem Zusammenhang dar, dass der achtjährige Bildungsgang allerdings nur unter der Bedingung der Einführung von Ganztagsschule als G8-Ganztagsschule realisiert werden kann. G8 gestaltet sich vor diesem Hintergrund als entscheidender Motor, der zu einem signifikanten Anstieg an Ganztagsschulgymnasien führte.[41]

Das in dieser Fallstudie untersuchte Gymnasium führte, wie bereits erwähnt, im Untersuchungszeitraum allerdings in neun Jahren zum Abitur und ist bisher bei dieser Regelung geblieben. Im Folgenden wird nun beschrieben, wie sich die formale Ganztagsschulkonzeptionierung des untersuchten Gymnasiums vorgestellt werden kann und welche Implikationen diese enthalten.

5.2.2. Deskription und Analyse des einzelschulspezifischen Ganztagsschulprogramms[42]

Am untersuchten Gymnasium findet das Ganztagsangebot an den Tagen Montag bis Donnerstag von 8.00 bis 16.00 Uhr statt. Das Ganztagsschulprogramm wird in teilgebundener Form angeboten, da nur ein Teil der Schüler*innenschaft, entweder im Rahmen eines von den Akteur*innen sogenannten „rhythmisierten bzw. zügigen" oder im „additiven" Modell die ganztagsspezifischen Angebote besuchen. Im ersten

---

[41] Während laut Holtappels u.a. (2007, S. 19) 2005 19,9% der Gymnasien in Rheinland-Pfalz ganztägig organisiert waren, werden laut KMK (2014, S. 4*) 2012 bereits 49% aller Gymnasien als Ganztagsschulen geführt.

[42] Die folgende Beschreibung ist auf der Grundlage mehrerer Interviews mit dem Konzeptentwickler in den Schuljahren 2005/2006 bis 2008/2009 entstanden.

Untersuchungszeitraum (Schuljahr 2005/2006) wurde in den Jahrgangsstufen fünf und sechs jeweils eine zügige und eine additive Ganztagsschul-Klasse, in Stufe sieben und acht eine gemeinsame, jahrgangsübergreifende additive Ganztagsschul-Gruppe eingerichtet. Ein Schuljahr später wurde die entsprechende siebte Klasse zu einer gebundenen Ganztagsschulklasse. Diese wurde wegen geringer Anmeldezahlen nicht weitergeführt, weshalb heute nur noch die Unterstufe und die siebten Klasse im zügigen Ganztagsmodell organisiert werden. Im Zeitraum der Erhebung besuchten knapp 100 von insgesamt etwa 850 Schüler*innen des Gymnasiums die Ganztagsschule. Im Schuljahr 2005/2006 unterrichteten an der Schule 79 Lehrer*innen, davon 14 im Ganztagsschulbetrieb. Im Rahmen des Ganztagsschulangebots beschäftigt das Gymnasium zusätzlich eine nicht näher benannte Anzahl an „Co-Lehrer*innen" und eine „außerschulische pädagogische Fachkraft". „Co-Lehrer*innen" werden im Nachmittagsangebot des zügigen Modells eingesetzt und sind keine examinierten Lehrer*innen, besitzen aber im zu unterrichtenden Fach einen akademischen Abschluss. Die „außerschulische pädagogische" Mitarbeiterin mit der Zusatzqualifikation „Meditationssportlehrerin in Sportcentren", betreute die Schüler*innen des zügigen Modells während des Mittagessens. Sie hatte die Leitung der sogenannten „Entspannungsübungen" und des Sportangebots im additiven Zweig inne und unterstützte eine Lehrkraft während der Hausaufgaben im zügigen Modell. Mindestens eine pädagogische Fachkraft mit sportwissenschaftlicher Zusatzqualifikation wurde ab dem Schuljahr 2007/2008 zusätzlich eingestellt.

Das zügige und das additive Modell unterscheiden sich in der zeitlichen, aber auch in der inhaltlichen Ausgestaltung nur geringfügig: Das *„rythmisierte bzw. zügige" Ganztagsschulmodell* des untersuchten Gymnasiums zeichnet sich dadurch aus, dass eine Klasse eines Jahrgangs im Klassenverband von 8.00 bis 16.00 Uhr gemeinsam den Schultag verbringt. Der Außendarstellung der Schule in Form eines Flyers zu Folge wird dieses Modell, im Kontrast zu den landesministeriellen Vorgaben, als das innovativere und effektivere vorgestellt. Erklärtes Ziel dieser Form der Beschulung soll es sein, Räume für „bessere und individuellere Förderung" zu schaffen, „vielfältigere

Unterrichtsmethoden" zu integrieren, zu einer „Entzerrung des Stundenplans" beizutragen, das „Arbeiten in Kleingruppen" und „Soziales Lernen" zu ermöglichen, den Schüler*innen „Unterstützung bei den Hausaufgaben" anzubieten und „Zusatzangebote im Unterricht" bereitzustellen. Die Schüler*innen des zügigen Modells haben am Vormittag fünf „Unterrichtsstunden", in deren Anschluss das gemeinsame Mittagessen stattfindet. An dieses schließt sich eine 1½-stündige „Hausaufgaben"-Zeit und zwei weitere Fachunterrichtsstunden in den Bereichen Englisch, Mathematik, Naturwissenschaften und Sport an, wobei der zweite Teil des Unterricht einen „projektartigen Charakter" haben soll. In dieser Einheit findet den Akteur*innen zu Folge vermehrtes Co-Teaching statt. Die Betreuung bzw. Anleitung der Schüler*innen über den ganzen Nachmittag hinweg (auch Mittagessen und Hausaufgabenbetreuung) wird in der Hauptsache von den Fachlehrer*innen übernommen, die den Fachunterricht am Nachmittag erteilen. Sowohl das zügige als auch das additive Modell sahen im Schuljahr 2005/2006 vor der Hausaufgabenbetreuung ein zehnminütiges, freiwilliges „Entspannungstraining" vor. Die Schüler*innen des zügigen Modells können danach wählen, ob sie ihre Hausaufgaben in einem sogenannten „Ruheraum", in dem sie von einer pädagogischen Fachkraft oder einer Tutorin bzw. einem Tutor (Schüler*innen der Oberstufe) beaufsichtigt werden oder in ihrem Klassensaal anfertigen möchten. In diesem Raum ist die Fachlehrer*in anwesend, die bzw. der auch den anschließenden Unterricht leitet und Fragen der Schüler*innen zu den jeweiligen Hausaufgaben klären soll. „Bei Bedarf", so der Konzeptentwickler, kann die Hausaufgabensitzung in Form „kleiner erklärender Unterrichtseinheiten" unterbrochen werden.

Hier als Beispiel die Angebotsorganisation des zügigen Ganztagsschul-
modells der fünften Jahrgangsstufe (für die sechste und siebte Klasse
gilt Ähnliches):

Uhr-zeiten	Montag	Dienstag	Mittwoch	Donnerstag
8.00-12.00	Unterricht	Unterricht	Unterricht	Unterricht
12.15-13.00	Mittagessen/ Entspannungs-training	Mittagessen/ Entspannungs-training	Mittagessen/ Entspannungs-training	Mittagessen/ Entspannungs-training
13.00-14.30	Hausaufgaben	Hausaufgaben	Hausaufgaben	Hausaufgaben
14.30-16.00	Englisch + projektartige Ergänzung	Sport + projektartige Ergänzung	Mathematik + projektartige Ergänzung	Naturwissen-schaften + projektartige Ergänzung

Das *additive Ganztagsschulmodell* zeichnet sich dadurch aus, dass einige Schüler*innen der fünften und sechsten bzw. siebten und achten
Klasse in klassen- und jahrgangsübergreifenden Gruppen an Ganztagsangeboten teilnehmen. Im Gegensatz zum zügigen Modell wird
dieses von den Akteur*innen als defizitär konstruiert, da es die erfor-
derliche „Rhythmisierung" nicht zuließe. Es wurde, dem Ganztags-
schulkonzeptentwickler zu Folge aus organisatorischen Gründen eingeführt, da sich mehr Schüler*innen für das Ganztagsangebot
angemeldet hatten, als in eine Klasse „passen", aber immer noch zu
wenige (mit dringlichem Verweis seinerseits auf den „Klassenteiler"),
um zwei gebundene Ganztagsschulklassen einrichten zu können. Die
Ziele dieses Modells werden weniger umfassend beschrieben: „bessere und individuellere Förderung", das „Arbeiten in Kleingruppen",
„soziales Lernen" und die „Unterstützung bei Hausaufgaben" sollen
ebenfalls gewährleistet werden. Eine zeitliche Entzerrung, die Verwendung unterschiedlicher Unterrichtsmethoden und unterrichtsnahe Zusatzangebote fänden in diesem Modell dagegen keinen Platz.

Die Schüler*innen haben am Vormittag zusammen mit Schüler*innen, die das Ganztagsangebot der Schule nicht nutzen, sechs Unterrichtsstunden in ihrem Klassenverband. Sie gehen um 13 Uhr, nach den Schüler*innen des zügigen Modells, zum Mittagessen, worauf eine zweistündige „Hausaufgabenbetreuung" bzw. „Übungsstunde" folgt. Die Schüler*innen des additiven Modells fertigen unter Anleitung einer Lehrer*in ihre Hausaufgaben in ihrem Klassenraum an. Das Erledigen der Hausaufgaben im „Ruheraum" ist im Rahmen dieses Modells nicht möglich. An den Donnerstagen besuchten im Schuljahr 2005/2006 die Schüler*innen eine der an der Schule bereits etablierten Arbeitsgemeinschaften, die schon immer auch für diejenigen Schüler*innen geöffnet waren, die nicht am Ganztagsbetrieb teilnehmen.

Hier als Beispiel die Angebotsorganisation des additiven Ganztagsschulmodells der siebten und achten Jahrgangsstufe (für die fünfte und sechste Jahrgangsstufe gilt Ähnliches):

Uhr-zeiten	Montag	Dienstag	Mittwoch	Donnerstag
8.00-13.00	Unterricht	Unterricht	Unterricht	Unterricht
13.00-14.00	Mittagessen/ Entspannungs-training	Mittagessen/ Entspannungs-training	Mittagessen/ Entspannungs-training	Mittagessen/ Entspannungs-training
14.00-16.00	Hausaufgaben/ Übungsstunde	Hausaufga-ben/Übungs-stunde	Hausaufga-ben/Übungs-stunde	Arbeitsgemein-schaft

Im Übergang zum Schuljahr 06/07 entfiel in beiden Modellen das sogenannte „Entspannungstraining" und stattdessen wurde für die Schüler*innen nach dem Mittagessen ein Pause von etwa fünfzehn Minuten eingerichtet, die nach dem Ermessen der den Ganztag begleitenden Lehrer*in auch nach hinten in den Unterricht hinein verschoben werden konnte. Für das additive Modell wurde der Dienstag ebenfalls zum „AG-Tag" und neue Arbeitsgemeinschaften kamen auf Wunsch der Schüler*innen hinzu. Nach Angaben der Ganztagsschulkoordinatoren fielen im Schuljahr 07/08 die Zeugnisse der gebundenen sechsten Klasse schlechter als erwartet aus, wodurch sich bereits im ersten Drittel des Schuljahres einige Schüler*innen dazu veranlasst sahen, auf eine Realschule zu wechseln. Einem Interview mit dem Ganztagsschulkoordinator aus dem Jahr 2008 ist zu entnehmen, dass es daraufhin aus den Reihen der Eltern die Forderung gab, den Schüler*innen mehr Entspannung, Ruhe und ausgleichende Betätigungen zuzugestehen. Von den Schüler*innen wurde dem Interviewten zu Folge vor allen Dingen der projektartige Unterricht als unbefriedigend empfunden, da er, entgegen ihren Erwartungen, nichts „Besonderes" darstellte. Die Ganztagsschulplaner und die durchführenden Lehrer*innen entschieden sich dafür, im zweiten Halbjahr den projektartigen Unterricht durch „herkömmlichen" Unterricht zu ersetzen und verstärkt benotete Testate durchzuführen. Das gebundene Modell der Unterstufe und der siebten Klasse wurde aber ab dem Schuljahr 08/09 nach dem vorherigen Muster wieder fortgeführt und hat bis heute Bestand.

Das untersuchte Gymnasium kann vor dem skizzierten Hintergrund der Angebotsbeschreibung als „typische" Ganztagsschule in Rheinland-Pfalz bezeichnet werden: Die Schule konzipiert für sich ein Ganztagsschulmodell, dass ihren Bedürfnissen, Erfahrungen und pädagogischen Vorstellungen entspricht. Es ist im Vergleich zu den landesspezifischen Vorgaben, stark auf unterrichtliche Elemente fokussiert und stellt – indem es weitgehend auf außerschulisches Personal verzichtet – vor allem die Fachlehrer*innen als zentrale Akteur*innen in den Mittelpunkt des Geschehens. Als Innovation dieses spezifischen Ganztagsschulgeschehens verstehen die Koordinatoren den sogenannten projektartigen Unterricht: eine Fachstunde des Vormittags wird auf den Nachmittag verschoben und dort mit einer projektartigen Ergänzung versehen. Mit dem vorliegenden Angebot bezweckt die Schule, ihre Schüler*innen durch eigene Erfahrungen mit propädeutischen Arbeitstechniken zu fördern. Es ist – der Zuschreibung durch die durchführenden Lehrer*innen zufolge – als Förderangebot zur Herstellung von Arbeitsfähigkeit und damit von „Gymnasialität" zu verstehen. Neben dem Unterricht, als Kerngeschäft des Gymnasiums, wird v.a. der Hausaufgabenbetreuung als unterrichtsnahes Geschehen ein zentraler Stellenwert zugeschrieben. Hausaufgaben werden zunächst als unhinterfragte Selbstverständlichkeit der Pflichterfüllung konstruiert, die dennoch ein zentrales Element des Ganztags bilden, da hier Selbständigkeit und Selbstdisziplinierung eingeübt werden sollen.[43] Der außerunterrichtlichen Gestaltung wird im Rahmen des Konzepts nur ein geringer Stellenwert eingeräumt. Nicht-curriculare Angebote scheinen nur dem Zweck zu dienen, die Konzentration und Leistungsfähigkeit der Schüler*innen für das eigentliche Geschehen, nämlich den Unterricht, wiederherstellen zu können. Erscheint ein Angebot auf dieser Ebene als unangemessen, wird es abgesetzt, scheint es seinem Zweck zu dienen, wird es ausgeweitet. Gemessen an den reformpädagogisch aufgeladenen Erwartungen an Ganztagsschule lassen sich daher innerhalb der zeitlichen und inhaltlichen Strukturierung der ganztagsschulspezifischen Angebotsorganisation der Schule nur geringfügig Öffnungstendenzen erkennen, da die Strukturen des Vormittags am Nachmittag doch eher fortgeführt werden. *Das untersuchte Gymnasium erscheint vor dem Hintergrund ihres Ganztagsschulkonzepts auf der einen Seite als „Unterrichtsschule", mit dem Vorhaben, dieses Prinzip auch am Nachmittag weiterzuführen und als „Lehrer*innenschule", welche bei ihren Professionellen eine besondere bildende und erziehende Fähigkeit voraussetzt.*

Im Folgenden soll nun danach gefragt werden, wie die pädagogischen Akteur*innen diese konzeptionelle Ausrichtung und die Angebotsentwicklung legitimieren und welche strukturellen Leitfiguren und pädagogische Zielsetzungen im Reden der Akteur*innen über das Gymnasium als Ganztagsschule herausgearbeitet werden können.

---

[43] Näheres zu den als zentral markierten Formaten, ihren Praktiken und pädagogischen Ordnungen findet sich in den folgenden Kapiteln.

5.2.3. Rekonstruktion der Symbolischen Konstruktionen der Akteur*innen zum Thema „Gymnasium und Ganztagsschule"

In einer offiziellen Mitteilung der Ganztagsschulkoordinatoren im Anschluss an einen Informationsabend für an Ganztagsschule interessierte Eltern mit dem Titel „Ganztagsschule – Mehr als ‚Essen und Betreuung'", heißt es zu Beginn der Erläuterungen zum entwickelten Ganztagsschulkonzept: „Wir als Schule möchten einen Beitrag leisten, der letztendlich zu einem erhöhten Bildungs- und Erziehungsstandard führen soll." Ein Mitglied der Entwicklergruppe betont in einem Interview darüber hinaus, dass das untersuchte Gymnasium seinen Schüler*innen neben „lehrplangetreuer Bildung" auch eigenständiges Lernen und die Fähigkeit der „Eigenorganisation" nahe bringe. Aus diesem Grund würde ein innerschulischer Schwerpunkt auf die Vermittlung spezifischer Arbeitstechniken gelegt, die schon in den unteren Klassen eingeübt werden sollen, weshalb das fachgebundene Lernen auch auf den Ganztag ausgeweitet werden müsse. Auf die Frage des Forscherteams, wie das untersuchte Gymnasium denn nun Ganztagsschule „mache", wie sich also das Ganztagsschulkonzept im Kern gestalte, antwortete der Schulleiter im Erstinterview:

> „als einleitung man muss da sind wir auch gerne so arrogant und ich sag das auch so man muss unterscheiden ob man eine ganztagsschule ist im bereich additives modell ich nehm mal das beispiel X (Name einer Schule) da ist als gutes modell sonderschule hauptschule realschule zusammengefasst die schüler wählen sich in projekte ein haben aber nicht die ständige betreuung durch eine person [...] und der unterricht ist behaupte ich mal das ist auch so ich habe mich da umgehört . ich habe auch freunde aus X . ist sekundär während bei uns steht die erziehung und unterricht nicht nur im mittelpunkt sondern bei uns heißt ganztagsschule .. unterricht und erziehung und nicht reine sportliche betätigung nach willkür nach wahl der schülerinnen und wunschgerechtes handeln sag ich mal für

mich so salopp und bei unsrem konzept da kann dann da können die herren dann auch detailliert darlegen äh ham wir einfach einen finanziellen rahmen der uns schwierigkeiten macht"[44]

Darüber hinaus stellt sich der Schulleiter die inhaltliche Gestaltung des Ganztags und seiner Angebote folgendermaßen vor:

„also die möglichkeiten zwar was mit dem fach zu machen aber halt nicht so wie das im normalen unterricht ist und wie es im normalen unterricht halt immer gern gemacht wird"

Die Ganztagsschulkoordinatoren schätzen das eigene Ganztagsschulkonzept als innovativ ein: Sie betonen einen hohen Anspruch an Erziehung und Bildung, denn v.a. der weitgehende Verzicht auf außerschulisches Personal, auf die der Schulleiter in der rekonstruierten Sequenz anspielt und deren zentraler Einsatz an anderen Ganztagsschulen durchaus üblich ist[45], zugunsten von ausgebildeten Lehrer*innen sei zwar der finanziell kostspieligere, ermögliche aber den Schüler*innen ein qualifizierteres Lernen. Die Schulleitung befürchtet, dass der Unterricht und die Förderangebote einen Niveauverlust erleiden könnten, wenn die Schüler*innen ein explizites Mitspracherecht bei der Gestaltung des Ganztagsprogramms hätten und kein examiniertes Personal die Schüler*innen über den Ganztag begleiten würde. Dass die Akteur*innen den besonderen finanziellen Aufwand für dieses Verständnis eines ganztägigen Angebotes herausstellen, lässt auf ein taktisch-instrumentelles Verhältnis zur Einführung dieses Ganztagsschulkonzepts schließen: Da das entwickelte Konzept ein kostspieliges ist, rechtfertigt dieses auch die Finanzmittelanforderungen an Ministerium und Stadt. Die Ganztagsschulplaner führen die Instrument-

---

[44] Eine ausführliche Interpretation dieser Sequenz findet sich in diesem Buch und bei Neto Carvalho/Veits/Kolbe 2015.

[45] Laut Holtappels u.a. (2007, S. 82), machten 2005 im bundesdeutschen Schnitt die Mitarbeiter*innen mit nicht-akademischer Ausbildung 49% des an Ganztagsschulen pädagogisch tätigen Personals aus.

alisierung durch, indem sie eine – im Sinne des dominierenden Verständnisses von Schulbildung anspruchsvolle – Konzeption entwickelten, die es erlaubte, entsprechende finanzielle Mittel zu akquirieren, da die Bestandssicherung der Schule gemäß dem bildungspolitischen Willen durch eine entsprechende Profilbildung pädagogisch gerahmt werden musste. Das Konstrukt eines innovativen Modells, das dem pädagogischen Handeln dient, wird unter diesen Umständen zu einem Mythos, der die finanziellen Interessen an Ganztagsschule verdeckt.

Bereits in einem ersten, angedeuteten Reden über das Konzept, wird ebenfalls im Vergleich mit den ministeriellen Vorgaben eine besondere Fokussierung des ganztägigen Angebotes deutlich: Das Ganztagsschulkonzept des untersuchten Gymnasiums erscheint auf am Curriculum orientierte Angebote konzentriert, wobei „Erziehung" neben „Unterricht" flankierend hinzutritt und nicht-curricularen Angeboten ein untergeordneter Stellenwert zugewiesen wird. Den Ausführungen des Schulleiters ist zu entnehmen, dass in seinem Verständnis von „Unterricht", Lernen am Nachmittag etwas „anderes" sei, das über den „herkömmlichen" Unterricht hinausgehen soll. Die Schüler*innen werden dabei als passive eingeführt, denen das Angebot gegenübertritt und deren Partizipationsmöglichkeiten auf Grund der mangelnden Kompetenz, „sinnvoll" die eigene Freizeit zu gestalten, eingeschränkt werden. Diese müssen stattdessen dazu angehalten werden, überhaupt ihre freie Zeit mit Lernarbeit zu verbringen. Dabei erscheint nur das unterrichtlich Verwertbare als pädagogisch sinnvoll verbrachte Freizeit.

Das Erziehungsverständnis der Akteur*innen lässt sich andeutungsweise über ein Interview mit dem Ganztagsschulmodellentwickler rekonstruieren. Probleme bei der Konzeptentwicklung fasst er folgendermaßen zusammen:

> „die befürchtungen im kollegium waren und sind natürlich werden wir das soziale auffangbecken von x-stadt im vorfeld dieser einführung der ganztagsschule und völlig klar sind dann in der fünften klasse schülerinnen und schüler die sind nur hier weils die ganztagsschule gibt weil die eltern sich gedacht

> haben ok wenn überhaupt hat der fachlich nur eine chance
> wenn der in ner ganztagsschule ist ähm beschult wird also des
> ist unbestritten damit zieh ich leute an die sich sonst ander-
> weitig entschlossen hätten"

Da das untersuchte Gymnasium durch das Ganztagsschulangebot seine Attraktivität für „Problemschüler*innen" anscheinend erhöht hat, muss es diese auch entsprechend fördern. Daher weiter:

> „diese zusammensetzung der kinder (ist) keine vom intellekt
> her schlechte gruppe aber diese gruppe muss erst mal range-
> führt werden die muss gefördert werden weil sie zum teil
> schon aus anderen sozialen schichten kommt"[46]

Die Klientel der an Ganztagsschule teilnehmenden Gymnasiast*innen wird als eine heterogene konstruiert, die im Sinne einer Verbesserung von „Bildung" gezielt gefördert werden müsse[47]. Im Diskurs der schulischen Akteur*innen wird in der Logik dieser Defizitkonstruktion den potenziell am Ganztagsschulprogramm teilnehmenden Schüler*innen im gros eine mangelnde Voraussetzungen am Unterricht des Gymnasiums teilzunehmen und damit mangelnde „Gymnasialität" unterstellt. Als eine zentrale Voraussetzung erscheint in diesem Zusammenhang eine zu erlernende Haltung, die durch ein „Heranführen" erzielt werden soll. Dessen Zustandekommen und Inhalte bleiben dabei weitgehend offen, wobei der Verweis auf die schichtspezifische Sozialisation voraussetzt, dass es bei der angesprochenen Haltung um in der Familie vermittelte Repräsentanzen handele. Das Gymnasium wird damit zum Ort der Kompensation familiär bedingter Defizite, vermittelt durch das (ganztags-)schulische Angebot und „Ganztagsschule angesichts ihrer leistungs- bzw. bildungsdefizitären Schülerschaft [zum]

---

[46] Eine ausführliche Interpretation dieser Sequenz findet sich bei Rabenstein u.a. 2009, S. 141 ff.

[47] Wobei sich diese Vorstellung der Akteur*innen statistisch nicht bestätigen lässt. Laut StEG lassen sich bei den Teilnahmequoten an Ganztagsschulangeboten des Gymnasiums keine Trends in Bezug auf den sozioökonomischen Hintergrund der Familie beobachten (vgl. Holtappels u.a. 2007, S. 115 ff.).

Ort einer Haltungen vermittelnden ‚neuen Lernkultur'" (Kolbe 2009, S. 205).

In einer Gruppendiskussion mit an Ganztagsschule involvierten Lehrer*innen des untersuchten Gymnasiums, die im Februar 2006, also im Folgeschuljahr nach der Einführung von Ganztagsschule aufgenommen wurde, sprechen inoffizielle Ganztagsschul-Planungsgruppe auf der einen und eine Gruppe der lediglich das Angebot Durchführenden auf der anderen Seite erstmals in dieser Konstellation über ihre Erfahrungen mit dem Modell. Hier berichten die Anwesenden über ihre Probleme mit der Ausnutzung der Zeit am Nachmittag, wobei folgende Formulierungen auf einen besonders hohen Konsens gestoßen sind:

> „ich kann mir vorstellen dass mathematik jetzt hart ist weil in deutsch kann man vielleicht einfach noch mehr vielleicht rollenspiele machen noch noch mehr ausgestalten und in mathematik muss ich mich jetzt selber auch umstellen mit dem was ich von denen noch fordern kann denn ich hab leider den fachunterricht erst in der neunten zehnten stunde und das ist für die schüler sehr sehr spät grade in mathematik und einfach zu also relativ abstrakt wenn mans immer wieder mit anwendungsbeispielen macht ähm wenn man mit denen dann normal versucht mit arbeitsblättern zu arbeiten und dann sind die einfach meistens zu müde und unkonzentriert und können sich kaum darauf konzentrieren und da muss man dann schon umsteigen auf andere angebote wie mit denen was basteln beispielsweise was das dann den unterricht ergänzen kann aber so normalen fachunterricht zu machen in so nem haufen ist dann schon schwer"

Die Lehrerin weiter:

> „und dafür find ichs nen wichtigen punkt dass die schüler da auch ein bisschen ihre arbeitskultur ändern müssen dass sie nämlich auch diese passive haltung rauskommen sollten eigentlich und sagen sollten ok ich hab nen problem hier in irgendeinem teil im unterricht und dann die zeit auch nutzen

von der hausaufgabenbetreuung mhm da mal fragen gezielt zu stellen"[48]

Die Rekonstruktion der Gruppendiskussion, an der die meisten Lehrer*innen der Ganztagsschule beteiligt waren, lässt ein Deutungs- und Handlungsmuster entstehen, welches schon im genannten Schulleiterinterview anklingt: Alles erschließt sich den Kolleg*innen über das „Fach" beziehungsweise über systematisiertes universelles Wissen und weniger über den konstitutiven pädagogischen Bezug auf Schüler*innen. Mit „Möglichkeiten" konzeptualisieren die Akteur*innen dieser Schule weniger einen Raum von mehr Freiwilligkeit für Schüler*innen, sondern eine Tätigkeit im Rahmen des curricularen Geschehens, das sachlich wie rollenbezogen integriert erscheint. Die zu Wort kommende Lehrerin unterstellt zunächst, dass bestimmte Fächer am Nachmittag schwieriger als andere zu unterrichten seien. Sie begründet ihre These mit dem Verweis auf die Methodenvielfalt spezifischer Fachkulturen, die für den Unterricht in der Ganztagsschule, der hier als ein Unterricht unter erschwerten Bedingungen erscheint, besser geeignet seien als andere. Dabei bilde die Konzentrationsfähigkeit und Fitness der Schüler*innen zentrale Kriterien, um überhaupt einem solchen Unterricht folgen zu können und fordert daher in ihrer Konstruktion von den Schüler*innen eine dem Unterrichtsgegenstand gegenüber motivierte Grundhaltung ein.

An dieser Stelle lassen sich erste Vermutung darüber anstellen, wie im Rahmen dieses Ganztagsschulkonzepts und im Reden über dieses die „passenden" Schüler*innen eines Gymnasiums, quasi die idealen gymnasialen Subjekte, vorstellt werden. Es sollen keine Vorannahmen darüber getroffen werden, was „Gymnasialität" ist, sondern es wird postuliert, dass es sich bei dem Begriff um eine schulformspezifisch latente oder manifeste Anforderung an Schüler*innen handelt, die sich an der untersuchten Schule darin äußert, als Schüler*innen aktiv und leistungsbereit agieren zu müssen. Es wird von den Akteur*innen vorausgesetzt, dass Aktivität ein von den Lehrer*innen vorgegebenes

---

[48] Eine ausführliche Interpretation der Sequenz findet sich bei Neto Carvalho/Veits/Kolbe 2015.

Lernen in kleinen Schritten ist, an das sich die zu „gymnasialisierenden" Schüler*innen anpassen können und sollen. Die bereits „gymnasialen" Schüler*innen müssen aus Sicht der Ganztagsschullehrer*innen dazu in der Lage sein, in einem Setting, das zu hoher Selbstdiszipliniertheit auffordert, sich selbst zu motivieren und mitzuarbei-
ten. Sie fordern von den Schüler*innen mehr Selbständigkeit, womit
Selbständigkeit in der Selbstdisziplinierung gemeint ist.

Diese Selbständigkeit wird aber durch das Ganztagsschulkonzept zugleich latent in Frage gestellt, indem es den Schüler*innen unterstellt,
dass diese mit dem erweiterten Zeitangebot nicht sinnvoll umgehen
könnten. Wie in Bezug auf den Interviewabschnitt des Schulleiters bereits rekonstruiert, wird den Schüler*innen die Fähigkeit einer aus
Lehrer*innensicht angemessenen Partizipation nämlich nicht zugetraut. Der zugeschriebene Mangel an „Autonomiefähigkeit" führt zur
Beschränkung der Partizipationschancen der Schüler*innen, da das
Angebot auf dieser Deutung aufbauend auf ein enges Maß an Unterricht und durch den Lehrplan vorgegebene Strukturen fokussiert
wird. Das Ganztagsschulangebot ist so insgesamt darauf angelegt,
Schüler*innen zum Arbeiten zu bewegen. Probleme entstehen in dieser Deutung und Angebotskonstruktion teils durch Kooperationsverweigerung, teils durch Kooperationsunfähigkeit auf Grund mangelnder „Gymnasialität" der Schüler*innen.

5.3. Zusammenfassung: Ganztagsschule am Gymnasium als Unterricht über den ganzen Tag

Das unter Modernisierungsdruck geratene Gymnasium, das kaum auf
eine weit zurückreichende Tradition blicken kann und sich am lokalen
Standort im Profilierungswettbewerb sowohl mit innerstädtischen
Gymnasien, als auch mit anderen Sekundarschulen befindet, steht
exemplarisch für jene Gymnasien in der deutschen Bildungslandschaft, die als „Schule der Vielen" bezeichnet werden kann. Da die
Schule wegen der Baufälligkeit ihrer Gebäude und wegen der sinkenden Anwahl durch potenzielle Schüler*innen beinahe aufgegeben

wurde, sahen sich die Akteur*innen zur Umstrukturierung zur Ganztagsschule gezwungen, da durch die staatliche Subventionierung der Umbau finanziert werden konnte. Ganztagsschule wurde zunächst also nicht als Chance eingeführt, den Unterricht und seine Lernkultur zu reformieren und so das Angebot attraktiver zu machen, sondern im Rahmen der Umstellung auf einen ganztagsschulischen Betrieb zur Verfügung gestellten Fördergelder als finanzieller Rettungsschirm bemüht. Denn die Finanzierung der groß angelegten Schulsanierung konnte erst durch die Funktionalisierung von Ganztagsschul-Mitteln möglich werden. Als erste Strukturhypothese zum ideellen Entwurf der Akteur*innen zu Gymnasium und Ganztagsschule kann deshalb konstatiert werden: Ganztagsschule wurde am untersuchten Gymnasium eingeführt, um die baufällige Schule sanieren zu können bzw. die Lehrmittelsammlungen und Ausstattungen der Klassen- und Fachsäle ausbauen zu können. Auf diesen eher funktional-instrumentellen Zugang zu Ganztagsschule müssen nun aber pädagogische Konzepte folgen. Die durch den Schulträger und das Bundesministerium implizit verordnete Transformation des Gymnasiums zur Ganztagsschule dient nämlich zunächst lediglich als „Hülle", die nun mit pädagogischen Angeboten gefüllt werden muss.

Vor dem Hintergrund der Analyse der Praxis der spezifischen der Angebotsorganisation und im Reden der Akteur*innen über diese erscheint *Ganztagsschule zusammengefasst als Ort einer stark strukturierend und an curricularen Vorgaben orientierten Lernkultur angesichts einer leistungs- bzw. bildungsdefizitären Schüler*innenschaft. Eine „neue" Lernkultur soll im Rahmen der ganztägigen Angebote insofern hergestellt werden, dass sie den Schüler*innen Haltungen der Selbständigkeit vermittelt, um bei diesen „Gymnasialität" im Sinne des Kollegiums herstellen zu können. Ganztagsschule ist deshalb – in der Konstruktion des befragten Lehrerkollektivs – als Unterricht über den ganzen Tag, und zwar unter erschwerten Bedingungen zu verstehen.* „Förderung" innerhalb dieses Ganztagsschulbetriebes wird dagegen vorgestellt als die Bearbeitung der Defizite als Vermittlung einer selbstdisziplinierten Haltung, die eigenständiges Lernen ermöglicht. Das

Angebot und die symbolischen Konstrukte entwerfen entlang der Bilder unterschiedlich defizitärer Schüler*innen eine Bearbeitung dieser Defizite durch das Angebot. Das Förderangebot wird angesichts der Leistungsdefizite wiederum so entworfen, dass individuell eine Haltung der Selbstdisziplin vermittelt werden soll, aus der eigenständige Lernbemühungen resultieren sollen. „Gymnasialität" gestaltet sich dann als Forderung nach der Hervorbringung eines Schüler*innensubjekts, das sich durch selbstständiges Arbeiten und Selbstdisziplin auszeichnet. Bei der Rekonstruktion der diskursiven Praktiken und der Symbolischen Konstruktionen der Akteur*innen stößt man also auf einen bestimmten Schüler*innentypus, der von den Lehrenden als solcher konstruiert und mit bestimmten Defizitzuschreibungen versehen wird. Vor dem Hintergrund dieser Rekonstruktionsergebnisse und der Formulierung erster Strukturhypothesen liegt in den nun folgenden Kapiteln, in denen die von den Akteur*innen als relevant markierten ganztagsschulspezifischen Formate auf der Grundlage von Videographien beschrieben und rekonstruiert werden, demnach ein Fokus darauf, ob in den jeweiligen Angeboten, in denen Praktiken in spezifischen pädagogischen Ordnungen aufgeführt werden, eine an den bisherigen Konstrukten von Selbständigkeit, Selbstdisziplin und Gymnasialität orientierte Adressierung von Vermittler*innenseite an die Aneigner*innenseite stattfindet und welche Selbstformungsprozesse diese zur Folge haben. Aus einer praxistheoretisch-mikrologischen Perspektive soll die Spezifik der transformierten Lernkultur in dieser Schule aufgezeigt und im Hinblick auf Konsequenzen für die Vermittlungsarbeit und pädagogische Professionalität am Gymnasium befragt werden. Dazu wird zunächst in einem eher umfangreichen Kapitel der etablierte Unterricht am Gymnasium und seine projektartigen Ergänzungen zu Vorstellung gebracht, da diese Ergänzungen auf der Ebene der Schulleitung und der Ganztagsschulkoordinatoren als besonders innovative programmatische Veränderungen gekennzeichnet werden. Darauf folgt die Beschreibung und Rekonstruktion der sogenannten „Hausaufgabenbetreuung", da dieses Format von den Lehrer*innen als zentrales und besonders problematisches markiert wird. Zuletzt gerät eine „Pausenradio" genannte jugendkulturelle Arbeitsgemeinschaft in den Fokus der vorliegenden Arbeit. In der Konstruktion der pädagogischen Akteur*innen nehmen die Arbeitsgemeinschaften eine eher marginale Stellung im Ganztagsschulprogramm ein, da sie „etwas anderes" als Unterricht seien. Sie verweisen allerdings darauf, dass deren Etablierung und Durchführung bei den Eltern, v.a. aber bei den Schüler*innen, die die Ganztagsschulklassen besuchen, eine große Rolle spielen würden.

6. Unterrichtsentwicklung durch Ganztagsschule? Ein naturwissenschaftlicher Unterricht und ein Fremdsprachenunterricht mit ihren projektartigen Ergänzungen

6.1. Unterricht am Gymnasium zwischen Konservierung von Wissen und autonomer Subjektbildung durch Modernisierung

Unterricht bildet seit der Entstehung des Gymnasiums das Kernstück und den Mittelpunkt seiner schulischen Interaktion. Seine Praktiken bedürfen deshalb, v.a. im Rahmen einer am Ganztagsschulgeschehen interessierten Fragestellung einer besonderen Beobachtung. Schon im Erstinterview mit dem Schulleiter des untersuchten Gymnasiums macht dieser deutlich, dass aus seiner Sicht Unterricht einen zentralen Stellenwert für seine Schule besitzt und zwar auch im Rahmen des ganztagsschulspezifischen Programms. Da die ministeriellen Vorgaben zur Einrichtung einer Ganztagsschule in Rheinland-Pfalz auch andere Elemente gleichberechtigt neben den Unterricht stellen, erregte diese Engführung noch vor einer tiefgehenden Interpretation der Interviewsequenz – wie sie im Rahmen dieses Kapitels an späterer Stelle noch folgen wird – die Aufmerksamkeit des Forscherteams. Daraufhin wurde beschlossen, zunächst den sogenannten „herkömmlichen Unterricht" an diesem Gymnasium näher zu betrachten.

Der Namensgeber der Schule ist ein Nobelpreisträger in Chemie und die Schule, sich selbst als Gymnasium mit naturwissenschaftlichem Schwerpunkt bezeichnend, hält es ihrer Homepage zu Folge für eine ihrer zentralen Aufgaben, für eine „fächerübergreifende Natur- und Umwelterziehung" zu sorgen. Da sie zudem jedes Jahr mit großem Erfolg am Wettbewerb „Jugend forscht" teilnimmt, kann man m.E. davon ausgehen, dass die Naturwissenschaften an diesem Gymnasium einen hohen Stellenwert einnehmen und das „Aushängeschild" der Schule sein sollen. Seit 2003 (schon vor der Einführung von Ganztagsschule) werden laut Homepage der Schule für die Unterstufe die Fächer Biologie, Chemie und Physik zum so genannten NaWi-Unterricht zusammengefasst. Dies soll „ein fächerübergreifendes und ein an Projekten orientiertes Lernen" ermöglichen. Einer der Schwerpunkte dieses naturwissenschaftlichen Unterrichts soll die „Vermittlung naturwissenschaftlicher Denk- und Arbeitsweisen" sein. Aus diesem Grund entschied sich das Forscherteam dazu, einen naturwissenschaftlichen Unterricht der Schule zu videographieren.

Eine Profilbildung des Gymnasiums hin zu einer naturwissenschaftlichen Ausrichtung liegt im Trend (s. Heller 2003)[49]. Daher stehen v.a. die naturwissenschaftlichen Fächer in der schulpädagogischen Diskussion um Unterricht am Gymnasium (s.a. Kapitel 2) unter besonderer Beobachtung. Vor allem für den sogenannten „MINT"-Bereich[50] verzeichnet z.B. Helsper die „Dominanz eines relativ starren, rezeptiven, kaum Beteiligung und eigenständige Lernwege eröffnenden deutschen Unterrichtsskripts" (2000a, S. 39). In dem Herausgeberband von Dorit Bosse (2009) „Gymnasiale Bildung zwischen Kompetenzorientierung und Kulturarbeit" stehen dementsprechend Überlegungen zur Verbesserung des Unterrichts am Gymnasium im Mittelpunkt, wie Bildungskonzepte v.a. in den naturwissenschaftlichen Fächern vor dem Hintergrund einer globalisierten Welt umgedacht werden könnten. Der Bildungsauftrag des Gymnasiums würde darin bestehen, Allgemeinbildung zu vermitteln, die auf eine Spezialisierung durch die universitäre Bildung vorbereite. Der gymnasiale naturwissenschaftliche Unterricht wird innerhalb dieser Perspektive als Wissenschaftspropädeutikum, als wissenschaftliche Einführungsveranstaltung verstanden. Für eine Pädagogik des Gymnasiums, die sich aus dieser Perspektive ableitet, steht also „die Sicherung der Allgemeinbildung

---

[49] Heller (2003, S. 214) stellt fest, dass „eine Akzentverschiebung vom altsprachlichen Fächerkanon humanistischer Provenienz hin zum modernen Fremdsprachenunterricht (unter Betonung kommunikativer Funktionsaspekte) sowie mathematisch-naturwissenschaftlichen Fachunterricht wohl die auffälligste Erscheinung des gegenwärtigen Gymnasiums" sei.

[50] MINT = Mathematik, Informatik, Naturwissenschaften und Technik

durch fachliches Lernen in den zentralen Fächern [...] im Mittelpunkt."
(Kiper 2005, S. 302).

Es werden aber auch Zweifel daran geäußert, dass der Unterricht am
Gymnasium allgemein genügend Spielräume zur Verfügung stelle, um
das zum wissenschaftlichen Arbeiten benötigte selbständige Handeln
der Schüler*innen zu entfalten. „Möglicherweise sind der mitunter
mangelnde Herausforderungscharakter des Unterrichts, seine häufig
anzutreffende Monotonie und die tendenzielle Bevormundung der
Schüler daran nicht unbeteiligt." (Freisel 2006, S. 66) Die Rede ist hier
vom sogenannten „Frontalunterricht", der Schulalltagsbeobachtun-
gen[51] zu Folge drei Viertel oder mehr des gesamten Unterrichts in der
BRD einnehme (s. Hage u.a. 1985). Die Kritik an diesem Unterrichtsformat lautet, dass nur ein geringer Teil des „Stoffes" tatsächlich bei
den Schüler*innen ankäme, welche zu Passivität, Konformität und einer bequemen Konsumhaltung geführt würden. Die Schüler*innen
würden zudem dazu angeleitet, Informationen unhinterfragt zu reproduzieren und v.a. die Sitzordnung würde zur Unterbindung von Schüler*innenaktivität und -kreativität beitragen. Im Allgemeinen wird der
herkömmliche Unterricht am Gymnasium aus Sicht der Wissenschaft
also nicht erst seit Bekanntwerden der Ergebnisse internationaler
Vergleichsstudien kritisiert. „Sinnliche, emotionale und soziale Erfahrungen kommen im Gymnasium zu kurz. Hingegen werde die Vermittlung von an den Fächerkanon gebundenen Wissensbestände überbe-
tont." (Moegling 2000, S.28) Die Schüler*innen werden dieser Kritik
zu Folge als „kognitive Fachleister" adressiert, deren Persönlichkeit
außer Acht gelassen wird. Nachhaltiges Lernen fände so hauptsächlich
auf der Hinterbühne statt. Ziehe (zit. nach Moegling 2000, S. 28) folgend sei das Problem des Unterrichts am Gymnasium aber nicht die
„Verkopfung" auf der einen und fehlende sinnliche Erfahrungsmöglichkeiten auf der anderen Seite „sondern ein Mangel an kognitiver
Durchdringung" des Sachgegenstandes. Der Unterricht am Gymnasium sei weitgehend auf die Konservierung von bestehenden, als kulturell hochwertig erachteten Wissensbestände hin ausgelegt, deren

---

[51] Es gibt kaum empirische Forschung zum Thema.

Gehalt durch die Schüler*innen, denen lediglich die Reproduktion dieses Wissens angedacht wird, nicht erschlossen werden kann. Die wenigen empirischen Studien zum Unterricht am Gymnasium ergeben zusammengefasst folgenden Befund: „Im Vergleich zu anderen Schulformen erscheint in der gymnasialen Sek I u.a. die Arbeit mit der gesamten Klasse und vor allem das geleitete, entwickelnde Unterrichtsgespräch, das eine relativ hohe Kommunikationsdichte bei ausgeprägter Sach- bzw. Problematisierung gewährleistet, stärker gewichtet." (Habel et al. 1992, S. 96) Auch wenn Studien von Bosse (2009c) und Köller (2007) diesen Eindruck leicht differenzieren und zeigen, dass der gymnasiale Unterricht auch andere Interaktionsformen zulässt, könne im Zusammenhang des Gymnasiums immer noch von einer „'kognitiv akzentuierten' Unterrichtskultur" (Habel et al. 1992, S. 96) gesprochen werden. Eine Reform des gymnasialen Unterrichts solle dementsprechend die Einführung angemessener Unterrichtsmethoden und -formate zur Sacherschließung enthalten.

Darüber hinaus fordert Mack (1997) aus einer sozialpädagogischen Perspektive heraus für den Unterricht am Gymnasium eine „sozialintegrative Pädagogik" (S. 365), die zwei Aspekte des Förderns, nämlich die Förderung des Lernens auf der einen, Beratung und Hilfe auf der anderen Seite beinhalten solle. „Förderung – auch als Leistungsförderung – ‚die die Erfahrung von Differenz pädagogisch nutzbar machen will, ist aber nur noch vorstellbar im Kontext einer ‚Pädagogik der Vielfalt' [...], die die unterschiedlichen individuellen Lernwege und -erfahrungen nicht bloß nivilliert, sondern sie auch in ihrer Unterschiedlichkeit fördert." (ebd., S. 366) Reformpädagogische Methoden der Differenzierung und Individualisierung, sowie die Förderung im ästhetischen, wissenschaftlichen und politischen Bereich sollen für das Gymnasium weiterentwickelt werden. Dies soll dem Zweck einer erhöhten Schüler*innenpartizipation dienen, so dass „Schule zur polis" und zu einer „anregenden Lernumwelt" werde (Mack 1997, S. 367 ff). Schule soll nicht mehr nur als Unterrichtsraum, sondern als Lebensraum gesehen werden, in dem die Schüler*innensubjekte ganzheitliche Erfahrungen sammeln können. Dies soll zu einer anderen

Lernkultur führen, in der auch neue, zeitintensivere Lernformen Berücksichtigung fänden. Über all seinen Reformvorschlägen schwebt die Ganztagsschule als ultimativer Lösungsansatz: Nur im Rahmen ganztägiger Beschulung ließen sich Konzepte realisieren, die „gegenseitiges Helfen" (Mack 1997, S. 367) und das Kennenlernen der Lernbiographien der einzelnen Schüler*innen und der hinter den Lernschwierigkeiten liegenden Lebensprobleme beinhalten. Seiner Meinung folgend sei die Einführung neuer Unterrichtsformate in Verbindung mit Ganztagsschule und ihren programmatischen Forderungen auch am Gymnasium dringend erforderlich, um nachhaltiges Lernen zu gewährleisten. Mehrere Studien konstatieren, dass neuere Unterrichtsmethoden von Lehrer*innen v.a. deshalb abgelehnt würden, weil sie angeblich zu viel Zeit in Anspruch nehmen würden[52]. Durch Ganztagsschule soll nun auch am Gymnasium das benötigte Mehr an Zeit und Transformationspotenzial zur Verfügung stehen, um alte Unterrichtskonzepte aufbrechen und „geöffnete Lernformen" etablieren zu können[53].

Der im Folgenden zur Darstellung gebrachte naturwissenschaftliche Unterricht ist deshalb für die Bearbeitung der Fragestellung der vorliegenden Arbeit interessant, weil er am Nachmittag stattfindet und mit einem sogenannten „projektartigen Unterricht" ergänzt wird. Der Lehrer, der den naturwissenschaftlichen Unterricht erteilt, betreut die Schüler*innen den ganzen Nachmittag, auch beim Mittagessen und bei den Hausaufgaben. Die Annahme liegt also nahe, dass sich die Schule

---

[52] Z.B. schreibt Petri (1991), der die Verbreitung von Projektlernen an öffentlichen Schulen untersucht, dass die Lehrer*innen im Rahmen seiner Befragung zwar der Meinung waren, dass es Kreativität und kritisch flexibles Denken fördere, der hohe Zeitaufwand und die institutionellen Zwänge das Projektlernen aber erschwere. Vor allem im naturwissenschaftlich-mathematischen Bereich würden weniger Projekte durchgeführt und begründet dies damit, dass diese Fächer wegen ihres speziellen Anforderungsprofils weniger Möglichkeiten für selbständiges Lernen eröffnen würden. Schümer (1996) kommt zu dem Ergebnis, dass vor allem aus Zeitmangel nur 10% aller Lehrer*innen an sogenannten Regelschulen überhaupt Unterricht durchführen würden, der als projektartig bezeichnet werden könne.

[53] Zum programmatischen Anspruch s.a. Holtappels 1994 („Ganztagsschule und Schulöffnung").

dieser Angebots- und Personalkonstellation eine Transformation des herkömmlichen Unterrichts verspricht. Andererseits ist die beobachtete Lerngruppe eine 5. Klasse, die relativ zu Beginn des Schuljahres gefilmt wurde. Es handelt sich also um Neulinge des gymnasialen Geschehens, die erst in das naturwissenschaftliche Arbeiten, wie es sich die Schule vorstellt, eingeübt werden müssen. *Es ist zu erwarten, dass in einem solchen durch spezifische Ansprüche zweifach aufgeladenen Unterricht*[54] *exemplarisch hervorscheint, wie an dieser Schule der als durch Ganztagsschule transformiert proklamierte Unterricht aufgeführt wird.*

Diese Veränderung des Unterrichts am Nachmittag, im Gegensatz zum herkömmlichen, soll vor allem durch den sogenannten „projektartigen Unterricht", durch den er ergänzt wird, geschehen. In Folge der vermehrten Veröffentlichung der Ergebnisse internationaler Vergleichsstudien wird immer mehr der Ruf nach einer Reform der in Deutschland herrschenden Lernkultur laut und eine damit einhergehende verstärkte Forderung nach Einführung von geöffneten Unterrichtsformen. Das Projektlernen, als eine geöffnete Praxis von Unterricht, tritt im Anschluss daran aus seinem bisher geführten Schattendasein in Form von Projekttagen und -wochen heraus und findet verstärkte Verankerung in Rahmenrichtlinien und Lehrplänen. Während einige Verfechter*innen der Methode dies als Erfolgsgeschichte des Projektunterrichts lesen, befürchten andere eine Trivialisierung und Entpolitisierung der Projektidee, von der in der aktuellen Praxis nur noch eine Schwundform übrig bliebe. Begrifflich taucht diese erstmals in Frankreich am Anfang des 18. Jhd. auf, wo Architekturstudenten regelmäßig sogenannte Projekte einreichen mussten (z.B. Pläne für ein Chateau). Der Begriff stimmt aber nicht ganz mit der heutigen Wortbedeutung überein, da es sich noch um keine differenzierte Unterrichtsmethode handelte. Über die Bauakademien gelangte diese Form

---

[54] Forderungen zu einer Modernisierung des gymnasialen Unterrichts entwerfen zwei mögliche Formen gymnasialen Unterrichts: Zum einen Unterricht als wissenschaftliche Einführungsveranstaltung, der die Konservierung einer kognitiv akzentuierten Sache in den Mittelpunkt stellt. Zum anderen ein u.a. durch Ganztagsschule reformierter gymnasialer Unterricht, der starre Unterrichtsskripte aufbricht und zu einer stärkeren Schüler*innenpartizipation hin motivieren soll.

in die USA, wo die Projektmethode ab 1900 zum „pädagogischen Allgemeingut" wurde und auch Einzug in den Schulunterricht hielt. Nach Gudjons (2008) gibt es zwei Varianten des Projektverständnisses. Zum einen ein sozialtechnologisches Verständnis: Das Arbeiten in Projekten soll zur Effizienz erziehen, da sie der Ort sein sollten, an dem Förderung der Leistungswilligen stattfinde. Ein anderes Verständnis eines Projektkonzepts beinhaltet drei Elemente: Der Projektunterricht erscheine nicht als bloße Methode, sondern beinhalte die Erfahrung als Grundlage von Erkenntnis. Das Ziel des Unterrichts solle das demokratische Handeln in Schule und die Vermittlung von Problemlösungskompetenzen in einer sich wandelnden Gesellschaft sein. Drittens solle Schule durch Projekte das reale Leben integrieren, da Lernen nur durch Erfahrung ermöglicht werde und so nicht nur kulturelle Reproduktion, sondern Neues entstehen könne. In diesem Verständnis von Projektunterricht wird die gemeinsame Tätigkeit in den Mittelpunkt gestellt und die subjektive Gegenwart des Kindes stärker betont. Gleichzeitig findet so aber eine Kultivierung von Lernsubjekten statt, die sich der ökonomisierten Wissensgesellschaft unterwerfen sollen. Laut Helsper stünden viele Lehrer*innen einem offenen Unterrichtskonzept eher distanziert gegenüber, da sie den Verlust von Macht fürchten. Dabei handele es sich aber nicht nur um eine Orientierung an individuellen Bedürfnissen, sondern es sei Aufgabe der Professionellen, die Anforderungen des Schulsystems umzusetzen, weshalb sie auf klare Rollenverteilungen angewiesen seien (Helsper 2000a, S. 39f. und S. 46). Die Aufführung der neuen Rolle als „Lernberater", die ihnen programmatisch durch den Projektunterricht zugewiesen werde, wohne daher eine gewisse Riskanz inne (s. Bräu 2008). An Schulen seien zwei gegenläufige Tendenzen zu beobachten: Auf der einen Seite werden Projekte und Arbeitsgemeinschaften meist unreflektiert zum Bestandteil des normalen Unterrichts, was aber auch zur Stabilisierung und Reproduktion alter Strukturen und zum Zurückbleiben hinter dem programmatischen Anspruch führe (s.a. Traub 2011). Auf der anderen Seite stellen sich die Projekte sperrig dem normalen Unterricht entgegen, da sie stets immer auch Kritik am bestehenden Schulsystem üben und daher meist auf Ausnahmesituationen beschränkt blieben.

Insgesamt kommt einem Projekt also der Charakter eines zielgerich-
teten Arbeitens zu, für dessen näheres Verständnis aber die weiteren
sozialen Merkmale ganz offen sind: die Rollen der Beteiligten, das Zustandekommen des Zieles, der festzulegenden Arbeitsweise und der
Partizipation der Projektteilnehmer (hinsichtlich Autonomie und He-
teronomie). Auch das Thema bzw. der Projektinhalt sind in Relation
zur sozialen Umwelt erst eigens hervorzubringen. Die Schüler*innen
können tendenziell dort auch ihr „Eigenes" an Vorerfahrungen vorstellen und den Unterrichtsinhalt darauf anwenden.

6.2. „Unterricht" im Mittelpunkt gymnasialer Schulkultur

Im Rahmen ihrer Symbolischen Konstruktionen betonen die Koordinatoren des Ganztagsangebots an dem untersuchten Gymnasium einen hohen Anspruch an Unterricht und Erziehung. Einer der Modell-
entwickler erklärt z.B., dass der an ihrem Gymnasium praktizierte
weitgehende Verzicht auf außerschulische Hilfskräfte zugunsten von
ausgebildeten Lehrer*innen zwar die kostspieligere Variante sei, den
Schüler*innen aber ein qualifizierteres Lernen ermögliche. Neben
„lehrplangetreuer Bildung" lege man auch auf eine Erziehung wert, die
den Schüler*innen eine selbstständige und zielorientierte Arbeitsweise vermittle. Aus diesem Grund würden spezifische Arbeitstechniken schon in den unteren Klassen eingeübt. Um eine differenziertere
Vorstellung von den Symbolischen Konstruktionen zum Unterricht an
diesem Gymnasium zu erhalten, wird im Folgenden nun beispielhaft
der oben bereits erwähnte Ausschnitt aus einem Interview mit dem
Schulleiter zum Thema „Welches Ganztagsschulmodell für unser Gymnasium?" interpretiert, der bereits im vorangegangenen Kapitel zur
Darstellung gebracht wurde. Auf das Thema „Unterricht" kam der
Schulleiter von selbst zu sprechen:

> „ich nehm mal das beispiel X (Name einer Schule) da ist als gu-
> tes modell sonderschule hauptschule realschule zusammenge-
> fasst die schüler wählen sich in projekte ein haben aber nicht
> die ständige betreuung durch eine person [...] und der unter-

richt ist behaupte ich mal das ist auch so ich habe mich da um-
gehört . ich habe auch freunde aus X . ist sekundär während bei
uns steht die erziehung und unterricht nicht nur im mittelpunkt sondern bei uns heißt ganztagsschule .. unterricht und
erziehung und nicht reine sportliche betätigung nach willkür
nach wahl der schüler und wunschgerechtes handeln sag ich
mal für mich so salopp"[55]

Zu Beginn des Interviews grenzt der Schulleiter den Ganztagsschul-
Entwurf einer ihm bekannten Gesamtschule gegenüber den eigenen
Vorstellungen ab. Dessen Merkmale – eigenständige Projekteinwahl
der Schüler*innen, keine ständige Betreuung durch einen pädagogisch
Verantwortlichen und Unterricht nur als zweitrangigem Element im
Nachmittagsangebot – werden tendenziell abgewertet. Der Schulleiter
fordert folglich auch für ein ganzmittägliches Angebot eher traditionelle Unterrichtsmodelle, die den Vormittagsunterricht komplettie-
ren. Freizeitorientierte Tätigkeiten haben in diesem Entwurf zunächst
keine Daseinsberechtigung. Eine erste zugespitzte Hypothese lautet
deshalb: *Der Schulleiter fordert mit seinem Entwurf von Ganztagsschule
einen eher lehrerzentrierten Unterricht bis zum späten Nachmittag, den
er als pädagogisch wertvoll erachtet, da die dort stattfindende Anleitung
in besonderem Maße auf Lernen bezogen sei.* Freiräume für Erfahrungen selbstbestimmten Lernens sind zunächst eher nicht vorgesehen.
In der anschließenden längeren Sequenz folgt nun die Darstellung des
eigenen Konzepts: Der Schulleiter weist Erziehung neben Unterricht
als eigenes Element aus, wobei Unterricht tendenziell als Ort der Wissensvermittlung im Gegensatz zur Vermittlung sozialer Kompetenzen
gedacht wird. Als Angebot ganztägigen Lernens formuliert, steht jedoch Unterricht an erster Stelle, während Erziehung flankierend hinzu
rückt. Erziehung wird dabei als Mittel zu dem Zweck konstruiert, Unterricht als gymnasialen Bildungsauftrag erst durchführbar machen
zu können. Sport dagegen ist kein wünschenswertes Element und
Schüler*innenpartizipation bei der Angebotsgestaltung – beispielsweise in Form einer Wahlmöglichkeit – erscheint als fragwürdig. Die

---

[55] S.a. Neto Carvalho/Veits/Kolbe 2015

Schüler*innensubjekte werden als solche angesprochen, die zwar
nach ihren eigenen Bedürfnissen und Vorlieben entsprechend Angebote auswählen können, aber anschließend nicht dazu in der Lage
sind, zu erkennen, welche „Projekte" ihren schulischen Bildungspro-
zess unterstützen können. Der Schulleiter verleiht damit implizit der
Befürchtung Ausdruck, ein anderen Modellen unterstellter „laissez-
faire-Stil wunschgerechten" Handelns untergrabe tendenziell pädagogisch wertvolles Handeln und lasse die Idee von Erziehung und Bildung als Prioritäten der Ganztagsschulkonzeption scheitern.

Die besondere Engführung des ganztägigen Angebotes wird schon in
der Angebotsbeschreibung im Kapitel zuvor deutlich: es ist unter-
richtszentriert. Dennoch wird in der Vorstellung des Angebotes, fragt
man nämlich die Anbieter*innen der jeweiligen Angebote selbst, darauf insistiert, dass der Nachmittag und auch der Unterricht, der in
diesem Zusammenhang stattfinde, „etwas anderes" sei. Für die Arbeit
im zügigen Nachmittagsangebot wird konstatiert, dass zu Teilen vom
bisherigen Geschehen differente Lehr- und Lernformen praktiziert
werden (die Rede ist von „aufgelockertem und rhythmisiertem" Unterricht). Gelockert wird ein festes, zeitlich dichtes und fremd festgelegtes Interaktionsgeschehen, so dass Phasen mit mehr Freiraum geschaffen werden sollen. Geht man von bisher angelegten stark lehrer-
und leistungsorientierten Strukturen aus, könnte eine Lockerung auch
mehr Partizipation beziehungsweise Eigentätigkeit der Schüler*innen
implizieren. Genauso könnte ein anderer Rhythmus sich in der zeitlichen Umverteilung von Elementen von Unterrichtsabschnitten oder in
der Ablösung traditioneller Lehrmethoden durch mehr Schüler*in-
nen-Selbsttätigkeit erlaubende Lehrmethoden niederschlagen.

Eine These lautet nun, dass der Unterricht am untersuchten Gymnasium, durch seine Kombination mit einem anschließenden projektartiger Unterricht auf noch näher zu bestimmende Weise verändert, beeinflusst und reformiert werden kann, v.a. was die Partizipationsmöglichkeiten der Schüler*innen betrifft. Der Schulleiter geht in seiner Konstruktion von Lehren und Lernen an seinem Gymnasium zunächst nicht davon aus, dass die Schüler*innen dazu in der Lage sind,

sich eine angemessene Sache als Gegenstand des Interesses auszusu-chen. Das Unterrichtsformat (Unterricht, der mit einem projektartigen Teil versehen wird) als Teil des Schulprogramms dagegen, impliziert aber gerade eine solche Schülerpartizipation. Auf der Ebene der Akteur*innen wird der Unterricht also in zwei verschiedenen Varianten konstruiert: Auf der einen Seite erscheint Unterricht als Ort an dem Schüler*innen, mangels eigener Entscheidungskompetenzen, sich vom Lehrpersonal angeleitet reproduktiv mit einer Sache auseinan-dersetzen sollen, um diese zu konservieren. Auf der anderen Seite wird Unterricht aber als Ort vorgestellt, an dem sich Schüler*innen neuerdings auch selbständig, nämlich im Rahmen eines geöffneten Unterrichtsformats, welches auf Förderung und gegenseitiges Helfen abzielt, mit einer Sache beschäftigen sollen. Wie werden nun auf der Ebene des Unterrichts, also in der Schulpraxis im Rahmen der skizzier-ten Symbolischen Konstruktionen der Akteur*innen und der implizi-ten Vorgaben durch das „neue Unterrichtsformat" die Schüler*innen-subjekte adressiert und damit zu gymnasialen Subjekten gemacht?

6.3. Die erste Lerngeschichte: Ein naturwissenschaftlicher Unterricht

Der beobachte Unterricht findet in einem Klassenzimmer statt, in dem die Tische in Reihen angeordnet sind, so dass die Körper aller Schü-ler*innen nach vorne gerichtet sind, wo ein Lehrer neben der Nachbil-dung eines Knochengerüsts steht. Das Thema der Stunde ist „Verlet-zungen der Gliedmaßen". Zu Beginn der Stunde wiederholt der Lehrer die in der letzten Stunde behandelten verschiedenen Arten von „Brü-chen": Er hat einen Hühnerknochen dabei, den er selbst angeblich zum Frühstück abgenagt hat und der in ein Papiertaschentuch eingewickelt ist. Der Lehrer zerbricht zuerst den Knochen innerhalb des Taschen-tuchs, was die Schüler*innen sichtlich angewidert als „geschlossenen Bruch" und nachdem er den Knochen aus dem Tuch hervorlugen lässt, als „offenen Bruch" bezeichnen.

6.3.1. Teil 1: „"pscht . jetzt … die erste erkrankung . laura . lies mal was da steht . überschrift . und . die erste."

Beschreibung

Abbildung 6: NaWi-Unterricht, Teil 1

Der Lehrer teilt an jede Schüler*in ein Arbeitsblatt aus, auf dem sich ein Lückentext befindet und fordert anschließend mit folgenden Worten eine Schülerin zum Vorlesen auf: „pscht . jetzt … die erste erkrankung . laura . lies mal was da steht . überschrift . und . die erste." Rafael (rechts in den unteren Bildern) beginnt sofort zu schreiben, während

Raul (links in den unteren Bildern) seine Ellenbogen auf dem Tisch aufstützt, seinen Kopf in beide Hände legt und auf das Blatt schaut. Laura liest vor: „verletzungen der gliedmaßen man sagt auch jemand hat sich den arm [uv.]". Rafael sagt gleichzeitig in pathetischem Tonfall ebenfalls „verletzungen der gliedmaßen", während seine Finger scheinbar verkrampfen und er die Hand zu sich heranzieht. Der Lehrer sagt: „verb" und Katja, ein Mädchen in der vorletzten Bank, fragt: „was wa-as." Laura sagt laut: „verrenkt", worauf Raul seinen Stift in die Hand nimmt und zu schreiben beginnt. Rafael meldet sich und macht dann unaufgefordert ein Alternativangebot („ausgerenkt"), welches der Lehrer unter kleinem Vorbehalt auch als gültig zulässt („kann man vielleicht auch sagen klingt aber en bisschen komisch kann aber sein dass man das auch verwenden kann als .. verb also man sagt auch jemand hat sich den arm . verrenkt."). Der Lehrer endet mit: „ich schreib gleich die begriffe an".

Interpretation

Die Beschreibung des Settings legt nahe, dass das Geschehen in einer Institution stattfindet, in der Kinder in Gruppen anwesend sind. Die Tatsache, dass sie nebeneinander sitzen und alle in die gleiche Richtung schauen, lässt darauf schließen, dass diese Sitzordnung nicht auf eine spielerische Kommunikation untereinander, sondern auf eine Unterweisung durch den anwesenden Erwachsenen abzielt, der sich im vorderen Teil des Raumes aufhält, wie es etwa in einer Schule oder einem Jugendhaus üblich ist. Eine solche Sitzordnung lässt sich aber auch in einem Puppentheater oder einer Zaubershow finden. Die Ausstattung des Raumes dient also einem Geschehen, das auf eine Funktion hin ausgerichtet ist und das vor allem im vorderen Teil der Örtlichkeit stattfinden muss, da die Aufmerksamkeit des Kollektivs unweigerlich dorthin gerichtet wird. Die Interaktion wird durch den Lehrer mit „pscht" eingeleitet. Der Signallaut lässt auf eine Hierarchie unter den Anwesenden schließen, da diese vokale, nicht-explizite Aufforderung zur Ruhe eine Disziplinierung darstellt. Es handelt sich um eine sprachliche Minimalisierungsform, die in der Regel darauf zielt, möglichst wenig Zeit, Energie und Störpotenzial bei der Disziplinierung einzusetzen. Der Verzicht auf Sprache lässt sich im Rahmen eines sozialen Geschehens als eher unhöflich beschreiben. Die Störung wird aber auch am Rande gehalten, um sich z.B. in effizienter Zeitausnutzung dem eigentlichen Thema widmen zu können. Laut Krummheuer (2002, S. 46) zeichnet sich der Frontal- oder Klassenunterricht, denn um diesen handelt es sich hier zunächst, durch einen „interaktionalen Gleichfluss" aus, der Lernprozesse zwar nicht unbedingt begünstige, sich aber durch ein „Energie und Konfliktminimum" in der Kooperation zwischen Lehrer*innen und Schüler*innen auszeichne. Das Verhalten des Lehrers kann also als lösungsorientiertes Vorgehen beschrieben werden. Im Anschluss an die Disziplinierung nennt der Lehrer einen zeitlichen Marker und einen Titel („jetzt [..] die erste erkrankung"). Durch diesen Anschluss setzt er Vorwissen bei seinen Zuhörer*innen voraus. Dieses Vorwissen ist möglicherweise Teil eines kollektiven Gedächtnisses, auf das man sich beiderseitig verlassen kann. Insgesamt lässt sich hier ein hoch strukturiertes Interaktionsgeschehen beobachten, bei dem ein spezifisches Thema im Mittelpunkt des entstehenden Kommunikationssystems steht. Raul und Rafael, die Schüler im Fokus der Kamera, bestätigen den Status, der ihnen vom Lehrer zugewiesen wird. Rafael ratifiziert die vom Lehrer implizierte Rollenanforderung, indem er sofort zu schreiben beginnt. Das lernkulturelle Setting beinhaltet ein Rollenverständnis, in dessen Rahmen sich die anwesenden unterweisungsbedürftigen Zuhörer*innen also einer Person unterordnen. Zudem ist das Wissen, das durch den Lehrer vermittelt wird, relevant und muss daher erfasst werden, indem es zur gemeinsamen Erinnerung festgehalten wird. Die Minimalisierungsstrategie des Lehrers setzt sich auch in dem fort, was er nun sagt: Bei dem Satz „überschrift. und. die erste" macht er kurze Denkpausen, die das Gesagte „ökonomisch" halten. Laura erhält die Aufforderung laut vorzulesen, was implizit die anderen Schüler*innen dazu anhält „innerlich" mitzulesen. Dies zeigt sich z.B. am Verhalten Rafaels, der seine Aufgabe übererfüllt, indem er dies laut tut. Diese Übererfüllung ist aber nicht ganz uneigennützig, da er das Gesagte mit einer überzeichnenden Geste begleitet, die für das steht, was hier zum Thema wird, nämlich die Verletzung der körperlichen Integrität einer Person. Er inszeniert sich selbst als eine Art Darsteller in einem Horrorfilm, der „Verletzungen der Gliedmaßen" viel drastischer zum Ausdruck bringen kann, als dies im Schulunterricht möglich ist. Vielleicht schließt er damit an die Praktik des Lehrers, Dinge der Welt zu zeigen, die die Verletzbarkeit von Tieren und Menschen thematisieren, in einer Art Steigerungsmodus an. Durch diese Geste distanziert sich Rafael vielleicht aber auch von der angedeuteten Dramatik des Themas. Es handelt sich schließlich nur um einen Hühnerknochen, wie man ihn als Zehnjähriger schon häufig in der Hand gehalten hat, bzw. um ein Knochengerüst, das lediglich aus Plastik besteht und nicht Teil eines real existierenden Menschen war. Er könnte sich damit von der Meinung absetzen, dass in der Schule nur wichtige Dinge verhandelt werden. Bei dem von Laura Vorgelesenen handelt es sich um einen sogenannten Lückentext, der die Eigenaktivität der Schüler*innen eher beschränkt und vor allem der Ergebnissicherung dient, was den weitgehend reproduktiven Charakter des Arrangements unterstreicht. Da Laura durch den Lehrer korrigiert wird, muss man davon ausgehen, dass sie die Lücke nicht zu seiner Zufriedenheit ausgefüllt hat. Seine Sprache bleibt minimalistisch, indem er Laura das Wort „verb" als Hilfestellung anbietet. Der Lehrer betreibt eine Engführung der Kommunikation und Interaktion auf Stimuli hin, von denen er bestimmte Reaktionen erwartet. Im folgenden Interakt stellt Katja unaufgefordert eine Verständnisfrage, welche sowohl von Laura als auch von Rafael, allerdings in differierender Weise, beantwortet wird. Der Lehrer ratifiziert das Verhalten der Schüler*innen, was bedeutet, dass er v.a. am Vollzug seines Gesprächsimpulses (hier: das Ausfüllen des Arbeitsblattes) interessiert ist. Während seine bisherige Handlungsweise einen eher kommandierenden und direktiven Charakter hatte, ratifiziert er nachträglich den unaufgeforderten Redebeitrag Rafaels und geht auf den Schülervorschlag ein, obwohl dieser nicht ganz dem entspricht, was er hören wollte, auch wenn er ihn, im Gegensatz zur „Musterlösung", etwas abstuft. An dieser Stelle vollzieht sich strukturell gesehen eine kommunikative Öffnung, da den Schüler*innen Raum für ihre subjektive Ausdrucksweise eingeräumt wird. Die Zulassung einer begrifflichen Variation („kann man auch sagen") kann aber auch als Hinweis auf die Beliebigkeit der Sache gedeutet werden. Die letzte Aussage des Lehrers in dieser Sequenz („ich schreib gleich die begriffe an") deutet auf das normalerweise jetzt Erwartete im Sinne der Unterrichtsroutine bzw. des Unterrichtsskripts hin: Der Lehrer beansprucht zwar, dass er selbst über den weiteren Verlauf des Geschehens bestimmt, das Gesagte erinnert gleichzeitig aber an eine Entschuldigung, da es implizit unterstellt, dass der Lehrer eine Bringschuld gegenüber seinen Zuhörer*innen hat, in der Form, dass er helfen muss, alle zu befähigen, dem Handlungstakt folgen zu können.

Zusammenfassung

Das beobachtete Setting ist zunächst auf eine eher geringe Schüler*innenpartizipation und wenig kommunikative Aushandlung hin ausgelegt: Die Sitzordnung ist frontal ausgerichtet und auch das Handeln des *Lehrers* zeichnet sich durch eine Minimalisierung der Thematisierung des Sach- und Handlungsbezugs der Kommunikation aus. Alles was nicht zum Thema gehört (auch Interventionen und Sanktionen), wird auf ein kommunikatives Minimum reduziert. Eigenschaft der Praktik dieses Lernarrangements ist es, durch starke Eingrenzung der kommunikativen Anschlussmöglichkeiten schnell eine nahegelegte Vorstellung von der Sache und ihrer Formulierung auf Schüler*innenseite wahrscheinlich zu machen. Es wird zudem indirekt vermittelt, dass es ein naturwissenschaftliches, allgemeingültiges Wissen gibt, welches nur in solch engen Bahnen vermittelt werden kann. Diese Eigenschaft des Wissens spiegelt sich in der Praktik wider: es handelt sich um ein Wissen um Naturgesetze, dem man seine eigenen Vorstellungen weitgehend unterordnen muss. Die Auffassung, dass vor allem im naturwissenschaftlichen Unterricht relevantes Wissen verhandelt wird, wird von den *Schüler*innen*, welche durch die Praktik als für die Sache „disziplinierungsbedürftige Rezipienten" angesprochen werden, mehr oder weniger ratifiziert, weshalb es auch nur am Rande zur Distanzierung ihrerseits kommt. Die tendenziell strategisch-kommandierende, direktive Art, mit welcher der Lehrer seinen Unterricht „führt", stellt aber nur einen Teil seiner Handlungsweise dar. Gegen Ende der Sequenz macht er ein Zugeständnis an die Schüler*innen, indem er den kommunikativen Aushandlungsprozess verlängert und so auf die Weltsichten der Aneigner*innenseite Bezug nimmt, die ihre subjektive Sicht- und Ausdrucksweise beachtet sehen will.

6.3.2. Teil 2: „aber jetzt erst mal müsst er mal das bild in ruhe angucken"

Beschreibung

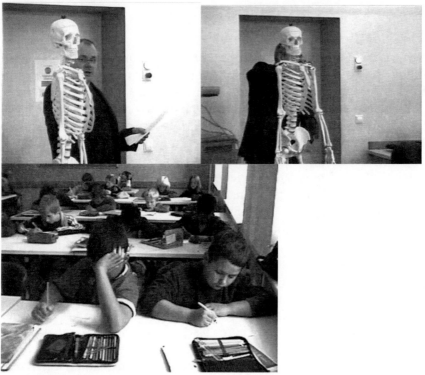

Abbildung 7: NaWi-Unterricht, Teil 2

Der Lehrer fordert die Schüler*innen nun auf, sich das Arbeitsblatt an-
zuschauen („aber jetzt erst mal müsst er mal das bild in ruhe angu-
cken") und die darauf befindliche Abbildung mit dem Knochengerüst
namens *Knut* zu vergleichen, an dem man dem Lehrer zu Folge sehen
kann „was tatsächlich passiert". Er legt seine Hand auf die Schultern
des Skeletts, während er sagt: „der andere der eine knochen ist <u>der</u> .
der weitere der da so hinten dargestellt ist . <u>der</u> . das müsst ihr jetzt

versuchen selbstständig zu beschreiben." Die Schüler*innen sollen das zu Sehende in einem kurzen Satz, der nicht länger als drei Zeilen lang sein darf, verbalisieren und dabei Gelenkfachbegriffe benutzen. Einige Schüler*innen melden sich bereits, worauf der Lehrer „erst mal hinschreiben jetzt nicht melden" sagt und damit eine Stillarbeit einleitet.

Interpretation

Die erste Äußerung des Lehrers ist insofern ambivalent, da es sich bei ihr auf der einen Seite um eine für die Schüler*innen verbindliche Aufforderung zur Mitarbeit handelt („ihr müsst"). Auf der anderen Seite hält er sie zur inneren Ruhe an, zu einem In-sich-gehen ohne Zeitdruck („erstmal", „in ruhe"). Er suggeriert damit, dass die Schüler*innen die Möglichkeit hätten, sich kontemplativ mit dem Thema und dem dazugehörigen Arbeitsblatt zu beschäftigen. Er lenkt die Aufmerksamkeit seiner Zuhörer*innen gleich wieder weg von dem Arbeitsblatt und hin zu Knut, dem Abbild des menschlichen Gerippes. Diese Vorgehensweise beinhaltet auf der einen Seite für die Schüler*innen die Möglichkeit, sich dem Thema über einen anderen Zugang zu nähern, andererseits wird ihnen die Chance genommen, sich auf eine ruhige Bildbetrachtung einzulassen. Bei den Schüler*innen löst das nachgebildete Knochengerüst, ähnlich wie der als widerlich kommentierte Hähnchenknochen, der zu Beginn der Stunde gezeigt wurde, Impressionen von Grusel und Spannung aus, was auf der einen Seite ihre Neugier weckt und zugleich das Thema als eines erscheinen lässt, dass der wirklichen, realen Welt entnommen ist. Der zu verhandelnde Stoff ist nicht irgendein Abstraktum, sondern steht vor den Schüler*innen und kann mit allen Sinnen erfasst werden. Insofern ist die Art des Unterrichtsbeginn eigentlich eher heikel: Laut Breidenstein (2006, S. 115) gibt es Themen im Frontalunterricht, „die in besonderer Weise die Kommentartätigkeit" der Schüler*innen auslösen, also gesteigertes Störpotenzial bieten, wozu auch die Erwähnung von körperlicher Versehrtheit zählt. „Oft reicht schon die bloße Thematisierung des menschlichen Körpers oder einzelner Körperteile hin [!], um das spezifische Interesse des Publikums zu wecken – etwa die Frage der Kunstlehrerin, wo denn wohl die Mitte des menschliches Körpers liege." (S. 115) Der Grad der Diszipliniertheit scheint aber in dieser

Lerngruppe so groß zu sein, dass es zu keiner weiteren Kommentierung kommt. Durch den Einsatz dieses spezifischen Mediums wird implizit stark gemacht, dass naturwissenschaftliches Wissen relevantes Wissen ist, das man sehen und anfassen und das deshalb einen bestimmten Wahrheitsanspruch erheben kann. Laut Lehrer kann man an Knut nämlich erkennen, was *tatsächlich* passiert. Das Kunstskelett dient also als Beweis für das gültige Wissen, welches im gymnasialen Unterricht vermittelt und festgehalten wird (hier in Form eines Arbeitsblattes). Es lässt sich nun erkennen, dass Knut und das Arbeitsblatt in einem nur schwer lösbaren wechselseitigen Verhältnis zueinander stehen. Das Knochengerüst dient der Veranschaulichung und Verbürgung des Wahrheitsgehaltes und das Arbeitsblatt der Bewahrung des allgemeingültigen Wissens. Der Lehrer beschränkt sich im Folgenden darauf, den auf sein Agieren zentrierten Unterricht fortzusetzen, in der Form, dass er Knut aus der Nähe ansehen und berühren darf. Bei seiner Vorführung klammert er die spezifischen Fachbegriffe aus („der andere der eine knochen ist <u>der</u>") und vollführt damit einen Spagat zwischen Hilfestellung und einem „Nicht-Verraten-Wollen". Dieses Vorgehen erweckt den Eindruck, als wolle der Lehrer den Handlungstakt beschleunigen, was abermals im Widerspruch zu der Ankündigung steht, dass die Schüler*innen Zeit bekommen, sich dem Thema deliberativ zu nähern. Den zeitlichen Druck schwächt der Lehrer ab, indem er die Schüler*innen sich an der Lösung der Problemstellung „selbständig" versuchen lässt. Beim Handlungsakt „Versuchen" geht es eher um die intensive Beschäftigung mit dem Problem, als um dessen korrekte Lösung. Allerdings fällt auf, dass die offene Arbeitsweise, die hier nahe gelegt wird, nicht mit dem Material (Arbeitsblatt) zusammengeht. Das in seinen vorherigen Ausführungen implizierte freie Schreiben und die intensive Auseinandersetzung mit dem Stoff, unterliegen nun wieder einer Engführung durch das Material, denn die Überlegungen der Schüler*innen sollen im Rahmen eines Satzes formuliert werden, der nicht länger als drei Zeilen lang sein darf. Der Platz, den die Antwort einnehmen darf, wird also sowohl syntaktisch, als auch räumlich beschränkt. Im Folgenden nimmt der Lehrer eine weitere Präzisierung der Fragestellung vor, indem er die zu benutzenden Begriffe auf Gelenkfachbegriffe einschränkt und damit den

Rahmen der möglichen Lösungen der Aufgabe auf ein spezielles normiertes Wissen reduziert. Wissen das nicht die in der letzten Unterrichtsstunde erlernten Begriffe betrifft, wird damit ausgeschlossen. In Verbindung mit der subjektlosen Äußerung „erst mal schreiben jetzt nicht melden" wird klar, dass es an diesem Punkt nicht um die subjektiven, assoziativen Beiträge der Schüler*innensubjekte geht, (was die Aufforderung des Lehrers, ein bestimmtes Phänomen der Natur „selbständig zu beschreiben" durchaus beinhaltet hätte), sondern dass das Kollektiv im Gleichschritt normiertes, allgemeingültiges, naturwissenschaftliches Wissen fixieren soll.

Zusammenfassung

Das implizite Versprechen des Lehrers, dass die Schüler*innen genug Zeit hätten, sich mit der Aufgabe auseinanderzusetzen, um in einem Akt des freien Nachdenkens und Schreibens ihre Sicht der Dinge zum Ausdruck zu bringen, wird zunächst nicht eingelöst („in ruhe", „selbständig beschreiben"). Stattdessen bringt die Praktik die Schüler*innen unter den Handlungsdruck, bereits erlernte Fachtermini in grammatisch und räumlich stark begrenzter Form zu reproduzieren. Die gruselige Aura, die der Lehrer durch bestimmte Artefakte erzeugt, wird eher nicht mit den Schüler*inneninteressen verknüpft. Da der „Ohröffner" ohne Anschluss bleibt, sinkt die Wahrscheinlichkeit einer motivierten schüler*innenseitigen Auseinandersetzung mit der Sache. *Effekt der Lernpraktik ist es dagegen, dass aus Lehrerperspektive „Überflüssiges" ausgeschlossen und schulisch Wichtiges festgehalten wird. Dadurch geraten die Schüler*innen in die Rolle der eher passiven „Protokollanten".* Sie leisten ein durch das Arbeitsblatt in Bahnen gelenktes Nachvollziehen der vorgegebenen Bedeutungszuschreibung zum Bild und seiner sprachlich-symbolischen Darstellung.

6.3.3. Teil 3: „aber was soll da reinkommen"

Beschreibung

Abbildung 8: NaWi-Unterricht, Teil 3

Auf eine akustisch unverständliche Nachfrage eines Schülers antwortet der Lehrer: „aber ja musst du mit .. max zusammenarbeiten marsch .. lieber max . ich war nicht da . kannst du mir bitte die gelenkfachbegriffe [..] sagen." Rafaels Banknachbar Raul versucht währenddessen zunächst auf Rafaels Blatt zu schauen und wendet sich dann seinem Nachbarn auf der anderen Seite zu: „aber was soll da reinkommen". Der Nachbar reagiert zögerlich und wiederholt noch einmal die Handlungsaufforderung des Lehrers, woraufhin Raul entgegnet: „weiß ich auch aber <u>welchen</u> . können viele sein." Dabei rollt er mit den Augen und schaut kurz in die Kamera. Unbefriedigt sucht er wieder die Nähe Rafaels, indem er seinen Kopf auf dessen Schulter legt. Dieser lässt sich aber nichts abschauen und beschuldigt seinen Freund des Versuchs, sein Geschriebenes kopieren zu wollen. In einer Art stillen Überein-kunft entscheiden sie sich dann dazu, sich gegenseitig auszutauschen, denn Rafael sagt, nachdem er kurz in die Kamera geschaut hat: „hat sich aus der gelenkpfanne ent ent ent", Raul: „entfernt", Rafael: „ent-fernt . danke". Beide schreiben etwas nieder.

Interpretation

Rafael folgt sofort der Handlungsanweisung des Lehrers, im Gegensatz zu Raul, der der Aufforderung nicht direkt entspricht und stattdessen auf das Blatt seines Nachbarn schaut. Zuvor gab es keine explizite An-weisung, ob es sich im Folgenden um eine Partner- oder Einzelarbeit handeln soll. Rauls Verhalten verstärkt aber den Eindruck, dass Ko-operation mit dem Partner bzw. der Partnerin als Normalfall eher nicht zulässig ist. Der Lehrer tritt währenddessen mit einem Schüler, der nicht zu sehen ist, in Interaktion. Seine Handlungsanweisung be-steht nun darin, den Schüler dazu aufzufordern, einen Mitschüler um Hilfe zu bitten. Er setzt also zunächst auf die Kooperation unter den Schüler*innen und öffnet damit Handlungsräume zwischen den Betei-ligten, die gegenseitige Hilfe und eigenständiges Handeln beinhalten. Der Lehrer lässt aber durchblicken, dass eine Kommunikationsofferte an die Nachbarin bzw. den Nachbarn nur dann erlaubt ist, wenn einer der beiden Partner*innen gefehlt hat und deshalb die richtigen Fach-begriffe nicht reproduzieren kann: Er gibt dem Schüler im Folgenden Wort für Wort vor, was er seinem Mitschüler zu sagen hat und unter-stellt ihm damit die Unfähigkeit, die Hilfe selbst zu erbitten. Die Arbeit mit einem Partner oder einer Partnerin ist in diesem Unterricht daher wohl nicht der Regelfall. Den Schüler*innen wird nur Hilfe zugestan-den in dem Rahmen, dass sie in die Lage versetzt werden, weiter mit-protokollieren zu können. Der Lehrer kümmert sich zunächst nicht um „vom Zurückfallen" bedrohte Schüler*innen. Soll der Unterricht im Gleichtakt weiterlaufen, müssen Defizite also individuell behoben werden. Da dies ohne die Hilfe des Erwachsenen geschehen muss –

wie der Verweis des Lehrers zeigt –, ist in diesem „Sonderfall" Hilfestellung durch die Banknachbarin oder den Banknachbarn erlaubt.
Anscheinend haben aber nicht nur die zuletzt nicht anwesenden Schü-
ler*innen Probleme, den Inhalt der letzten Stunde zu rekapitulieren.
Raul dringt bei dem Vorhaben, dieses Defizit zu kompensieren durch
sein Hinüberbeugen in den Arbeitsbereich seines aus unserer Perspektive linken Nachbarn ein, wodurch sich die Arbeitsbereiche verbinden bzw. die Grenze zwischen ihnen verschwimmt. Der Schüler reagiert zögerlich auf die Frage Rauls und wiederholt noch einmal die
Handlungsaufforderung des Erwachsenen. Damit nimmt er das Kom-
munikationsangebot Rauls zwar an, sagt ihm inhaltlich aber nichts vor
und antwortet somit auch nicht auf seine Frage. Er bricht daraufhin
die Kommunikation mit Raul ab und wendet sich seinem anderen
Banknachbarn zu, der sich mit ihm einen Tisch teilt. Er sanktioniert
damit eventuell Rauls Eindringen in seinen Arbeitsbereich, da Partn-
erbildung über die Tischgrenzen hinweg allem Anschein nach erst
recht nicht möglich ist. Nachdem sich der Nachbar von ihm auch körperlich abgewandt hat, ist nun die Kamera und diejenige, die hinter ihr
steht, neue Adressatin Rauls. Er inszeniert sich selbst, indem er einen
Kommentar vor der Kamera abgibt (Raul: „weiß ich auch , welchen .
können viele sein"). Mangels Alter ego wird die Kamera zum Gegenüber, vor dem er sich rehabilitieren kann. Danach wendet Raul sich
Rafael, nicht kognitiv, sondern emotional zu, denn mangels intellektu-
eller Anerkennung bleibt nur noch das Körperliche. Die Kommentierung vor der Kamera hat ihn, wie oben schon erwähnt, rehabilitiert.
Die emotionale Zurückweisung durch seinen anderen Nachbarn wirkt
aber anscheinend noch nach. Das Setting macht Raul demnach zu einem, der sich nicht selbst helfen kann und zugleich zu einem, der deshalb abhängig von anderen ist. Rafael unterbricht aber Rauls „Annähe-
rungsversuch", indem er es ihm physisch unmöglich macht, auf sein
Blatt zu schauen. Zudem sanktioniert Rafael das Verhalten Rauls, indem er es öffentlich macht. Raul wird von seinem Mitschüler diszipliniert, da er mit seiner Körperpraxis gegen die wohl gültige Regel, dass
man in diesem Unterricht nur ausnahmsweise mit seinem Banknachbarn kooperieren darf, verstoßen hat. Rafael rudert aber wieder zurück, nachdem er in die Kamera gesehen hat. Durch den Blick in die

Kamera könnte er sich die Rollenanforderungen an einen Freund spiegelnd bewusst machen, dass man sich gegenseitig helfen und nicht „petzen" soll. Die Kamera wird dadurch zum nach außen verlegten Spiegel, zum „Dritten", der den beobachtenden Blick hervorbringt. Im Anschluss daran kommt es nun doch zur Kooperation zwischen den Banknachbarn: Rafael liest den von ihm bereits formulierten Teilsatz vor und Raul vollendet ihn. Beide kommen also zum Ziel, indem sie sich über die Vorgaben zum „Einzelleistertum" hinweg setzen, da sich das kooperative Vorgehen als effizienter erwiesen hat. Der unerlaubte Kooperationsversuch Rauls und die unvermittelte Kooperationsbereitschaft seines Mitschülers bewahren ihn davor, mit dem Unterrichtstakt nicht schritthalten zu können.

Zusammenfassung

Kooperation zwischen den Schüler*innen wird in diesem lernkulturellen Arrangement durch den Lehrer weder ausdrücklich gestattet, noch sanktioniert. Das Handeln der Schüler*innen lässt aber darauf schließen, dass Methoden der Partner- und Gruppenarbeit in diesem Unterricht nicht die Regel sind. Durch die geringe Motivation zur Kooperation unter den Schüler*innen werden zunächst „auf-sich-allein-Gestellte" hervorgebracht, da es in diesem lernkulturellen Setting zunächst nicht vorgesehen ist, dass Lehrer*innen oder Schüler*innen Hilfestellung leisten, wenn man mit einer spezifischen Aufgabenstellung nicht zurechtkommt. Dennoch helfen sich die Schüler*innen gegenseitig. Die Schüler*innen gehen, im Gegensatz zum *Lehrer,* der wohlmöglich die Bearbeitung von Differenz als Produkt einer Individualleistung und nicht als Produkt von Interaktion sieht, auch nicht die Person diskriminierend mit der Differenz verschiedener Wissensstände Einzelner um. Im Zentrum steht für den Lehrer die korrekte äußere Form, in der das von ihm als relevant gekennzeichnete Wissen tendenziell reproduziert wird. Dies kann in Analogie zu seiner Minimalisierungsstrategie gesehen werden, da es auch hier darum geht, das von ihm gesetzte Ziel schnellstmöglich und ohne Umschweife zu erreichen. Ziel ist die Fixierung des für gültig erklärten Wissens. Die Engführung des Weges von der Anschauung zur Abstraktion scheint hier ein Problem zu sein, denn nicht alle Schüler*innen können dem

Handlungstakt folgen. Abermals zeigt sich, dass die *Schüler*innen* in diesem Unterricht als individuelle Protokollanten eines naturwissenschaftlichen, gültigen Wissens gesehen werden, in dessen Rahmen das Arbeiten als „Einzelleister" als angemessen erachtete Form angesehen wird.

6.3.4. Zusammenfassung der ersten Lerngeschichte: Gymnasialer Unterricht als Lernkultur der ungewollten Kooperation und der Sprach- und Sachökonomisierung

Aus bildungspolitischer und schulpädagogischer Perspektive werden widersprüchliche Anforderungen an den Unterricht des Gymnasiums gestellt: Er soll zunächst auf das universitäre Arbeiten vorbereiten und dazu in basale Techniken und Wissensbestände einführen. Vor diesem Hintergrund wird dann aber eine zu starke kognitive Überfrachtung und ein Verschwinden des Schüler*innensubjekts mit seinen individuellen Weltsichten befürchtet, was eine angemessene Sachdurchdringung unmöglich machen würde. Die im Unterricht am Gymnasium verhandelte Sache solle sich mehr an der Lebenswelt der Schüler*innen orientieren und die Schüler*innen selbst sollen stärker an den im Unterricht verhandelten Entscheidungen partizipieren. Dies ließe sich v.a. im Rahmen eines ganztägig geweiteten Schulangebots in Form von „modernen" und „geöffneten" Unterrichtsformaten realisieren.

Die Akteur*innen des untersuchten Gymnasiums konstruieren für sich selbst nun ebenfalls ein ambivalentes Bild von Unterricht: Auf der einen Seite erscheint „konventioneller", lehrerzentrierter Unterricht, der nicht an Schüler*innenbedürfnissen orientiert ist, als besonders effektiv und daher sinnvoll. Auf der anderen Seite wird über das Schulprogramm die Erwartung formuliert, dass der erst in jüngerer Zeit eingeführte, fächerübergreifende NaWi-Unterricht, v.a. in Verbindung mit dem durch Ganztagsschule hinzugekommenen „projektartige" Ergänzung, als transformierter in Erscheinung tritt. Die Vermutung liegt

also nahe, dass das beobachtete Angebot – Form und Funktion betreffend – geöffnete Tendenzen zeigt. Lässt sich, vielleicht vor dem Hintergrund einer durch Ganztagsschule stattgefundenen Transformation,
im Rahmen der Aufführung pädagogischer Praktiken eine wie auch
immer geöffnete Form von Unterricht und damit eine weniger rollen-
spezifische Schüler*innenadressierung beobachten? Als welche werden die im Gymnasium neu angekommenen Schüler*innensubjekte
nun adressiert und damit zu gymnasialen Subjekten gemacht?

Der beobachtete „herkömmliche Unterricht" kann zunächst als lehrerzentriert bezeichnet werden, dessen Protagonist eher direktiv mit den
anderen Teilnehmer*innen umgeht. Er spricht in der Regel das Kollektiv an und Einzelne antworten dann stellvertretend. Der Lehrer oszilliert dabei zwischen einem konkret-inszenierenden und einem abs-
trakt-schematisierenden Zeigen der Sache. Das Agieren des *Lehrers*
zeichnet sich insgesamt durch eine Minimalisierung des Handlungs-
vollzugs und durch Sprachökonomisierung aus: Er teilt an die Schüler*innen einen „Lückentext" aus, spricht Ein-bis-zwei-Wortsätze und
erwartet diese auch von seinen Schüler*innen. Er beschränkt sich auf
kurze Anweisungen wie „pscht" und ein Zeigen ohne Worte bzw. mit
wenig Worten. Die benutzte Sprache ist sowohl auf Vermittler- wie
auch auf Aneigner*innenseite reduziert in der Explikation des Sach-
und Handlungsbezugs. Effekt der Lernpraktik ist es, dass aus Lehrerperspektive „Überflüssiges" ausgegrenzt und schulisch Wichtiges festgehalten wird. Die Engführung des Gespräches und der *Sache* auf die
Reproduktion eines naturwissenschaftliche Wissens, welches als ein
allgemeingültiges gezeigt wird, wird von den Schüler*innen ratifiziert,
denn auch sie agieren nach der Devise, dass im naturwissenschaftlichen Unterricht unumstößliche Wahrheiten gelernt werden. Der Lehrer lässt durch sein spezifisches Zeigen der Sache ein Weltverhältnis
zu ihr erscheinen, dass Gesetzeswissen als weltanschauliche Orientierung zeigt. Dieser minimalisierte Sachumgang diszipliniert hin zur Ar-
beitsökonomie, denn das Arrangement zeichnet sich vor allem durch
die Verknappung von Zeit und einer damit einhergehenden Begrenzung der *Sache* und ihrer Thematisierung aus. Auch wenn der Lehrer

an einigen Stellen auf die Weltsichten seiner Hörerschaft eingeht, werden die *Schüler*innen* in diesem Unterricht zu wenig selbständigen, eher passiven Rezipienten bzw. „Protokollanten" feststehender naturwissenschaftlicher Wahrheiten, für welche die korrekte äußere Form, Schnelligkeit und Pflichterfüllung im Mittelpunkt ihres Handelns stehen. Der Wahrheitsgehalt der gezeigten Sache wird von den Schüler*innen anerkannt und festgeschrieben. Die selbstständige Leistung am Gegenstand bleibt dabei auf ein Minimum beschränkt, während die Weltversionen Einzelner sich in Grenzen einer starken Schematisierung bewegen. Die Schüler*innen leisten ein durch das Arbeitsblatt geformtes Nachvollziehen der vorgegebenen Bedeutungszuschreibung zum Bild und seiner sprachlich-symbolischen Darstellung. Sie beobachten und protokollieren, wobei sie eine konforme und moderate Faszination für die Sache zeigen. Der „Thrill" entsteht dabei durch den Hühnerknochen und das Knochengerüst, das vermenschlicht wird, indem es einen Namen erhält. Der Umgang mit den Gegenständen bewegt sich auf einer passiv-reproduktiven Stufe, da der Nachvollzug der Abstraktion von Objekten mittels Bild und Schrift die Schüler*innen auf dieses Rollenverständnis verweist. Der Lehrer adressiert die Schüler*innen direkt als Lernkollektiv und Glaubensgemeinschaft (in dem Sinne, dass er scheinbar allgemeingültiges naturwissenschaftliches Wissen von ihnen vorbeten lässt), indirekt als „Einzelleister": gegenseitiges Helfen ist unter vordefinierten Bedingungen gestattet und verbleibt darüber hinaus auf der Hinterbühne. Bei entstehenden Krisen können sich die Schüler*innen dann tendenziell als Unfähige wahrnehmen, die zwar für ihr Nicht-schritt-halten-können nicht sanktioniert werden, aber mit ihren Aneignungsproblemen in der Menge der anderen Schüler*innen verschwinden. *Das gymnasiale Schüler*innensubjekt erscheint daher im Rahmen einer Lernkultur der nicht-intendierten Kooperation als alleingelassenes unter vielen und als austauschbarer Wissensträger; der Lehrer dagegen als Prediger der Wissensmacht.*

Obwohl auf der Mesoebene des Schulprogramms die „Entzerrung des Stundenplans" und damit auch die anteilige Loslösung von Zeitdruck einer der Ziele von Ganztagsschule ist, lässt sich im Rahmen der vorliegenden Lerngeschichte, also auf der Mikroebene, ein stark an zeit- und arbeitsökonomischen Interessen orientierter vorstrukturierter Unterricht beobachten. Dieser ist weniger als kognitiv überfrachtet denn als konventionell-reproduktives Geschehen zu beschreiben, da die beobachtete Praktik die Akteur*innen unter einen Handlungsdruck bringt, bereits erlernte Fachtermini in grammatisch und räumlich stark begrenzter Form zu reproduzieren. Der Lehrer vollzieht ein Unterrichtsskript der bereits in der Lernkultur dieses Gymnasiums etablierten Routinen, welche die Schüler*innen immer wieder bestätigen. Das Agieren der Schüler*innen im Rahmen der ihnen zugewiesen Subjektposition eröffnet kaum Chancen, aber auch kaum die Notwendigkeit zum widerständigen Handeln und auch wenig Raum für Partizipation am Unterrichtsgeschehen. Die Choreographie des beobachteten Unterrichts steht damit beispielhaft für ein tradiertes gymnasiales Unterrichtsskript in seiner Beharrungskraft.

6.4. Die zweite Lerngeschichte: Ein projektartiger, naturwissenschaftlicher Unterricht am Nachmittag[56]

In dem hier untersuchten Gymnasium wird im Rahmen seines zügigen Ganztagsschul-Modells die sechste Fachstunde des Vormittags auf den Nachmittag verschoben und dort mit einer projektartigen Ergänzung versehen. Nachdem die Praxis des „herkömmlichen" Unterrichts beobachtet wurde, wird nun der projektartige Unterricht näher betrachtet. Mit diesem Angebot bezweckt die Schule, im Rahmen eines von ihr als besonders innovativ gekennzeichneten Formats ihre Schüler*innen im mathematisch-naturwissenschaftlichen Profil durch eigene Erfahrungen im Labor zu fördern. Es ist – der Zuschreibung durch den durchführenden Lehrer zufolge – als Förderangebot zur Herstellung von Arbeitsfähigkeit und damit von „Gymnasialität" zu verstehen. Bei

---

[56] Die im Folgenden vorgestellte Lerngeschichte wurde von Kolleg*innen aus dem LUGS-Projekt und mir unter einer anderen Fragestellung bereits interpretiert und veröffentlicht (s. Neto Carvalho/Rabenstein/Idel 2008, Kolbe 2009 und Idel/Kolbe/Neto Carvalho 2009).

der Rekonstruktion des Angebots stand vor allem die Frage im Vordergrund, wie sich diese Praktiken der Herstellung von Gymnasialität ausformen, wie die Praktiken also zu beschreiben sind, die die Schüler*innen als gymnasiale oder als zu gymnasialisierende positionieren. Im Folgenden wird nicht wie in der Lerngeschichte zuvor nur eine kurze Sequenz aus der Anfangsphase des Unterrichts, sondern der ganze Unterrichtsverlauf skizziert. Zwei für die Lernkultur dieses Arrangements besonders exemplarische Passagen werden aber detailliert beschrieben.

6.4.1. Teil 1: „deshalb hab ich die sogenannten deppenfeuerzeuge gekauft"

Beschreibung

Der Unterricht findet zunächst in einem für die Naturwissenschaften typischen Stufensaal statt. Der Lehrer, welcher im Gegensatz zum zuvor beobachteten Unterricht nun einen weißen Kittel trägt, kündigt an, dass die Schüler*innen heute lernen sollen, wie man Flüssigkeiten erhitzt und dass er es ihnen vormachen will. Die Aufgabe der Schüler*innen ist es nun, ihm zu sagen, was er dabei falsch macht. Nachdem er mehrere fahrlässige und riskante Verfahrensweisen demonstriert hat, lässt er zuletzt Gas aus einem Bunsenbrenner strömen.

Der Lehrer sagt in einem hohen, spitzen Tonfall: „ooo, was hastn du für ne hose an , son schönes hemd." Einige Schüler*innen lachen, andere melden sich. Der Lehrer fährt nun mit seiner normalen Stimme fort: „und dann erzähl ich noch zwei minuten drei minuten vier minuten . fünf minuten , und plötzlich fallen alle um . und schlafen . was ist da falsch , jasmine." Eines der Mädchen nimmt seinen Arm nach unten

Abbildung 9: Projektartiger Nawi-Unterricht, Teil 1

und sagt: „da kommt ja gas raus." Der Lehrer sagt, während er am
Hahn des Bunsenbrenners dreht: „also was [..] muss ich machen." Jas-
min: „zudrehn." Der Lehrer: „und wenn ich aber anmachen will." Jas-
min, mit leicht unsicherem Tonfall: „feuerzeug." Der Lehrer bestätigt:
„gut, und da hab ich . letzte mal haben wir ja mit streichhölzern gearbeitet, also sofort . sobald das gas ausströmt muss man den anmachen
, bei dem hier geht das <u>so</u>". Er entzündet per Knopfdruck den
Gasbrenner in seiner Hand und dreht dessen Stellrad, bis die Flamme
wieder verschwindet: „weil das meiner is mein brenner super toller
klasse brenner." Er nimmt eine Packung, in der sich drei Feuerzeuge
befinden, vom Pult und hält sie nach oben: „aber ihr sollt heute mal
feuerzeuge nehmen und dann wenner den brenner angemacht habt
die feuerzeuge weitergeben . ich hab hier nicht achtundzwanzig
sondern . sechs . jetzt kenn ich das." Er knickt vor seinem Bauch die
Packung, verzieht dabei leicht das Gesicht und sagt: „einige schüler ,
<u>innen</u> und schüler . können ein feuerzeug nicht so richtig bedienen."
Ein Schüler sagt nun: „jo is klar", woraufhin bewegtes Murmeln
einsetzt. Der Lehrer sagt: „deshalb hab ich , <u>psch</u>." Während das
Murmeln weitgehend verstummt, fährt er fort: „die sogenannten
<u>deppenfeuerzeuge</u> gekauft . man muss sie nur in die hand nehmen ,
und nur drauf drücken." Er entzündet das Feuerzeug und sagt: „und
dann gehts an also ohne irgendwie son rad zu drehen einfach nur
nehmen , und drauf drücken."

Interpretation

Im oben beschriebenen lernkulturellen Setting betritt der Lehrer in
einem weißen Kittel die „Unterrichtsbühne", wodurch sich das Bild
eines Forschers aufdrängt, der sich vor Gefahr schützen muss. Er
stilisiert sich damit selbst als besonderen Funktionsträger und
Spezialisten. Im Folgenden agiert er dann auf den ersten Blick und zur
Belustigung der Schüler*innen als „dummer August"[57], indem er alle

---

[57] Der dumme August ist eine Clownsrolle im Zirkus. Er stellt sich dümmer, als er in Wahrheit ist
und steht beispielhaft für den „inkompetenten" Clown, bei dessen Handeln sich Unfall an Unfall
reiht. Er ist Gehilfe und gleichzeitig Gegenspieler des vernünftigen Weißclowns, gewinnt aber
durch seine warmherzige, tollpatschige Art die Sympathien des Publikums.

möglichen Dinge falsch macht, die falsch zu machen sind. Beim näheren Hinsehen erkennt man, dass er bei seiner Inszenierung nicht nur das Handlungsproblem „Experimentieren" thematisiert, sondern gleichzeitig die Schüler*innen distanziert, indem er sie als belehrungsbedürftig darstellt. Er imitiert zum Beispiel einen antizipierten Schüler*innentonfall, stellt die Schüler*innen also mit verzerrter Stimme als wenig konzentriert und leicht ablenkbar dar. Das falsche Vormachen stellt eine Beziehung zwischen dem Lehrer und seinen Schüler*innen her, die sich mit der tölpelhaften Figur identifizieren können. Sie lachen über sein Verhalten und zeigen sich engagiert, wenn es darum geht, dieses zu korrigieren. Allerdings erregt die Lächerlichkeit der Inszenierung und nicht die Sache an sich, also das Erhitzen einer Flüssigkeit über dem Bunsenbrenner, die Aufmerksamkeit der Schüler*innen. Die hergestellte Beziehung ist zudem ambivalent, da die Schüler*innen durch den Lehrer, der durch seine Art der Befragung[58] und das Tragen des weißen Kittels eine Grenze zwischen den Schüler*innen und sich zieht, nicht nur als interessiertes Publikum, sondern auch als Belehrungsbedürftige angesprochen werden, weshalb es zu einer sozialen Hierarchisierung kommt. Denn der „dumme August" steht nicht sinnbildlich für den tolpatschigen Lehrer, sondern für alle diejenigen, die noch nicht dem Ideal des verantwortungsbewussten „Laboranten" entsprechen. An dieser Stelle wird deshalb von der Rolle des „Laboranten" und nicht von der Rolle des „Forschers" gesprochen, weil die Vorführung des Könnens

---

[58] Laut Kalthoff (1997) läuft die „Prozessierung des schulisch-akademischen Wissens im Unterricht über das Wechselspiel von Lehrer-Fragen und Schüler-Antworten" (ebd., S. 96). Bei diesem Vorgang der Etablierung von schulisch relevantem Wissen handelt es sich aber nicht um ein Frage-Antwort-Szenario im Sinne eines Informationsaustauschs, da der Lehrer immer nur nach dem fragt, was er eigentlich schon weiß, wodurch ein Wissensgefälle und damit eine Differenzherstellung vollzogen wird: „Der Frage-Antwort-Kommentar-Austausch zwischen Lehrer und Schüler kann übersetzt werden in eine Aufeinanderfolge von Aufgabe, Leistung und Bewertung." (ebd., S. 97) Kalthoff weiter: „Im Gegensatz etwa zum naturwissenschaftlichen Labor, in dem etwas existiert, was keiner ‚weiß' (vgl. Amann 1990), gibt es in der Schule einen, der schon (fast) alles weiß, und andere, die noch nichts, schon etwas oder noch nicht alles wissen (Ehlich 1981). [...] Diese Form der schulischen (Re-)Produktion von Wissen wird nun in einer hierarchischen, asymmetrischen Beziehung von Lehrperson und Schülern – Abfragern und Befragten – bewerkstelligt." (ebd., S. 84f)

und die Inszenierung von falscher Anwendung für die Schüler*innen eher rezeptiv und limitierend, weniger forschend angelegt sind. Die gezeigte Sache, nämlich der richtige Umgang mit dem Bunsenbrenner, wird vom Lehrer relativ kontextfrei in den Unterricht eingeführt, scheinbar nur mit dem Ziel, eventuelle Gefahren im Umgang mit dem Brenner zur Aufführung zu bringen. Nicht die mit Hilfe einer bestimmten Methode zu erforschende Sache an sich (z.B. die zu erhitzende chemische Substanz), sondern das mit ihr verbundene Können wird generalisiert und vorgebend, weniger entwickelnd präsentiert, weil Fehler als solche bereits inszeniert werden. Der als schwierig zu bedienen gezeigte Brenner wird zum gefährlichen Mysterium stilisiert, die Frage nach dessen Zweck bleibt aber zunächst unbeantwortet. Die Schüler*innen bestätigen die an sie herangetragene Rollenzuweisung: Die meisten melden sich nach jeder „Falschvorführung" und diejenigen, die „dran kommen" antworten für sich als Person und stellvertretend für das Lernkollektiv (vgl. Kalthoff 1997, S. 92). Sie verhalten sich also souverän und es scheint, als hätten sie ähnliche Sicherheitsbelehrungen bereits erhalten. Zu beobachten ist ein öffentliches Unterrichtsgespräch, in dessen Zentrum der habitualisierte Dreischritt von „Initiation-Response-Evaluation" (Reh/ Rabenstein/Idel 2011, S. 210) steht. Diese historisch etablierte Unterrichtsinteraktion, welche nach Caruso (2011) erstens der Aufrechterhaltung von Disziplin, zweitens der Festlegung des Themas und drittens der Vergabe der Rederechte dient (Reh/Rabenstein/Idel 2011, S. 212), wird in der vorliegenden Lerngeschichte routinsiert, fast eigendynamisch von den Akteur*innen vollzogen. Die Schüler*innen distanzieren sich daher zunächst nicht von einer „Unterrichtsmaschinerie", die implizit eine unzureichend qualifizierte Schüler*innenschaft aufruft. Nach der letzten „Missetat" ändert sich dieser Sachverhalt: Der Lehrer hebt zunächst hevor, dass der von ihm genutzte Brenner eindrucksvoller und viel besser ist als der, den die Schüler*innen im Anschluss benutzen werden. Er konkretisiert nun, dass es sich bei den von ihm durch seine Vorführung als Tollpatschen positionierten Subjekte nicht etwa um eine unkompetente Lehrerschaft oder eine imaginierte, tölpelhafte Schulklasse handelt, sondern dass die vor ihm sitzende Schulklasse – und dabei vor allem der weibliche Teil – der Adressat seines Handelns ist: Aus Erfahrung wisse er nämlich: „Einige Schülerinnen können ein Feuerzeug nicht richtig bedienen". Weil er diese mangelnde Kompetenz auch den außer ihm Anwesenden unterstellt, hat er für diese die sogenannten „Deppenfeuerzeuge" angeschafft. Es ist nicht nur der Umgang mit dem Bunsenbrenner, der gelernt werden soll, sondern bereits die Fähigkeit des Bedienens eines Einweg-Feuerzeugs spricht der Lehrer einem Großteil der Schüler*innen ab. Die Szene enthält einen ironischen Unterton, der von den Schüler*innen nun nicht mehr unbemerkt bleibt. An dieser Stelle lässt sich auf Seiten der Schüler*innen eine erste Distanzierungsbewegung gegenüber der nicht ganz nachvollziehbaren Infantilisierung ihrerseits erkennen: Einzelne Schüler*innen setzen ebenfalls ironische Bemerkungen ab („jo, ist klar") bzw. reagieren mit kommentierendem Gemurmel. Der Lehrer ruft durch seine Adressierung nun nicht mehr eine anonyme Masse, sondern die vor ihm sitzenden Schüler*innen an. Einige werden als Könner, andere aber auch als Nicht-Könner positioniert, wobei undefiniert bleibt, wer zu welcher Gruppe gehört.

Zusammenfassung

Die beobachtete Eingangsszene des „projektartigen Unterrichts" zeichnet sich durch eine Fokussierung auf Wissen zweiter Ordnung – Methoden-Lernen – aus, welches mangels Sach-Thematisierung eher instrumentell erscheint. Es ergibt sich also einerseits auf der Ebene des situativ konstruierten Schulwissens eine Einschränkung auf instrumentelles Können, da die *Sache* an sich, also das Phänomen einer chemischen Reaktion der Flüssigkeit im Reagenzglas, die später erhitzt werden soll, noch nicht zum Thema wird. Eine experimentelle Umgangsweise mit dem Unterrichtsgegenstand – und die damit eventuell verbundene Erfahrung von Neuem – wird den Schüler*innen zunächst nicht angedacht. Da nicht an das sichtliche vorhandene Vorwissen der *Schüler*innen* angeknüpft wird, werden sie in diesem Angebot zunächst weniger als Interessierte und Neugierige angesprochen, sondern als Novizen einer Laborantenlehre, die einen gefahrenminimierten Umgang mit dem Material erst noch lernen müssen. Wahrscheinlich steht der Lehrer hier aus schulrechtlicher Perspektive und unabhängig vom Kenntnisstand der Schüler*innen in der Pflicht, eine Gefahrenunterweisung zu vollziehen. Die Inszenierung des Lehrers von Sache, Lehrperson und Schüler*innenschaft, enthält aber einen paradoxen pädagogischen Überschuss: Die Schüler*innen werden in der Rolle des Zuschauers angesprochen und abgewertet, wenn nicht gar diffamiert („Deppenfeuerzeuge"), indem sie infantilisiert werden. Der *Lehrer* inszeniert damit ein eher negatives Bild seiner Klientel, da er sich selbst und das durch ihn gezeigte Artefakt auratisiert, während er gleichzeitig die Belehrungsbedürfigkeit der Schüler*innen inszeniert. Das Vormachen hat also einen Doppelcharakter: auf der einen Seite wird vorgeschrieben, was zu tun ist. Die Praktik ist so angelegt, dass in Zukunft beim Experimentieren kein Unsinn gemacht werden soll, wodurch die Schüler*innen in Bezug auf die zu erledigende Aufgabe erst handlungsfähig gemacht werden. Das ostentative Zeigen des Lehrers, auch wenn es zunächst etwas „Falsches" zeigt, ermächtigt die Schüler*innen und hat gleichzeitig eine Schutzfunktion (vgl. Prange/ Strobel-Eisele 2006, S. 51f). Die Praktik von Vorführung und Anschauung bieten somit einen Ausgangspunkt von Erkenntnis. Auf der anderen Seite stellt das clowneske Vormachen ein antizipiertes, etwas übertriebendes Fehlverhalten der Schüler*innen in den Mittelpunkt und adressiert diese als Inkompetente, die sich verzerrt im Spiegel des Lehrers degradiert sehen, da ihnen unterstellt wird, dass sie bereits in elementaren Alltagspraktiken – wie dem Umgang mit dem Feuerzeug – ungeübt sind. Ein Scheitern zumindest eines Teils der Schüler*innen wird durch das Handeln des Lehrers – sein betont falsches Handeln – also schon vorausgesetzt.

6.4.2. Teil 2: „des is ja wie ne gasbombe"

Beschreibung

Die Klasse samt Lehrer wechselt nun den Raum und findet sich in einem Schullabor ein. Um vier Waschbecken herum sind mehrere Tische angeordnet, an denen die Schüler*innen jeweils zu zweit sitzen. Die benötigten Utensilien besorgen sie sich teilweise selbst aus dem Materialschrank, teilweise werden sie auch vom Lehrer ausgeteilt. Zu zweit beginnen die Schüler*innen eine noch nicht näher bestimmte rote Flüssigkeit in ihren Reagenzgläsern zu erhitzen. Die Schüler Tom (rechts im Bild unten) und Jeremy (links), die beide Schutzbrillen tragen, stehen im Mittelpunkt der Aufmerksamkeit der Kamera. Tom zeigt sich für das Reagenzglas im Reagenzglashalter verantwortlich und Jeremy für den Bunsenbrenner. Die Flüssigkeit beginnt sofort zu brodeln, was die beiden Jungen sichtlich fasziniert. Sie rufen den Lehrer herbei, der sie für ihre Schnelligkeit der Ausführung lobt und sie daran erinnert, an die Sicherheitshinweise zu denken.

Tom hält daraufhin die Klammer mit dem Reagenzglas so, dass die Öffnung weg von ihm selbst zeigt.

Abbildung 10: Projektartiger NaWi-Unterricht, Teil 2

Der Lehrer bestätigt: „ja genau dahin zeigen . beim erhitzen". Tom fällt ihm ins Wort: „des is des is ja wie ne gasbombe". Jeremy lässt seinen Blick durch den Raum schweifen und beginnt, mit seiner Brille zu spielen. Er schaut erneut auf das Reagenzglas und sagt erstaunt: „das is ja schon wech." Tom erwidert: „ja gell da ist gar nichts mehr drin." Die Jungen rufen erneut den Lehrer herbei, der Tom bittet, das Reagenzglas von der Flamme zu nehmen, bevor er wieder geht. Tom nimmt das Reagenzglas aus der Flamme heraus, aus dem nun immer noch Dampf herausströmt und reißt seine Augen auf: „wuchhu." Er hält das Reagenzglas erneut über die Flamme: „noch en bisschen." Der Lehrer wiederholt von weitem: „nimm mal raus, wenn es weg ist, ist es okay." Tom nimmt das Reagenzglas aus der Flamme, legt sein Kinn auf den Tisch und klopft zweimal leicht mit dem Boden

des Reagenzglases auf diesen. Der Lehrer antwortet auf die Frage eines weiteren Schülers danach, was sich wohl in den Reagenzgläsern
befinden würde: „m ja em . himbeersirup".

Der Lehrer lässt die Schüler*innen noch in zwei weiteren Durchgän-
gen die rote Flüssigkeit erhitzen, was Tom und Jeremy dazu veranlasst, ihre Rollen zu tauschen. Beim zweiten und dritten Mal ist die Viole der beiden so stark erhitzt, dass die Flüssigkeit, trotz der darin
befindlichen Siedesteine, überkocht und sich spuckenderweise und
zur Verwunderung der beiden Jungen über den Tisch verteilt. Sie
freuen sich, rufen nach dem Lehrer und verlangen nach einer Erklärung. Zum Ende der Stunde gibt der Lehrer bekannt, dass es sich bei
der Flüssigkeit in den Reagenzgläsern um gefärbtes Wasser handelte.
Daraufhin räumen die Schüler*innen die Gerätschaften weg, entsor-
gen die Reste und säubern die Tische. Der Lehrer malt währenddessen
eine Skizze an die Tafel, die Reagenzglas, Reagenzglashalter und Flüssigkeit zeigt und beschriftet diese. Er lässt die Schüler*innen nochmals
die erlernten Verhaltensregeln aufsagen und notiert diese neben der
Skizze. Die Schüler*innen übertragen all dies in ihren NaWi-Hefter.

Interpretation

Der stattgefundene Ortwechsel in ein Schullabor bietet – gedankenexperimentell formuliert – die Möglichkeit, dass jeder einzelne Schüler*in Zugang zu den jeweiligen Elementen eines Arbeitstisches hat,
wodurch individuelles Agieren möglich wird. Das eigene Einwirken
und die Effekte des eigenen Handelns – hier das Kochen und damit einhergehende Verdampfen von Wasser – werden direkt vor den eigenen
Augen deutlich. Im Zusammenhang einer Partner*innenarbeit, verstanden als individuelles Lernen im Spannungsfeld interpersoneller
Koordinationsprobleme, könnte im Rahmen einer Ko-Konstruktion
ein als gemeinsam geteilt geltender, emergenter Bedeutungszusam-
menhang der Kommunikation entstehen, wenn nämlich Lernen durch
koordinierte Überwindung von Widersprüchen stattfindet (vgl. Piaget
1973). Der Begriff „Ko-Konstruktion" beinhaltet dabei ein Signal für
eine „doppelte Perspektive": Die Schüler*innen können sich gegenseitig beobachten und ihr Sachverständnis potentiell weiterentwickeln,
indem andere Sichtweisen integriert werden.

An der nun tatsächlich beobachteten expressiven Freude der Schüler*innen erkennt man, dass sie Spaß am Ausführen haben und an der Möglichkeit, sich selbst als agierende und wirksame Personen zu erfahren. Die beiden Schüler Tom und Jeremy führen eine symmetrische Aushandlung über den Umgang mit Material beim gemeinsamen Arbeiten auf und bewältigen so die an sie gestellte Lernanforderung. Ihnen gelingt es schnell, sich diskursiv darauf zu einigen, wer welche Aufgabe übernimmt und dass sie sich abwechseln wollen. Auch der Lehrer lobt sie für die schnelle und effiziente Aufgabenbewältigung. Die vorangegangene Praktik des Vorführens und Anschauens zeigt, dass ihr Vollzug die Schüler*innen dahin bringt, das Handwerkszeug zu kennen und benutzen zu können, um etwas damit zu machen, ohne sich die Finger dabei zu verbrennen. Der Lehrer steht zudem jederzeit bereit und kann bei Bedarf spontan herbeigeholt werden. Dieses Arrangement eröffnet Möglichkeiten für Schüler*innen dahingehend, dass sie sich jeden Arbeitsschritt bestätigen oder korrigieren lassen, sich also jederzeit Hilfe beim Lehrer holen können, um so ihre Arbeitsfähigkeit und ihr Vorankommen in der Lösung der Schulaufgabe zu gewährleisten.

Auf das zum Ausdruck gebrachte Interesse an der Sache folgen Gesten sowie Körperhaltungen der Langeweile und schließlich im Sinne des Arrangements non-konformes Verhalten. Schnell ist das Wasser verdampft und Jeremy, der momentan für den Bunsenbrenner verantwortlich ist, klinkt sich weitgehend aus der Partnerarbeit aus. Tom dagegen hält das Reagenzglas weiterhin in die Flamme. Wasser erhitzen kann er bereits, weshalb er sich nun auf die Reise weiteren Erkenntnisgewinns begibt, indem er nicht mehr die Flüssigkeit, sondern nur noch das Glas mit den Siedesteinen erwärmt. Laut Prange (2006, S. 53) endet der Übungswille des Kindes, wenn die Spannung abgebaut ist. Da es nicht um das geht, was im Reagenzglas passiert, können die Schüler*innen den praktischen Vorgang nur wiederholen und dann mit den Dingen spielen. Zu beobachten ist in diesem Setting also eine Praktik der zu- und abnehmenden Selbstdisziplinierung in Verbindung mit der Fokussierung auf die zu bearbeitende Sache. In einem zweiten Durchgang ist die Viole dann so stark erhitzt, dass trotz der

Siedesteine das Wasser überkocht. Die beiden Jungen zeigen wieder das expressive Interesse an der nun ungeplant passierten Reaktion und verlangen nach einer Erklärung, die der Lehrer ihnen schuldig bleibt. Zudem steht die ganze Zeit die Frage im Raum, um welche ominöse Flüssigkeit es sich denn nun in den Reagenzgläsern handelt. Erst zum Ende der Stunde gibt der Lehrer*innen bekannt, dass es sich um eingefärbtes Wasser handelt. Der Lehrer bleibt also in seiner Handlungslogik, in der die Schüler*innen vom Clown getäuscht werden, hier: indem eine Illusion erzeugt wird. Das Ganze wird damit fast schon zu einer Farce, denn was die Schüler*innen wissen wollen ist (erkennbar in den von ihnen formulierten Fragen, die der Lehrer nicht oder nicht wahrheitsgemäß beantwortet), warum die Flüssigkeit zu kochen beginnt, welche Eigenschaften diese hat und weshalb ihr „Experiment" gescheitert ist. Der Lehrer zeigt sich dagegen ausschließlich am gefahrenminimierten Vollzug der Experimentierhandlung interessiert. Die Schüler*innen werden also nicht nur tendenziell unterfordert, sondern auch in ihrem Interesse an der Sache eher wenig ernst genommen. Die sich aus der Partnerarbeit ergebenden subjektiven Perspektiven werden durch die hier spezifische Praxis des Beendens in Form der Ergebnissicherung nur wenig gewürdigt. Den Schüler*innensubjekten bleibt der Nachvollzug von Bekanntem, das der Lehrer – wenn auch falsch – bereits vorgemacht hat. Die schon in der Frontalsituation von Einzelnen aus dem Kollektiv genannten „Verhaltensregeln" werden an der Tafel festgehalten – und damit als gültiges Wissen gewürdigt – und sind es wert im NaWi-Ordner die Zeit zu überdauern. Die Äußerungen eines kleinen Teils der Schüler*innen, die zu Beginn der Stunde zu Wort kommen, stehen als Fiktion einer Homogenisierung für die Perspektive aller. Der Lehrer adressiert im Rahmen einer „direkten Instruktion" (Lüders 2011, S. 182f.) die Klasse als Gesamtkörper (vgl. Kalthoff 1997) und schreibt durch dieses Handeln den Anwesenden zu, dass sie alle das gleiche Interesse an der Sache, dass alle das Gleiche herausgefunden und die gleichen Erfahrungen mit der Sache gemacht hätten. Auf der anderen Seite erhalten alle „Zuhörer" die Möglichkeit, ihr Wissen zu aktualisieren.

Zusammenfassung

Die ambivalenten Anweisungen durch die Praktik des Vorführens der Werkzeugverwendung zu Beginn, tragen die Partnerarbeit, da eine solche Rahmung eine eigenständige Handlungsweise erlaubt. Auch wenn durch diese die zu lernende Sache auf ein Können beschränkt wird, versetzt sie die Schüler*innen in die Lage, ihre Aktivitäten selbst in Relation zum vorgegebenen Handlungsrahmen zu koordinieren. Es kommt zur selbstständigen Kommunikation, da die Schüler*innen innerhalb des Handlungsrahmens auf sich selbst und auf den Partner bzw. die Partnerin Bezug nehmen. Die Laborpartner*innen sprechen die Relevanz der Verhaltensregeln deutlich aus, um ihre Beiträge und ihre Praxis untereinander zu koordinieren. Während dabei eingangs mit "Vormachen" auf ein mimetisches Lernen gesetzt wird, entstehen in der Partner*innenarbeit eigene Qualitäten, da hier Koordinierung zwischen Partner*innen und eingeschränkte Selbstregulation dazu gehört. Der Spaß am Ausführen, die Möglichkeit, sich als agierende, wirksame Person zu erfahren, erzeugt bei den Schüler*innen eine expressive Freude, die durchscheinen lässt, dass für sie eine Vorstellung von der vermeintlich (durch Erforschen) zu beherrschenden Natur als "Sache" im Spiel ist. Aber auch der zweite Teil des sogenannten projektartigen Unterrichts zeichnet sich im Umgang mit der Sache durch eine Fokussierung auf Wissen zweiter Ordnung oder Können aus, in diesem Fall die Methode des Experimentierens. Es handelt sich um einen sehr formal gestalteten Arbeitsablauf, dessen Relevanz für die Schüler*innen nicht ganz klar wird, da alle im Kollektiv das Gleiche machen müssen und kein individuelles Experimentieren möglich wird. Die Technik, mit einer Sache umzugehen und die zu erforschende Sache an sich, werden auseinanderdividiert. Die Schüler*innen erforschen einen Gegenstand und sammeln Erfahrungen mit diesem, woraufhin es aber zu keiner Anerkennung der Person kommt, weil der Sache, die erforscht wird, keine Relevanz beigemessen wird. *Das gymnasiale Subjekt wird durch diese Übung als erst handwerklich zu Befähigendes vor aller Erarbeitung durch Wissen positioniert, ins Vorfeld naturwissenschaftlichen Wissens, das für es nicht erreichbar scheint. Im Rahmen dieses lernkulturellen Settings erscheint die Sache* *als eine, deren Qualitäten im schulischen Kontext noch keine Relevanz hat, da es lediglich darum geht, den gefahrenminimierten Umgang mit ihr zu erlernen.*

6.4.3. Zusammenfassung der zweiten Lerngeschichte: Projektlernen mit geringem Sachbezug als Beispiel für die Hartnäckigkeit der am Gymnasium etablierten Strukturen

Bei der Rekonstruktion dessen, was die pädagogischen Akteur*innen des untersuchten Gymnasiums selbst thematisieren, ist die Frage, wie die Tätigkeit im Unterricht zu gestalten sei, ein eigener Topos. Wie zu Beginn dieses Kapitels gezeigt, entwerfen sie auch im Rahmen des Ganztagsangebots bildende Offerten als Unterricht oder unterrichtsnahes Geschehen, wobei dieses meist als lehrerzentriert gedacht wird. Alles was über Unterricht hinaus geht, erscheint pädagogisch dagegen fragwürdig. Die Akteur*innen bestehen jedoch darauf, dass der in das Ganztagsschulkonzept eingebundene „projektartige Unterricht", tatsächlich „etwas anderes" und neues sei. Im Rahmen des Konstrukts wird erkennbar, dass herkömmlicher Unterricht von den Akteur*innen als festes, zeitlich und in seiner Art dichtes sowie fremd festgelegtes Interaktionsgeschehen mit dominierender Lehrerposition gedeutet wird, dem gegenüber nun ein gelockerter Unterricht mit mehr Freiraum im Gegensatz zu kollektiv Verbindlichem zu schaffen sei. Die Frage danach, inwiefern sich retrospektiv betrachtet die Einführung eines dem bisherigen Unterricht beigeordnetes „geöffnetes" Unterrichtsformat im Rahmen eines ganztägigen Angebots, dem sogenannten projektartigen Unterricht, auf diesen ausgewirkt hat, inwiefern er den ursprünglich vormittags situierten Unterricht den reformpädagogischen Erwartungen entsprechend transformiert hat, kann mit der vorliegenden Studie nicht beantwortet werden, da es sich nicht um eine Längsschnittstudie handelt. Die vor Einführung von Ganztagsschule gängige Unterrichtspraxis wurde also nicht unterrsucht. Aber was sich beobachten lässt, ist ein „naturwissenschaftlicher Unterricht" genanntes Lernarrangement, das den

Erwartungen, die empirische Untersuchungen des Unterrichts am Gymnasium wecken, teilweise entspricht: Er ist lehrergeleitet, in seinem Sprach- und Handlungsvollzug ökonomisiert, was auf einen die Akteur*innen antreibenden Handlungs- und Zeitdruck schließen lässt. Die Mitbestimmungsmöglichkeiten der Schüler*innen sind als eher beschränkt zu beschreiben, bei gleichzeitig vorhandener Möglichkeit, sich aus dem Geschehen heraus zu halten und unangetastet zu bleiben. Das gymnasiale Schüler*innensubjekt erscheint im Rahmen der beschriebenen Lernkultur als austauschbar und weitgehend auf sich allein gestellt. Auffällig gegenüber den getroffenen Vorannahmen scheint die begrenzte Sachthematisierung, da doch die bildende Sache im Mittelpunkt des gymnasialen Unterrichts stehen sollte, zugunsten einer Vorbereitung darauf. Was bringt nun die Praxis eines dezidiert als projektartig proklamierten Unterrichts hervor? Wie werden die als zu gymnasialisierend gedachten Subjekte in diesem Unterricht angesprochen? Ist eine solche projektartige Ergänzung vielleicht stärker sach- und weniger reproduktionslogisch angelegt und dabei vielleicht auch mehr an den Schüler*inneninteressen orientiert?

Im beobachteten „projektartigen" Unterricht lässt der Lehrer zunächst ein kollektives, homogenisierendes Interaktionsmuster vom „entwickelnden Fragen" im Klassenverband bis zur entsprechenden Auswertung an der Tafel entstehen. Darin ist eine Partner*innenarbeit im Labor eingebettet, die ein individuell gestaltetes Muster hervorbringt. In der Eingangsszene, im Stufensaal, dominiert eine die möglichen Beiträge der Schüler*innen limitierende, wenig mäeutische Kommunikationsstruktur, hervorgerufen durch die suggestiven Fragen des Lehrers und seine spezifische Art des Selbst- und Sachauratisierung. Die Praktik „entwickelnden Fragens" mit performativer Qualität sorgt für eine Haltung der Unterordnung unter das Initiation-Response-Evaluation-Format. Zudem inszeniert der *Lehrer* mit seiner Aufführung des „dummen August" nicht etwa sich selbst als tollpatschigen Lehrer, sondern ein negatives Bild seiner *Schüler*innen*, da er sich selbst und die durch ihn gezeigte *Sache* auratisiert, während er gleichzeitig die Belehrungsbedürfigkeit und die Inkompetenz der

Schüler*innen inszeniert. Die zentrale Praktik dieses Lernarrangements zeichnet sich zudem durch eine Fokussierung auf Wissen zweiter Ordnung aus, welches mangels Sach-Thematisierung zunächst instrumentell erscheint. Der Sog bzw. die Verbindung zwischen Sache und Schüler*innensubjekt entsteht nicht aus deren attraktiver Darstellung heraus, sondern daraus, dass der Clown sein Publikum düpiert und über andere spottet. *Die erste beobachtete Szene zeichnet sich zusammengefasst durch drei Strukturmerkmale aus: Erstens durch eine paradoxe Vermittlungsform, da Falsches gezeigt wird, dass dann eben nicht nachgemacht werden soll. Zweitens handelt es bei der Lehrervorführung um eine ambivaltene Inszenierung, da der Lehrer sich zum einen als Experten stilisiert, sich gleichzeitig als Tollpatsch verhält und sein Publikum gleichzeitig als Wissende und Belehrungsbedürftige positioniert. Drittens beinhaltet das Unterrichtsgespräch eine Infantilisierung, die den Schüler*innensubjekten sogar die Fähigkeit der Bedienung eines Einwegfeuerzeuges abspricht.*

Die Laborszene stellt eine Partner*innenarbeit als selbstregulierte Kooperation unter Schüler*innen dar und ist mehr am Pol der Selbständigkeit anzusiedeln, wenngleich alles Teil eines größeren und vorgegebenen Sinnzusammenhanges des Gesamtarrangements ist. Auch wenn die Eröffnungspraxis die Schüler*innen als Belehrungsbedürftige adressiert, sie auch denunziert und Lernen auf ein instrumentelles Können zielend reduziert, so führt der Umstand, dass gezeigt und vorgemacht wird, was gemacht werden soll dazu, dass ein verbindlicher Sinnzusammenhang entsteht, der eine selbstregulierte Partner*innenarbeit trägt. Es geht in der Laborszene darum, etwas „Vorgemachtes" eigenständig selbst auszuführen. Dabei wird durch das Lehrerhandeln den Schüler*innen offensichtlich nicht die exakte Nachahmung (der Lehrer selbst hat es ja „falsch" vorgemacht), sondern ein "eigenständig richtig machen" nahegelegt. Die Chance zur Auseinandersetzung mit der Sache als Vorstufe des Forschens, die dem lernkulturellen Arrangement durchaus innewohnt und sich in der motivierten Entdeckerhaltung der beiden fokussertiern Schüler zeigt, wird aber eher verpasst, weil sich das Lernen weiterhin auf ein Lernen von Methoden bezieht, welches auf einer instrumentellen Ebene gegenüber der Sache verbleibt – der sachbezogene Sinn des Experimentierens als Teil naturwissenschaftlicher Erkenntnisgewinnung wird so kaum erkennbar. Die Praktik lässt die Schüler*innen performativ-mimetisch vorgehen, also sich durch Nachvollzug eine (als einleuchtend vorgeführte) Arbeitstechnik aneignen, deren sachbezogener Sinn aber weitgehend fehlt. Angesonnen wird ihnen, sich um des folgsamen Lernens willen (nicht aus der Auseinandersetzung mit der Sache heraus) selbst zu disziplinieren, was ihnen dann sichtlich schwer fällt. Wahrscheinlich resultiert dies daraus, dass das Arrangement inhaltliche Aspekte ausschließt und die Schüler*innen in ihrem Interesse und in ihrer Neugier nicht angesprochen werden – obwohl sie sichtlich interessiert sind. Zu beobachten ist in diesem zweiten Teil der Lerngeschichte eine Formalisierung des Lernens, in dessen Rahmen die *Sache* verschwindet bzw. nur vorgetäuscht wird, wodurch den Schüler*innen eine fachliche Auseinandersetzung vorenthalten wird. Der *Lehrer* positioniert sich selbst im beobachteten lernkuturellen Setting als Wissender, als Forscher, der im Gegensatz zu den anwesenden Schüler*innen mit Gefahren umzugehen weiß. Er führt die Schüler*innen in den Gebrauch naturwissenschaftlicher Gegenstände ein, indem er deren Belehrungsbedürftigkeit inszeniert und deren Scheitern voraussetzt. Die von den Schüler*innen zu benutzenden Artefakte, die der Sachbearbeitung dienen, werden als gefährlich gezeigt. Die *Sache* an sich wird, auch bei der eher am Pol des selbständigen Arbeitens angesiedelten Partner*innenarbeit im Labor, dann auch erst gar nicht gezeigt, damit de-thematisiert und marginalisiert. *Die noch zu gymnasialisierenden Subjekte werden damit als Novizen einer Laborantenlehre adressiert, die für einen erkenntniserweiternden Umgang mit der eigentlichen Sache noch nicht bereit sind.*

Naturwissenschaftlicher Unterricht und projektartige Ergänzung können als Beispiel der konservativen Praxis des Gymnasiums gelesen werden. Während im herkömmlichen Unterricht eine Konservierung der Sache im Mittelpunkt steht, werden im projektartigen Unterricht die Schüler*innen, was die Sache betrifft, auf eine ungewisse Zukunft vertröstet. Die Schüler*innen werden als noch nicht „gymnasial" genug adressiert, um sich selbständig auf den Weg neuen Erkenntnisgewinns, was als potenziell gefährlich gedacht wird, zu begeben. Neue, „geöffnete" Lernformen beinhalten damit strukturell gesehen die Möglichkeit für neues, „anderes" Lernen, sind aber kein Garant für die Etablierung einer „neue Lernkultur". In dem erst in der jüngeren Vergangenheit zur Ganztagsschule gewordenen Gymnasium scheint es tendenziell eher wenig Möglichkeit zu geben, Transformation zuzulassen. *Das beobachtete Projektlernen mit geringem Sachbezug für (noch) inkompetente Schüler*innen kann damit als Beispiel für die Hartnäckigkeit der am Gymnasium etablierten Strukturen gelesen werden.*

6.5. Die dritte Lerngeschichte: Ein Fremdsprachenunterricht mit projektartiger Ergänzung

Laut der Symbolischen Konstruktionen der an Ganztagsschule beteiligten Akteur*innen des untersuchten Gymnasiums seien bestimmte Fächer am Nachmittag potenziell schwieriger zu unterrichten als andere. In den genannten Fächern hätten sich die am Vormittag etablierten Strukturen zwar bewährt, sie seien aber schwierig auf den Unterricht am Nachmittag zu übertragen:

> „ich kann mir vorstellen dass mathematik jetzt hart ist weil in deutsch kann man vielleicht einfach noch mehr vielleicht rollenspiele machen noch noch mehr ausgestalten und in mathematik muss ich mich jetzt selber auch umstellen mit dem was ich von denen noch fordern kann denn ich hab leider den fachunterricht erst in der neunten zehnten stunde"

Die zu Wort kommende Lehrerin begründet ihre These mit dem Verweis auf die Methodenvielfalt spezifischer Fachkulturen, die für den Unterricht in der Ganztagsschule besser geeignet seien als andere, da sie sich geöffneten Unterrichtsformaten, stärker schüler*innenorientiertem Lernen usw. weniger sperrig gegenüber verhalten würden. Auch Budde (2009) hält in Bezugnahme auf PISA-Ergebnisse fest: „Der Schwerpunkt der Unterrichtsgestaltung [im Fach Mathematik; Anm. d. A liegt auf dem ‚Beherrschen von Routinen'." (S. 47 f.). Er erklärt dieses

Phänomen damit, dass „vor allem im Vergleich mit den Geistes- und Sozialwissenschaften Mathematik [reklamiert] eine ‚objektive' und rationale Wissenschaft zu sein. Dies geht einher mit einer starken Negierung von sozialen und persönlichen Aspekten in der Mathematik. Die Orientierung der Schulmathematik an einer wissenschaftliche Ausrichtung transportiert auf diesem Weg ein androzentrisches Bild von Mathematik, welches subjektive Zugänge tendenziell ausschließt." (ebd.). Im Vergleich dazu konstatiert Bosse (2009c) für die Organisationsformen des Deutschunterrichts am Gymnasium, dass die im Rahmen der DESI-Studie befragten Lehrer*innen selbst für ihre Lernarrangements keine Monokultur des lehrerzentrierten Unterrichts sehen. 60% der Befragten geben zudem an, mehrmals im Monat „Arbeit mit kleinen Schülergruppen" (ebd., S. 131) zu machen, von der die Autorin annimmt, dass in deren Rahmen die Schüler*innenbeteiligung besonders hoch wäre. Aus Akteursperspektive wird zwar zunächst nicht der naturwissenschaftliche Unterricht, wie er im Rahmen dieser Studie rekonstruiert wurde, zum Thema gemacht, Rakhkochkine (2003) konstatiert für diesen aber ebenfalls: „Offensichtlich begünstigen bzw. beschränken die Fachstruktur und die Fachkultur die Möglichkeiten, bestimmte Inhalte, Methoden und Medien einzusetzen, von denen erwartet wird, dass sie einen höheren Grad an Offenheit gegenüber Schülern oder der außerschulischen Wirklichkeit herbeiführen." (ebd., S. 122). Er bezieht sich dabei auf eine Studie von Schmack, der im Rahmen einer Befragung von Lehrkräften zum Thema offene Curricula herausfindet, dass diese „hinsichtlich der freien Inhalts- und Lernzielwahl" (ebd.) eine Rangordnung unter den Fächern aufstellen. Demnach seien v.a. die naturwissenschaftlichen Fächer als „geschlossene Systeme" zu bezeichnen und deshalb, aus Sicht der Lehrenden, weniger für einen offenen Unterricht geeignet. Praxisliteratur und Lehrpläne geben aber heute explizite Hinweise darauf, wie in den Naturwissenschaften ein geöffneter Unterricht zu gestalten sei[59]. Rakh-

---

[59] Beispielsweise gibt der Rahmenlehrplan Rheinland-Pfalz der Naturwissenschaften zum Unterricht in der Orientierungsstufe (2010) zahlreiche Hinweise zu jedem Themengebiet, wie Projekte und schüler*innenorientierter Unterricht umzusetzen seien.

kochkine daher weiter: „In diesem Zusammenhang liegt die Vermutung nahe, dass die naturwissenschaftlichen Fächer nach ihrer Fachstruktur für den offenen Unterricht zwar geeignet *sind*, aber als wenig
geeignet *gelten* und deswegen für viele Lehrer von vornherein für die
Einführung des offenen Unterrichts nicht in Frage kommen." (ebd., S.
123). Im Anschluss an PISA, TIMS etc. wurden v.a. auch in den Fachdi-
daktiken umfangreiche Studien zur Unterrichtsstruktur und -kultur
einzelner Fächer erhoben, wobei es kaum Schulfächer vergleichende
Studien gibt. Eine der wenigen Ausnahmen bildet die Studie von Haag
und Götz (2012), die eine Gegenüberstellungen verschiedener Fächer
und deren Charakteristika aus Schüler*innensicht (Jahrgangsstufe 8
und 11) zum Thema macht. Anhand der Forschungsergebnisse wird
deutlich, „dass es einzelnen Fächern unterschiedlich gut gelingt, einen
Alltagsbezug herzustellen" (S. 32). Vor allem die Fächer Chemie und
Physik seien methodisch „eingeengt. Es dominiert eine relativ starke
Lehrerzentriertheit und eine Unterrichtsführung, die zu kleinschrittig" (ebd., S. 35) sei.

Die im Folgenden beobachtete Lerngeschichte erzählt ebenfalls von
der bereits beschriebenen Lerngruppe und einem weiteren Lehrer,
der für diese Gruppe im Rahmen des zügigen Ganztagsschulangebots
des untersuchten Gymnasiums einen Unterricht mit einer projektartigen Ergänzung erteilt. Das Lernsetting trat deshalb in den Beobachtungsfokus, da es sich nicht um ein Arrangement im naturwissenschaftlichen Bereich, sondern um einen Anfangsunterricht in Englisch
handelt. Der projektartige Teil wird im Gegensatz zur bereits beschriebenen Lerngeschichte durch einen „Co-Englischlehrer" unterstützt,
der eine Hälfte der Lerngruppe in einen anderen Raum mitnimmt. Im
ersten Teil der sich nun anschließenden Rekonstruktion wird zunächst die Eingangsphase des „herkömmlichen" Unterrichts fokussiert, wobei eine kurze Szene genauer beschrieben und rekonstruiert
wird. In einem zweiten Teil wird analog zu diesem Vorgehen die projektartige Ergänzung fokussiert. Die zentrale Fragestellung der Rekonstruktion lautet: Wie werden die Schüler*innen nun in einem Angebot
adressiert, dass im Spiegel der Zuschreibungen der pädagogischen Ak-

teur*innen und im Rahmen der wissenschaftlichen Diskussion weniger durch die Fachkultur vorstrukturiert und daher mehr an Schüler*inneninteressen orientiert erscheint?

6.5.1. Teil 1: „wasnt sure which name we should take"

Beschreibung

Der Englischunterricht findet im gleichen Klassenzimmer wie die erste Lerngeschichte statt. Im Raum sitzen und stehen die lärmenden Schüler*innen. Der Lehrer geht an den vorderen Tisch und wartet dort, den Blick auf die die Anwesenden gerichtet. Währenddessen packt er sehr langsam seine Tasche aus. Laura, die Schülerin in der ersten Reihe, steht nun auf, nimmt ihre Arbeitsmaterialien hervor und wartet ebenfalls. Währenddessen begeben sich die Schüler*innen zwar zu ihren Tischen, sprechen aber auch laut miteinander oder gehen anderen Aktivitäten nach. Zu beobachten ist beispielsweise das mehrmalige Öffnen und Schließen einer Brotdose, das Spielen mit einem Pingpongschläger, ein Schüler setzt sich und legt ein Bein auf den Tisch. Ein weiterer Schüler salutiert in die Kamera, während er aufsteht. Laura beginnt mit ihren Fingern auf den Tisch zu trommeln. Der Lehrer lässt weiterhin den Blick durch den Raum schweifen und ermahnt nun einzelne Schüler*innen, ihre Aktivitäten zu beenden und einen Stuhl vom Tisch zu nehmen. Nach und nach stellen sich die Schüler*innen an ihre Tische. Als der Geräuschpegel sehr niedrig ist, sagt der Lehrer leise: „right .. good afternoon boys and boys äh boys and girls <u>sorry</u>." Die Schüler*innen begrüßen den Lehrer im Chor mit seinem Namen und setzen sich, nachdem dieser sie dazu aufgefordert hat („sit down"). Der Lehrer fragt nun die Hausaufgaben ab und nennt dazu Aufgaben aus dem Workbook, worauf sich einige Schüler*innen melden, die der Lehrer dann einzelnen aufruft (wobei er auch Schüler*innen aufruft, die sich nicht gemeldet haben). Bei der Aufgabe wird nach Gegenständen und Lebewesen gefragt, welche die Schüler*innen je nach Fall in ihrer Singular- oder Pluralform benennen sollen (Bsp: „there are two rulers").

Abbildung 11: Englischunterricht

Laura sagt schnell, ohne aufgerufen zu worden sein: „can i say something". Der Lehrer gestattet dies und Laura beginnt lächelnd zu schildern: "frau S. she said we shouldnt take tortoise but i suggest she learned it another way but i´m allowed to take this [..] well wasnt sure which name we should take". Laura begleitet ihre Aussage durch eine ausgeprägte Gestik und Mimik. Der Lehrer antwortet: „tortoise is the name . ah the name of the animal they have in the book . m , its a turtle." Während er leicht mit den Schultern zuckt, sagt er: "it's not a big problem really". Laura lächelt nun nicht mehr und lässt ihren Arm geräuschvoll auf das Workbook fallen, während alle anderen Schüler*innen zum Lehrer*innen schauen und einige von ihnen kichern. Laura sagt daraufhin: „its bert", worauf einige Schüler*innen den Namen, den sie der Schildkröte in ihrem Buch gegeben hat, dazwischenrufen.

Nachdem der Lehrer alle Hausaufgaben abgefragt hat, werden weitere Aufgaben aus dem Workbook bearbeitet, indem diese von den Schüler*innen laut vorgelesen werden.

Interpretation

Bei dem zu sehenden funktionalen Raum handelt es sich um einen, der Präsentationszwecken dient: Das zentrale Geschehen findet vorne statt und die Aufmerksamkeit wird weg von den Seiten gerichtet. Dass diese „Präsentation" noch nicht begonnen hat, erkennt man daran, dass sich zunächst die anwesenden Schüler*innen diesem Setting nur teilweise unterordnen: Sie laufen umher, reden laut miteinander, spielen mit unterrichtlichen und außerunterrichtlichen Artefakten. Der Lehrer betritt diese Szenerie zunächst ohne die Anwesenden zu begrüßen und lässt den Blick durch den Raum schweifen. Die Schüler*innen ihrerseits reagieren auf das Eintreten des Lehrers, indem sie weiter den genannten Aktivitäten nachgehen.

Innerhalb dieser „Übergangsphase" setzt der Lehrer eine erste Markierung, indem er etwas aus seiner Tasche herausholt. Dass es sich um einen Marker handelt, erkennt man daran, dass die Schülerin Laura, im Gegensatz zu ihren Klassenkamerad*innen, diesen als solchen erkennt: Sie steht auf und zeigt sich dem Lehrer als Aufmerksame. Anscheinend gibt es in diesem Arrangement also eine Konvention, die besagt, dass man die außerunterrichtliche Kommunikation beenden sollte, wenn die Lehrer*in im vorderen Teil des Raumes „Stellung" bezieht. Laura setzt damit ebenfalls einen Marker, als erste Schülerin, die ihre Sachen hervor holt, und bildet damit eine Allianz mit dem Lehrer, auch wenn sie sichtlich ihre Ungeduld zum Ausdruck bringt. Die Schwellensituation wird von den anderen Schüler*innen gefüllt, indem diese sich eher gemächlich zu ihren Plätzen begeben und weiterhin laut miteinander reden. Die ausgedehnte Übergangspraxis lässt ein Spannungsfeld entstehen, in dessen Rahmen die Erwartungen an die Schüler*innen eher implizit bleiben, wodurch sich an dieser Stelle andeutungsweise eine Spannung zwischen den Differenzen Unterricht und Nicht-Unterricht bzw. Peer-Interaktionen manifestiert.

Erst als der Lehrer, der wie ein Leuchtturm über das Geschehen im Raum wacht, das Wort ergreift, indem er einzelne Schüler*innen zum Beenden ihrer Aktivitäten ermahnt, sein nicht-diskursives Handeln also durch diskursives ergänzt, versetzen sich die Schüler*innen in die ihnen angedachte disziplinierte Haltung. Der Lehrer wartet, bis wirklich alle stehen, denn sogar der Stuhl, in dessen spezifische Positionierung evtl. die Bedeutung von Untätigkeit bzw. Unterrichtsende eingeschrieben ist, muss runter vom Tisch und hingestellt werden. Nachdem ausnahmslos alle Anwesenden ein gewisses Maß an Schweigsamkeit erreicht haben, werden sie durch den Lehrer*innen begrüßt. Neben der Begrüßung als solche, wird durch die Art der Begrüßung auch Englisch als Interaktionssprache eingeführt. Die Formulierung, die der Lehrer zunächst wählt („good afternoon boys and boys"), stellt eine Entdifferenzierung bzw. Generalisierung der Schüler*innen dar. Die

Schüleinnen werden durch diese Formulierung den Schülern gleich-gemacht und deren Anwesenheit tendenziell verneint. Der Lehrer ent-schuldigt sich für diese nicht zutreffende Begrüßungsfloskel und kor-rigiert: „good afternoon boys and girls". Durch die Aufforderung des Lehrers, sich nun hinzusetzen, wird der "eigentliche" Unterrichtsbe-ginn markiert. Den Körperhaltungen der Schüler*innen werden damit unterschiedliche Bereiche des Unterrichtsgeschehens zugeordnet: Das Hinstellen bzw. Stehen der Schüler*innen erscheint vor diesem Hintergrund als vom Lernen losgelöstes Geschehen, denn gelernt wird im Sitzen. Das Aufstehen und Warten beinhaltet so ein erhöhtes Maß an Fremddisziplinierung, da dessen sachbezogener Sinn sich nicht weiter erschließt.

Nach der Begrüßung gibt der Lehrer die Lernrichtung und das Lern-tempo vor. Zu beobachten ist im Anschluss eine eher traditionelle Re-deverteilung im Rahmen eines Unterrichtsgesprächs nach dem „Initiation-Response-Evaluation"-Prinzip, wodurch die Räume für Kommunikation verkleinert, da sie für individuelle Adressierungen verschlossen werden. Dabei bildet für die Klasse, die nun sitzt (und damit lernt), neben dem Lehrer das Workbook, mit seinen an die Schü-ler*innen formulierten Aufgaben, die Maßgeblichkeit des Lernprozes-ses, das die Struktur des weiteren Handlungsverlaufs mit vorgibt. Der Lehrer bestimmt auch darüber, welche Schüler*innen am nachfolgen-den Lernprozess öffentlich teilhaben dürfen bzw. müssen: Das Dran-kommen der Schüler*innen nach Nennung der Aufgabe („and number seven") scheint weniger von der Tatsache, ob diese sich melden, son-dern von der Willkür des Lehrers abhängig zu sein. Die Praxis des Mel-dens und damit das Anzeigen eines Redewunsches erhöht lediglich die Wahrscheinlichkeit, etwas sagen zu dürfen.

Laura unterbricht diesen Interaktionsfluss, indem sie fragt, ob sie et-was sagen könne. Über Lauras Handeln wird somit eine paradoxe Si-tuation hergestellt: Der bisherige Stundenablauf ist stark vom Lehrer und von den Aufgaben im Workbook gelenkt, was für die Schüler*in-nen kaum Möglichkeiten eröffnet, etwas selbstständig zum Geschehen beizutragen. Laura nimmt sich, obwohl eigentlich kaum Platz dafür eingeräumt wird, die Möglichkeit, diese Struktur zu unterbrechen, indem sie schnell den Wunsch äußert, etwas sagen zu dürfen. Im Gegensatz zum Einwurf „i have a question", der anzeigt, dass man etwas nicht weiß oder nicht verstanden hat, impliziert „can i say something", dass die Schülerin etwas zum Thema beizutragen hat. „I have a question" erscheint im skizzierten Zusammenhang zunächst als die wohlgeformte Variante, da sie dem bisher rekonstruierten Unterrichtskript entsprechen und somit das „Programm" der Praxis nicht stören würde. „Can I say something" markiert dagegen, dass es eher unüblich ist, sich als Schüler*in über die bereits formulierten Aufgaben hinaus zur Sache zu äußern, vor allem dann nicht, wenn man nicht aufgerufen wurde. Trotzdem gestattet der Lehrer den Einschub („yes, please"). Laura spricht Englisch unter Verwendung von Vergangenheitsformen, Konjunktiven und abstrakten Verben. Da dieses Arrangement sechs Wochen nach Schulbeginn videographiert wurde, es sich also bei den beobachteten Fünftklässlern eigentlich um Novizen des Englischlernens handelt, muss Laura diese Englischsprachkompetenz vor dem Besuch des Gymnasiums erworben haben. Bedeutsam erscheint die ausgeprägte Körperpraxis der Schülerin: Auch deren körperliche Selbstdarstellung signalisiert: „Nimm mich wahr!".

Laura macht einer der Aufgaben im Workbook zum Thema: Die Schüler*innen konnten in der Hausaufgabensitzung, die der beobachteten Unterrichtsstunde vorangegangen war, die Englischaufgaben entweder beim hier beobachteten Lehrer oder im „Ruheraum" unter Aufsicht einer pädagogischen Fachkraft (Frau S.) erledigen. Laura und Frau S. wurden sich wohl über die Bezeichnung eines der Lebewesen, welches Teil einer Aufgabenstellung im Workbook war, nicht einig. In der englischen Umgangssprache werden die Begriffe *turtle* und *tortoise* als Synonyme wahrgenommen, wobei *turtle* der geläufigere Begriff ist. In der Fachsprache bezeichnet *turtle* eine See- oder Wasserschildkröte, während *tortoise* die Landschildkröten meint. Einem Muttersprachler ist allgemein bekannt, dass *tortoise* auch Schildkröte heißt. Der genannte biologische Unterschied erscheint vor allem im American English aber eher irrelevant. Laura könnte es in ihrer Anfrage also darum gehen, ob im Unterricht neben der Bezeichnung *turtle* auch die etwas unbekanntere Bezeichnung *tortoise* zugelassen ist. Sie erbittet die Meinung des Fachmanns, da sie wohl der Ansicht ist, dass Frau S. es „in another way" gelernt hätte, den Begriff *tortoise* eventuell also gar nicht kenne.

Mit „ah" signalisiert der Lehrer zunächst, dass er über das Problem Lauras nachgedacht und es verstanden hat. Der Lehrer interpretiert Lauras Frage folgendermaßen: "tortoise is the name of the animal they have in the book . its a turtle". Damit sagt er sinngemäß: „Die Schildkröte im Workbook heißt Schildkröte", was aber sperrig anmutet. Wahrscheinlicher ist, dass Laura schon über fortgeschrittene Englischkenntnisse verfügt und den weniger geläufigen Begriff tortoise selbst ins Spiel bringt, was bei der betreuenden Pädagogin auf Irritation gestoßen ist. Die Schülerin zeigt sich dadurch als Fortgeschrittene unter den Anfängern. Laura modifiziert die Aufgabe ihrem Lernniveau entsprechend: Die Frage, wie der Plural eines Nomens zu bilden sei, erscheint diesem nicht angemessen und wird um die Frage erweitert: geläufiger/ungeläufiger Begriff oder sogar Wasser- oder Landschildkröte. Die Lesart wird gestützt durch Lauras auffallende Körperpraktiken, die Aufmerksamkeit und Wertschätzung durch den Lehrer einfordern. Der Lehrer, welcher z.B. den Anwendungskontext der beiden Begriffe hätte klären können, lässt sich aber nicht auf ein Fachgespräch ein. Er interpretiert dagegen die Aussage Lauras als Frage danach, welchen Namen sie der Schildkröte geben solle. Dies sei allerdings kein Problem, denn sie könne die Schildkröte so nennen, wie sie es möchte.

Das Problem Lauras, ob tortoise neben turtle eine legitime Variante der Tierbezeichnung darstellt, ist auch für den Rest der Klasse kein Problem, da dieses offensichtlich außerhalb von deren sprachlichen Verstehenskontext liegt. Diese reagieren unsicher bis ausgrenzend in Form von grinsen oder lachen. Die Heterogenität der Klasse wird in einem Setting der homogenisierenden Praktiken, in dem Beträge, die das Handlungsgeschehen außer Takt bringen, nicht gewürdigt werden, nun zum Problem. Hat Laura zuvor durch ihre stark performative Körperpraxis ein hohes Interesse und eine starke, sachgerichtete Aufmerksamkeit signalisiert, distanziert sie sich nun vom Geschehen: Sie lächelt nicht mehr und schaut nicht mehr zum Lehrer, sondern unter sich.

Laura gibt nun bekannt, dass sie ihre Schildkröte „Bert" genannt habe, worauf die anderen Schüler*innen die Chance nutzen und auch die von ihnen individuell vergebenen Namen öffentlich machen. Die Körperpraxis Lauras, die ihren Arm auf das Workbook fallen lässt, deutet auf Resignation, angesichts der Tatsache, dass in dem beobachteten Setting das legitime Wissen auf das durch das Workbook bereitgestellte begrenzt ist. Der Lehrer vollzieht Lauras Anliegen nicht nach, sondern legt das allgemeine Deutungsmuster an, wie es durch die Aufgabe im Workbook nahegelegt wird: Die Schüler*innen haben sich zu fragen, welchen Eigennamen die abgebildete Schildkröte erhalten soll. Für den Lehrer ist es dabei nicht relevant, wie die Schildkröte genannt wird: tortoise oder Bert erscheinen als legitime Varianten der Namensgebung. Lauras Problem, welches eher linguistischer Natur ist, dass sie nämlich für ein Tier zwei Klassennamen kennt und nicht weiß, welche Bezeichnung die angemessene ist, kann in diesem Setting nicht Teil des Unterrichtsgesprächs werden.

Zusammenfassung

Der beschriebene Anfang der beobachteten Szene dauert über zwei Minuten, was auch bei den Beobachter*innen ein Gefühl der Ungeduld auslöst. Die Praxis des ausgedehnten Übergangs eröffnet auf der einen Seite Raum für die Akteur*innen, sich auf die Unterrichtssituation einzustellen bzw. im nachmittäglichen Unterricht anzukommen. Sie lässt zudem Raum für die Gleichzeitigkeit von Unterricht und Nicht-Unterricht entstehen. Auf der anderen Seite müssen die Anwesenden (v.a. die, die frühzeitig diszipliniert „Aufstellung beziehen") sehr lange warten, bis sie sich gegenseitig begrüßen dürfen. *Damit zeigt die beobachtete Praxis des Unterrichtsbeginns sich in Form einer Fremddisziplinierung von Schüler*innen, in die eine Ordnung eingeschrieben ist, die v.a. dazu zu dienen scheint, Machtverhältnisse zu klären:* Der Lehrer zeigt sich als Überwacher des Geschehens und als derjenige, der Körperhaltungen vorgibt und Rederechte verteilt. Da nur eine Schülerin das Lehrerhandeln prompt „nachahmt", werden Einzelne angesprochen, mit

dem Ziel der Orientierung an einer Norm, die für alle gilt. Die Schü-
ler*innen nutzen den ihnen zur Verfügung gestellten Raum bzw. die
unklare Situationsdefinition und entziehen sich zunächst mit kleinen
Praktiken des Nicht-Schulischen der generalisierenden Adressierung.
Im Rahmen dieser zeitlichen Schleuse vollziehen sie im Sinne ihrer eigenen Vorstellungen von Vergnügen eine Umnutzung des Raumes und
brechen die in das Setting zunächst eingeschriebene „Homogenisierung" bis hin zu eindeutigen Distanzierungshandlungen und Abgren-
zungspraktiken auf (z.B. im Salutieren vor der Kamera), was tendenziell ihre Ablehnung gegenüber den nun folgenden und an sie
gerichteten Anforderungen zum Ausdruck bringt. Sowohl die *Schü-
ler*innensubjekte* als auch die *schulischen Artefakte* werden im Rahmen dieser pädagogischen Ordnung einer Generalisierung bzw. Homogenisierung unterworfen, deren vorläufiger Höhepunkt die Unterordnung aller Schüler*innen unter ein Geschlecht durch die spezifische Begrüßungsformel des Lehrers bildet. *Der Lehrer* spricht die
Gruppe also indirekt, durch die spezifische Praxis des Unterrichtsbeginns und direkt in seiner Begrüßung als zu homogenisierendes Kollektiv an und diese ihn als Individuum: Die Semantik dieser Form der
Begrüßung enthält damit zwar ein reziprokes, aber auch ein asymmet-
risches Adressierungsgeschehen (vgl. Kadzadej 2003).

Die Handlungsstruktur, die sich zu Beginn der Szene andeutet, setzt
sich im folgenden Verlauf fort. An die Lerngruppe wird eine bestimmte
Norm herangetragen, an der sich alle orientieren müssen: alle Schü-
ler*innen werden vom Lehrer darauf verpflichtet, die Aufgaben aus
dem Workbook und deren Beantwortung korrekt widergeben zu können. Die pädagogische Bemühungen des Lehrers sind darauf ausgerichtet, alle Schüler*innen an diese Norm anzugleichen, zum einen
durch Wiederholung der bis zum Stundenende immer wiederkehrenden Aufgabenstruktur, zum anderen durch ein Nicht-Eingehen auf
sachgebundene Fragestellungen, die über die vom Lehrer formulierte
Norm hinausgehen. Der Umgang mit der Anfrage Lauras ist damit
ebenfalls Teil einer Praktik der Normierung und dreht sich grundsätzlich um die Frage, ob es im Englischunterricht darum geht, dem eigenen Lernstand entsprechend Sprachkompetenzen zu verbessern oder

die Workbookaufgaben korrekt zu erledigen. Die Praktik des Normierens in Form eines „Lehrbuchunterrichts" erzeugt eine paradoxe Situation: Ein herausragender Beitrag wird nivelliert und dadurch abgewertet, wodurch markiert wird, dass ein Mehr-Wissen keinen Platz in dieser Lernkultur hat. Diese Praktik kann als Teil der homogenisierenden Lehrerstrategie gelesen werden. Die vom Lehrersubjekt zur Aufführung gebrachte Vorstellung von Homogenität sperrt sich gegen den Beitrag eines Schülerinnensubjekts, welcher ein herausragendes Beispiel und Ansporn für andere sein könnte. *Basis des Konstrukts zum idealen Schüler*innensubjekt in dieser Lerngruppe bildet damit eine abstrakte Vorstellung darüber, was Schüler*innen in der fünften Klasse im Englischanfangsunterricht können sollen.* Der als ideal vorgestellte *Umgang mit der Sache* orientiert sich weniger an einer Norm, sich lustvoll und kreativ mit einer zu erlernenden Sprache zu befassen, sondern an der Fähigkeit, einem Handlungstakt zu folgen und Aufgaben, deren Schwierigkeitsgrade an einem festgelegten „Mittelmaß" orientiert sind, abarbeiten zu können. Gestützt wird diese Hypothese dadurch, dass simple Antworten vom Lehrer als „good" und „exactly" markiert und wertgeschätzt werden. Eigentlich scheint die Schülerin Laura in diesen Unterricht zu „passen", entspricht sie doch dem auf der Ebene der Symbolischen Konstruktionen des Lehre*innenkollektivs rekonstruierten Schüler*innenideal der „gymnasialen Schüler*in": Sie erkennt die Marker des Lehrers und verhält sich dementsprechend diszipliniert, stellt selbständig Fragen, redet immer in der Unterrichtssprache Englisch, innerhalb derer sie ganze Sätze zu bilden vermag und hält sich auch sonst weitgehend an die zu beobachtenden Unterrichtsregeln. Dennoch werden ihre Beiträge nur wenig gewürdigt, wodurch sie vor ihren Mitschüler*innen tendenziell bloßgestellt wird. Bei der beobachteten Praxis handelt es sich auf *Lehrer*seite somit um eine Praktik der Entdifferenzierung herausragender Beiträge zur Aufrechterhaltung einer Homogenitätsfiktion.

6.5.2. Teil 2: „ja , aber das hammer noch nicht gehabt."

Beschreibung

Gegen Ender der Stunde betritt der sogenannte „Co-Lehrer" den Raum. Der bereits anwesende Lehrer kündigt an, dass die Schüler*innen gleich in zwei Gruppen eingeteilt werden und zwar entlang der Raummitte, so dass diejenigen, die in der linken Hälfte des Raumes sitzen, mit dem „Co-Lehrer" den Raum verlassen, während die übrigen Schüler*innen, gemeinsam mit dem anderen Lehrer, Kamera und Kameramann, im Raum verbleiben. Inhalt des nun folgenden projektartigen Unterrichts soll es sein, einen Dialog nachzuspielen, den die Schüler*innen in der vorangegangenen Stunde in verteilten Rollen aus dem Buch vorgelesen haben. Schließlich beginnt ein Schüler das szenische Spiel, das eng an den im Buch-Dialog vorgegebenen Fragen orientiert ist. Der Schüler, der einen neuen, fiktiven Lehrer spielt, geht durch die Tischreihen und spricht verschiedene Schüler*innen mit „what is your name and where are you from" an, die dann entsprechend antworten. Währenddessen lässt eine Schülerin, analog zum vorher entwickelten Ablauf, ihr Mäppchen auf den Boden fallen. Sie steht auf, geht umher und fragt die anderen Schüler*innen nach den Gegenständen, die aus ihrem Mäppchen gefallen sind (Bsp. „o . where is my ruler" oder „where are my feltips"). Omid beantwortet eine entsprechende Frage mit „you pencils is , da . on the floor" und zeigt auf den Boden. Der Schüler-Lehrer beendet die Szene in der zuvor besprochenen Form und der eigentliche Lehrer übernimmt nun wieder den Unterricht, indem er sagt: „okay good right thats it".

Abbildung 12: Projektartiger Englischunterricht

Der Lehrer legt zwei Stifte aus dem Mäppchen einer Schülerin auf den Boden und spricht Omid an, der in seinen Stuhl einsinkt: „when you ask for the feltips . . what would you ask . what did she ask." Der Lehrer streckt beide Zeigefinger nach oben aus und lässt seine Handgelenke rotieren, wobei er sich leicht nach vorne beugt. Dabei sagt er: „where are my feltips . and what do you answer".

Omid: you   your [leise]

Lehrer: your <u>feltips</u> [lang]

Omid fährt fort: „is on the". Der Lehrer schüttelt nun den Kopf, dann einen Zeigefinger und sagt: „its plural. your feltips".

Omid: on [sehr lang]   are

Lehrer: are

Omid sagt: „on the floor". Der Lehrer bestätigt „on the floor , yes". Er zeigt nun mit der Hand auf den Boden und sagt: „your feltips are on the floor . what else can you say was kann man noch sagen . du kannst das nomen wiederholen . your feltips are on the floor oder du kannst ein personalpronomen gebrauchen . theyre on the floor"". Laura meldet sich unterdessen und sagt, während der Lehrer noch spricht: „oder man kann". Der Lehrer schaut zu Laura, nickt leicht mit dem Kopf und sagt: „okay". Daraufhin bückt er sich Richtung Boden und hebt die dort befindlichen Stifte auf. Unterdessen sagt Laura zu Omid: „oder e , du kannst auch erst . fragen why are your feltips on the floor". Der Lehrer sagt daraufhin schnell: „ja aber das hammer noch nicht , gehabt".

Er stellt sich vor den vorderen Tisch und verteilt die Rollen für den nächsten Durchgang.

Interpretation

Zunächst lässt sich feststellen, dass räumlich gesehen auf keine Differenz zwischen „normalen" und „projektartigen" Unterricht geschlossen werden kann. Der Raum und die Körperpositionen und -haltungen der Akteur*innen sind die gleichen wie zuvor. Deren Blickfokus ist nach vorn gerichtet, wo zunächst der Lehrer steht. In der Übergangsphase deutet sich vielmehr an, dass es in der Struktur des normalen Unterrichts weitergeht, auch wenn die Zahl der Schüler*innen reduziert ist.

Der Lehrer kündigt nun aber an, dass heute etwas gespielt würde. Der Begriff „Spiel" erscheint zunächst als Kontrast zum Schulehalten (s. Schulz-Gade 2013), denn unter „Spiel" lässt sich nach Einsiedler (1999, S. 17) eine Handlung verstehen, die nach freier Wahl der Akteur*innen zustande kommt, deren Fokus auf den Spielverlauf und weniger auf das Ergebnis gerichtet ist, die emotional positiv besetzt ist und sich durch das „So-tun-als-ob" von konkreten Handlungsvollzügen unterscheidet. Es scheint sich im beobachteten Fall aber weniger um ein „play", also einen im Sinne von Walter (1993) spielerischen Umgang mit Alltagssituationen, sondern um ein „game", also um ein vorstrukturiertes Spiel zu handeln. Dies ist daran zu erkennen, dass der Lehrer im Folgenden sich als „Spielleiter" zeigt, der den Handlungstakt des Spiels vorgibt. Dem Spiel wird somit, da die Schüler*innen über dessen Inhalt nur bedingt mitbestimmten können, ein pädagogischer Zweck zugeordnet. Gespielt werden soll eine im Englischbuch geschilderte Unterrichtssituation. Die anwesenden Lernenden sollen also „Schule spielen", was zunächst einen Minimalaufwand an Phantasie und Kreativität erfordert: Der Raum muss nicht umgestaltet werden, die Schüler*innen können an ihren Tischen sitzen bleiben. Diese Inszenierung würde ihren zugespitzten Höhepunkt erreichen, wenn die Schüler*innen Schüler*innen spielen, der Lehrer den Lehrer spielt und sie gemeinsam Englisch-Unterricht spielen. Damit wäre das Spiel auch ad absurdum geführt. Ein Maximalkontrast wäre allerdings vorstellbar: Der Lehrer wird weggeschickt und die Schüler*innen spielen bzw. tun, was man sonst im Unterricht nicht tut (z.B. die Schüler*innen sind alle Lehrer*innen, der Lehrer ist Schüler), also eine surreale Verdrehung der Unterrichtswirklichkeit.

Der Lehrer gibt ein an der Vorlage im Englischbuch orientiertes Skript vor: Es soll eine Szene gespielt werden, in der ein neuer Lehrer in die Klasse kommt und Fragen an die Schüler*innen stellt. In dieser Szene wird also die Struktur des bereits rekonstruierten Schemas des zuvor beobachteten Lernsettings reproduziert: Der Lehrer kommt herein, begrüßt die Schüler*innen, stellt Fragen, die Schüler*innen antworten. Die „Schauspieler" sagen im Anschluss auch mit minimalen Modifikationen das, was die Akteur*innen im Buch sagen und verhalten sich diesen entsprechend. Die einzigen Variationen ergeben sich durch die individuellen Namen und Wohnorte der befragten Schüler*innen und durch Omid, dessen Antwort auf die Schüler-Lehrer-Frage grammatikalisch nicht korrekt ist. Der eigentliche Lehrer markiert das Ende des Spiels, nachdem der Lehrer-Schüler den vereinbarten Schlusssatz gesagt hat. Vor diesem Hintergrund erscheint der Marker des Schülers als nicht wirkungsmächtig genug. Der Lehrer, welcher bisher „zwischen den Reihen" gesessen hat, steht auf und geht wieder nach vorne. Er nimmt Bezug auf das gesehene Rollenspiel, indem er Omid auf seine sprachlich inkorrekte Antwort anspricht, der damit in den Aufmerksamkeitsfokus des Lehrers und der ganzen Klasse gerät. Indem der Lehrer Omids Beitrag generalisiert, vielleicht in der Annahme, dass auch andere Anwesende Probleme mit der korrekten Pluralbildung haben, stellt er eine eher ambivalente Situation her, da Omids vermeintliches Scheitern klassenöffentlich gemacht wird.

Die Fragen, die der Lehrer an Omid im Anschluss formuliert („when you ask for the feltips .. what would you ask . what did she ask."), sind voraussetzungsreich, da sie viele Antwortmöglichkeiten zulassen. Die Zeigepraktiken des Lehrers – die Filzstifte auf den Boden und rotierenden Hände mit den ausgestreckten Fingern – sind nicht Teil einer konventionalisierten Zeigepraxis und daher zusätzlich interpretationsbedürftig. Das eigentliche Problem ist ja ein grammatisches, ein abstraktes, das sich nur bedingt durch zwei Filzstifte am Boden vergegenwärtigen lässt. Die kreisende Bewegung scheint demnach eher einem herbeigesehnten „Vorwärts kommen", also dem Wunsch, die Handlung zu beschleunigen, Ausdruck zu verleihen. Diese Lesart wird dadurch gestützt, dass der Lehrer sich selbst die Antwort auf die zweite Frage gibt („what did she ask . where are my feltips"). Im weiteren Handlungsverlauf führt der Lehrer Omid sehr kleinschrittig, quasi Wort für Wort vor, was ihm als Antwort wünschenswert erscheint. Jeder Wortbildungsversuch von Seiten Omids wird durch eine starke Gestik und Mimik des Lehrers kommentiert. Die Körperpraxis des Lehrers baut Nähe auf, da ein aktives Zu- und Mithören körperlich signalisiert wird und der Lehrer dem Schüler als Zugewandter gegenübertritt. Auf der sprachlichen Ebene bleibt der Lehrer jedoch eher distanziert: Er spricht den Schüler zwar direkt an, erfragt aber nicht dessen Verstehensprobleme. Stattdessen wird vorausgesetzt, dass Omid den „Plural" kenne, also grundsätzlich wisse, was dieser bezeichne und wie dieser anzuwenden sei. Ambivalent erscheint die Situation vor dem Hintergrund, dass Omid zwar direkt und zugewandt als Kompetenter angesprochen wird, seine Performanz vor dem Lernkollektiv lässt aber sprachliche Defizite erkennen, die in der Situation auch nicht behoben werden können. Omid erhält zwar Hilfe durch den Lehrer, der sich als Zugewandter zeigt, wird gleichzeitig aber auch der Bewertung durch das Lernkollektiv ausgesetzt. Omid bringt analog dazu sein Unwohlsein in dieser stark auf ihn fokussierten Situation zum Ausdruck: Er macht sich klein und spricht leise.

Der Lehrer wiederholt den grammatisch korrekten Satz nun selbst und stellt eine weitere Frage („what else can you say was kann man noch sagen"). Vor dem Hintergrund, dass der Lehrer die bisher auf Omid fokussierte Haltung weitgehend aufgibt, erscheint es nachvollziehbar, dass Laura die Frage als eine versteht, die nun auch an die anderen Akteur*innen gerichtet ist. Sie hebt den Arm, fordert also ein Rederecht ein, welches ihr zunächst nicht eingeräumt wird, da der Lehrer sich die gestellte Frage selbst beantwortet („du kannst das nomen wiederholen . your feltips are on the floor oder du kannst ein personalpronomen gebrauchen."). Die vom Lehrer sehr offen formulierte

Frage schließt sich deutlich, nachdem dieser die Antworten präsentiert hat. Die Frage meint eigentlich: Wie kann man in diesem konkreten Fall, in dem die Filzstifte auf dem Boden liegen, sagen, dass die Stifte auf dem Boden liegen? Als mögliche Antworten werden dementsprechend zunächst nur „your feltips are on the floor" oder „theyre on the floor" zugelassen. Offenere, weniger am Skript des Englischbuches orientierte Antworten (z.B. „I don't know. Search for yourself!") erscheinen im gezeichneten Zusammenhang als nicht vorgesehen.

Laura verstößt zunächst gegen die Konvention, erst sprechen zu dürfen, wenn ihr das Rederecht erteilt wurde, indem sie zu einer Beantwortung der vom Lehrer gestellten Frage ansetzt („oder man kann"), den Lehrer dann aber doch ausreden lässt. Dieses Handeln wird vom Lehrer nicht offen sanktioniert, da dieser mit einem Nicken und „okay" und somit in einer eher als „kurz angebunden" zu bezeichnenden Weise Laura nachträglich das Rederecht erteilt. Deren Beitrag scheint für ihn aber zunächst keine erhöhte Relevanz zu besitzen, da er sich von ihr abwendet. Laura hat nun keinen Ansprechpartner mehr, der im bisher beobachteten Setting (außer während des szenischen Spiels) für alle Anwesenden immer der Lehrer war. Sie erklärt Omid zum neuen Gegenüber, indem sie nun ihn und nicht den Lehrer anspricht. Sie setzt ihren zuvor begonnenen Satz neu an und beantwortet, nach kurzem Zögern, die ursprünglich gestellte Frage des Lehrers („oder e , du kannst auch erst . fragen why are your feltips on the floor"). Vom Lehrer wird dieser Anschluss als tendenziell illegitim gekennzeichnet, indem er an Lauras Beitrag einen Unterschied zwischen legitimen Wissen und "grauem" Wissen markiert. Die Zustimmung zur durchaus grammatikalisch und inhaltlich korrekten Aussage Lauras („ja") wird wieder relativiert („aber") und mit dem impliziten Bezug auf legitimes Wissen abgewiesen. Das legitime Wissen wird innerhalb der Konstruktion des Lehrers wohl vom Lehrplan in seiner manifestierten Form als Lehrbuch vorgegeben, welches es Schritt für Schritt zu erwerben gilt („das hammer noch nicht , gehabt"). Die Reaktion des Lehrers trifft dann auf Unverständnis, wenn man davon ausgeht, dass der Englischunterricht dazu dient, die Sprachkompetenzen der Schüler*innen zu erweitern. Dann wäre eine Schülerin wie Laura, die schon über weitreichendes „Wissen" verfügt, als ideales Schüler*innensubjekt zu verstehen. Laut Kalthoff (1997) setzen Lehrer*innen aber ihre Schüler*innen unterschiedlich im Unterricht ein. Diese werden zunächst von den Lehrer*innen gemäß ihrer Leistungsunterschiede verschieden nach Fragetypen „klassifiziert": in „Schüler der Reproduktion, Schüler der Reorganisation und Schüler des Transfers" (S. 92). „Das heißt auch, dass Schüler mit der ihnen attestierten Kompetenz zum instrumentellen Bestandteil der Wissensbearbeitung werden. [...] Der ‚unterrichtsfördernde Schüler' manifestiert sich für Lehrpersonen in der Beherrschung des Wissensstandes und der Gesprächsregeln sowie im Erkennen des richtigen Zeitpunktes." (S. 92 f.) Laura weiß also *etwas* Richtiges, aber eben nicht *das* Richtige, da ihre Äußerung schon zu weitführend ist und sich somit nicht an der richtigen Stelle des Unterrichtstaktes befindet.

Zusammenfassung

Der beobachtete „projektartige Unterricht" unterscheidet sich vom „normalen" Unterricht zunächst durch eine geringere Lehrer-Schüler*innen-Relation, wodurch Raum für eine intensivere Bezugnahme zwischen Zeigendem und Lernenden geschaffen wird. Auch die angekündigte Form des darstellenden Spiels, in deren Rahmen die zu lernende Sache vermittelt werden soll, impliziert tendenziell eine geöffnete Lernsituation (vgl. Schulz-Gade 2013). Im Rahmen der Aufführung der beobachteten Praktik scheinen sich aber die Strukturen des bisherigen Stundenverlaufs zu reproduzieren: Das stark auf die Vorgaben von Lehrer und Buch fokussierte Agieren der Schüler*innen bleibt weitgehend auf diejenigen beschränkt, die ausgesucht sind eine Rolle übernehmen zu dürfen. Das darstellende Spiel findet zudem als eher geschlossene Variante in Form eines Theaterspiels mit festgelegtem Script und festgelegten Rollen statt, die eher reproduziert als interpretiert werden sollen.

Im Spiel selbst werden dann aber Einzelne angesprochen, die etwas von sich preisgeben können und auch müssen: Ihren Namen, ihren Wohnort, aber auch ihre Englischsprachkompetenzen. Dass das Spielen einem pädagogischen Zweck dient, wird vor allem im Lehrerhandeln deutlich: Die sich an das Spiel anschließende Evaluation macht weniger die schauspielerische Leistung der Akteur*innen zum Thema als vielmehr die als nicht-korrekt markierte Leistung eines Einzelnen aus dem Klassenkollektiv. „In dieser Weise verplant und zum bloßen Mittel herabgesetzt hört das Spiel auf Spiel zu sein." (Schulz-Gade 2013, S. 46). Die eigentliche *Sache* des Englischunterrichts figuriert sich vor diesem Hintergrund als eine, die weniger das freie Sprechen einer neu zu erlernenden Sprache als vielmehr deren korrekte grammatikalische Anwendung zum Thema macht. Der Lehrer nimmt sich im Vergleich zur zuvor beobachteten Lernsituation nun viel Zeit, um auf einen einzelnen Schülerbeitrag einzugehen. Die „Lernsituation mit Publikum" beschreibt aber eine ambivalente Ansprache des Schülers: Auf der einen Seite wendet sich der Lehrer diesem personal sehr intensiv zu und spricht diesen in der Situation als kompetenten Lerner an. Da diese Adressierung aber wie im Unterrichtsgespräch mit der Klasse üblich vor Zuschauern stattfindet, werden dessen individuellen Lernprobleme zum Thema und das Scheitern des Schülers über einen langen Zeitraum öffentlich sichtbar gemacht. Andere Schüler*innen müssen sich dagegen einen Raum, der es ihnen erlaubt, sich selbst, ihr Wissen und Können in den Unterricht einzubringen, erst erarbeiten, deren durchaus integrierbare Beiträge, die über das, was vom Lehrer als zu lernen markiert wird, dann aber wenig wertgeschätzt werden. Das Lehrerhandeln verweist in diesem Zusammenhang auf einen Lehr- und Lernplan, dem zu folgen ist und auf einen Lernstand, der an diesem Ort und zu dieser Zeit als angemessen definiert wird. *Schüler*innen*, die diesen Leistungsstand (noch) nicht erreicht haben, erscheinen damit als welche, die zu diesem hin gefördert werden müssen, während *Schüler*innen* die Leistungen zeigen, die über einer definierten Norm liegen, als welche erscheinen, die an dieser ausgerichtet werden müssen. Der Ausgangspunkt für die Praktik des Lehrers sind weniger die individuellen Stärken und Schwächen der Schüler*innen, sondern ein imaginierter Lernstand, zu dem alle Schüler*innen hin angepasst werden sollen. Das *Lehrer*handeln zeichnet sich somit durch eine Praktik der Anpassung aller Schüler*innen an ein Niveau aus.

6.5.3. Zusammenfassung der dritten Lerngeschichte: Fremdsprachenunterricht am Nachmittag als homogenisierender Klassen- und Lehrbuchunterricht

Der im Rahmen der ersten Lerngeschichte beobachtete naturwissenschaftliche Unterricht, von dem angenommen wird, dass er ein „Aushängeschild" der Schule ist und damit besonders typische Praktiken des untersuchten Gymnasiums und seiner Lernkultur hervorbringt, erscheint auf der einen Seite als stark auf die Sache fokussiert, deren Vermittlung sich auf der anderen Seite aber über einen gesteigerte Sprach- und Sachökonomisierung auszeichnet. Die zu gymnasialisierenden Subjekte müssen sich auf diese Sache hin disziplinieren und sich diese als Einzelleister reproduktiv aneignen. Der Lehrer erscheint dagegen als Verkünder eines Wissens über Naturgesetzlichkeiten, die als nur auf diese spezifische Weise vermittelbar erscheinen. Die projektartige Ergänzung des beobachteten Lernarrangements lässt zwar eine tendenzielle Öffnung in Form von mehr Schüler*innenaktivität erkennen die Lernenden werden aber als noch nicht „gymnasial" genug angesprochen. Die Sache bleibt deshalb auf einen instrumentellen Umgang mit ihr beschränkt, wodurch das Eigentliche der Sache ausgespart wird.

Den Zuschreibungen durch wissenschaftlichen Diskussionen und durch das Reden der pädagogischen Akteur*innen des untersuchten Gymnasiums über Unterricht im Rahmen von Ganztagsschule folgend, überrascht dies wenig. Sie konstatieren, dass sich mathematischer und naturwissenschaftlicher Unterricht in besonderer Weise „geöffneten" Formaten mit mehr Schüler*inneneigentätigkeit gegenüber sperrig verhalten würden. Dagegen wird der Unterricht in den sprachlichen Fächern als einer konstruiert, der wegen seiner methodischen Flexibilität besser geeignet sei, sich auf einen modernisierten Sachumgang einzulassen. Wie werden die Schüler*innen nun in einem Angebot adressiert, dass im Spiegel der Zuschreibungen der pädagogischen

Akteur*innen und im Rahmen der wissenschaftlichen Diskussion weniger durch die Fachkultur vorstrukturiert und daher mehr an Schüler*inneninteressen orientiert erscheint?

In der Praxis des beobachteten Lernarrangements, sowohl des Englischunterrichts als auch in seiner projektartigen Ergänzung, lässt sich ebenfalls eine starke Sach- und Sprachbegrenzung (in den Grenzen des Workbooks bzw. des Englischbuches) und ein stark schematisierter Unterrichtsverlauf („Lehrbuchunterricht") erkennen, auch wenn im projektartigen Teil, durch die günstigere Lehrer-Schüler*innen-Relation und die Methode des darstellenden Spiels, graduelle Öffnungstendenzen angezeigt werden. Hinzu tritt durch die spezifische Art des Beginnens eine Praktik der Fremddisziplinierung, die weniger über die Sache, als vielmehr über den *Lehrer* vermittelt erscheint. Hält der Lehrer in der ersten und zweiten Lerngeschichte Interventionen und Sanktionen auf ein Mindestmaß begrenzt, bzw. findet hier Disziplinierung eher über die stark formalisierte und enggeführte Sache vermittelt und damit entpersonalisiert statt, wird in der dritten Lerngeschichte die mit Disziplinierung verbrachte Zeit ausgedehnt. Durch das Ritual des „Stellungbeziehens" wird den Schüler*innen tendenziell unterstellt, dass bei ihnen eine disziplinierte Haltung, die es erlaubt, mit der im Unterricht verhandelten Sache angemessen umzugehen, erst hergestellt werden muss, bevor der „eigentliche" Unterricht beginnen kann. Die Schüler*innen schließen zunächst an diese spezifische Form der Unterrichtseröffnung an, indem sie sich auch als Desinteressierte und Distanzierte zeigen und damit ein Setting „individualisieren", das die Schüler*innen in der Disziplinierung als zu homogenisierendes Lernkollektiv anspricht.

Im Zentrum der rekonstruierten Lerngeschichte steht analog eine Praktik der Homogenisierung auf der einen Seite durch öffentliche Aufarbeitung generalisierter Lernprobleme im unteren, auf der anderen Seite durch Nivellierung von Beiträgen im oberen Leistungsbereich. „Die Tendenz des Gymnasiums, Leistungsdivergenzen zu nivellieren, können auch interpretiert werden als Versuch, in den Schulleistungen Homogenität anzustreben." (Mack 1997, S. 362) Dabei wird die Leistung an der Sache als eine an einem Mittelmaß ausgerichtete vorgestellt, an welche die Schüler*innen angepasst werden sollen. Das Eingehen auf individuelle Lernprobleme im Klassenunterricht bringt allerdings eine ambivalente Rahmung hervor: Um lernen bzw. Bildungskrisen erkennen zu können, muss zwischen Zeigendem und Lernendem Nähe hergestellt werden (vgl. Helsper 2000b, 2002 und 2004). In der beobachteten Lerngeschichte wird diese Nähe über die gesteigerte v.a. körperliche Bezugnahme des Lehrers auf den Schüler und sein Lernproblem geschaffen. Die Inszenierung dieser Lernsituation in der Klassenöffentlichkeit kann aber eine Bloßstellung vor den peers zu Folge haben und damit zu einer Steigerung antinomischer Figurationen führen (ebd.)[60]. Die auf der anderen Seite praktizierte Verneinung von Wissensvorsprüngen auf Seiten der Schüler*innen kann laut Mack (1997) ebenfalls als eine Orientierung an Homogenitätsideen gelesen werden: „Leistungsdifferenzen bearbeitet das Gymnasium normalerweise mit Nivellierung. [...] Der Ausgleich von Leistungsdivergenzen vollzieht sich dabei vor allem über eine starke Orientierung an einem mittleren Maß." (ebd., S. 361) Beiträge der Sachaneignung von Seiten fortgeschrittener Schüler*innen werden in diesem Zusammenhang geringgeschätzt, was darüber hinaus eine klassenöffentliche Abwertung zur Folge haben kann. Diese doppelge-

---

[60] Helsper beschreibt bspw., dass es zur Herstellung eines tragfähigen, das Lernen begünstigenden Arbeitsbündnisses zwischen Alter und Ego, also Lehrer*in und Schüler*in einer Vertrauensbasis bedarf, die fragil bleibt und umso zwiespältiger ist, „je stärker die Abhängigkeit von Alter ist, je weitreichender dessen Eingriffe die eigene Person betreffen und je weniger Alter dem unmittelbaren Kreis vertrauter Personen angehört" (2004, S. 75). Der Umgang des Lehrers bzw. der Lehrerin mit Fehlern der Schüler*innen sei dafür exemplarisch: „Das Eingestehen von Nicht-Wissen, von Grenzen des Auffassungsvermögens bzw. kognitiver Lösungspotenziale oder auch immer wiederkehrender Fehler beinhaltet, seine eigenen Schwächen und Grenzen öffentlich zu machen, einem anderen mitzuteilen. [...] Dies setzt das Vertrauen in den Lehrer voraus, dass er, der zugleich ihre kognitiven Leistungen bewertet und wertschätzt, dieses Zugeständnis mangelnden Wissens und Könnens nicht gegen die Schüler wendet, sie in seinen Augen entwertet oder die ‚Inkompetenz' gar veröffentlicht und zur Bloßstellung, Degradierung oder Demütigung der Schüler verwendet, ihnen also individuelle Anerkennung verweigert." (ebd., S. 75 f.). Der Lehrer in der beschriebenen Lerngeschichte verweigert die individuelle Anerkennung nicht. Dadurch, dass das Scheitern des Schülers aber klassenöffentlich zum Thema gemacht wird, kann sich die Problemlage, die von Helsper theoretisch als „Vertrauensantinomie" gefasst wird, zusätzlich verschärfen.

sichtige Praktik der Anpassung aller Schüler*innen an ein imaginiertes Mittelmaß zur Bestätigung einer Homogenitätsfiktion, lässt das ideale Schüler*innensubjekt als „middle achiever" erscheinen. Der Lehrer vollzieht sowohl im Englischunterricht als auch in seiner projektartigen Ergänzung einen Klassenunterricht unter starker Bezugnahme auf die eingeführten Lehrbücher, wodurch weiterführende Aneignungschancen, die sich auf der einen Seite durch Beiträge von fortgeschrittenen Schüler*innen und auf der anderen Seite durch die Nutzung von stärker an Schüler*inneninteressen orientierten Methoden ergeben könnten, kaum genutzt werden können. Stattdessen erscheint das beobachtete Lernarrangement als eines, welches sich von genannten Aneignungsofferten irritiert zeigt und diese daher nicht zulassen kann, um nicht weitgehend aufgegeben werden zu müssen.

7. Von Hausaufgaben zu Schulaufgaben: Hausaufgabenbetreuung an einem Ganztagsgymnasium

7.1. Hausaufgaben an Ganztagsschulen als Entwicklungsaufgabe

Hausaufgaben gehören seit dem 19. Jahrhundert (s. Boßhammer/Schröder 2012, S. 67) meist unhinterfragt zum Alltag von Lehrer*innen, Schüler*innen und Eltern. „Bei der Erteilung von Hausaufgaben schwingt immer die Hoffnung mit, unterrichtliche Inhalte zu festigen, zu vertiefen oder zur Anwendung zu bringen. Zugleich gehen Lehrkräfte und Eltern davon aus, dass die außerunterrichtliche Aufgabe und deren Durchführung die Schüler*innen zur Selbstdisziplinierung führen und bei ihnen eine Vorstellung von der angemessenen Ausführung der Aufgabe festigen." (ebd.) Hausaufgaben werden dennoch in der Lehrer*innenausbildung und im Rahmen empirischer Forschung nur selten zum Thema gemacht. Studien aus den 1960er Jahren (vgl. Wittmanns 1964) können bspw. keinen nennenswerten Zusammenhang zwischen Menge und Wirkung von Hausaufgaben feststellen. Vor dieser Folie wird darauf hingewiesen, dass Hausaufgaben, wie jeder Teil eines guten Unterrichts, einer didaktischen Begründungspflicht unterlägen: Sie machen nur Sinn, wenn sie durchdacht sind, d.h. didaktisch begründet werden. Hausaufgaben am Gymnasium werden heute im Rahmen der Kritik am achtjährigen Bildungsgang zum Thema gemacht. Umfragen und Pressemitteilungen zu Folge steige der Druck auf Schüler*innen und Familien u.a. durch das hohe Hausaufgabenpensum (Unger 2009, S. 161). Unger (2009) fordert mit Blick auf diese Debatte dazu auf, die Hausaufgabenpraxis am Gymnasium und deren Notwendigkeit stärker zu reflektieren und Übungsphasen vermehrt in den eigentlichen Unterricht einzubinden. Die Ganztagsschule und in ihrem Zusammenhang die „in den Fachunterricht integrierte(n) Arbeitsstunden" (ebd., S. 166) erscheinen vor diesem Hintergrund als Ort der Ermöglichung.

Laut StEG-Studie bildet wiederum die „Beaufsichtigung und Unterstüt-zung bei Hausaufgaben" (Holtappels u.a. 2007, S. 167) eines der zent-ralen Motive von Eltern, ihre Kinder an einer Ganztagsschule anzumel-den. Sie erwarten sich durch das Erledigen von Aufgaben in der Schule unter der Anleitung durch qualifiziertes Personal eine Entlastung des Familienlebens. An gut 90% aller Ganztagsschulen werden daher bun-desweit verschiedene Formen und Variationen von Hausaufgabenbe-treuungen angeboten (ebd., S. 192 ff.). Aber nicht nur von Schüler*in-nenseite wird das Angebot eher kritisch beurteilt (ebd. S. 250): Laut Höhmann u.a. (2007) stoßen Hausaufgaben in der Ganztagsschule bei Pädagog*innen eher auf Verwunderung: „Nicht wenige unter ihnen würden nämlich eher ‚Hausaufgaben *oder* Ganztagsschule' formulie-ren, um darauf hinzuweisen, dass eines der vielen pädagogischen Ar-gumente für die Ganztagsschule eben gerade der Verzicht auf Haus-aufgaben oder zumindest deren erhebliche Reduktion war und ist" (ebd., S. 9). Viele zur Ganztagsschule transformierten Schulen spre-chen daher auch weniger von „Hausaufgabenbetreuung" als von „Lernzeiten oder Arbeitsstunden", um damit auszudrücken, dass diese in die obligatorische Unterrichtszeit integriert sind, im Klassenver-band stattfinden und ihre Schule sich neben den Schüler*innen für die Bearbeitung der Aufgaben verantwortlich zeigt. Studien zu Hausauf-gaben- und Übungsangeboten an Ganztagsschulen zeigen (vgl. Holtap-pels u.a. 2007; Rabenstein/Podubrin 2014), dass mehr Schüler*innen ihre Aufgaben erledigen, was die Familien von der Aufgabe der Haus-aufgabenbetreuung weitgehend entlastet. Zudem werden die eher leistungsschwachen Schüler*innen zu kontinuierlichem Arbeiten an-gehalten. Dieser Ertrag steht in einem Spannungsverhältnis zu Einbu-ßen auf Schüler*innenseite, da ihnen wenig Mitspracherecht einge-räumt wird, wenn es um die Rahmenbedingungen geht unter denen sie ihre Hausaufgaben machen. Dem programmatischen Anspruch nach müsste im Vergleich zu familiären Unterstützungsformen die professionelle Betreuung der Hausaufgaben allerdings noch mehr leis-ten (vgl. Höhmann u.a. 2007). In den durch Ganztagsschule hinzuge-kommenen Lernzeiten entstehen für die Lehrenden bzw. die betreu-enden Pädagog*innen gegenüber dem etablierten Unterricht weitaus größere Zeitpassagen, sich einzelnen Schüler*innen zuzuwenden.

Über die motivationale und sachgebundene Unterstützung der Schüler*innen hinaus, könnte die individuelle Förderung – so die Forderung des Diskurses – stärker eingebunden werden.

Wie bereits das Ganztagsschulprogramm des im Rahmen dieser Arbeit untersuchten Gymnasiums zeigt, werden auch denjenigen Schüler*innen, die ganztägig unterrichtet werden, Hausaufgaben weiterhin aufgegeben und im Rahmen eines Angebots, welches die Schule als „Hausaufgabenbetreuung" bezeichnet, von den Schüler*innen bearbeitet. Dass die Schule bei der Bezeichnung *Haus*aufgaben geblieben ist, könnte anzeigen, dass an die Schüler*innen die gleichen Anforderungen gestellt werden, wie vor der Einführung eines ganztägigen Angebots: Übungs- bzw. Vorbereitungsaufgaben, die auf den vormittäglichen Unterricht bezogen sind, sollen entsprechend einer häuslichen Tätigkeit am Nachmittag bearbeitet werden, wobei die Verantwortung für die vollständige und korrekte Bearbeitung dieser v.a. bei den Schüler*innen liegt. Die Vorstellungen der pädagogischen Akteur*innen, dass diese alleine und selbständig bearbeitet werden sollen, zeigt sich v.a. im Rahmen folgender Praxis: Bei einigen der Ganztagschullehrer*innen müssen zu Beginn der Hausaufgabenbetreuung alle zu erledigenden Hausaufgaben an die Tafel angeschrieben werden. Unter den Kolleg*innen haben sich zwei Lager gebildet, nämlich das der Befürworter*innen und das der Gegner*innen dieser Praxis. Die Befürworter*innen begründen folgendermaßen:

> „am anfang haben wir die möglichkeit die ruhig zu bekommen wenn wir se fragen was se aufham [...] ich find das von der strukturierung irgendwie hab ich ja vorhin schon gesagt besser wenn das an der tafel steht [...] dass mal alle ruhig sind und sich konzentrieren und die gucken alle an die tafel"

Im Rahmen des Lehrer*innenkonstrukts zeigt sich der Beginn der Hausaufgabenpraxis als Disziplinierungsort. Es wird vorausgesetzt, dass der Wechsel der Schüler*innen zu einer Phase hoher Selbstdisziplinierung nach äußerer Verhaltensvorgabe, welche die Forderung nach Zentrierung nur auf Hausaufgabe enthält, aus Steuerungsperspektive als problematisch hinsichtlich der Verhaltenskontrolle und

„Selbststeuerung" der Schüler*innen bezeichnet werden kann. Die Lehrer*innen berichten von Suchbewegungen in Richtung, wie ein „undisziplinierter" Übergang durch strukturierende Maßnahmen verhindert werden kann. Implizit setzen sie dabei voraus, dass Verbote oder Gebote nicht Thema sein können, sondern dass auf die innere Disposition der Schüler*innen eingewirkt werden müsse. Die Gegenposition argumentiert:

> „ich fand auch die idee am anfang ganz gut wenn man das so veranstaltet aber ich finde dass man die damit eher unselbstständig machen denn die kinder die nicht in die ganztagsschule gehen müssen ja auch zu hause damit klar kommen"

Die Aussage der Lehrerin bringt eine Form der inneren Distanzierung zum Ausdruck, da "veranstalten" auf ein bestimmtes Setting und eine bestimmte Dramaturgie hindeutet. Der abwertende Affekt entsteht, wenn etwas über Gebühr in Szene gesetzt und damit zu stark inszeniert wird. Am Anfang stand die Erwartung, dass Ganztagsschule das selbständige Handeln fördere, welche zur Rechtfertigung der zu konzeptionierenden Praxis herangezogen wurde. Mit der Zeit zeigte sich aber für einen Teil der pädagogischen Professionellen, dass die konkrete Praxis die Schüler*innen tendenziell entmündige und so Praktiken verhindere, die zur Förderung von Selbstständigkeit gedacht waren. In der Aussage wird davon ausgegangen, dass die Schüler*innen zunächst selbstständig sind. Eine bestimmte Form der Inszenierung blockiert dann nicht nur Selbstständigkeit, sondern macht darüber hinaus unselbstständig. Als Vergleichsnorm werden diejenigen Schüler*innen zur Sprache gebracht, die nicht die ganztagsschulspezifischen Angebote besuchen, deshalb zuhause alleine arbeiten und aus diesem Grund – so die Annahme – bereits selbstständig seien. Den Ganztagsschüler*innen dürfe darüber hinaus nicht weitergehend geholfen werden, um deren Unselbständigkeit nicht zu verursachen. Diese Lesart impliziert, dass Ganztagsschule an sich unselbstständig mache. Inwiefern aber mit dem betreuten Erledigen von Hausaufgaben in der Schule gegenüber dem Erledigen der Aufgaben Zuhause ein Mehrwert für die Förderung der Schüler*innen verbunden sei, wird auch von der Gegenseite nicht zum Thema gemacht. Im gezeichneten

Kontext bedeutet Selbstständigkeit die Angepasstheit in Form eines Erfüllens von Vorgaben. Nicht die Inhalte der Hausaufgaben, sondern die Selbstorganisation des Hausaufgaben-Notierens erscheinen als zentral.

In den Deutungen der Akteur*innen des untersuchten Gymnasiums über die Durchführung von Ganztagsschule zeigt sich das Arbeitsverhalten der Schüler*innen während der Hausaufgabenzeit insgesamt als dominantes Thema. Ein Lehrer berichtet aus seinem Angebot Folgendes:

> „ich finde die schüler haben extreme probleme sich auf die hausaufgaben zu konzentrieren es gibt viele schüler ich sag jetzt einfach mal die hälfte der klasse ungefähr die setzen sich hin holen ihre hausaufgaben raus und fangen an und dann gibt es sehr viele schüler und die andere hälfte finde ich sehr viele die haben extremste probleme sich dann aufzuraffen"

Der Lehrer spricht von seinen Erfahrungen mit dem Nachmittagsunterricht, wobei er sich vor allem auf die Schilderung seiner Hausaufgabenpraxis konzentriert. Er schreibt den Schüler*innen unterschiedliche Grade von Selbstdiszipliniertheit zu, da etwa die Hälfte der Schüler*innen „Probleme" hätten. Damit ist auch er betroffen, da es ihm nicht gelingt, die Schüler*innen zu dem zu bewegen, was von ihnen im Kontext der Hausaufgabenbetreuung verlangt wird. Er konstruiert damit ein Defizit, das auf der Seite der Schüler*innen zu verorten ist und damit das Hausaufgabenangebot als eines, dessen Inhalt darin besteht, die Schüler*innen zum Arbeiten zu bewegen. Er erklärt damit die Schüler*innen zur Ursache der problematischen Durchführbarkeit des erdachten Konzepts. Ferner wird das beaufsichtigte (evtl. auch angeleitete) Erledigen der Hausaufgaben als besonders problematisch dargestellt, da die Schüler*innen offenbar nicht in der Lage sind, die von ihnen geforderten Verhaltensmuster (Stillarbeit/Konzentration /selbstständiges Lernen) zu zeigen. Von den Schüler*innen wird erwartet, dass sie aktiv und leistungsbereit agieren, was wiederum der eingeforderten gymnasialen Haltung entsprechen würde.

Insgesamt lässt sich sagen, dass auch deshalb die Hausaufgabenbetreuung vom Lehrer*innenkollektiv als großes Problem gesehen wird, weil der Angebotstyp als beaufsichtigte Stillarbeit und Möglichkeit, der Aufsicht Fragen zu stellen, einen Habitus von selbstdiszipliniertem Verhalten voraussetzt. Die Angebotsstrukturierung, in den Nachmittag verschobenen Unterricht zu praktizieren (worunter auch die Hausaufgaben als überwachte Stillarbeit mit gelegentlicher Fragemöglichkeit gerechnet werden), wird für alle Beteiligten als schwierig umsetzbare Konzeption beschrieben, weil es eine überlastende Anforderung beinhalte. *Dabei lässt sich als kollektive Deutung die Ursachenzuschreibung herausarbeiten, dass primär mangelnde Selbstdiszipliniertheit der Schüler*innen dafür verantwortlich sei.* Mit der Zuschreibung mangelnder Selbständigkeit und Diszipliniertheit, wird dann in der Diskussion auch die Überlegung abgewiesen, durch eine stärkere Partizipation der Schüler*innen bei Gestaltung und Durchführung eine Problemlösung zu suchen. Stattdessen soll durch eine zwingende Rahmung des Angebotsgeschehens durchgesetzt werden, dass die Schüler*innen trotzdem arbeiten. Als welche werden nun die Schüler*innen im Rahmen des entsprechenden Angebots adressiert, das auf der Ebene der Fachdebatte als Ort der individuellen Förderung und auf der Ebene der pädagogischen Akteur*innen als Ort des Abarbeitens von Aufgaben und der Selbstdisziplinierung konstruiert wird?

7.2. Die Lerngeschichte: Eine Hausaufgabenbetreuung

Bei dem im Folgenden rekonstruierten Angebotsformat handelt es sich um die sogenannte „Hausaufgabenbetreuung" des untersuchten Gymnasiums der zügigen 5. Klasse[61], welche montags bis donnerstags von 13.00 bis 14.15 Uhr stattfindet. Sie befindet sich im bereits beschriebenen Klassenzimmer: Einzeltische sind zu Zweiergruppen zusammengerückt, wodurch alle Schüler*innen in den vorderen Teil des Raumes blicken. Die betreuende Person ist diejenige Lehrerin, welche auch den Nachmittagsunterricht an diesem Tag erteilt. Innerhalb des

---

[61] Die beobachteten Lerngruppe ist die gleiche, wie im Kapitel zuvor.

videographierten Angebots können die Schüler*innen frei wählen, ob sie im Raum bleiben oder mit einer pädagogischen Fachkraft bzw. einem Tutor (Schüler*innen der Oberstufe) in den so genannten „Ruheraum" gehen wollen. Dieser zeichnet sich dadurch aus, dass die Schüler*innen in Form eines Silentiums arbeiten müssen, während im gefilmten Raum auch Fragen gestellt werden dürfen. Allerdings gibt es eine Vorgabe der Schulleitung, dass den Schüler*innen „nur unterstützend" und nicht „erklärend" zu helfen ist.

7.2.1. Teil 1: Anschrieb der Hausaufgaben[62]

Beschreibung

Abbildung 13: Hausaufgaben, Teil 1

Auf die Frage der Lehrerin, wer heute die Hausaufgaben anschreibt, melden sich zwei Schülerinnen, die dann die Aufgaben an die rechte Tafelhälfte schreiben. Zeitgleich notieren zwei weitere Schülerinnen, ohne von der Lehrerin dazu aufgefordert worden zu sein, an die linke Tafelhälfte eine „Reihenfolge bei der Berechnung von komplexen Termen", welche an einem Beispiel von den Schülerinnen illustriert wird. Die Lehrerin bewegt sich nun spontan in die Tischreihen, an denen alle

---

[62] Eine Interpretation dieses ersten Teils der Lerngeschichte findet sich bei Neto Carvalho/Veits/Kolbe (2015) und bei Neto Carvalho (2016).

übrigen Schüler*innen Platz genommen haben, hinein und wendet sich einzelnen Schüler*innen zu, welche sich zuvor gemeldet haben.

Interpretation

Das beobachtete Lernsetting lässt sich im Anschluss an Kalthoff (1997) als tendenziell „asketisch" beschreiben: Vor dem Hintergrund, dass es sich bei „Hausaufgaben" in der Regel um eine Tätigkeit in häuslicher Umgebung der Schüler*innen handelt (vielleicht umgeben von Spielsachen, Postern der Lieblings-Stars, einem flauschigen Teppich), demonstrieren die Blickrichtung nach vorne, die einheitliche Ausrichtung der Schüler*innenkörper, der Mangel an Anwesenheit von Privatsachen, sowie Essen und Trinken und die funktionalen Tische als Gegenhorizont „hier ein asketisches Prinzip, das das Tun der Individuen ganz auf ihren Daseinszweck (Erledigung der Hausarbeit) reduziert" (ebd., S. 216).

Auf der rechten Seite der im vorderen Teil des Raumes hängenden Tafel sind die von den Schüler*innen zu erledigenden Hausaufgaben angeschrieben, was zunächst legitimationsbedürftig erscheint, da den Schüler*innen die Hausaufgaben bekannt sind, da sie diese bereits in ein dafür vorgesehenes Heft notiert haben sollten. Das Tafelbild, welches die ganze Hausaufgabenbetreuung über bestehen bleibt, lässt sich vor diesem Hintergrund als an jeden gerichtete Soll-Anforderung und damit als ein Verzeichnis dessen verstehen, was als Schüler*in im Rahmen dieses lernkulturellen Settings geleistet werden soll. Dabei wird weniger die Wandtafel selbst, als vielmehr die auf ihr befindliche Schrift thematisiert. Dem Geschriebenen wird eine gewisse Autorität zugesprochen, während die Tafel im Hintergrund verbleibt (vgl. Röhl 2013). Mit der visuellen Präsenz des Anschriebs geht eine ständige Erneuerung des Auftrags einher. Es handelt sich also um eine Praktik, sich als Schüler*in eine Pflicht zuzuordnen und um eine Praktik der Selbstprüfung, die folgende Frage formuliert: „Hast du schon gemacht, was du machen musst?" und so eine moralische Verpflichtung, sich selbst zum Arbeiten zu bringen, als normativen Anspruch darstellt. Die Schüler*innen schauen nach vorne und lesen die Aufforderung, worauf eine Bewegung nach innen erfolgt. Die Schüler*innen machen

sich das Gelesene zu eigen, wodurch die Aufgabe nicht mehr fremdge-
setzt und fremdbestimmt ist, da es sich scheinbar um eine von ihnen
selbstständig übernommene Pflicht handelt.

Analog zum Verzeichnis der Hausaufgaben müssen die Schüler*innen
auch zu einem angeschriebenen mathematischen Lösungsweg auf-
schauen. In diesem Zusammenhang wird ebenfalls eine Praktik des Se-
hens ausgelöst werden, welche die Zeichen ständig präsent hält. Bei
den Schüler*innen werden diese nach folgendem Motto dauernd aktualisiert: „Hast du auch immer den richtigen Lösungsweg befolgt?". Es
handelt sich also um eine auf den Prozess bezogene Vorschrift, nicht
nur um eine punktuelle Anforderung. Der Anschrieb an die Tafel, verstanden als in diesem lernkulturellen Angebot zu verhandelnde *Sache*,
kann als Symbolisierung des von der Autorität Vorgegebenen gelten,
da die Tafel als prominenter „Ort der Verkündigung" gilt und damit alles, was an ihr festgeschrieben steht, als wichtig erscheint. Sie transportiert die Bedeutungskonstruktion, dass das als Einzelleister*in
adressierte Schüler*innensubjekt eine wichtige Aufgabe zu bewältigen habe. Von den Schüler*innen wird eine Beziehung zur Sache hergestellt und es wird klar, dass keine andere Person außer der Lehrerin
als zweite Autorität neben der Tafel ihnen mit dieser Sache helfen
kann. Der beschriebenen Praktik der Verkündigung von Soll-Aufgaben
ist damit eine Konstruktion eingeschrieben, die das optimale gymnasiale *Schüler*innensubjekt* als allein-selbstständig Arbeitendes beschreibt.

7.2.2. Teil 2: „weiß nicht wieviel das ist"

Beschreibung

In der vorderen Tischreihe sitzen zwei Mädchen, links im Bild befindet
sich Jelina, rechts Sarah. Die Tischreihe besteht aus zwei zusammen
gestellten Tischen, deren Arbeitsflächen jeweils quadratisch sind. Hinter den Schülerinnen stehen zwei Tische, die in gleicher Weise zusammen gestellt sind, an denen niemand sitzt und auf denen sich kein Arbeitsmaterial befindet. Vor den beiden Mädchen liegt jeweils ein

aufgeschlagener Schnellhefter, in den kariertes Papier eingeheftet ist, welches in beiden Fällen ordentlich mit Zahlen beschrieben ist.

Abbildung 14: Hausaufgaben, Teil 2

Sarah fährt sich mit der rechten Hand über den Mund und sagt dann leise etwas Unverständliches. Jelina beugt sich ein wenig zu Sarah hinüber, verzieht leicht das Gesicht und sagt in aufgeregtem, überzogenem Tonfall: „drei mal sechs , mein gott". Nachdem Jelina leise lacht, sagt Sarah: „ weiß nich wie viel das ist", während sie die Kappe von ihrem Füller entfernt und zu schreiben beginnt. Sarah spricht leise weiter: „vier plus sechs sind sechsundzwanzig. sss dreimal sechsundzwanzig". Sie schaut nun zu Jelina, wendet sich ihr zu, welche sich ebenfalls leicht zur Nachbarin dreht. Sarah: „wie viel is des". Jelina: „ich bin schon <u>be</u>". Sarah schaut kurz auf den eigenen Schnellhefter und dann auf den der Nachbarin. Nun fragt sie: „drei mal sechsundzwanzig sind acht , achtundsiebzig". Währenddessen beugt sie sich immer weiter zu Jelinas Schnellhefter hinüber. Jelina wendet nun ihr Gesicht Sarah zu und sagt: „ja". Sarah schreibt weiter und setzt ab, verzieht leicht ihren Mund und sagt: „sieben plus mm mal". Während sie spricht, beginnt sie wieder zu schreiben. Sarah setzt wieder ab, wackelt nun mit dem Körper hin und her und sagt: „mm sechszehn". Sie dreht sich nun in Richtung Jelina und sagt: „sechzehn mal vier". Jelina schaut von ihrem Blatt auf und dreht ihren Kopf in Richtung Sarah, währenddessen sagt sie: „uiuiui moment . vierzig plus vierundzwanzig , des ist , vierundsechzig". Während sie vierundsechzig sagt, nimmt sie den Deckel von ihrem Füller. Beide Mädchen beugen sich nun über ihre Schnellhefter und beginnen zu schreiben.

Interpretation

Das beobachtete Setting lässt zunächst eine vielfältig ausformbare Ausgangskonstellation entstehen: Ausformbar beinhaltet die Dimension, dass der Raum auf verschiedene Arten ausgestaltet werden kann. Die Einzeltische sind zusammengestellt, wodurch sie zu einem Doppelarbeitsplatz werden. Das Raumarrangement adressiert die Anwesenden also zunächst als Allein-Agierende, die sich dem Sachgegenstand als Einzelne zuwenden sollen, lässt aber auch Gelegenheit, diese Konstellation zu verändern. Da die Tische zusammengestellt wurden und auch die Möglichkeit, den ebenfalls im Video zu sehenden unbesetzten Tisch anzuwählen nicht genutzt wurde, birgt die Sitzkonstellation eine implizite Möglichkeit, vielleicht sogar eine Notwendigkeit zur gegenseitigen Kommunikation.

Dass das beobachtete Setting tendenziell auf Kommunikation zwischen den Tischnachbar*innen[63] ausgelegt ist, wird durch Sarahs Verhalten bestätigt, die, obwohl der Tafelanschrieb (s.o.) nahelegt, sich alleine mit der Sache zu beschäftigen, wenn auch nur leise und schwer verständlich, die Kommunikation mit Jelina eröffnet. Diese empört sich leicht und sagt mit ironischem Unterton: „drei mal sechs , mein gott". Sie distanziert sich damit von der Äußerung Sarahs, geht aber gleichzeitig auf diese ein, indem sie auf der Metaebene eine Kommunikation über die Sache eröffnet. Inhalt des Gesprächs wird somit die Aufgabe an sich, nicht deren Inhalt. Sarah kehrt aber wieder auf die Inhaltsebene zurück, indem sie die mathematische Aufgabe bis zu einem gewissen Punkt in der Rechenfolge laut aufsagt und Jelina gezielt

---

[63] Die Interaktion mit dem Tischnachbarn bzw. der Tischnachbarin ist eine durch den etablierten Klassenunterricht und das Unterrichtsgespräch weit verbreitete Form der Kooperation zwischen Schüler*innen. „Die übliche Anweisung für Partner*innenarbeit lautet: ‚Jeder arbeitet mit seinem Nachbarn zusammen!' Für die Zuordnung wird also die Sitzordnung der Schulklasse verwendet. Das ist einerseits unaufwendig und vermeidet Stühle-Rücken und Umzüge innerhalb des Klassenraums und andererseits (relativ) eindeutig: Bei Tischen in der Schule handelt es sich um Zweier-Tische, so dass klar ist, wer zusammen gehört. Zudem ist die Nachbarschaft in der Sitzordnung oft auch mit Freundschaft verbunden. Zumindest aber sind diejenigen, die Tag für Tag nebeneinander sitzen […] vertraut miteinander und aufeinander ‚eingespielt', so dass auch eine unkomplizierte Kooperation im Rahmen von ‚Partnerarbeit' erwartet werden kann." (Breidenstein 2006, S. 159)

nach der Lösung fragt. Jelina antwortet, indem sie ihrer Tischnachbarin klarmacht, dass sie bereits beim Abarbeiten der Aufgaben weiter sei als diese, woraufhin Sarah auf deren Unterlagen lugt. Sarah gibt sich nun selbst die Antwort, aber erst, nachdem sie auf Jelinas Notizen geschaut hat. Jelina legitimiert dieses Verhalten, indem sie die Aufgabelösung bestätigt. Sarah nennt Jelina nun eine weitere Aufgabe, welche Jelina vorrechnet, indem sie die verschiedenen Zwischenergebnisse nennt. Die Mädchen haben nun die Ebene der Metasprache verlassen und reden nun handlungsbegleitend über die Sachebene der gestellten Aufgabe. Jelina hilft Sarah nicht, indem sie ihr eine Aufgabe oder einen bestimmten Aufgabentyp erklärt, sondern lässt sie an ihrer eigenen Bearbeitung teilhaben, indem sie die Arbeitsschritte laut kommentiert, sodass Sarah die Lösung der Aufgabe verfolgen kann.

Das beobachtete Arrangement lässt eine Praktik einer inoffiziellen Partner*innenarbeit entstehen, was aber nur bedingt als gemeinsames Arbeiten bezeichnet werden kann, weil es Prämisse bleibt, nicht darüber zu sprechen, wie eine Aufgabe gelöst werden kann, sondern Halbergebnisse offen auszusprechen. In der Szene wird eine Schülerin um Hilfe gebeten, ohne dass dies expliziert wird. Diese geht zunächst zögerlich auf das Hilfegesuch ein, wobei sie der anderen Schülerin eine Begründung zum Vorgehen des Lösens der Aufgabe schuldig bleibt. Es kommt zu einem lauten Vorrechnen, weshalb es sich um mehr als nur um ein Vorsagen handelt. Die beiden *Schülerinnen* zeigen sich damit als welche, die kommunizieren können, sich aber nur inoffiziell unterstützen dürfen. Zu beobachten ist daher eine Praktik des Unterstützens im Gewand des gemeinsamen Arbeiten, welches in diesem Setting wohl die anerkanntere Variante darstellt. Die verhandelte *Sache* dagegen erscheint als eine, die abgearbeitet werden muss („ich bin schon <u>be</u>"), während deren tieferes Verständnis als marginal erscheint: Was zählt ist das, was im Heft steht.

7.2.3. Teil 3: „wie da an der tafel steht"

Beschreibung

Im Fokus der Kamera befindet sich nun Ruud, der sich schon seit längerer Zeit meldet und unter sich blickt. Die Lehrerin steht an einer zwei Reihen hinter Ruud befindlichen Tischgruppe. Ruud schaukelt mit seinem Stuhl hin und her, während er seinen Arm in die Luft streckt und immer wieder zur Lehrerin schaut. Auf seinem Tisch liegen ein aufgeschlagenes Buch, ein aufgeschlagenes Heft und ein aufgeschlagenes Federmäppchen. In der nach oben gestreckten Hand hält er einen Stift. Er legt nun seinen linken Arm quer über den Kopf, den Zeigefinger weiterhin ausgestreckt. Ein Gong ertönt. Ruud sieht nun auf die große Armbanduhr an seinem Handgelenk. Zunächst reißt er die Augen auf, zuckt dann mit den Schultern und schaut wieder zur Lehrerin.

Abbildung 15: Hausaufgaben, Teil 3

Diese kommt nun zu ihm, während er die Nase rümpft und „ähm was solln mer da machen" sagt. Die Lehrerin beugt sich über Ruuds Heft und stützt sich mit der linken Hand auf der Tischkante auf. Sie richtet sich auf, schaut nach vorne und zeigt mit ihrem linken Arm in diese Richtung. Ruud schaut nun ebenfalls dorthin. Währenddessen sagt sie: „wie da an der tafel steht". Sie zeigt nun auf Ruuds Buch und sagt: „neun plus vier". Daraufhin zeichnet sie mit beiden Zeigefingern in der Luft einen Bogen und sagt darauf: „in klammern". Sie lässt die Arme zunächst sinken und zeigt dann wieder auf Ruuds Buch, sich mit der linken Hand auf dem Tisch abstützend.

Während die beiden weiter miteinander reden, schauen und zeigen sie immer wieder abwechselnd ins Buch, an die Tafel und in das aufgeschlagene Heft. Ruud lächelt die Lehrerin nun an und beginnt in sein Heft zu schreiben.

Interpretation

Der beobachtete Schüler Ruud zeigt schon seit längerem auf und schaut von unten nach oben. Er verhält sich also eher defensiv und nimmt eine sich unterordnende Position ein. Dies steht im Gegensatz dazu, dass sich vor ihm aufgeschlagenes Arbeitsmaterial befindet und er einen Stift in der Hand hält, was die Erwartung impliziert, demnächst dazu befähigt zu werden, weiter zu arbeiten. Ruud hat keine Tischgruppennachbarn, aber vor und hinter ihm sitzen mehrere Schüler*innen. Er hätte also die Möglichkeit gehabt, einen oder eine von ihnen, so wie Sarah es getan hat, um Hilfe zu bitten, anstatt sehr lange auf die Hilfe der Lehrerin zu warten. Diese Option, im Gegensatz zum Ansprechen von Tischpartner*innen, wird aber durch die gängige Praxis nicht eröffnet. Dagegen wird die These gestärkt, dass die Konventionen in diesem Setting zunächst Alleinarbeitende voraussetzen, wobei Kooperation maximal mit Tischnachbar*innen gestattet ist. Ruud ordnet seine Bedürfnisse dem Takt des Geschehens unter, welcher von der Lehrerin, die immer nur Einzelnen zu helfen scheint, vorgegeben wird, was die beobachtete demütige Haltung hervorruft. Ruud führt in diesem Zusammenhang eine Praktik des Meldens und Durchhaltens auf, die für ihn tendenziell Abhängigkeit, Außensteuerung und Zeitverlust zur Folge hat, da er während des lange andauernden Meldevorgangs nicht weiter arbeiten kann. Er muss sich wohl ständig melden, damit er nicht bei der Lehrerin in Vergessenheit gerät.

Nachdem sich die Lehrerin nun nähert, nimmt sie eine Haltung ein, die ihren Körper in eine möglichst weit entfernte Position zu Ruud bringt, während sich ihr Kopf über dem Arbeitsmaterial befindet, so dass sie dieses einsehen kann. Diese Körperhaltung in einem Spannungsfeld von Distanz und Nähe erschwert es, helfend mit dem Material umzugehen. In Analogie dazu verweist die Lehrerin auch zunächst auf den Tafelanschrieb mit der Rechenregel als Autorität. Ruud reagiert nun auf das Erklärungsangebot, indem er auf das Buch verweist. Die Lehrerin reagiert darauf zunächst verneinend, dann bejahend und dann wieder verneinend und zeigt immer wieder auf Tafel, Buch und Heft, mit Ruud in einen Dialog tretend. Sie positioniert sich differenzierend in der wechselseitigen Kommunikation über Sachgegenstand und rechnet ihm nun an Beispielen vor, was zu tun ist. Bei der beobachteten Praktik handelt es sich um eine Zeigebewegung von der allgemeinen Regel, welche an der Tafel steht, hin zur konkreten Anwendung. Das Beispiel muss also unter die Prozessordnung, die durch Tafel vorgegeben wird, untergeordnet werden. Ruud schaut die Lehrerin, während er selbst etwas sagt, immer wieder an. Er steht zur Lehrerin in einem Abhängigkeitsverhältnis, da er sich immer wieder über deren Anerkennung vergewissern muss. Die beobachtete Praktik ordnet ihm also eine heteronome Position zu: Er führt die Aufgabe zwar selbst aus, schränkt dadurch aber seine Autonomie ein und ordnet sich unter. Bevor Ruud nun zu schreiben beginnt, schaut er nochmals zur Lehrerin auf und lächelt diese an. Neben dem Sachinhalt der Mathematik und die Anerkennung, die sich durch die Lösung der Aufgabe ergeben würde, wird sich auf die Anerkennung durch die Autorität bezogen. Es handelt sich hier um die Erleichterung des sich selbst nicht als autonom wahrnehmenden Subjekts, wenn sich die Autorität ihm wohlwollend nähert. Ruud sieht sich also im Spiegel der Lehrerin als anerkennenswert. Er und die Lehrerin finden nun zuletzt eine von beiden geteilte Aussage, die ins Heft geschrieben werden kann. Dies bedeutet, dass erst wenn die wechselseitige Anerkennung geklärt ist, Ruud bereit ist, etwas in sein Heft zu schreiben.

Trotz der mit ihr verbundenen Anforderungen, halten die Schüler*innen tendenziell an der Konvention fest, dass Fragen an die Autorität (Tafel oder Lehrkraft) die einzig legitime Weise ist, sich Hilfe einzuholen. Die Praxis andere Schüler*innen um Hilfe zu bitten, wird dadurch unter Verdacht gestellt und entwertet. Die Schüler*innen verlangen sich körperlich das Warten ab, was es zu einer Form der Unterordnung werden lässt. Es handelt sich um eine Praktik des Sich-selbst-Anhaltens, den Konventionen gerecht zu werden und um eine körperlich

eingeschriebene Durchführung, bei der der Körper weitgehend deak-
tiviert wird. Die Praktik des Sich-selbst-Disziplinierens und der Zentrierung der Wahrnehmung auf Konventionserfüllung durch Selbstfor-
mierung hin zur Selbstdisziplin, steht dabei im Gegensatz zur Praktik
des gegenseitigen Helfens und der Kooperation unter Schüler*innen,
als real vorhandene, aber nicht ergriffene Optionen. Vor diesem Hintergrund kann das als idealtypische*r Gymnasiast*in geltende *Schüler*innensubjekt* als eines beschrieben werden, dessen Ziel es ist, nach
der Hausaufgabenbetreuung die richtige, von der Autorität bestätigte
Sache im Heft stehen zu haben. Folgende Konventionen erscheinen in
diesem Zusammenhang für das Schüler*innensubjekt als beachtens-
wert: 1. Warte, verhalte dich ruhig und bitte keine anderen Kinder um
Hilfe; 2. wenn Hilfe kommt: zuhören, in Dialog treten und Arbeitswil-
ligkeit signalisieren. Vor diesem Hintergrund bringt die Praktik des
Wartens und Helfens ein sich unterordnendes Schüler*innensubjekt
hervor, wobei die eigene Unterordnung selbst hervorgebracht wird:
Es gibt keinen offenen, sondern einen indirekten Zwang, da durch das
Verzeichnis der Pflichten an der Tafel eine ständige Selbstüberprü-
fung und damit eine Praktik der eigenständigen Subjektivierung ausgelöst wird. Die *Lehrperson* bleibt in der Unterstützungssituation eher
defensiv, wobei sich die ambivalente Haltung im Spannungsfeld von
Nähe und Distanz, welche durch die Vorgabe der Schulleitung, dass
sich die betreffende Lehrer*in der Hausaufgabenzeit „nur unterstützend" und nicht „erklärend" dem Schüler*innensubjekt nähern soll, in
ihrer Körperhaltung widerspiegelt. Die Lehrerin zeigt sich als eine, die
körperlich auf Distanz bleibt und zunächst auf die anderen Autoritäten
des Lernprozesses, nämlich Tafel und Buch, verweist. Im Lehrerin-
Schüler-Dialog wendet sie sich aber den Verstehensproblemen des
Schülers zu, indem sie im beispielhaft vormacht, was von ihm erwartet
wird. Der Schüler wiederum sieht sich im Rahmen dieses Näheange-
bots von der Autorität als Leistungsfähiger anerkannt.

7.2.4. Teil 4: „fertig mit englisch"[64]

Beschreibung

Rafael sitzt gemeinsam mit einem anderen Schüler in einer Tischreihe. Dieser Schüler befindet sich gerade im Gespräch mit einem anderen Schüler, der vor ihm und Rafael sitzt.

Rafael sitzt leicht nach vorne gebeugt vor einem Heft und einem oberhalb von diesem liegenden Buch. Er schreibt etwas in das Heft. Danach lehnt er sich etwas zurück, während er mit dem Blick auf seinem Heft bleibt. Anschließend blättert er in diesem, bewegt dabei rhythmisch seinen Oberkörper und den Heftrücken hin und her, wäh-

Abbildung 16: Hausaufgaben, Teil 4

rend er laut flötet: „fertig mit englisch". Rafael bildet mit Heft und Buch einen Stapel, schwenkt diesen halbhoch vor sich in der Luft hin und her und führt mit dem Oberkörper dabei tänzerisch begleitende Bewegungen aus, während er zu seiner eigenen Melodie singt: „ich muss nur noch englisch machen äh deutsch machen deutsch machen". Er blickt dabei mit kleinem Lächeln quer durch den Raum. Rafael dreht sich nun von seiner Arbeitsfläche weg (auf der noch das Material liegt, allerdings nach oben weggerückt), beugt sich nach unten zu seiner Tasche und holt ein neues Schreibheft hervor. Noch in der Bewegung nach vorne richtet er dabei den Blick auf den rechten Teil der Tafel, auf dem die zu erledigenden Hausaufgaben angeschrieben sind.

---

[64]Eine Interpretation dieses Teils der Lerngeschichte findet sich bei Neto Carvalho/Veits/Kolbe (2015) und bei Neto Carvalho (2016).

Interpretation

Im nun vorliegenden Teil der Lerngeschichte sehen wir einen Schüler (Rafael), wie er mit seinem Arbeitsmaterial umgeht. Vor und neben ihm sitzen zwei Jungen, aber Rafael ist in dieses Aktivitätssystem nicht mit einbezogen. Es entsteht der Eindruck – auch beim mehrmaligen Betrachten des Videos und obwohl Rafael sich den Raum mit anderen Kindern teilt –, dass er mit sich und seinem Material alleine ist. Dieser Eindruck wird dadurch verstärkt, dass Rafael mit seinem Arm sein Territorium begrenzt und definiert. Er begrenzt dadurch auch den Raum der erforderlichen Aufmerksamkeit. Seine Kopfhaltung und seine Blickrichtung gehen ebenfalls vom anderen Aktivitätssystem weg. Die spannungsreiche Verbindung von Kopfhaltung, Blickrichtung und Begrenzung des Territoriums beinhaltet eine starke Fokussierung des von Rafael Wahrgenommenen.

Diese Spannung wird nun aufgelöst, indem Rafael seine zunächst eher angestrengte Haltung aufgibt und dann rhythmische Bewegungen sowohl mit seinen Oberkörper als auch mit den schulischen Materialien vollzieht. Dazu komponiert er spontan sein eigenes Lied: „fertig mit englisch. ich muss nur noch englisch machen äh deutsch machen deutsch machen". Der Umgang mit dem Material wird also spielerisch aufgelöst, indem Rafael mit ihm tanzt und das Material dadurch zum Tanzpartner wird. Rafael hat nun, da die Aufgabe erledigt ist, eine andere Beziehung zu dem Material. Vorher galt ihm das Material als etwas Sperriges, das sich ihm in den Weg stellt und das es wie ein Werkstoff zu bearbeiten galt. Nun ist das Material ein Verbündeter und wird nicht mehr funktional gesehen. Ein Tanz gilt als lustvolle Überwindung von Schwerkraft. Rafael löst sich also von der Gebundenheit der Hausaufgabe und vom sozialen Gewicht des Abarbeitungsdrucks. Sein Liedchen drückt aus, dass Rafael die ganze Zeit mit seinen Englischhausaufgaben beschäftigt war und sich jetzt vermutlich seinen Hausaufgaben im Fach Deutsch zuwenden will. Im Liedtext steht somit das, was auch an der Tafel steht, nämlich die von Rafael abzuleistenden Pflichten. Zudem freut er sich und zeigt Erleichterung darüber, dass er die Aufgabe zum Großteil bewältigt hat. Die sprachliche Handlung

zeichnet sich somit durch einen Doppelcharakter aus: Das Lied verge-
genwärtigt auf der einen Seite die zu erledigenden Pflichten und
drückt auf der anderen Seite die Freude über die erbrachte Leistung
aus. Diese Praktik der Interpunktion im Arbeitsprozess in Form einer
öffentlichen Einforderung von Anerkennung der beim Abarbeiten der
Aufgaben vorangeschrittenen Subjektes zeigt sich als konforme, denn
Rafael packt direkt im Anschluss seine Deutschhausaufgaben aus und
beginnt mit einer neuen Arbeitssession.

In der beobachteten Szene diszipliniert sich der Schüler zu einem kon-
formen Verhalten als „Einzelleister", so wie es die Rahmung des Formats „Hausaufgabenbetreuung" von ihm einfordert. Diese Anstren-
gung wird durch einen „Gesang und Tanz mit dem Buch" zeitweise
aufgelöst. Der spielerische Umgang mit dem Material bringt eine Subjektivierung hervor, die als expressiv, körperlich und ganzheitlich bezeichnet werden kann. Der Schüler zeigt sich in dieser Situation als positiv wahrgenommen, da er sich selbst genießt und feiert. Er kommt
mit seinem Material in einen regelrechten Flow und löst sich schwere-
los, aber zeitbegrenzt, von den Obliegenheiten des Alltags. Die große
Spannung, die sich eventuell während der Bewältigung der Aufgabe
aufgebaut hat, wird punktuell unterbrochen. Durch Raphaels Sprechakt wird auch deutlich, was diese Leistung ist: Es ist der Fortschritt in
der Methode des Abarbeitens von Aufgaben („fertig mit englisch ... ich
muss nur noch (...) deutsch machen"), nicht z.B. die Neukonstruktion
von Wissen (bspw.: „ich hab neue vokabeln gelernt"). Bemerkenswert
ist die Tatsache, dass nach dieser Phase der Entspannung wieder die
Rückkehr in die angedachte Arbeitshaltung erfolgt. Der Umgang des
*Schüler*innensubjekts* mit sich und der *Sache* zeichnet sich also auf der
einen Seite durch eine Interpunktion des Arbeitsprozesses im Sinne
der Bedürfnisse des Subjekts, welches sich als Arbeitende*r anerkannt
sehen will, auf der anderen Seite durch die Übernahme des Pflichtenkatalogs ins eigne Selbstbild aus, aus dem die Selbstdisziplinierung
zum weiteren Arbeiten folgt.

7.3. Zusammenfassung: Lernkultur der asketischen Bildungsarbeit zwischen Formalisierung der Sache und Selbstdisziplinierung

Neben dem Unterricht, als Kerngeschäft des Gymnasiums, wird von den pädagogischen Akteur*innen des untersuchten Gymnasiums v.a. der Hausaufgabenbetreuung ein zentraler Stellenwert zugeschrieben. Hausaufgaben werden zunächst als unhinterfragte Selbstverständlichkeit der Pflichterfüllung konstruiert, die dennoch ein zentrales Element des Ganztags bilden, da hier Selbständigkeit und Selbstdisziplinierung eingeübt werden sollen. Im Zusammenhang mit der Hausaufgabenbetreuung wird v.a. die fehlende Disziplin der Schüler*innen diskutiert. In den Diskussionen überwiegt die Vorstellung, die Schüler*innen sollten an ihren Aufgaben konzentriert, jeder für sich, das heißt auch ohne zu sprechen zügig arbeiten. Das Disziplindefizit der noch zu gymnasialisierenden Schüler*innenschaft steht dementsprechend im Mittelpunkt der Konstruktionen der Lehrer*innen. Die Schüler*innen müssen aus Sicht der Anbieter dazu in der Lage sein, sich selbst zu motivieren und fordern von ihnen Autonomie im Umgang mit der Sache ein. Diese Autonomiefähigkeit wird aber zugleich latent bestritten: Das Hausaufgabenangebot der Ganztagsschule soll vor allem dazu dienen, die Schüler*innen zum Arbeiten zu bewegen. Es wird angenommen, dass Probleme folglich teils durch Kooperationsverweigerung, teils durch Kooperationsunfähigkeit auf Grund mangelnder Gymnasialität der Schüler*innen entstehen. Wie werden nun die Schüler*innen in dem entsprechenden Format „Hausaufgabenbetreuung" adressiert?

Die Hausaufgabenbetreuung der fünften Klasse beginnt mit dem Anschreiben der zu erledigenden Hausaufgaben an die Tafel. Neben der eher asketischen Ausgestaltung der Arbeitsplätze – die Hausaufgabenbetreuung findet im Klassensaal statt und keine persönlichen Gegenstände (Spielzeug, Essen, Trinken) befinden sich auf den Tischen – wird v.a. durch den Tafelanschrieb der Anspruch der Selbstdisziplinierung zur Pflichterfüllung als normativen Anspruch dargestellt. Auf der Seite der Schüler*innen wird ein Spiegelungsprozess erwartet, so dass

die Schüler*innen sich selbst zu eigenständigem, konzentriertem Bearbeiten der immer wieder neu vor Augen gestellten Pflicht disziplinieren. Diese Praktik stellt zunächst eine Formalisierung der *Sache*
dar, die einen Versuch impliziert, das den *Schüler*innen* zugeschriebene Defizit der mangelnden Gymnasialität zu kompensieren. Das Setting fordert ein Allein-Arbeiten der Schüler*innen als selbstständiges
Arbeiten ein. Die Schüler*innen werden angeleitet, sich selbst zu einer
ruhigen Alleinleisterhaltung zu disziplinieren. Dabei werden die Schüler*innen auf der Beziehungsebene tendenziell in einer generalisierten Art angesprochen, sei es durch den Tafelanschrieb, der einen für
alle verbindlichen Pflichtenkatalog darstellt oder durch die Lehrerin,
die meistens dabei verbleibt, zur Bearbeitung der Sache zu ermahnen.
Die gemeinsame Arbeit an der Sache wird tendenziell unter Verdacht
(vielleicht des „Abschreibens" oder „Nicht-Arbeitens") gestellt, weshalb die Schüler*innen bei Bearbeitungsproblemen weitgehend auf
Hilfe durch die Lehrerin angewiesen sind. Die *Lehrerperson* entzieht
sich weitgehend als Ansprechpartnerin für individuelle Fragen und
verweist stattdessen auf die Gültigkeit der Normen und sozialen Konventionen. Damit wird die Lehrerin zur Aufrechterhalterin von konstruierten Bildern der Selbstständigkeit und Gymnasialität und im
Rahmen des Formats „Hausaufgabenbetreuung" die Methode des
Hausaufgaben-Erledigens als einzig relevanter Inhalt markiert. Eine
latente Sinnzuschreibung der Lehrer*innen im Angebot der Hausaufgabenbetreuung könnte somit lauten: Die Schüler*innen sollen lernen,
selbstständig Hausaufgaben zu machen. Die Bildungsinhalte der Aufgaben selbst sind der zu vollziehenden Methode unterzuordnen, da sie
im Fachunterricht bearbeitet werden.

Die Schüler*in dagegen diszipliniert sich selbst zu einem Umgang mit
der Sache, der durch das Setting als angemessener Umgang mit der Sache vorgegeben wird. Im Beispiel ist dies bei Raphael in der ange-
spannten Körperhaltung und der Aufmerksamkeitszentrierung beim
Bearbeiten der Aufgabe und der Rückkehr in diese Haltung nach seinem „Tanz mit den Unterlagen" deutlich. Es zeigt sich, dass für den
Schüler selbst andere Formen des Umgangs mit der Sache möglich
sind, im beschriebenen Fall ist es der „Tanz", und es ist auch allgemein

denkbar, die Hausaufgaben in anderen Settings, zum Beispiel als Gruppenarbeiten, wie in der Interaktion zwischen Jelina und Sarah angedeutet, zu erledigen. Dennoch bleiben die Schüler*innen im Möglichkeitsrahmen der Methode, wie er vom Setting vorgegeben wird. Als Alleinleister freut sich Rafael auch nur alleine über seinen „Erfolg". Die einzige Möglichkeit, seinen Fortschritt zu „feiern" ist der private Tanz mit dem Material, anstatt es z.B. seinen Mitschüler*innen mitzuteilen. Durch den Möglichkeitsraum „Hausaufgaben erledigen als Alleinleister" erhält der Schüler die Chance, sich als Könner der Methode wahrzunehmen. Es ist ihm gelungen, eine Aufgabe zu erfüllen. Das „Abhaken der Sache" führt zwar zu einer kurzen Haltung der Entspannung und des Innehaltens, aber auch direkt wieder zur Rückkehr zur Arbeitshaltung, die als „Verhaltensregel geradezu in die Schülerkörper eingespeichert" (Kalthoff 1997, S. 216) scheint, da noch nicht alle Aufgaben erfüllt wurden.

Die Praktiken der Formalisierung der Sache zeigen, dass das Setting implizit voraussetzt, dass eine Anbahnung und Überwachung von Selbstdisziplin auf Seiten der Schüler*innen – bspw. durch den Tafelanschrieb, die asketische Tischordnung, das „Umherkreisen" der Lehrerin – notwendig ist und in Verbindung mit der Arbeit an fremd gestellten Aufgaben eine wünschenswerte disziplinierte Haltung hervorbringt. Damit ist latent mit vorausgesetzt, dass die Verinnerlichung einer solchen Haltung sich selbst gegenüber durch solche Praktiken hervorgebracht werden kann, in welchen für Schüler*innen ein Selbstverhältnis entsteht, sich selbstdiszipliniert einer schulischen Sache annähern zu müssen. *Im Zentrum der beobachteten Lerngeschichte steht damit eine Praktik der asketischen Bildungsarbeit in Form einer eher einsamen Beschäftigung mit schulischen Aufgaben. Das ideale gymnasiale Subjekt* zeigt sich im beobachteten Setting als eines, das im Rahmen eines materiellen Arrangements der Askese sich als Einzelne*r mit Aufgaben beschäftigt und sich dabei möglichst wenig von anderen Personen und Dingen ablenken lässt.

8. Gymnasium und Jugendkultur – Grenzverschiebungen in modernisierten Angeboten: Eine jugendkulturelle AG

8.1. „Öffnung von Schule": Strukturprobleme des Gymnasiums und Ganztagsschule als Kompensationsmöglichkeit

Das Gymnasium gilt im Alltagsdiskurs nach wie vor als Repräsentant von Hochkultur und setzt so Maßstäbe für die Form der schulischen Vermittlung von Kultur, während alle anderen Schularten als Schwundform angesehen und an dessen Maßstäben gemessen werden. So sind z.b. die Lehrpläne aller Schularten weitestgehend an dem des Gymnasiums orientiert, was ihm die größte symbolische Macht verleiht. Gerade weil das Gymnasium als Schulform höchstes Ansehen in der Gesellschaft genießt und lange Zeit unkritisiert blieb, konnte es herkömmliche Unterrichtstrukturen konservieren. Dennoch verfahren erziehungswissenschaftliche bzw. schulpädagogische Debatten nicht unkritisch mit der Einschätzung der gymnasialen Lernkultur. Wie in den vorangegangenen Kapiteln bereits thematisiert, wird der Unterricht am Gymnasium aus Sicht der Wissenschaft zumeist als besonders lebensfern und von den aktuellen gesellschaftlichen Entwicklungen, der Lebenswelt der Schüler*innen und Arbeitswelt getrennt beschrieben. Moegling (2000, S. 25) konkretisiert: „Die diesbezügliche Kritik sieht das Gymnasium als eine Art geschlossene Anstalt, deren institutionelle Eigengesetzlichkeit die schulischen Lernprozesse systematisch zum Leben außerhalb und nach der Schule fernhalte." Aus didaktischer Perspektive fällt es aber Schüler*innen umso schwerer den Unterricht mit zu konstruieren, je weniger dessen Inhalte an die eigene Erfahrungswelt angeschlossen werden können (s. z.B. Pfeifer 2011, S. 23).

Bereits in den jugendtheoretischen Diskussionen der 1980er und 1990er Jahre wurde z.B. von Hornstein (1990) die fehlende Passung zwischen Jugend und Schule – vor allem an Gymnasien – kritisiert und das Leitbild einer kindgemäßen und jugendkulturell orientierten Schule vertreten. In der Schule, so der Vorwurf, würden nur entsinnlichte Erfahrungen gemacht (s. z.B. auch Rumpf 1981 und 1986), weshalb diese den Schüler*innen fremd blieben. An deren Weltsichten könnte kaum angeschlossen werden und das in der Schule Erlernte hätte deshalb für ihr Leben keine Bedeutung. Die Schule müsste also dieser Entfremdung und Verdinglichung entgegenwirken, um ein ganzheitliches, nachhaltiges Erfahrungslernen ermöglichen zu können. Die Separierung der Schule zu einer eigenlogisch operierenden Institution in der Differenz zu Freizeit, wird in dieser Konstruktion defizitär als künstliches Arrangement konnotiert und als Schwundform des authentischen Lebens außerhalb der Schule diametral entgegengesetzt. Es wird angenommen, dass sich das subjektiv bedeutsame Lernen im eigentlichen Leben der Schüler*innen, nämlich außerhalb der Schule, vollziehe (vgl. Idel/Reh/Fritzsche 2009). Vor allem die generelle wissenschaftspropädeutische Ausrichtung des Gymnasiums habe bisher dazu geführt, dass jugendkulturelle Lebenswelten nur im geringen Maße zum Gegenstand des Unterrichts und Schullebens geworden seien. Dem Lernen in der Schule wird in diesem Diskurs auf der einen Seite mangelnde Nachhaltigkeit unterstellt und auf der anderen Seite wird es als defizitär betrachtet, weil es artifiziell sei.

Die Kritik an der Öffnungsforderung wiederum stammt aus der gleichen Zeit: z.B. von Ziehe (1996) in seinem Plädoyer für die Erhaltung des Differenzverhältnisses zwischen Jugend und Schule, aus dessen Perspektive die Entgrenzung von Schule als krisenhafte Überdehnungs- und Entdifferenzierungsbewegung erscheint. Die Begrenzung von Schule sei notwendig, weil sonst die Gefahr einer unproduktiven Verschmelzung von Freizeit und Schule bestehe. Aus didaktischer Perspektive (s. z.B. Prange 1995) seien „künstliche Schule" und „wirkliches Leben" nicht als Gegensatz zu sehen, sondern alle Bereiche moderner Lebenspraxis seien künstlich. Außerdem sei der Gegensatz von Subjekt- und Instruktionsorientierung ohnehin konstitutiv für schulisches Lernen. Unterricht solle lediglich als mögliche Inszenierung von Lernen gedacht werden, welcher so arrangiert werden müsse, dass die

Wahrscheinlichkeit erwünschter Folgen und Nebenwirkungen zunehme. Prophezeit wird im Rahmen einer „Öffnung von Schule" die Zuspitzung von paradoxen Anforderungen und antinomischen Strukturen in und durch Schule (s.a. Helsper 2000a, 2002, 2008 und Wernet 2003) und damit die Entstehung einer riskanteren professionellen Lehrer*innenpraxis. Es wird also befürchtet, dass die überbordende Emotionalisierung des Schulischen innerhalb der geöffneten Angebote zu einer funktionalen Überbelastung der Akteur*innen führe. Eine subjekttheoretische Sichtweise schätzt die Forderung nach Enthierarchisierung schulischer Beziehungen im Bild gleichwertiger Partner*innenschaft und eine damit verbundene Informalisierung des Lernens ebenfalls als möglicherweise kriseninduzierend ein (s. z.B. Kolbe/Rabenstein 2009; Kolbe 2006).

In der bildungspolitischen Debatte um Ganztagsschulen und das Konzept der „Öffnung von Schule" werden auch hier hohe Erwartungen formuliert: Die Kooperation mit außerschulischen Partner*innen und die Erweiterung von schulischen Themen, sollen das schulische Leben selbst reformieren und die Schule zum schüler*innenorientierten Lebens- und Erfahrungsraum, zu *der* Stätte für Freizeit werden lassen. Unterricht und Freizeit sollen miteinander verbunden werden, indem Freizeitelemente, zum Beispiel in Form sogenannter „Offener Angebote" (AGs, Projekte usw.), in den vormittäglichen Unterricht integriert und nachmittägliche Freizeitangebote curricularisiert und didaktisch strukturiert werden. Die Verbindungen nach außen sollen also Veränderungen in der ganzen Schule, sozusagen eine Öffnung nach innen bewirken, sodass Schule zum Lebensort wird. Laut Holtappels (1995) wäre diese Öffnungsbewegung hin zu einem reformierten Bildungsverständnis als alleinige Antwort auf Fragen der veränderten Aufwachsensbedingungen von Kindern und Jugendlichen zu denken. Die genannten reformpädagogischen Forderungen intendieren also bereits, dass die Grenze zwischen Freizeit und Unterricht an Ganztagsschulen verschoben, da Freizeit in das schulischen Geschehen integriert und damit pädagogisiert werden solle.

Die Brisanz besteht m.E. nun darin, dass die in Ganztagschule eingelagerten reformpädagogischen Forderungen nach „Öffnung von Schule"

in einem Spannungsverhältnis zu den bisher etablierten strukturkonservativen Ausformungen des Gymnasiums stehen. In diesem Kapitel
wird sich nun dafür interessiert, ob und inwiefern diese moderne
Form der Beschulung den Unterrichtsalltag am Gymnasium transformiert. Dazu wird exemplarisch ein Entwicklungsbereich der Ganztagsschule in den Mittelpunkt gerückt wird, der in starker Differenz zum
etablierten gymnasialen Bildungsprogramm steht, nämlich die Öffnung hin zur Jugendkultur im Rahmen eines außerunterrichtlichen
Angebots. In geöffneten Angeboten wird die Individualität der Schüler*innen besonders betont, da es zu einem Abbau von Fremdheitser-
fahrungen kommt und sich der Einzelne weniger in kollektive Zusammenhänge einordnen muss. Der Wunsch nach egalitären, sym-
metrischen Beziehungen zwischen Lehrer*innen und Schüler*innen
in einer solchermaßen informalisierten Ganztagsschule und einem
solchermaßen individualisierten Lernumfeld, richtet den Blick auf die
Schüler*in als ganze Person und nicht als Rollenträger*in, wodurch
sich potenziell identitätsbedrohliche Situationen ergeben können, da
eine höhere Anforderung an Selbstregulierung und Selbstkontrolle gestellt wird. An die oben skizzierten Debatten schließt sich also für offene Angebote am ganztägig-organisierten Gymnasium die empirische
Frage an, *wie in dem oben genannten Arrangement, welches eine Zwi-
schenlage von gymnasialem Vermittlungsanspruch auf der einen und jugendkultureller Beschäftigung auf der anderen Seite darstellt, pädagogische Ordnungen etabliert und Lerngelegenheiten eröffnet werden.*

8.2. Jugendkultur als Teil von Schulkultur

Den Arbeitsgemeinschaften an dem beobachteten Gymnasium, welche
von den Akteur*innen einzig als „offenen Angebote" bezeichnet werden, kommt innerhalb der Elemente des Ganztags ein eher begrenzter
Status zu: Die Schüler*innen der 7. und 8. Klasse wählen an zwei Nachmittagen aus einem schon vor der Einführung der Ganztagsschule
existierenden Angebot an Arbeitsgemeinschaften oder zwischen eigens für sie eingerichteten AGs aus. Anhand der Aufzeichnungen eines
Interviews mit dem Ganztagsschulkoordinator lässt sich dabei rekon-

struieren, dass man unter verstärkten Druck durch Eltern sich dahingehend verständigt habe, dass bei nunmehr älteren Schüler*innen das ganztägige Angebot nur durch eine Erweiterung hin auf spezifischere Interessen attraktiv bleibe, wie sie AGs zugrunde lägen. In der 5. und 6. Klasse wird auf ein AG-Angebot zugunsten der viertägig angebotenen Kombination aus Unterricht und sogenanntem projektartigem Unterricht verzichtet. Laut Symbolischem Konstrukt der Lehrer*innen, welche in die Ganztagsschule eingebunden sind, gilt die Annahme, dass die Schüler*innen der 7. Klasse sich in einem Alter befinden würden, in dem sie schon eher die Voraussetzung hätten, eigenständig arbeiten zu können. Neben dem Unterricht kommt Arbeitsgemeinschaften im Entwurf dieser Kultur gymnasialen Lernens die Funktion zu, auf der Basis bereits erreichter Gymnasialität, spezifischen und vertieften sachlichen Interessen nachgehen zu dürfen. Wesentlich dafür sind dabei eine Orientierung an höherem Wissen und Leistungsbereitschaft im Sinne gymnasialen Wissenserwerbs. Es besteht jedoch der Druck auf die Schule, auch von Elternseite her, sich zu öffnen, woraufhin der gymnasiale Anspruch universalisiert auf das gesamte Angebotsspektrum übertragen wird: alles, auch die Arbeitsgemeinschaften, dient der gymnasialisierenden Förderung und soll zur vertieften Beschäftigung mit angemessenen, kulturell wertvollen Sachen und Themen führen. Nun stellt sich die Frage, wie in der beobachteten „AG Pausenradio", vor dem Hintergrund, dass jugendkulturelle Themen vormals nicht Einzug in die Lernkultur dieses Gymnasiums gehalten hatten, der Gegenstand im Rahmen der genannten Förderungsprogrammatik bearbeitet wird. Die „AG Pausenradio" ist eine Arbeitsgemeinschaft in der unter Anleitung eines Lehrers eine Radiosendung von Schüler*innen für Schüler*innen produziert werden soll. Die erstellte Sendung kann später über die Lautsprecheranlage der Schule gesendet werden, die normalerweise nur dem Schulleiter zur Verfügung steht. Laut Lehrer*innenkollegium, handelt es sich hierbei um das am wenigsten „verschulte" und am meisten geöffnete Angebot von allen, weil es am stärksten an den Interessen der Schüler*innen angelehnt ist.

In der Gegenwartskultur hat Musik insbesondere für Jugendliche und junge Erwachsene eine kulturelle Leitfunktion inne. Das untersuchte Angebot bietet also strukturell gesehen die Möglichkeit zur Abgrenzung gegen ältere Generationen. Die Bearbeitung des Themas durch die Peers könnte Musik als „Gegenwelt" nutzen und das anzufertigende Radioprogramm als etwas anderes erscheinen lassen, als es normalerweise die hegemoniale lokale Schulkultur vorgibt. Die poststrukturalisitische Musiksoziologie (z.B. Kaden 2004) sieht Popmusik aber auch als gegenaufklärerischen Konservierungsversuch widerlegter Lebensformen. Popmusik bewegt sich immer im Bereich zwischen Regression und Progression im Verhältnis zur jugendlichen Identitätsbildung, was eine medienpädagogische Bearbeitung des Gegenstandes – durch die Lehrer*in als „Kulturarbeiter*in" – sinnvoll macht. Dass die AG durch einen Lehrer angeleitet wird, muss also nicht unbedingt zu einer Schließungsbewegung führen, sondern bietet die Möglichkeit, Nicht-Schulisches im Hinblick auf potenzielle Entwicklungsaufgaben und -herausforderungen der Schüler*innen im produktiven Sinne anders zu bearbeiten. Eine erste These ist nun folgende: Das untersuchte Angebot könnte demnach auf der einen Seite neue, andere, reflexive und individuelle Sichtweisen auf den Sachgegenstand ermöglichen und auf der anderen Seite könnte lokale Schulkultur mitgestaltet werden – die Grenzen des institutionell Vorgegebenen im Sinne der Kinder und Jugendlichen verschiebend. Von den drei grundsätzlich existierenden Musik-Rezeptionsarten – emotional-assoziativ, motorisch-vegetativ und kognitiv-analytisch – werden meist die beiden zuerst genannten der Popmusik und die letzte dem hochkulturellen Schema einer Grundhörweise zugeschrieben (Kaden 2004). Die Annahmen über die Spannung zwischen gymnasialer Lernkultur und jugendkulturellem Gegenstand, welche durch die Rahmung, dass alle Angebote der Schule der Förderung und Herstellung einer gymnasialen Haltung dienen, noch zugespitzt werden, lassen allerdings eine „Einverleibung" von Jugendkultur im Sinne einer imaginierten Hochkultur und damit die Verschließung spezifischer Aneignungsformen von Musik befürchten. Das Angebot kann also ebenso eine hybride Ausformung der Praktik des Umgangs mit Jugendkultur in ganztagsschulischen Angeboten am Gymnasium hervorbringen. Die Frage an die folgende Rekonstruktion muss also präzisiert werden: *Wie wird mit den Widersprüchen, die sich aus dem Einbezug nichtschulischer, jugendkultureller Lebenswelten in das gymnasiale Förderangebot ergeben, umgegangen?*

8.3. Die Lerngeschichte: Eine jugendkulturelle AG

Nun zur Lerngeschichte[65]: Nach der frontalen Eröffnung durch den Lehrer, bei der er zusammenfasst, was an diesem Nachmittag alles gemacht werden muss, wird die Arbeit in Kleingruppen fortgesetzt. Eine Gruppe sortiert die Musik auf einem Laptop, eine andere erstellt einen Flyer, der eine Umfrage zum Inhalt hat. Der Lehrer wiederum geht mit zwei Schülern, die sich mehr oder weniger freiwillig gemeldet haben, in einen Nebenraum, um dort die Sprecherteile für die Radiosendung aufzunehmen. Diese besteht jeweils in einem Zusammenschnitt von zwei Songs und der Moderation vor und zwischen den Titeln.

8.3.1. Teil 1: „das kriegt ihr auch hin"

Beschreibung

Der Lehrer, Jamal und Finn befinden sich in einem Nebenraum, an dessen hinterer Wand ein E-Piano, mehrere Notenständer und übereinander gestapelte Stühle zu sehen sind. Der Lehrer lehnt sich an einen Tisch und die beiden Schüler sitzen vor ihm auf Stühlen, so dass sie zu-

Abbildung 17: AG, Teil 1

---

[65] Eine Interpretation des ersten Teils dieser Lerngeschichte – „Die frontale Eröffnung" – wurde bereits von Kolbe (2009) und von Neto Carvalho/Veits/Kolbe (2015) veröffentlicht. Eine verknappte Interpretation der Lerngeschichte findet sich auch bei Neto Carvalho (2013).

sammen eine Art Dreieck bilden. Jamal erklärt sofort: „ich hör nur zu".
Der Lehrer hält, auf das Display schauend, einen MP3-Player in der
Hand und spielt eine alte Aufnahme von MC Moritz, dem heute fehlenden Stammmoderator vor („jo hier ist wieder MC moritz jetzt ist gleich
vorbei hier , wir spielen nun die wise guys mit jetzt ist sommer auf den
besonderen wunsch von lukas"). Der Lehrer sagt: „das kriegt ihr auch
hin" und fordert die Jungen auf, es MC Moritz gleichzutun.

Interpretation

Wenn man die erste Szene betrachtet, ohne einen schulischen Zusammenhang vorauszusetzen, kommen weitere Situationen in Frage, in
denen die Geschichte stattgefunden haben könnte. Raumausstattung
und Personenkonstellation lassen zunächst auf die örtliche Musik-
schule schließen: Es befinden sich Keyboard und Notenständer in dem
kleinen Raum und die beiden Jugendlichen haben eine rezeptions-
günstige Haltung gegenüber dem Erwachsenen eingenommen, wobei
die Beteiligten dennoch entspannt wirken. Was fehlt, ist das Instrument, auf dem gespielt werden soll. Stattdessen hält der Erwachsene
Geräte zur Stimmenaufnahme und -wiedergabe in der Hand. Vielleicht
findet die Szene aber auch beim Tag der offenen Tür des Lokalsenders
statt, wo die Jugendlichen sich an einer Moderation ausprobieren dürfen. Auffällig ist, dass keine didaktisch gerahmte Vermittlungssituation zustande kommt. Es wird nicht erklärt und nur wenig gezeigt. Es
wird demnach implizit vorausgesetzt, dass die Jugendlichen mit dem
Material schon umgehen können. Die Szene könnte also in einer weniger formalisierten Umgebung, beispielsweise in der Familie stattgefunden haben. Sohn, dessen bester Freund und Vater gehen gemeinsam in den Hobbykeller, um sich an einer gemeinsamen Musik-
aufnahme zu probieren.

Diese Lesart erscheint deshalb wenig tragfähig, weil sich die beteiligten Personen auf eher distanzierte Weise zuwenden, was sich z.B. darin beobachten lässt, dass der Erwachsene auf dem Tisch sitzt, während die beiden Jungen auf zwei Stühlen vor ihm sitzen. Der ohnehin
schon körperlich große Mann überragt die Jungen nun um einiges. Die
Jungen verhalten sich auch zueinander distanziert, denn sie rücken e-
her zögerlich ihre Stühle aufeinander zu, um in das Mikro zu sprechen.

In dieser Sequenz tritt deutlich eine Herstellung von Hierarchien zu-
tage, die aber legitimationsbedürftig ist: Die erhöhte Position des Erwachsenen wirkt tendenziell dominierend und er verfügt über das
Material, obwohl man nicht davon ausgehen kann, dass er im Umgang
mit diesem über ein größeres Expertenwissen verfügt als die Jugendlichen. Die Tatsache, dass neben Schule die anderen beiden Kontexte
angenommen werden können, zeigt allerdings, dass vor allem die un-
übliche Schüler-Lehrer-Relation, dass nämlich ein Lehrer zwei Schülern zur Verfügung steht, Raum für offene Aneignungs- und Erfahrungsmöglichkeiten für die Schüler bietet. Sie nehmen eine eher
entspannte Körperhaltung ein und sind dennoch stark auf den Lehrer
und die Sache konzentriert. Zu beobachten ist also ein mehr oder weniger formalisierter *Umgang mit dem Gegenstand* in einem z.T. hierarchisierten Setting, das aber Öffnungstendenzen erkennen lässt.

8.3.2. Teil 2: „ne fang du mal an ich will des net sagen"

Beschreibung

Abbildung 18: AG, Teil 2

Während Finn erste Versu-
che macht, sagt Jamal: „ne
fang du mal an ich will des
net sagen" und erst nach
mehrmaligem   Zureden
spricht er in das Mikro (Finn:
„jojojo weiter gehts hier ist
MC welling und mein kol-
lege", Jamal: „MC jamal"). Jamal findet, dass seine Stimme blöd klingt, während
Finn lachend mit den Schul-
tern zuckt. Der Lehrer sagt, er wolle die Aufnahme erst einmal abspie-
len, die sei nicht schlecht und die Jungen seien viel zu kritisch mit sich
selbst. Während Finn mit der Moderation zunächst zufrieden ist, be-
merkt Jamal, dass das Gehörte kindisch klingt. Der Lehrer dementiert.
Er macht den Vorschlag, dass der eine die eine und der andere die andere Pause übernimmt.

Interpretation

Nachdem Jamal zunächst gar nichts sagen will, traut er sich zu Beginn nur, auf Drängen des Lehrers hin, seinen Namen „auf Band" zu sprechen. Während sich die Schüler in Analogie zur zuvor gehörten Bandaufnahme ohne erkennbare Absprache darauf einigen, gemeinsam die Moderation zu gestalten, schlägt der Lehrer dagegen vor, dass jeder seine „Leistung" als Einzelner erbringen soll. In der Situation treten nun schultypische Strukturelemente zu Tage: ohne Notwendigkeit werden die Schüler zueinander in ein Konkurrenzverhältnis gesetzt. In Folge der bisher konstruierten Hierarchie, die in der Situation angelegt ist, wird aus dem Vorschlag eine Anordnung, da keine weiteren Handlungsalternativen, die durch die Schüler formuliert werden könnten, zugelassen werden. Die zunächst für Jamal entstandene geöffnete Situation – dass er sich nämlich im Gegensatz zum herkömmlichen Unterricht, der an ihn gestellten Aufgabe verweigern konnte – wird an dieser Stelle durch den Lehrer wieder geschlossen.

Der Lehrer seinerseits bedient selbst das Aufzeichnungsgerät, konzentriert sich auf dieses. Da er den Player zu keiner Zeit aus der Hand gibt, scheint ein eigenständiger Umgang der Schüler mit der Technik nicht vorgesehen. Für eine substantiell inhaltliche Arbeit entsteht so noch kaum kommunikativer Raum und kein Territorium. Gleichwohl hat das gewählte Vorgehen zweierlei an sich: erstens die Arbeit für den Lehrer sachlich wie prozessbezogen kontrollierbar zu gestalten, und zweitens die Arbeit zu beschleunigen, wenn es nur um eine mehr oder weniger reproduktive Nachahmung geht. Während der *Lehrer* sich also hauptsächlich auf das Material konzentriert, wird dem *Schüler* die bisher bestandene Möglichkeit zur Verweigerung verschlossen.

8.3.3. Teil 3: „„o gott . wenn ich wüsste, wenn ich wüsste was ich sagen soll"

Beschreibung

Abbildung 19: AG, Teil 3

Jamal will nicht so viel reden und wenn, dann nur unter der Prämisse, dass er seine Stimme verändern darf, weil er nicht weiß was er sagen soll und ihm seine Stimme nicht gefällt. Der Lehrer überredet Jamal dann doch eine längere Passage aufzunehmen, bei der er spontan „irgendetwas" in das Mikrophon sprechen soll. Jamal sagt: „ja hallo , hier ist , MC jamal .. und , ehm . ja . äh", woraufhin er zu lachen beginnt und den Lehrer fragend ansieht. Dieser fragt ihn danach, welches Lied er denn am besten fände, was Jamal mit: „queen . we will rock you" beantwortet. Doch Jamal zögert, mit dem Hinweis, dass er immer noch nicht weiß, wie er das Lied anmoderieren soll. Der Lehrer: „so willsten spielen heute . dann sach ma , welches lied willste heute spielen". Jamal: „ehm we will rock you von queen". Nachdem der Lehrer die Aufnahme beendet hat, verdreht Jamal die Augen, sagt „o gott . wenn ich wüsste, wenn ich wüsste was ich sagen soll" und schüttelt den Kopf. Der Lehrer merkt an, dass Jamal „n bisschen zu nah dran gehalten und n bisschen zu laut gesprochen" hätte und nur verstärkt darauf achten müsste, ob das Lämpchen der integrierten Leuchtdiode rot oder grün blickt, um die Aufnahmequalität zu verbessern.

Interpretation

Jamal bringt also nur zäh einige Worte hervor, die ihm vom Lehrer quasi in den Mund gelegt werden. Wer jedoch in dem oben skizzierten Rahmen eine "Sendung" moderiert, exponiert sich schulöffentlich und im Besonderen gegenüber der Peer, indem zur Moderation im konventionellen Verständnis eine persönliche Note und eine subjektive Interpretation des Musikerlebnisses gehört. Öffentlich präsentiert können diese Anlass von Zuschreibung und Adressierung an den Sprecher durch die Peers sein. Anerkennung und Spott, Statusgewinn oder Statusverluste sind deshalb potentiell mit der Erstellung dieser Anmoderation verbunden. Denn der Sprecher könnte verstärkt beobachtet, die Moderation nach Originalität und "Coolness" bewertet werden. Öffentlichkeitsannahmen, Bewertungsdruck durch den Lehrer sowie die Furcht vor mangelhafter inhaltlicher Ausgestaltung seines Redebeitrages haben die Angst vor dem Sprechen möglicherweise so gesteigert, dass ein freies Reden fast unmöglich gemacht wird. Jamal zeigt sich mit der an ihn gestellten Aufgabe also zunächst überfordert, da er im Gegensatz zu Finn, der schon zu Beginn spontan etwas flüssig in das Aufnahmegerät sprechen konnte, nicht weiß was er sagen soll, dem *Schüler* also die notwendigen Kategorien und das dazugehörige Skript zur Erstellung einer jugendkulturell angemessenen Anmoderation fehlen. Er hat also zum einen das Problem, dass er eine von ihm negativ ausgelegte Differenz zwischen seiner eher hellen und Finns eher dunkel Stimme wahrnimmt und zum anderen ist er nicht in der Lage, unter Zeitdruck eine Anmoderation zu leisten, was Finn bereits gelungen ist. Obwohl es sich bei dessen Selbstinszenierung eigentlich nur um eine Re-Inszenierung des vom Lehrer zuvor bereits vorgespielt medialen Vorbilds handelt.

Der *Lehrer* seinerseits interpretiert das unsichere Verhalten Jamals nach außen hin als Gebaren eines Laien, welcher mit den zu bedienenden Gerätschaften nicht umzugehen weiß. Es lässt sich demnach beobachten, dass er die entwicklungsrelevanten Fragestellungen des Schüler*innen als sachbezogene Probleme deutet. Der Meinung des Lehrers zu Folge, klingt Jamals Stimme gar nicht kindisch und er weißt immer wieder darauf hin, dass er eigentlich nur auf das Lämpchen achten müsste und schon würde es funktionieren. Korrekturvorschläge seinerseits nach Anhören der Aufnahme beziehen sich lediglich auf Anweisung, wie das Mikrophon richtig zu benutzen sei. Auf einen Lösungsvorschlag Jamals („da muss ich aber irgendwie meine

Stimme verändern") geht der Lehrer nicht ein. Die Verstellung der Stimme als übliches Stilmittel in der Hörfunkmoderation, hätte Jamal die Möglichkeit geboten, sich kreativ auszuprobieren, indem er in neue Rollen schlüpft und sich weitestgehend für die Schulöffentlichkeit anonymisiert, da die Veröffentlichung der eigenen Stimme und das Preisgeben der eigenen populärkulturellen Vorlieben sich in einer Readressierungsbewegung durch die Schulöffentlichkeit potenziell stärkend oder bedrohend auf das eigene Selbstbild auswirken können. Der Lehrer in seiner Rolle als Vermittler und Pädagoge, gibt dem Schüler aber bereits „grünes Licht", wenn die Stimme nicht übersteuert bzw. verzerrt vom Band wiedergegeben wird. Ob Jamals Anmoderation inhaltlichen Sinn ergibt oder gar den Anforderungen an einen, in einem jugendkulturellem Rahmen, coolen Spruch entspricht, wird nicht zum Thema gemacht.

8.3.4. Teil 4: „„hier MC Jamal , und , mein lieblingslied ist we will rock you , von , queen"

Beschreibung

Der Lehrer fordert Jamal auf, es nochmal zu probieren und startet die Aufnahme. Der Junge stellt nun flüssiger das Lied vor, während er diesmal Stimmlautstärke und Näheverhältnis von Mund zu Mikrophon variiert und konzentriert auf den unteren Teil des Mikrophons blickt: „hier jamal MC jamal , und , mein lieblingslied ist we will rock you , von , queen" . Nachdem die Aufnahme vom Lehrer vorgespielt wurde, setzt Jamal bereits zu einer Kritik an, wird aber von Finn

Abbildung 20: AG, Teil 4

unterbrochen, der sich für das Urteil „ist doch gut" ausspricht. Der Lehrer befindet die Aufnahme als „optimal" und endet: „ich traus euch zu". Zum Abschluss sagt Jamal sichtlich erleichtert, dass er es schon hinbekommen würde, wenn er nur wüsste, was er sagen solle.

Interpretation

Der Bezug des *Schülers* zur und sein Problem mit der *Sache* ist nicht mehr relevant, sondern nur noch der korrekte Umgang damit. Das Problem wird vom *Lehrer* vordefiniert, was das Problem des Schülers weitgehend in den Hintergrund treten lässt. Für Jamal spielt es nun keine Rolle mehr, ob er sich auf Grund seiner hohen Stimme und seiner mangelnden Fähigkeit, spontan einen coolen Spruch hervorzubringen, vor der Schulöffentlichkeit zum Gespött machen könnte. Er hat sich die Meinung des Lehrers, dass ein Gelingen von der Anzeigenfarbe der Leuchtdiode abhängig ist, ebenfalls zu Eigen gemacht. Der Lehrer spricht Jamal als fähigen Schüler an, der dazu in der Lage ist, schulspezifische Probleme zur Zufriedenheit der Autorität zu bearbeiten. Jamal entspricht nun dieser Adressierung, was angesichts der Rahmung – es handelt sich ja schließlich um ein schulisches Angebot zur Herstellung einer bestimmten gymnasialen Haltung – durchaus als angemessen erscheint. Die jugendkulturell zu verortende Sache soll aber der Schulöffentlichkeit und damit einem bestimmten Expertenpublikum präsentiert werden, das – so ist zu vermuten – ganz andere Bewertungskriterien an den Gegenstand anlegt, als es die schulinstitutionelle Rahmung vorgibt. Der Lehrer ist demnach nicht der relevante Maßstab in Bezug auf den vorliegenden Sachgegenstand. Identitätsstabilisierende und -destabilisierende Kräfte gehen diesbezüglich von der Schulöffentlichkeit, in diesem Fall v.a. von den Peers aus.

8.4. Zusammenfassung: Grenzverschiebungen zwischen jugendkulturellem Gegenstand und gymnasialer Lernkultur

Das Thema der Arbeitsgemeinschaft mit seinem jugendkulturellen Sinnzusammenhang stiftet ein Verhältnis zum Schulgeschehen, in dem

Distanz und Abgrenzung mittels Peer-Kultur und damit in ganz konkreter Weise eine „Öffnung von Schule" in Form des Einbezugs jugendlicher Musikkultur als „Gegenwelt" zur hegemonialen Schulkultur strukturell angelegt sind. Dass die AG durch einen Lehrer angeleitet wird, muss nicht unbedingt zu einer Schließungsbewegung führen, sondern bietet die Möglichkeit, Nicht-Schulisches im Hinblick auf potenzielle Entwicklungsaufgaben und -herausforderungen der Schüler*innen im produktiven Sinne anders zu bearbeiten, als wenn die Jugendlichen unter sich bleiben würden. Die beobachteten Praktiken könnten individuelle Sichtweisen eröffnen und Mitgestaltung der lokalen Schulkultur ermöglichen – die Grenzen des institutionell Vorgegebenen im Sinne der Kinder und Jugendlichen verschiebend. Die Annahmen über die gymnasiale Rahmung und die Ansprüche der pädagogischen Akteur*innen an sich selbst, dass nämlich alle Angebote der Förderung und Herstellung einer gymnasialen Haltung dienen, lässt allerdings eine „Einverleibung" von Jugendkultur im Sinne einer imaginierten deutschen Hochkultur befürchten.

Der Praxisvollzug selbst bringt dann aber andere Akzente hervor: Die Sache und deren Inhalt werden kaum an die Lebenswelt der Jugendlichen angebunden, da das Material nicht in deren Verfügung gestellt wird. Die das Handeln tendenziell hierarchisierende, stark eingrenzende und pragmatisch-anspruchslose Vorgehensweise des Lehrers, der das Aufnahmegerät nicht aus der Hand gibt, lähmt eher die Handlungsfähigkeit der Schüler. Nicht die Erfahrung eigener Selbstwirksamkeit und die Möglichkeit zur Selbstinszenierung sondern herbeigeführte Hilflosigkeit und Unterordnung unter einen technisch regulierten Handlungsprozess dominieren, indem ohne nähere Beschäftigung mit der inhaltlichen Seite etwas reproduziert wird. Nicht die inhaltlich Qualität, sondern die Reproduktion der „bewährten" Methode wird in den Mittelpunkt gestellt. Die mögliche besondere Bedeutung von selbst erstellten Radiosendungen für Jugendliche als eigene Welt wird nicht ernsthaft verfolgt, da weder die Aushandlung von Neuem unter Laien noch die medienpädagogische Vermittlung kulturellem musikbezogenen Wissens stattfindet. Der Lehrer tritt nämlich entgegen der vorherigen Annahmen weniger als „Kulturarbeiter",

denn als technischer Vermittler in Erscheinung. Der pädagogische
Rückzug des AG-Anbieters hätte zunächst auch Chancen zum kreati-
ven Ausprobieren geboten, wenn er, gedankenexperimentell betrachtet, die Jugendlichen alleine im Raum mit den Materialen zurückgelas-
sen hätte. Seine Praktiken der pädagogischen Enthaltsamkeit hält er
aber nicht konsequent durch: Er konstruiert den Sachgegenstand, wobei er v.a. auf der Beziehungsebene eine Distanzierungsbewegung
vollzieht, indem er sich zum Beispiel von den persönlichen Problemen
Jamals absentiert. Das gymnasiale Subjekt erscheint hier als eines,
dessen eigene Probleme mit der Sache nicht mehr relevant sind, sondern nur noch dessen vordefiniert-korrekter Umgang damit, was den
Inhalt der Sache stark trivialisiert. Durch die Überbetonung der technischen Seite der Sache, werden die Schüler als Lerner adressiert, die
sich nicht mehr in Entwicklung befinden und die sich möglichst
schnell vom Vermittler festgelegtes Wissen aneignen sollen. Die Vermittlung von gültigem Wissen und Können wird somit in den Mittelpunkt gestellt und pädagogische Ambitionen an die Peripherie ge-
drängt. Das „Sich-selbst-überlassen-sein" der Schüler spitzt sich durch
die vom Lehrer geforderte Individualisierung des Subjekts noch weiter zu, welches sich als Vereinzeltes und Identifizierbares zeigen muss,
so dass die von ihm erbrachte Leistung auch individuell zugewiesen
werden kann. Laut Helsper (2000a, S. 41ff) lässt sich am Gymnasium
generell eine Zunahme der Relevanz von individualisierten Lernleis-
tungen erkennen: während die frühere „Pädagogik des Gymnasiums"
die Sache als Mittelpunkt des Geschehens sah, bilden jetzt immer mehr
Zensuren und die Positionierung des Subjekts im Leistungsfeld das
Zentrum der Aufmerksamkeit. Diese Zentrierung ist im Rahmen des
beobachteten Angebots eigentlich nicht notwendig. Die Ambivalenz
der Szene wird durch die gymnasiale Rahmung, welche der Lehrer
wohlmöglich bereits inkorporiert hat, dass die Schule nämlich ein Ort
der individuellen Leistungserbringung und der Herstellung einer
gymnasialen Haltung der Pflichterfüllung und Selbstdisziplinierung
sei, hervorgebracht. Öffnung des Angebots auf der einen und gymnasiale Rahmung auf der anderen Seite, gehen in dieser Geschichte eines
Ganztagsgymnasiums also eine potenziell krisenhafte Beziehung ein.

Die Schlussthese zur Lernkultur des Angebots lautet demnach, dass sich in der beobachteten Lerngeschichte eine Grenzverschiebung zwischen jugendkulturellem Gegenstand und gymnasialer Lernkultur, aber keine Einverleibung beobachten lässt. Die vorherigen Annahmen, dass in dem videographierten Angebot z.B. eine einseitige Transformation der milieuspezifischen Aneignungsmöglichkeiten von Musik stattfinden würde, konnten nicht rekonstruiert werden. Anstelle einer Einverleibung von Jugendkultur im Sinne einer imaginierten Hochkultur durch das Gymnasium, lässt sich eine Rejustierung von schulischen Grenzverhältnissen nämlich insofern beobachten, dass es zu einer Überlagerung von zwei Feldern kommt: auf der einen Seite die Wahrnehmung des jugendkulturellen Gegenstandes aus Sicht der Schüler, die im Rahmen des informalisierten Settings an den Gegenstand bestimmte Qualitätsanforderungen – Originalität und "Coolness" betreffend – herantragen. Auf der anderen Seite die Wahrnehmung des Gegenstandes durch den Lehrer, der diesen in stark formalisierter Art und Weise bearbeitet sehen will. Die beiden Felder überlappen sich zunächst, doch nach und nach schiebt sich das eine Feld über das andere, so dass die an den Gegenstand gerichteten subjektiven Bedürfnisse der Schüler immer mehr verschwinden, bis sie gegen Ende der Geschichte unter das formalistische Prinzip des Lehrers untergeordnet werden. Der *Lehrer* tritt universalisiert in seiner Rolle als Vermittler eines technischen Wissens auf, der die *Schüler* als Rezipienten und Laien adressiert. Die Gymnasiast*in wird so zur „Dienstleister*in", die ein homogenisiertes Produkt hervorzubringen hat, was dem jugendkulturellen Gegenstand nur zum Teil gerecht wird. Durch Formalisierung der jugendkulturellen *Sache*, geht also auch ein großer Teil seines sinnstrukturell eingelagerten Gehaltes verloren. Gerade an der Problemkonstellation dieser Lerngeschichte lässt sich gedankenexperimentell durchspielen, wo die Chancen liegen könnten, im Umgang mit Nicht-Schulischem ein pädagogisches Surplus zu erzielen: etwa dadurch, dass gemeinsam über die Auseinandersetzung mit der Sachanforderung die Entwicklungsherausforderungen besser oder zumindest im produktiven Sinne anders bearbeitet werden könnten als in der exklusiven Sphäre der Peers. Das pädagogische Surplus kann aber nicht in den Vereinseitigungsformen eines pädagogischen Rückzugs bestehen. Es wird vielmehr offensichtlich, dass die pädagogischen Handlungsalternativen mit der Öffnung zu nicht-schulischen Dingen, Praxislogiken und Praktiken und der Ausdehnung des pädagogischen Verantwortungs- und Gestaltungsraums in einer anforderungsreichen flexiblen und reflexiven Verbindung von selbstsozialisierenden, para-pädagogischen und pädagogischen Formen liegen. Das untersuchte Angebot kann damit gerade nicht einlösen, was es laut Symbolischer Konstruktion der Akteur*innen verspricht: Eine vertiefte Beschäftigung mit angemessenen, kulturell wertvollen Sachen und Themen zu sein.

9. Kontrastierung der Lerngeschichten: Gymnasialisierung als pädagogisches Ordnungsprogramm

In den vorangegangenen Kapiteln der vorliegenden Studie wurden die Rekonstruktionsergebnisse zur Schul- und Lernkultur des untersuchten Gymnasiums entlang begründet ausgewählter, in einem kontrastierenden Verhältnis zueinander stehender Lerngeschichten und damit im Rahmen systematischen Samplings vorgestellt. Jede Kontrastierung trägt als schrittweise Verallgemeinerung „bottom up" zur Modifikation gegenstandstheoretischer Vorannahmen, im vorliegenden Fall zum Verstehen einer gymnasialen Schul- und Lernkultur bei. Konstitutionstheoretisch gesehen können Praktiken als Gesamteinheit von Elementen auf verschiedenen Ebenen sinnvoll betrachtet werden, über deren Charakterisierung sich Aussagen zur Schul- und Lernkultur einer Einzelschule treffen lassen. „Mit der Rekonstruktion der Lernkultur lassen sich nun jene Praktiken herausarbeiten, die über die einzelne Lerngruppe hinaus für Aneignungs- und Vermittlungsprozesse von Lehrenden und Lernenden in einer Schule typisch sind" (Kolbe u.a. 2008, S. 138). Dabei geht es dieser Studie aber nicht um eine Beschreibung der Vielfalt *aller* beobachtbaren Praktiken, in all ihren Gemeinsamkeiten und Unterschieden, sondern um das Sichtbarmachen von Typen von Praktiken, über deren soziale Bedeutung bzw. deren hervorgebrachten sozialen Sinn wiederum die Schul- und Lernkultur einer Schule charakterisiert werden kann.

In diesem Kapitel wird nun die Kontrastierung der Lerngeschichten horizontal zu den beobachteten, als zentral markierten ganztagsschulspezifischen Formaten vorgenommen: Praktiken und Strukturmerkmale, die in allen Angeboten zum Thema werden, geraten in den Blick, so dass sich in den Angeboten variierenden Ausformungen spezifische, für die Schule charakteristische Typen von Praktiken zeigen lassen können: „Erst eine kontrastierende Typisierung dieser fallspezifischen Rekonstruktionen könnte es dann erlauben, dass Allgemeine dieser Praktiken empirisch auszumachen" (Kolbe u.a. 2008, S. 136). Welche Charakteristika haben nun die beobachteten Lernpraktiken hinsichtlich der unterscheidbaren Elemente und ihrer Merkmale? Folgt man den konstitutionslogischen Annahmen einer Lernkulturtheorie, sind diese unterscheidbaren Momente dasjenige, was im sozialen Prozess die für das Lernen vorauszusetzenden Bearbeitungen der drei konstitutiven Differenzen für organisierte Lernangebote von Unterricht bzw. Wissensvermittlung erst leistet (vgl. Kolbe u.a. 2008). Die auf diesen Kontrastierungsaspekt zu beziehenden Merkmale tragen zur Ausformung der Lernkultur der Schule dadurch bei, dass die Bearbeitungen der Differenzbezüge spezifisch geformt werden. Lernkulturtheorie mit ihrem Verständnis pädagogischer Praktiken und der sich in ihnen präfigurierende Sachumgang, an den sich wiederum bestimmte Subjektivierungsprozesse anschließen, bilden somit eine Heuristik, durch die die pädagogische Ordnung eines spezifischen, unter Reformdruck geratenen Gymnasiums und seine Subjektivierungspraktiken in den Blick genommen wurden.

Im Fall des untersuchten Gymnasiums und der Rekonstruktionsergebnisse zu den Lerngeschichten wird dieser Blick auf der einen Seite durch einen *schulspezifischen Sachumgang*, der die Sache tendenziell als zu homogenisierende zeigt, an der eine individuelle Leistung erbracht werden soll, und auf der anderen Seite durch „selbständigkeitsbezogene" *Adressierungen* und „gymnasiale" Disziplinierungsformen der Schüler*innen durch die schulspezifische Interaktionsgestaltung und ihre Bedeutung relevant. Indem also bspw. bestimmte Adressierungen verwendet werden bzw. Praktiken eingeschrieben sind, wird der Umgang mit dem durch die Lehrperson Vermittelten dadurch vorstrukturiert, sodass die Prozesse auf Aneignungsseite und in ihrem Verhältnis zur Vermittlung in einer bestimmten Weise immer neu hervorgebracht werden. In der Kontrastierung der beiden Themen offenbart sich empirisch dagegen die Wechselwirkung beider Dimensionen: Im Rahmen beider Thematisierungen gerät auch immer in den Blick, wie sich der jeweils spezifische Sachumgang auf das Subjekt auswirkt und umgekehrt. Analytisch lassen sich beide Perspektiven also voneinander trennen und theoretisch beschreiben.

Personale Adressierung und die Sachtätigkeit zeigen sich in den verschiedenen Lernarrangements empirisch aber als ständig miteinander konkret verschränkte Praktik.

Im Folgenden werden daher entlang der beiden Beobachtungsfokusse des Umgangs mit der Sache und der Adressierung der Subjekte des Gymnasiums zwei schulrelevante Themen, die zentrale Praktiken charakterisieren, zur Darstellung gebracht: Der Sachumgang zeigt sich am untersuchten Gymnasium als Gymnasialisierung im Spannungsfeld von Individualisierung, Homogenisierung und Formalisierung, während sich die Subjektadressierung als Gymnasialisierung im Spannungsfeld von Selbständigkeit und Disziplinierung beschreiben lässt. Es sollen nun die Ergebnisse der verschiedenen rekonstruierten Angebotsvarianten zusammenfassend kontrastiert werden, um die jeweiligen Chancen, Grenzen und Herausforderungen der Praktiken benennen zu können. Es soll also danach gefragt werden, welches Bildungsangebot in der je spezifischen Situation hergestellt und welche personale Adressierung als Forderung jeweils an die Akteur*innen herangetragen wird. Grundlage des im Folgenden Beobachteten ist die Annahme, dass ein Setting, das heißt ein bestimmtes didaktisches Lernarrangement und die darin stattfindende Interaktion, jeweils „indirekt adressiert", das heißt Formen des Sozialen institutionalisiert, die die Schüler*innen sich als Bestimmte erlernen lassen. Dazu werden analog zu den Lerngeschichten zunächst die bildungspolitischen und fachwissenschaftlichen Diskussionen zum Thema sowie dessen einzelschulspezifische Relevanz, wie sie sich bspw. in den Symbolischen Konstruktionen der pädagogischen Akteur*innen zeigt, skizziert, um die Entwicklungsbedingungen der Themen als grundlegende Rahmung nachvollziehen zu können. Darauf folgend wird die Kontrastierung der zentralen Praktiken quer zu den beobachteten Formaten bzw. Lerngeschichten dargestellt. Abschließend erfolgt nochmals eine Zusammenfassung der dieser Arbeit zugrunde liegenden Fragestellung (1), darauf eine Zusammenfassung der Rekonstruktionsergebnisse zu den diskursiven Praktiken und Symbolischen Konstruktionen (2), eine Zusammenfassung der Kontrastierungs-

ergebnisse (3) und die Formulierung schultheoretischer, unterrichts-
theoretischer, methodologischer und professionstheoretischer Anschlüsse (4).

9.1. Gymnasialisierung im Spannungsfeld von Individualisierung, Formalisierung und Homogenisierung

9.1.1. Individualisierung als pädagogisches und reformdidaktisches Prinzip

Ganztagsschule wird im bildungspolitischen Diskurs in der Regel mit
neuen, veränderten Lernmöglichkeiten gleichgesetzt. Eine Beschreibung dieser „neuen Lernkultur" orientiert sich häufig an reformpädagogischen Leitprinzipien: dem Prinzip des projektorientierten Lernens, dem Prinzip handlungsorientierten Lernens oder dem Prinzip
der Selbsttätigkeit. Im Rückgriff auf reformpädagogische Schulkritik
und Schulentwürfe werden auf diese Weise den Familien und den modernen Lebens- und Aufwachsensbedingungen Defizite unterstellt.
Vor allem der Begriff der „Individualisierung von Lernprozessen" ver-
heißt im Rahmen pädagogischer und reformdidaktischer Debatten
Kompensationspotential (s. Bräu 2008): Im Zuge einer methodisch-di-
daktischen Öffnung sollen Lernschwierigkeiten, die sich u.a. aus dem
Geschlecht, der sprachlich-kulturellen sowie der sozialen Herkunft
der Schüler*innen ergeben, beseitigt und persönliche Fähigkeiten und
Begabungen angemessen genutzt werden. Durch entsprechend gestal-
tete Angebote erscheint es möglich, den Umgang mit Heterogenität zu
meistern. Reformpädagogen fordern darüber hinaus, dass sich die Ein-
stellung der Lehrenden gegenüber den Lernsubjekten ändern soll. Heterogenität müsste als Chance und „Verschiedenheit als Motor für gelingende Lernprozesse" (Schäfers 2009, S. 42) begriffen werden. Das
Individuum soll in seiner Einzigartigkeit anerkannt und wertgeschätzt, sich entsprechend seiner Möglichkeiten entfalten können und

durch einen angemessenen Umgang mit der Sache, in deren Mittelpunkt eine herausfordernde Aufgabe steht, bei der individuelle Lösungen gefragt sind und die eine Relevanz für die Schüler*innen haben, gestärkt werden. Aus subjekttheoretisch-informierter, analytischer Perspektive kann vor dem Hintergrund eines historischen Individualisierungstrends der Institution Schule (vgl. Foucault 2007) diese schulischen Individualisierungsarrangements auch als Subjektivierungsmodus der „gesellschaftlichen Zurichtung und Selbstmodellierung" (Bröckling 2007, S. 31) dekonstruiert werden, da die Schüler*innen als ganze Person adressiert werden, die sich auf eine spezifische Weise zu „formen" hätten (vgl. Idel 2013; Reh/Idel u.a. 2015). Eine weitere kehrseitige Ausformung der historischen Individualisierungstrends beinhaltet die gesteigerte Bedeutung von Schulleistungen: Durch die Fokussierung des Individuums in Schule und Unterricht kommt es laut Helsper (2000a) zu einer gesteigerten „Dominanz der individualisierten Leistungserbringung und der universalistischen Leistungsbeurteilung" (ebd., S. 41), wodurch der eigentliche Inhalt der Sache in den Hintergrund trete.

Wer „Individualisierung des Lernens" als wesentliches Kriterium für Bildungserfolg konstatiert, denkt Schule als Ort der Unterschiedlichen und „Heterogenität als Normalfall" (Wiater 2008, S. 63). Auch an das Gymnasium, v.a. in seiner standortbezogenen Ausformung als „Schule der Vielen" oder „höhere Volksschule" (Mack 1997, S. 354), werden entsprechende Erwartungen formuliert. Das Gymnasium nehme laut Wiater (2008, S. 64) keine Sonderstellung ein, mit dem Verweis darauf, dass die Schulform, neben den Schüler*innen mit unterschiedlichem Geschlecht und unterschiedlicher Herkunft, auch „Schüler mit Legasthenie, autistische Schüler, Schüler mit ADHS und andere" (ebd.) in ihre Reihen aufnehme. Für einen modernisierten Sachumgang fordert er daher für das Gymnasium eine „Individualisierung der Lehr-Lern-Prozesses durch detaillierte Strukturierung der vorgegebenen Lerninhalte" (ebd., S. 65) auf der einen und „Individualisierung der Lehr-Lern-Prozesse durch Freiräume selbstinitiierten und eigenverantwortlichem Lernen der Schüler" (ebd., S. 66) auf der anderen Seite. „Die gesellschaftliche Modernisierung der letzten Jahre hat vor dem

Gymnasium nicht Halt gemacht, sie hat auch das Gymnasium erreicht und verändert: Individualisierung und damit verbundener Wandel der Familie und der Jugendphase, die Demokratisierung der Gesellschaft und die Emanzipation ihrer Bürgerinnen und Bürger bewirken eine Öffnung des Gymnasiums und schaffen eine heterogenere Schüler*innenschaft. Dies sind die Ausgangsbedingungen für das Gymnasium als höhere Volksschule. Aus dem Hinweis darauf lässt sich auch ein Argument dafür gewinnen, Individualisierung im Unterricht und individuelle Förderung im Gymnasium zu verstärken. Offen ist vorerst jedoch, ob damit ein noch einzulösendes Desiderat benannt ist oder ob sich die gymnasiale Pädagogik bereits ein Stück weit in diese Richtung bewegt hat." (Mack 1997, S. 356) Mack postuliert nämlich, dass sich das Gymnasium im Vergleich zu anderen Schulformen mit dem Umgang einer durchaus heterogenen Schüler*innenschaft „schwer tue" (ebd., S. 360), da es, ein Stück weit entgegen des bildungspolitischen und reformpädagogischen Trends, davon ausgeht, dass in homogenen Lerngruppen besonders effektiv angeeignet werde und diese auch herzustellen seien (s. Heller 2003, S. 229 f.).

9.1.2. Schulspezifische Relevanz des Themas im Rahmen der Symbolischen Konstruktionen der pädagogischen Akteur*innen

Die pädagogischen Akteur*innen des im Rahmen dieser Arbeit untersuchten Gymnasiums machen auf der Ebene der symbolischen Konstruktionen die Individualisierung des Lernens als ein mögliches pädagogisches und reformdidaktisches Prinzip des Sachumgangs zunächst kaum zum Thema. Was aber in ihrem Sprechen über Schule thematisiert wird, ist der Umgang mit der als Problem wahrgenommenen Heterogenität der zu unterrichtenden Lerngruppen, deren unterschiedlichen Merkmale angeblich durch Ganztagsschule noch weiter verstärkt würden. Schon bei der Rekonstruktion dessen, was die pädagogischen Akteur*innen der untersuchten Gymnasiums selbst thematisieren, ist im Kolleg*innengespräch dagegen ständig die Frage danach aktuell, wie die Tätigkeit im jeweiligen ganztagschulspezifischen

Angebot in unterschiedlich verstandener Abhängigkeit von der Sache der Vermittlung zu gestalten sei. Dazu gibt es unterschiedliche Antworten, weil neben der Orientierung an der Sache auch z.B. lernökonomische Erwägungen unterschiedlich ins Spiel gebracht werden. Die Ergebnisse der Rekonstruktion der symbolischen Konstruktionen zeigen *erstens*, dass auch im Ganztagsangebot bildenden Angebote als unterrichtsnahes Geschehen entworfen werden, während "anderes" pädagogisch fragwürdig erscheint. Offen ist, was für die Schüler*innen an Interaktion und individuellen Aneignungszugängen möglich sein soll. *Zweitens* wurde am Konstrukt des "Unterrichts in anderer Form" erkennbar, dass „herkömmlicher" Unterricht als festes, zeitlich und in seiner Art dichtes und fremd festgelegtes Interaktionsgeschehen mit dominierender Lehrerposition gedeutet wird, dem gegenüber im Rahmen des Ganztagsschulprogramms nun ein gelockerter Unterricht mit mehr Freiräumen für die Schülerinnen zu schaffen sei.

Der Umgang mit der angenommenen Heterogenität der Schüler*innen wird also zunächst von den pädagogischen Akteur*innen als Problem markiert, wobei das durch das Ganztagsschulprogramm bereitgestellte Angebot der Kompensation der Defizite dienen soll, die sie einer heterogenen Schüler*innenschaft zurechnen. Ganztagsschule wird somit von den Beteiligten übersetzt als Förderprogramm zur „Gymnasialisierung" einer weitgehend wenig für die betreffende Schulform geeigneten Schüler*innenschaft. Was unter „Fördern" jedoch zu verstehen sei und ob im Fördern stärker individualisierte Lernstrategien eine Rolle spielen, bleibt zunächst offen. An die Kontrastierung der Rekonstruktionsergebnisse auf der Ebene des Vollzugs der für die Lernkultur des beobachteten Gymnasiums zentrale Praktiken lassen sich deshalb folgende Fragen formulieren: *Welche zentralen Praktiken lassen sich im Vergleich der Lerngeschichten, die für verschiedene Formate stehen, in der Gestaltung des Sachumgangs und einer damit verbundenen Subjektivierung erkennen? Welche Unterschiede und Gemeinsamkeiten hinsichtlich der Art und Weise der Subjektadressierung nach Maßgabe der Sache lassen sich herausarbeiten?*

9.1.3. Kontrastierung der Lerngeschichten

Das schulspezifisch relevante Kontrastierungsthema, wie die "Sache" genau zu zeigen und anzueignen sei und welches Vorgehen für die Schüler*innen als dafür angemessen entsprechend zugeordnet werden kann, um diese zu fördern und mit deren heterogener Zusammensetzung umzugehen, zeigt ein eher enges Spektrum an Ausformungen zwischen den im Rahmen dieser Arbeit rekonstruierten Lerngeschichten. Als dominante Praxis zeigt sich ein „homogenisierter" Sachumgang mit starker Formalisierung, wodurch es zu unterschiedlichen Graden abgeschwächter Sachorientierung kommt. „Formalisiert" erscheint die Sache in dem Sinne, dass die Sachstrukturierungen nach abstrakten Gesichtspunkten vorgenommen wird und zugleich als wesentlicher Aspekt eine – unterschiedlich ausgeformte – Thematisierung des "Wie" im Sinne eines methodenorientierten Vollzugs der unterschiedlichen Praktiken des Umgangs mit der Sache. Die Sachdarstellung ist i.d.R. ans Klassenkollektiv gerichtet und soll auf der Grundlage einer sprachlichen Segmentierung und Ökonomisierung von den Schüler*innen kleinschrittig nachvollzogen werden. Die Gestaltung der kollektiven Interaktion mit der Sache ist strukturiert durch ein Verständnis, in der Gestalt des Operierens mit Wissenselementen bzw. begrifflichen Zeichen, die ein Aufnehmen und Nachahmen der Zeichen-Operationen und ein Wiederverwenden von Fachwissenselementen durch nur reproduzierendes Verwenden der "operativen Schrift" bei der Darstellung des zu lernenden Welt-Wissens darstellen – im Gegensatz zu einem entfalteten Zeigen und einer diskursiven Bearbeitung der Sache (vgl. „Nawi-Unterricht", „Englischunterricht"). Auch die vom Setting als „geöffnete" Angebote angelegten Formate (bspw. „jugendkulturelle Arbeitsgemeinschaft"), sind eher auf Reproduktion als auf individuelle Aneignungsmöglichkeiten hin angelegt (in der Lerngeschichte wird z.B. die Anmoderation abgespielt, aber nicht als eine mögliche Version markiert, sondern es wird zu ihrer Reproduktion aufgefordert). Da keine Kriterien für einen angemessenen Sachumgang angesprochen werden (wie bspw. eine „coole" Anmoderation für ein schulischen Pausenprogramm aussehen könnte oder wie sich ein Experimentieren mit einer chemischen Flüssigkeit gestalten könnte, das mehr zum Thema macht als lediglich Wasser), wird der Sachgegenstand durch seinen homogenisierten bzw. formalisierten Umgang quasi trivialisiert. In den projektartigen Formaten und AG-Formaten öffnet sich zwar zunächst das Arrangement hin zu einem individualisierten Sachumgang, etwa in Form einer günstigeren Lehrer*innen-Schüler*innen-Relation oder Sozialformen, die tendenziell die Schüler*innentätigkeit in den Mittelpunkt stellen. Das von der Lehrperson als relevant gekennzeichnete Wissen, das im Rahmen eines stark strukturierten Handlungstaktes erarbeitet werden soll, bildet aber immer wieder den Bezugspunkt des gemeinsamen Lernens. Dadurch werden auch die Instanzen der Strukturierung dieser Lernprozesse (Lehrer*in, Tafelanschrieb, Workbook etc.) in den Mittelpunkt gerückt, die den Sachumgang ihrerseits auf das von ihnen als „Wichtiges und Richtiges" gekennzeichnete hin fokussieren. Die vorgegebene Struktur soll von allen Anwesenden gleichsam nachvollzogen werden, wobei den individuellen Zugängen der Schüler*innen, die diese für sich selbst teilweise schaffen, kaum Raum gegeben wird. Stattdessen werden sie, wie beispielhaft im „Englischunterricht" am Umgang mit den Beiträgen der Schülerin Laura beobachtbar, abgetan und damit tendenziell abgewertet. Als Gemeinsamkeit lässt sich dennoch festhalten, dass mit Ausnahme der Lerngeschichte „jugendkulturelle Arbeitsgemeinschaft", in der auf Bildendes weitgehend verzichtet wird, eine pädagogische Rahmung gewählt wird, die das zu Vermittelnde, auch wenn es sich lediglich um eine Vollzugsmethode handelt, als Wichtiges erscheinen lässt. Angelegt wird ein Vermittlungsgeschehen und die Bearbeitung der Differenz zu Aneignungsvorgängen bei allen anderen rekonstruierten Angeboten auch dort, wo auf die Vermittlung erzieherisch erwünschter Haltungen fokussiert wird, wie etwa in dem rekonstruierten Format „Hausaufgabenbetreuung". In diesem Angebot wird nämlich gleichermaßen Bemühungen zur Wissensvermittlung dadurch erkennbar, dass Zeichen als Visualisierung des Demonstrierten, der Phänomene des Sachgegenstandes verwendet werden und Muster angemessenen Operierens mit diesen Zeichen einbezogen werden, weil dadurch Wissen erarbeitet wird. Jedoch steht im Mittelpunkt der zu beobachtenden Praktiken, v.a. in diesem, aber auch in den anderen Angeboten, die „Abarbeitung" und Fixierung, somit eine starke Formalisierung und Technologisierung der Sache.

Das optimale gymnasiale Subjekt erscheint in diesem Zusammenhang als eines, das sich mit dem Lernkollektiv zu homogenisieren hat. Ihm wird ein kollektiver Nachvollzug der Arbeitsschritte angesonnen, wenn z.b. der Einzelne stellvertretend für das Kollektiv eine Lehrer*innenfrage beantwortet. Auch in den Formaten, in denen die Schüler*innen eigentätig aneignen sollen, sollen diese die Sache, die für alle die gleiche ist, im Gleichtakt bzw. entlang einer starken Vorstrukturierung die Sache nachvollziehen und protokollieren. Die ideale Gymnasiast*in wird so zum „middle achiever" und damit zu einer bzw. einem, die oder der dem Handlungstakt, wie er imaginiert ist, folgen kann, dabei aber weder nach unten noch nach oben, gemessen an einer fiktiven Leistungsskala, ausbricht. Auch wenn die Lerngruppe zunächst als Lernkollektiv angesprochen wird, zeigt der Praxisvollzug, dass die Schüler*innen v.a. als „Einzelleister*innen" adressiert werden, die sich zu der Sache in ein noch näher zu bestimmendes Verhältnis setzen müssen, um an ihr die erwünschte Leistung zu zeigen. Eine leichte Variante zeigt sich hier im Rahmen der „jugendkulturellen AG": Vom schulischen Leistungsdruck befreit werden die beobachteten Schüler allerdings zu „Dienstleistern", die ein „homogenisiertes" Produkt hervorzubringen haben.

Ein individualisiertes Zeigen der Sache bzw. eine individualisierte Strukturierung des Lernarrangements, wie es sich etwa gemäß reformdidaktischer Erwartungen[66] in einer differenzierten Aufgabenstellung oder eines individualisierten Aufgabenplans zeigen würden, lässt sich in den beobachteten Praktiken kaum rekonstruieren. Statt-

---

[66] Mit „individualisierend" ist erstens ein individueller Zuschnitt des Angebotes und der Lernaufgabe sowie eine individualisierte Strukturierung der Interaktion durch das Arrangement und zweitens die Eröffnung von Entscheidungsspielräumen und Einflussmöglichkeiten für die Schüler*innen gemeint.

dessen erhalten alle Schüler*innen die gleiche Aufgabe, deren Schwie-rigkeitsgrad an eine Vorstellung von der „durchschnittlichen Schü-ler*in" angepasst ist. Bei der gemeinsamen Bearbeitung der Sache werden zwar kleine Abweichungen des von den Lehrer*innen als Wichtiges markiertes zugelassen, aber auch wenn bspw. die günsti-gere Lehrer*in-Schüler*in-Relation einen Raum für Differenzierung und Individualisierung bietet, wird dieser in den Formaten kaum ge-nutzt. Eine Individualisierung der Sache scheitert häufig daran, dass diese formalisiert zur Einführung in bestimmte oder allgemeine Wis-sensbestände dient, die scheinbar auch nur auf eine bestimmte Weise angeeignet werden können. Ein leicht gegenläufigerer Trend lässt sich im Angebot „Hausaufgabenbetreuung" beobachten: Die Sache wird hier zunächst im Rahmen des Pflichtenkatalogs an der Tafel ebenfalls als wenig individualisiert gezeigt. Die individuelle Bezugnahme der Lehrerin auf die Lernsubjekte, die sich deren je individuellen Aneig-nungsschwierigkeiten zumindest zeitbegrenzt zuwendet, lässt an die-ser Stelle Öffnungstendenzen hervorscheinen. In den weiteren beo-bachteten Angeboten werden die Lernprobleme Einzelner genera-lisiert bzw. zu weitgehende Lernfortschritte Einzelner dethematisiert.

Die Adressierung des als ideal vorgestellten gymnasialen Subjekts zeigt sich dagegen als eines, das sich auf individuelle Leistungserbrin-gung und Leistungsmessung zu fokussieren hat, welches sich die Sa-che z.B. durch die Übernahme eines Pflichtenkatalogs („Tafelan-schrieb" in der „Hausaufgabenbetreuung" oder „Sicherheitshinweise" im „projektartigen Nawi-Unterricht") zu eigen zu machen hat. An indi-vidueller Leistungserbringung erscheinen die beobachteten Praktiken deshalb orientiert, da „Hilfeholen" und „gemeinsames Arbeiten" nur in Ausnahmefällen gestattet zu sein scheint, während das Arbeiten an den Aufgaben als Auf-sich-gestellte eher der Regel entspricht. Diese individuelle Leistung an der Sache wird dann auch für jeden individu-ell kontrolliert, was sich idealtypisch im „Englischunterricht" zeigt, in dem der Lehrer alle erledigten Hausaufgaben jeder einzelnen Schü-ler*in kontrolliert. Strukturell gesehen erscheint die „jugendkulturelle AG" zunächst als Ausnahme: Angedacht ist nämlich, dass es in diesem Format keine Leistungsmessung durch die Lehrer*innen gibt bzw. die zu bearbeitende Sache eigentlich nicht schulischen Bewertungskriterien unterliegt. Die Schüler in der Lerngeschichte schlagen dementsprechend auch vor, zu kooperieren, sich die Sache also gemeinsam zu ihrer eigenen zu machen. Der Lehrer „verharrt" dagegen im bereits rekonstruierten Muster, das für die Schüler*innen nämlich eine Leistung an der Sache als individuelle zu erbringen sei und legt in diesem Zusammenhang fest, dass jeder sich als Einzelner zu zeigen haben müsse („der eine macht die eine Pause und der andere die andere"). Nur wer das „inoffizielle" Geschehen beobachtet, sieht Schüler*innen, die das Kooperationsgebot umgehen. Im Zentrum steht allerdings als dominante Praxis das Erledigen einer standardisierten Aufgabe, die i.d.R. nach einem „Kochrezept" vom Einzelnen korrekt gelöst und aufgezeichnet zu werden hat.

9.1.4. Zusammenfassung: Gymnasialisierung als homogenisierte Sach- und Subjektadressierung und individualisierte Leistungserbringung

Individualisierung des Lernens, verstanden als eine Organisationsform des Unterrichts, bei dem jedes Schüler*innensubjekt unter Berücksichtigung seiner Persönlichkeit individuell gefördert werden soll, steht v.a. an Ganztagsschulen (vgl. Reh/Idel u.a. 2015) als Antwort auf den Umgang mit einer heterogenen Schüler*innenschaft häufig im Mittelpunkt reformdidaktischer Debatten und reform-methodischer Bemühungen. An der im Rahmen dieser Studie untersuchten Schule wird die Einführung individualisierter Lernformate im Reden über Unterricht jedoch nicht zum Thema gemacht. Dennoch wird die Anforderung, die Sache an eine als heterogen eingeschätzte Schüler*innenschaft zu vermitteln, problematisiert: Ganztagsschule erscheint im Reden der Akteur*innen über die Sache zusammengefasst als Ort einer stark strukturierend und an curricularen Vorgaben orientierten Lernkultur angesichts einer leistungs- bzw. bildungsdefizitären, noch zu „gymnasialisierenden" Schüler*innenschaft. Im etablierten Unterricht und in den durch Ganztagsschule neu hinzugekommenen Formaten soll im Rahmen einer „Förderung" die Bearbeitung der Defizite und damit eine als notwendig erscheinende „Gymnasialisierung" stattfinden. Die dominante Praxis zum rekonstruierten Sachumgang der Lernkultur des beobachteten Ganztagsgymnasiums lässt sich zur Wiederholung folgendermaßen visualisieren:

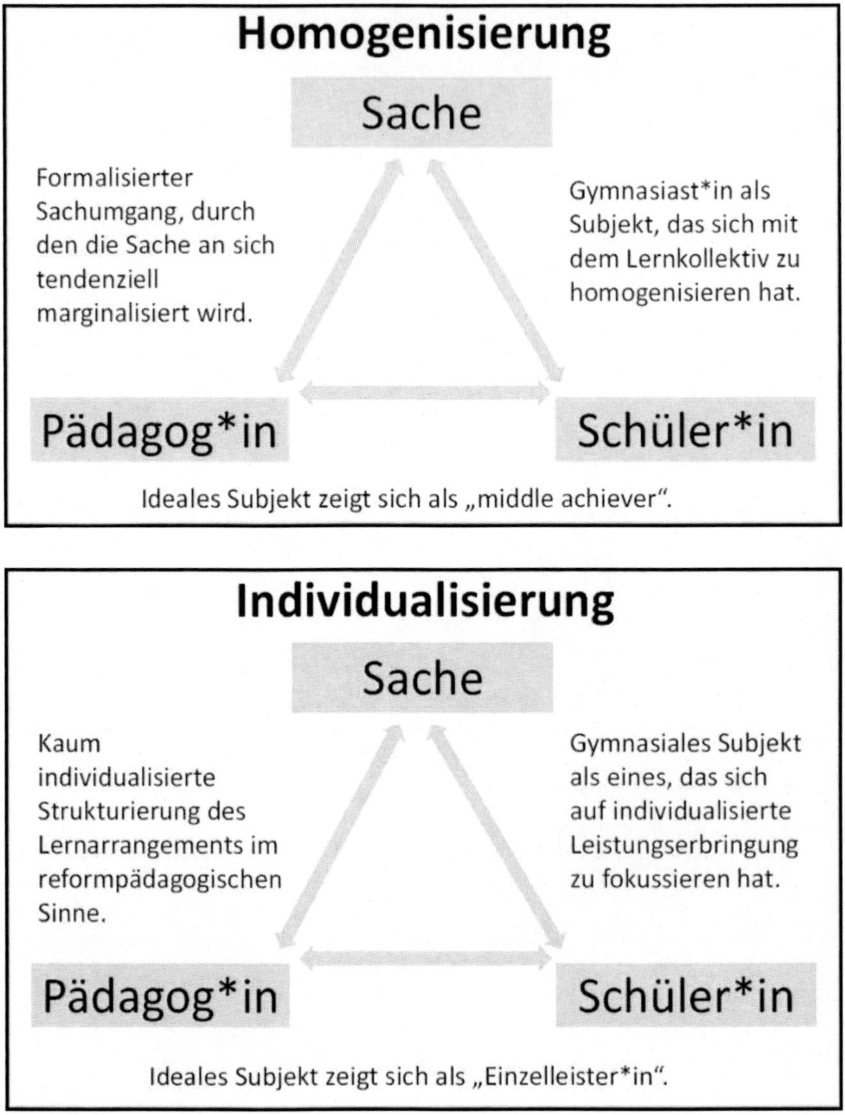

Homogenisierung

Sache

Formalisierter Sachumgang, durch den die Sache an sich tendenziell marginalisiert wird.

Gymnasiast*in als Subjekt, das sich mit dem Lernkollektiv zu homogenisieren hat.

Pädagog*in

Schüler*in

Ideales Subjekt zeigt sich als „middle achiever".

Individualisierung

Sache

Kaum individualisierte Strukturierung des Lernarrangements im reformpädagogischen Sinne.

Gymnasiales Subjekt als eines, das sich auf individualisierte Leistungserbringung zu fokussieren hat.

Pädagog*in

Schüler*in

Ideales Subjekt zeigt sich als „Einzelleister*in".

Abbildung 21: Gymnasialisierung als homogenisierte Sach- und Subjektadressierung und individualisierte Leistungserbringung

Bezüglich der Erscheinungsform des Wissens und der damit angesprochenen Erfahrungsdomäne lässt sich für das beobachtete Gymnasium sagen, dass abgesehen von Ausnahmetendenzen generalisiertes
Wissen im Mittelpunkt steht, das zu reproduzieren ist. Es muss in gül-
tiger Repräsentation für seine Reproduktion gezeigt werden. Aufgabe,
Setting und Adressierung der Lernsubjekte erscheinen eher „homogenisiert" und standardisiert bzw. formalisiert. Unter „Formalisierung"
des Lernens wird in Anlehnung an Reh, Idel, Rabenstein und Fritzsche
(2015; s.a. Idel 2013) die Reduktion der Aushandlung gegenstandsbe-
zogener Probleme und geteilter Bedeutungen, zu Gunsten vermehrt
beobachtbarer Praktiken des Aufgabenerledigens und -abarbeitens
und ein Umgang mit der Sache auf der Ebene zweiter Ordnung verstanden, „die das Informations- und Wissensmanagement betreffen:
auf das Sichern einer Arbeitsorganisation, auf das Verwalten des Lern-
materials, etwa auf das Ausfüllen, Abhaken und Abheften von Arbeits-
blättern, an dem dann zugleich sichtbar gemacht werden kann, dass
etwas gelernt wurde" (Idel 2013, S. 159). Laut Meyer-Drawe (2008)
entstehen solche Formalisierungsformen im Zuge der Umsetzung eines reduktionistisch-instrumentalistischen Lernbegriffs, bei dem es
nicht mehr darauf ankommt, *„was* man lernt, sondern, *dass* man lernt"
(ebd., S. 46). In den Lerngeschichten kann beobachtet werden, dass
eine gesteigerte Formalisierung des Lernens den Schwerpunkt für das
Sprechen über die Sache des Lernens bzw. „die Dinge" weiter in Richtung ihrer Objektivierung mittels wissenschaftlichem Wissen verschiebt und die Thematisierung der Sache des Lernens als Gegenstand
der Lebenswelt in den subjektiven Bedeutungszuschreibungen der
Schüler*innen reduziert. Der Lerngegenstand in seiner Sinnzuschreibung durch Lernende, in seiner symbolischen Sinngebung und seiner
Qualität als Gegenstand einer Erfahrung, die auch emotional basiert
ist, kommt weniger zur Darstellung, wird weniger behandelt bzw. aufgeführt. Gleichzeitig tragen jedoch diese Anteile der Sachauseinander-
setzung insofern konstitutiv zum Lernen bei, als erst in einer „zwei-
sprachigen" Behandlung (vgl. Combe/Gerhard 2007), in der eine
Relation von subjektiven Sinnzuschreibungen und systematisch kon-
struiertem Wissen hergestellt wird, für die Schüler*innen sinnhafte

Bezüge zum Wissen emergieren können, also Lernen erst so sinnvoll wird (in einer doppelten Wortbedeutung).

Die „offizielle" Kommunikation findet in den rekonstruierten Angeboten meistens im Klassenverband statt und wird von den Lehrer*innen stark vorstrukturiert. Die Aneignenden werden als Lernkollektiv angesprochen und sollen auch generalisierte Antworten auf die Fragestellungen geben, deren Leistungsqualität sich an einem imaginierten mittleren Maß orientieren soll. Die Form der standardisierten Aufgabenstellung hätte durchaus Chancen enthalten, denn wenn alle die gleiche Aufgabe lösen müssen, besteht die Möglichkeit, im Gegensatz zu einem stark individualisierten Setting, welches auf die Person zugeschnittene Aufgaben hervorbringt, sich mit anderen über diese auszutauschen, sozusagen eine Lerngemeinschaft zu bilden. Man kann sich in einem solchen Setting potenziell als Nicht-Alleingelassene erfahren, da keiner alleine arbeiten muss. Das Ausschöpfen dieser Chance wird aber durch das Kooperationsverbot bzw. durch die von der Lehrperson enggeführte Kommunikation weitgehend auf ein Mindestmaß beschränkt. In den beobachteten Ausformungen lassen sich demnach Erfahrungen von Nicht-Können und Praktiken der Distanziertheit zur Sache beobachten.

Gleichzeitig zeichnen sich Praktiken der Schüler*innenadressierung ab, die sich auch in stark standardisierten Settings individuell ausprägen. Das Anerkennungsgeschehen, welches sich in den verschiedenen Interaktionen durchaus unterschiedlich ausformt, wird durch die spezifische „Individualisierung", nämlich in Form der Adressierung als „Einzelleister" noch gesteigert. Die Adressierung in deren Rahmen „Individualisierung" als „individualisierte Leistungserbringung" gedeutet wird, erscheint so als Zumutung von Selbstvertrauen und Autonomie.

Im Zentrum der beobachteten Praxis zum Umgang mit der Sache steht also ein (Kompensations-)Programm zur „Gymnasialisierung", das die anzueignende Sache als zu homogenisierende begreift, indem es sie in stark formalisierter Weise präsentiert und von allen anwesenden Lernsubjekten in gleicher Weise reproduzieren lässt. Den Schüler*in-

nensubjekten wird ein homogenisierter Nachvollzug der Sache angedacht, an welcher sie dann eine individuell zu zeigende Leistung zu erbringen haben. Die herausgearbeiteten Ausformungen des Sachumgangs zwischen Individualisierung, Formalisierung und Homogenisierung zeigen, dass auch wenn „Individualisierung" am beobachteten Gymnasium nicht als Programm oder Begriff genannt wird, sich
in den Lerngeschichten Praktiken der Individualisierung identifizieren lassen. Die beobachtete Form der Individualisierung zeigt sich
aber nicht als auf das Individuum zugeschnittene Aufgabenstellung,
sondern als Kultivierung zu Einzelleister*innen.

9.2. Gymnasialisierung im Spannungsfeld von Selbständigkeit und Disziplinierung

9.2.1. Selbständigkeit als Ziel moderner Beschulung

Im Diskurs über das schlechte Abschneiden von deutschen Schüler*innen in internationalen Leistungsvergleichstest wurde in den letzten
Jahren verstärkt der Ruf nach einer „Öffnung von Schule und Unterricht" laut. Im Zentrum des bildungspolitischen und reformpädagogischen Redens über diese Öffnung steht häufig die Forderung nach einer „Erneuerung" der etablierten Lernkultur, deren Kern v.a. daraus
bestehen solle, die Selbständigkeit der Lernenden zu fördern (vgl.
Kolbe u.a. 2009; Bräu 2008, Rabenstein/Reh 2007). Diese Forderung
erscheint zunächst nicht weiter verwunderlich, da die Kant'sche
Frage, wie man „Freiheit bei dem Zwange" kultiviere, eine grundsätz-
liche in den letzten 200 Jahren Schulgeschichte war. Schule wird vor
diesem Hintergrund verstanden als Ort der Selbstentwicklung, um in
einer angenommenen Zukunft gesellschaftliche Verantwortlichkeit
übernehmen zu können. Auf der Ebene bildungspolitischer und schulpädagogischer Debatten geraten auch funktionale Gesichtspunkte in
den Blick, wenn Selbständigkeit „im Sinne einer Schlüsselqualifikation
für das Zurechtkommen im beruflichen und gesellschaftlichen Leben"
(Bräu 2008, S. 179) betont wird. Schule, so die aktuelle Anforderung,

solle nun Methoden entwickeln, die die Selbständigkeit der Schüler*innen fördern und diese an selbständige Arbeitsweisen „heranführen" sollen. V.a. das Gymnasium, in seiner vermeintlichen Rolle als Ort
der Förderung begabter Jugendlicher hin zu einer allgemeinen Stu-
dierfähigkeit (Heller 2003, S. 228), solle verstärkt „kreative Lernum-
welten bieten, um selbständiges, entdeckendes Lernen und Schlüssel-
qualifikationen wirksam zu unterstützen" (ebd.). Ein inhaltlich,
methodisch, personell und institutionell „geöffneter Unterricht" sowie
kooperatives und individualisiertes Lernen erscheine vor diesem Hintergrund besonders zielführend (s. Bräu 2008).

Die gesteigerte Anforderung an eine modernisierte Schule, gezielt
selbständige Subjekte hervorzubringen, beinhaltet *zum einen* die Annahme, dass die „herkömmliche" Schule als lebensferne Institution,
die tendenziell natürliche Neugier und schüler*innenseitige Motivationen eher verschütte als diese freizulegen, zunächst nicht mehr in der
Lage sei, diese Subjekte hervorzubringen. *Zum anderen* geht sie davon
aus, dass die Schüler*innen nicht mehr selbstdiszipliniert genug seien,
um sich in eine dem selbständigen Arbeiten angemessene Haltung zu
versetzen. Laut Ziehe (1996) kamen noch in den 1960er Jahren der
eigenen Selbstdisziplinierung als „einer spezifischen Verzahnung von
sozialer Norm und internalisierter Wertorientierung [...] eine positi-
vere Bedeutung zu, als dies heute noch möglich ist. [...] Selbstdisziplinierung also gehörte zum Normalitätsverständnis. Und sie war darüber hinaus psychisch positiv besetzt (bei männlichen Jugendlichen
wahrscheinlich deutlicher als bei weiblichen). Eine positive Besetzung
heißt, dass das Moment des Selbstzwangs ausgeglichen wird durch
das Gegengewicht der Selbstaufwertung: in das Durchstehen mischt
sich der Stolz. Selbstdisziplin war Bestandteil des Selbstentwurfs,
musste nicht äußerlich nahegelegt werden, sondern war, sozialpsy-
chologisch gesehen, identitätsnah." (ebd., S. 85). Dagegen, so Ziehe,
seien die heutigen „subjektiven und kulturellen Bewertungsmaßstäbe
für Selbstdisziplinierung komplexer geworden" (ebd., S. 87). Er erklärt
dies mit dem „beträchtlichen Aufschwung der Orientierung an Werten
von Nichtarbeit und von Genuss" (ebd.). Laut Helsper (2000a) verlie-

ren seit den 1950er Jahren Disziplin und Ordnung auch bei den pädagogischen Akteur*innen an Bedeutsamkeit. Eigenverantwortlichkeit und Selbständigkeit der Schüler*innen würden zunehmend ins Zentrum deren Aufmerksamkeit geraten. Allerdings gäbe es große Unterschiede zwischen den Einzelschulen einer Schulform: „Vor dem Hintergrund pädagogisch intendierter oder sich als kulturelle Erosionserscheinung einstellender Relativierungen des Disziplinierungsdrucks und der Autoritätsbindung können sich Schulen gerade auch dadurch profilieren, dass sie auf besonders deutliche Regelbefolgung bzw. disziplinarische Orientierung setzen, ‚Strenge' gegen die Auflösungserscheinungen der schulischen Ordnung behaupten und damit ein verlorengehendes schulisches Erziehungsmilieu besonders deutlich für sich reklamieren." (ebd., S. 45). Dennoch habe sich in einer bundesdeutschen Gesamtschau das Lehrer*in-Schüler*in-Verhältnis verändert. Zu beobachten seien weniger Befehle, mehr Aushandlung und der „Abbau des tradierten Autoritätsverhältnisses" (ebd.). Helsper (2000a) konstatiert, dass die Unterrichtskommunikation dadurch aufwendiger werde, da aufgrund der wegfallenden Regeln immer mehr verhandelt werden müsse. Diese „komplizierten kommunikative Prozesse" (ebd., S. 46) würden ebenso eine „hohe Anforderungen an Selbstregulierung und Selbstkontrolle" (ebd.) beinhalten. „Insgesamt verdeutlicht dies, dass die Informalisierung der Ordnungsformen und des pädagogischen Umgangs mit höheren Anforderungen an die Selbstregulierung und das Ertragen von und die Selbstkontrolle in offeneren, emotionalisierten Konflikten einhergeht." (ebd.) Die gegenwärtige Gesellschaft und mit ihr auch schulische Institutionen verpflichten sich auf eine repräsentative Demokratie und damit auf eine Missbilligung „grober, mit offenem Zwang operierender Disziplinierung" (Pongratz 2004, S. 245), was laut Pongratz (2004) zunächst noch nicht beweise, „dass der Formationstypus von Macht, der die moderne Welt im Innersten zusammenhält, der Disziplinierung enträt. [...] Denn die ‚Disziplinierung' in ihrer zeitgenössischen Gestalt versucht alle negativen Konnotationen wie Sanktion, Drohung, Bestrafung etc. abzuschütteln. Sie bringt sich stattdessen sublim und produktiv ins Spiel. Sie nimmt gesellschaftliche Kräfte unter Kontrolle, indem sie sie steigert und potenziert. Wer diesen Sachverhalt erfassen will, muss seinen Blick für das Netzwerk von Taktiken und Strategien schärfen, mit denen sich – meist unterhalb des Niveaus politischer Programme und pädagogischer Institutionen – die gesellschaftlichen Integrations- und Disziplinierungsmechanismen einschleifen." (ebd., S. 246 f.)

9.2.2. Schulspezifische Relevanz des Themas im Rahmen der Symbolischen Konstruktionen der pädagogischen Akteur*innen

In der Rekonstruktion dessen, was die pädagogischen Akteur*innen des im Rahmen dieser Studie untersuchten Gymnasiums in ihrem Reden über das Ganztagsschulprogramm ihrer Schule zum Thema machen, erscheint die „Disziplinierung" der Schüler*innen als zentrale Dimension. In der Symbolischen Konstruktion von „Gymnasialität" kommt der Selbstdisziplin ein zentraler Stellenwert im Defizitkonstrukt und der Kompensationsvorstellung zu. Mit „Disziplinierung" meinen sie Formen oder Praktiken, durch die die durch die Angebote vorausgesetzte Haltung sowohl eingefordert, als auch vermittelt wird. Implizit setzen sie dabei aber voraus, dass Verbote oder Gebote nicht Thema sein können, sondern dass auf die innere Disposition der Schüler*innen eingewirkt werden müsse. Die Schüler*innen sollen lernen, sich immer mehr selbst zu disziplinieren, um den geforderten komplexen und selbständig auszuführenden Anforderungen gerecht zu werden. Den Schüler*innen wird dabei von den Lehrer*innen zugeschrieben, dass sie nicht still, konzentriert und selbständig arbeiten könnten. Dieses Defizit zu beheben ist daher ein Hauptinhalt v.a. der Hausaufgabenbetreuung, aber auch der übrigen Angebote. Hinzu kommt außerdem das mit der Vorstellung von Gymnasialität verbundene Prinzip, die Lernarrangements so zu gestalten, dass die Schüler*innen sich selbstdiszipliniert und dadurch eigenständig mit der "Sache" bzw. dem Inhalt der Vermittlung auseinander setzen und dies müssen. Die Frage, wie die Tätigkeit strukturiert ist und wie viel die Schüler*innen dazu beitragen können, ist deshalb ständig relevant, weil das Selbständigkeitskonstrukt der pädagogischen Akteur*innen in Widersprüche führt: einerseits sollen die Schüler*innen als Bedingung für Lernen selbstdiszipliniert agieren, andererseits sind die Voraussetzungen dafür individuell scheinbar nicht vorhanden und eine strenge Vorstrukturierung via Formalisierung der Interaktion erforderlich, die aber gleichzeitig Freizonen enthalten soll als Bewährung unter Kontrolle. Nach den kollegialen Konventionen erwartet man im Rahmen der durch Ganztagsschule neu hinzugekommenen Angebote die Lösung des Problems durch eine Tätigkeitsstrukturierung, die die Sache selbst als Orientierung für Tätigkeit und Selbstdisziplinierung inszeniert, sodass die Selbstdisziplinierung einen Maßstab in der Sache erhält. Dies scheint jedoch vor dem Hintergrund lernökonomischer Erwägungen nur unterschiedlich umsetzbar.

Die bereits „gymnasialen" Schüler*innen müssen aus Sicht der Ganztagsschullehrer*innen dazu in der Lage sein, sich in einem Setting, das zu hoher Selbstdiszipliniertheit auffordert, selbst zum Mitarbeiten zu motivieren. Sie fordern von den Schüler*innen mehr Selbständigkeit, womit Selbständigkeit in der Selbstdisziplinierung gemeint ist. Diese Selbständigkeit wird aber durch das Ganztagsschulkonzept zugleich latent in Frage gestellt, indem es den Schüler*innen unterstellt, dass diese mit der durch Ganztagsschule zur Verfügung gestellten Zeit nicht sinnvoll umzugehen wüssten. Den Schüler*innen wird damit die Fähigkeit einer aus Lehrer*innensicht angemessenen Partizipation nicht zugetraut. Ganztagsschule wird von den zu Wort kommenden Akteur*innen des untersuchten Gymnasiums also zum Förderprogramm zur „Gymnasialisierung" der Schüler*innensubjekte, in dessen Mittelpunkt ein ambivalentes Selbständigkeitskonstrukt steht. An die Kontrastierung der Rekonstruktionsergebnisse auf der Ebene des Vollzugs der für die Lernkultur des beobachteten Gymnasiums zentrale Praktiken lassen sich deshalb folgende Fragen formulieren: *Welche zentralen Praktiken lassen sich vor dem gezeichneten Hintergrund im Vergleich der Lerngeschichten, die für verschiedene Formate stehen, in der Schüler*innenadressierung unter Bezugnahme auf eine Sache zeigen? Welche Unterschiede und Gemeinsamkeiten hinsichtlich der Art und Weise der Subjektadressierung nach Maßgabe der Sache lassen sich herausarbeiten?*

9.2.3. Kontrastierung der Lerngeschichten

Auch bei der Rekonstruktion der Lerngeschichten zeigt sich, dass das Thema „Selbständigkeit und Disziplinierung" ein schulspezifisch relevantes Thema ist. Dies heißt, dass in allen beobachteten Angeboten Formen der Disziplinierung und Selbständigkeitsadressierungen in unterschiedlichen Verhältnissen auftreten.

Zunächst kann im Überblick über die rekonstruierten Lerngeschichten festgestellt werden, dass in den Lernangeboten kaum Räume für eine selbständige Sachaneignung geöffnet werden, zumindest nicht im Sinne der oben skizzierten reformpädagogischen Erwartungen. Die Sache erscheint dagegen stark formalisiert z.b. als „Lückentext", den es in Einzelarbeit auszufüllen gilt, wobei die Formulierung „eines Satzes" bereits als eigenständiges Arbeiten markiert wird. Im beobachteten „projektartigen Unterricht" und in der „jugendkulturellen AG" werden die Räume für eine eigentätiges Arbeiten zuerst strukturell geöffnet: Schüler*innenexperiment, Szenisches Spiel und die Erstellung einer jugendkulturellen Anmoderation als Formate bringen eine Praktik hervor, innerhalb derer sich die Schüler*innen durch Nachvollzug eine Arbeitstechnik aneignen, deren Sinn dann aber nicht mehr auf die eigentliche Sache bezogen wird. Auch in der „AG", die im Konstrukt der Akteur*innen von allen Formaten am stärksten auf eine „Öffnung" hin angelegt ist und damit eine Selbsttätigkeit der Schüler*innen strukturell nahelegt, verfügt der Lehrer weitgehend über die schulischen Artefakte und deren Deutung, wodurch Räume für eigentätige Auseinandersetzungen wieder geschlossen werden. Die selbständige Sachaneignung wird damit insgesamt auf die Grenzen, welche bspw. vom „Workbook" vorgegeben werden, zugeschnitten und standardisiert. Selbständigkeit bedeutet im Rahmen der skizzierten Praxis damit, sich als Alleinleistende*r und möglichst ohne Hilfe mit einer Sache auseinanderzusetzen.

Die Schüler*innenadressierung erfolgt in den beobachteten Praktiken im Rahmen der von den Symbolischen Konstruktionen bereits angedeuteten Struktur: Die Schüler*innen werden in einer ambivalenten

Überlagerung gleichzeitig als Selbständige und auch als Unterstützungsbedürftige angesprochen. Sie werden als kompetente Sachaneigner*innen adressiert („das könnt ihr", „ich trau es euch zu"), was sich u.a. darin zeigt, dass ein Zeigen bzw. Erklären der Sache kaum stattfindet, was ein schüler*innenseitiges Verstehen und Können bereits voraussetzt. Dennoch verbleibt die Sache und ihre Artefakte, wie oben bereits angedeutet, zumeist in Lehrer*innenhand (wie der „MP3-Player"), wird durch die pädagogischen Akteur*innen standardisiert vorgegeben (Rechenregeln in der „Hausaufgabenbetreuung"; Dialog im Englischbuch) oder wird z.B. aus gefahrentechnischen Gründen (wie etwa im „projektartigen Nawi-Unterricht") erst gar nicht zum Thema gemacht. Dies impliziert, dass die Schüler*innensubjekte eben noch nicht selbständig genug sind, um eigenverantwortlich und gleichzeitig sinnvoll im konstruierten Sinne mit der Sache umgehen zu können. Da die Sache durch die reduzierte Praxis für die Schüler*innen weitgehend bedeutungslos wird, können sie sich an ihr auch nur schwer als Selbständige wahrnehmen. Dagegen werden sie tendenziell als noch Unfähige angesprochen. Durch die Formalisierung der Sache und ihre starke Strukturierung entsteht auf der anderen Seite aber wieder ein Möglichkeitsraum, sich zumindest als Könner der Methode wahrzunehmen.

Während das Thema „Selbständigkeit" in allen beobachteten Praktiken nur mit minimalen Kontrasten erscheint, lassen sich beim Thema „Disziplinierung" Unterschiede in der Gestaltung der Praktiken erkennen, die zwischen den Polen „Disziplinierung mit starkem oder weniger starkem Sachbezug" angesiedelt sind. Der gezeigte Sachumgang bringt in den meisten rekonstruierten Lerngeschichten zunächst eine *indirekte, über die Sache vermittelte Disziplinierung* hervor: Das Beispiel der „Hausaufgabenbetreuung" steht hier als dominante Praxis stellvertretend sowohl für eine Disziplinierung durch eine Formalisierung des Settings als auch eine schüler*innenseitige Ausformung der Selbstdisziplinierung. Durch den Tafelanschrieb wird der Anspruch der Selbstdisziplinierung zur Pflichterfüllung als normativen Anspruch dargestellt. Auf der Seite der Schüler*innensubjekte wird ein

Spiegelungsprozess erwartet, so dass sie sich selbst zu eigenständigem, konzentriertem Bearbeiten der immer wieder neu vor Augen gestellten Pflicht disziplinieren. Auch in der „jugendkulturellen AG" wird der stark am methodischen Vollzug orientierte Umgang mit der Sache in einer lehrerspezifischen Weise gezeigt, obwohl es sich eigentlich um einen jugendkulturellen Gegenstand handelt. Die Schüler müssen sich ebenfalls zur Sache in ein bestimmtes, vom Lehrer definiertes Verhältnis setzen, wobei eine von diesen als Option angedachte Verweigerung („fang du mal an, ich will des net machen"), vom Lehrer als nicht realisierungsmöglich gezeigt wird. In anderen Angeboten wird die *Disziplinierung sowohl indirekt über die Sache als auch direkt über die pädagogischen Akteur*innen* hergestellt. In diesen Ausformungen erfolgt die Disziplinierung von außen, in Analogie zur sonstigen Kommunikation, in minimalistischer Form („pscht", „ruhe jetzt"), wodurch sie weitgehend marginalisiert wird. Bspw. in den naturwissenschaftlichen Angeboten verlangt der Lehrer von den Schüler*innensubjekten, folgsam zu sein, um im Anschluss an das Zeigen der Sache selbstdiszipliniert und relativ eigenständig (im rekonstruierten Sinne) mit dieser umgehen zu können. Die Sache wird nämlich tendenziell als eine gefährliche gezeigt, sodass man sich zu ihr in eine selbstdisziplinierte Haltung versetzen muss, um sie bearbeiten zu können. Die Fremddisziplinierung geschieht also in einer Weise, dass sie eine Selbstdisziplinierung nach sich zieht und verbleibt daher eher am Rande des Geschehens. Dabei wird von den pädagogischen Akteur*innen aber nicht näher expliziert, was die Anforderung an die Schüler*innensubjekte im Kern ausmache. Diese formt sich in den Praktiken der Schüler*innen aus, die sich gegenseitig disziplinieren und damit zeigen, was in dem jeweiligen Setting erlaubt ist und was nicht: Es ist erlaubt, still und ohne Hilfe zu arbeiten. Eine *direkte, wenig über die Sache vermittelte Disziplinierung*, die über einen längeren Zeitraum thematisiert wird und damit ins Zentrum der Praktik rückt, findet sich dagegen nur im „Englischunterricht" im Übergang zur „eigentlichen" Lernsituation. Ohne Anbindung an die Sache werden die Schüler*innen durch die Anforderung, relativ lange zu stehen, ohne dabei mit anderen zu kommunizieren, dazu angehalten, sich in eine selbstdisziplinierte Haltung zu versetzen. Im Gegensatz zu den anderen rekonstruierten Lerngeschichten fällt dies den beobachteten Schüler*innen auch relativ schwer, was sich u.a. an ihren „Ausgleichshandlungen" zeigt.

In den anderen beobachteten Angeboten erkennt das Schüler*innensubjekt seinerseits im Anschluss an die beschriebenen Praktiken den Sachgegenstand als ihm auferlegt an und setzt sich selbstdisziplinierend zu ihm ins Verhältnis. Die Schüler*innen stellen die an sie gerichteten Anforderungen nur selten in Frage, sondern führen, auch wenn es zeitweise zu tendenziellen Abweichungen kommt, in Bezugnahme auf den Sachgegenstand eine selbstdisziplinierte Haltung auf. Als dominante Praktik lässt sich dabei wieder die „Hausaufgabenbetreuungs"-Praxis nennen, bei der sich die Schüler*innensubjekte diszipliniert zur Sache ins Verhältnis setzen, deren Umgang durch das Setting als angemessenes vorgegeben wird. Sie verhalten sich konform als „Einzelleister*innen", so wie es die Sache „Hausaufgaben erledigen" von ihnen erfordert. Diese Form der Selbstdisziplinierung setzt eine Beziehungsgestaltung voraus, in denen sich die Lehrer*innen als Personen zurücknehmen und eine Konstruktion des angemessenen Umgangs mit der Sache in den Vordergrund stellen. Diese Konstruktion wird durch das formalisierte Setting des an die Tafel angeschriebenen Pflichtenkatalogs der zu erledigenden Aufgaben vermittelt. Mit dieser Ausprägung wird die lehrer*innenseitige Ausformung der Disziplinierungspraxis beschrieben. Dabei wird die Sache zum Element der Bezugnahme zwischen Lehrer*innen und Schüler*innen, wobei nicht individuelle Anfragen im Prozess der Bedeutungsaushandlung thematisiert werden, sondern generalisierte Umgangsweisen mit der Sache. Hier schwingt latent die Bedeutung des Begriffs „Selbständigkeit" in der Symbolischen Konstruktion von Gymnasialität des untersuchten Gymnasiums mit: Die Schüler*innen sollen alleine, ohne die Hilfe der Lehrer*innen, nur durch die Sache selbst einen Zugang zur Sache finden. Dies schließt auch mit ein, dass das Verhalten so gestaltet wird, dass keine anderen Schüler*innen gestört werden, also still und ruhig sitzend allein gearbeitet wird. Dadurch wird eine Beziehung vom Schüler*innensubjekt zur Sache oder zur Konstruktion gestiftet, von der die Impulse zur Selbstdisziplinierung ausgehen. Auch im

„naturwissenschaftlichen Projektunterricht" gehen die Leistung-
erbringenden so mit sich um, dass sie eine instrumentelle Orientierung sich selbst gegenüber einnehmen: sich folgsames Lernen
abzuverlangen und selbstdiszipliniert das Verlangte auszuführen,
denn die Partner*innenarbeit steht nicht unter direkter Kontrolle und
Fremdzwang. Widerstände lassen sich daher nur am Rande beobachten: In der „jugendkulturelle AG" impliziert die Praktiken der Schüler*innensubjekte ein Erkennen darüber, dass der Sachgegenstand
nicht nur schulspezifische Anforderungen enthält. Da der Lehrer jedoch keinen Raum für widerständiges Handeln öffnet, übernehmen
die Schüler*innensubjekte das Fremdbild des Lehrers und dessen
Sicht auf den Gegenstand. Im „naturwissenschaftlichen projektartigen
Unterricht" wird die Relevanz der Sache zunächst nicht in Frage gestellt. Erst als die Schüler*innen keine Faszination an der Sache mehr
zeigen, weil diese an Bedeutung verliert (z.B. zu dem Zeitpunkt, wenn
sich herausstellt, dass es sich bei der zu erhitzenden Flüssigkeit lediglich um Wasser handelt), wird die selbstdisziplinierte Haltung ein
Stück weit aufgegeben. Angesonnen wird den Schüler*innen nämlich,
sich um des folgsamen Lernens willen (nicht aus der Auseinandersetzung mit der Sache heraus) selbst zu disziplinieren. Da die Disziplinierung zu Stundenbeginn des „Englischunterrichts" ebenfalls nur wenig an die Sache angebunden wird, wird die Zeit, sich in eine
selbstdisziplinierte Haltung zu versetzen, von den Schüler*innen dann
auch „gedehnt". Das darauf folgende Vermittlungsgeschehen zeigt die
Sache dagegen wieder als stark formalisierte und dementsprechend
die Schüler*innen als welche, die sich ihr gegenüber auch zu disziplinieren haben, was diese auch tun. Sie warten, wie in anderen beobachteten Angeboten auch, in einer disziplinierten Haltung, bis sie „an der
Reihe" sind.

9.2.4. Zusammenfassung: Gymnasialisierung als sachbezogene Disziplinierung hin zu mehr Selbständigkeit

Die gesellschaftliche Anforderung an eine modernisierte Schule, gezielt selbständige Subjekte hervorzubringen, spiegelt sich auch in den Debatten der im Rahmen dieser Arbeit zu Wort kommenden pädagogischen Akteur*innen eines Gymnasiums wider: Das Thema „Selbständigkeit und Disziplinierung" erscheint als besonders prominentes, da die Lehrer*innen immer wieder den Mangel an Disziplin und Fähigkeit zum selbstständigen, konzentriertem Arbeiten auf Seiten der Schüler*innen beklagen, da sie Gymnasialität vor allem als selbstständiges Arbeiten konstruieren. Der Kern des Themas „Selbständigkeit und Disziplinierung" besteht darin, dass die Lehrer*innen sich selbst ein Programm auferlegen, Praktiken entwickeln zu müssen, mit denen sie das zugeschriebene Defizit mangelnder Selbständigkeit zumindest scheinbar kompensieren können.

Die dominante Praxis zur rekonstruierten Subjektadressierung im Rahmen der Lernkultur des beobachteten Ganztagsgymnasiums lässt sich folgendermaßen visualisieren:

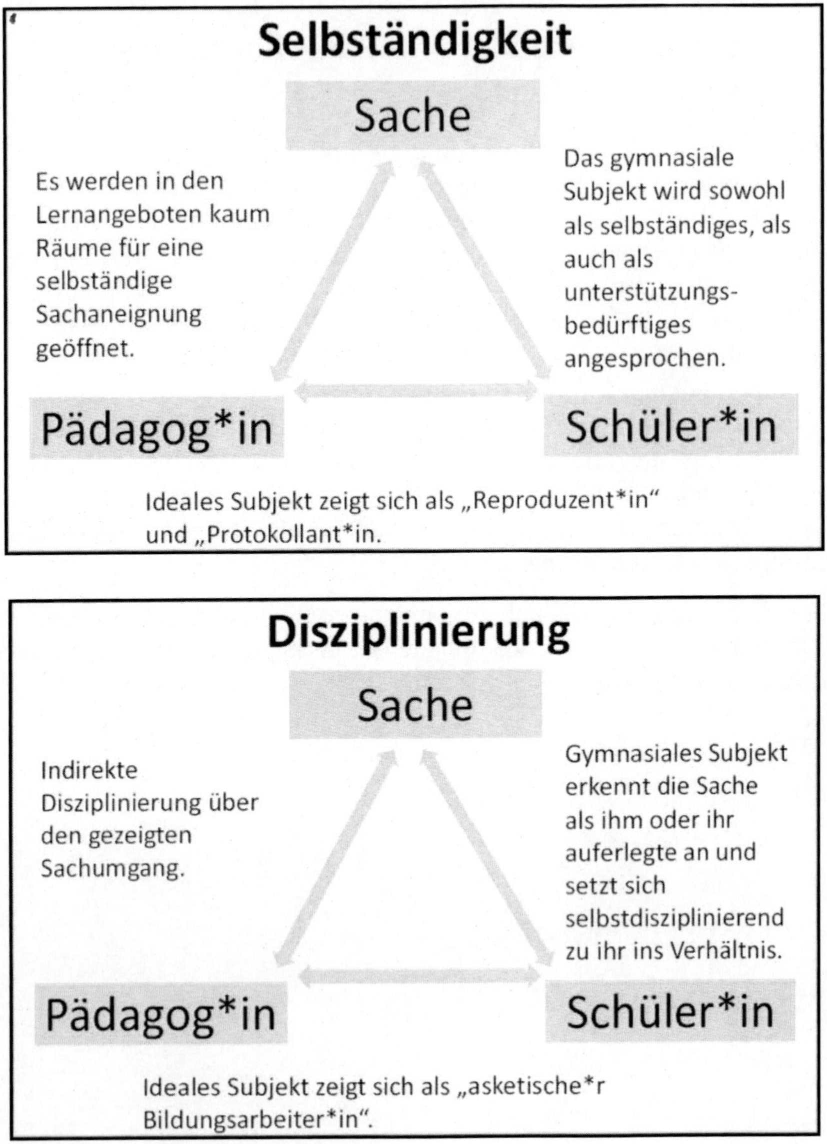

Selbständigkeit

Sache

Es werden in den Lernangeboten kaum Räume für eine selbständige Sachaneignung geöffnet.

Das gymnasiale Subjekt wird sowohl als selbständiges, als auch als unterstützungsbedürftiges angesprochen.

Pädagog*in

Schüler*in

Ideales Subjekt zeigt sich als „Reproduzent*in" und „Protokollant*in.

Disziplinierung

Sache

Indirekte Disziplinierung über den gezeigten Sachumgang.

Gymnasiales Subjekt erkennt die Sache als ihm oder ihr auferlegte an und setzt sich selbstdisziplinierend zu ihr ins Verhältnis.

Pädagog*in

Schüler*in

Ideales Subjekt zeigt sich als „asketische*r Bildungsarbeiter*in".

Abbildung 22: Gymnasialisierung als sachbezogene Disziplinierung hin zu mehr Selbständigkeit

Die rekonstruierte Praxis zeigt zunächst, dass in den Lernangeboten kaum Räume für eine selbständige Sachaneignung geöffnet werden, zumindest nicht im Sinne der oben skizzierten reformpädagogischen Erwartungen. Selbständigkeit erscheint dagegen als Anforderung, ohne Hilfe im Fluss des Arbeitens zu bleiben, in dessen Rahmen zügig reproduziert und widergegeben werden soll. Eigenständigkeit im Sinne eines „Ausprobieren und Entwickeln von Neuem" oder kritischem Auseinandersetzen mit der Sache wird kaum eingefordert. Selbständiges Lernen wird in den beobachteten Lerngeschichten dagegen einseitig mit „alleine tun" konnotiert (Bräu 2008, S. 191). Die Schüler*innenadressierung erfolgt analog zu den Symbolischen Konstruktionen in einer widersprüchlichen Struktur. Die Schüler*innen werden in einer ambivalenten Überlagerung gleichzeitig als Selbständige und auch als Unterstützungsbedürftige angesprochen: Auf der einen Seite werden sie als kompetente und willige Sachaneigner*innen adressiert. Auf der anderen Seite impliziert die Praxis des stark formalisierten Zeigens der Sache, dass die Schüler*innensubjekte eben noch nicht selbständig genug sind, um eigenverantwortlich und gleichzeitig sinnvoll im konstruierten Sinne mit der Sache umgehen zu können. Die Praktiken zeigen sich also als „klassisch pädagogisch antinomisch", weil Selbständigkeit gefordert und partiell eröffnet aber auch wieder eingeschränkt wird.

Im Überblick über alle rekonstruierten Lerngeschichten lassen sich daneben drei Formen der Disziplinierung beschreiben: Die indirekte Disziplinierung durch die Formalisierung des Settings und der Sache, eine Mischform von Disziplinierung ohne und mit Sachbezug und Disziplinierung ohne konkreten Sachbezug. Als dominante Variante erscheint dabei die Praxis der Formalisierung des Settings und der Sache, durch die die pädagogischen Akteur*innen implizit voraussetzen, dass eine Überwachung von Selbstdisziplin notwendig ist. Damit wird latent vorausgesetzt, dass die Verinnerlichung einer solchen Haltung sich selbst gegenüber durch solche Praktiken hervorgebracht werden kann, in welchen für Schüler*innen ein Selbstverhältnis entsteht, eine Instanz hervorzubringen, die das fremd zugeschriebene Defizit ihres Selbst kompensieren hilft. Gleichzeitig wird die „alte Form" der

Fremddisziplinierung durch die Lehrer*in ohne Sachbezug in den meisten Formaten, der Beginn des „Englischunterrichts" erscheint hier als einzige Ausnahme, als nicht förderlich zur Entwicklung einer habituellen Selbstdisziplinierung gezeigt.

Die Schüler*innenpraktiken zeigen, dass eine disziplinierte Haltung und damit Selbstdiszipliniertheit entlang der Sachanforderung bzw. einer gestellten Aufgabe hervorgebracht werden. Latent verweisen alle Angebote aber gleichzeitig darauf, dass die Lehrer*innen den Schüler*innen entweder kein breiteres Interesse zuschreiben, das intensiveres Arbeiten tragen könnte, oder dass sie ihnen unterstellen, zu selbstdiszipliniertem Verhalten im Grunde genommen doch (noch) nicht fähig genug zu sein. Dem Vollzug der Disziplinierungspraktik durch Formalisierung und Engführung liegt eine Interaktionsstruktur zugrunde, durch die nicht mehr die Person mit ihren Bedürfnissen und Interessen, sondern nur noch die formalisierte Sache thematisiert wird. Die Schüler*innen finden in der Lehrer*in weniger eine Ansprechpartner*in für Probleme und Schwierigkeiten im Prozess der Deutungsaushandlung, sondern eher eine Repräsentant*in einer Struktur, die zur Selbstdisziplinierung anleitet. Beziehungsgestaltung tritt hier vor allem in der Selbstbeziehung der Schüler*innen auf, die sich mit all ihren Bedürfnissen, Fähigkeiten und Wünschen dem zu internalisierenden Bild unterzuordnen haben. Die Bewältigung der Sache selbst soll das Maß des angemessenen Umgangs mit ihr sein. Die Sache wird zum Instrument der Disziplinierung, d.h. zur Vermittlung eines Bildes, einer Konstruktion von Gymnasialität.

Im Zentrum der beobachteten Praxis zur Schüler*innenadressierung steht also ein *Programm zur „Gymnasialisierung"*, welches ein als ideal vorgestelltes gymnasiales Subjekt hervorbringt, das als *sich selbst disziplinierende Schüler*in vor allem durch den der Sache angemessenen Umgang mit den Aufgaben* beschrieben wird, wobei den Schüler*innen grundsätzlich ein Defizit bei der Selbstdisziplinierung unterstellt wird. Selbständigkeit im Sinne des untersuchten Gymnasiums meint nicht zwangsläufig die Fähigkeit zur Erarbeitung eines eigenen Zugangs zur Sache durch die Schüler*innen in einem reformpädagogischen Sinn, sondern die *selbstdisziplinierte Arbeitshaltung des „Allein-Leisters"*. Die

Disziplinierungspraktiken des Gymnasiums verfolgen ein gemeinsames Ziel: Das Schüler*innensubjekt soll eine Haltung der Selbständigkeit entwickeln. Diese meint eine selbstdisziplinierte Haltung, die von den Schüler*innen fordert, dass sie ihre eigenen Wünsche und Bedürfnisse genau wie ihre eigenen Fähigkeiten hinter der Interaktion mit der Sache, die sich sinnlogisch aus der Sache ergeben soll, zurückzustellen. Um die Ausprägung dieses Selbstverhältnisses zu erreichen, findet *von den Seiten der Lehrer*innen kaum direkte Disziplinierung* statt, sondern es wird das selbstdisziplinierte Verhalten durch einen Ausschluss von Anschlussmöglichkeiten in einer engen Kommunikationsstruktur und einem formalisierten Setting als einzig angemessene Möglichkeit des Verhaltens dargestellt. Diese Praktik verleiht dem Versuch Ausdruck, das den Schüler*innen zugeschriebene Defizit zu kompensieren, ohne es pädagogisch zu thematisieren. Die Schüler*innen sollen eben selbstdiszipliniert selbständig werden.

9.3. Zusammenfassung und Anschlüsse

(1) Die durch die fortschreitende Bildungsexpansion zunehmende Heterogenität der Schüler*innen, die ein Gymnasium besuchen und die steigende Konkurrenz durch andere Schulformen, welche ebenfalls dir Berechtigung zum Hochschulbesuch erteilen, haben in den letzten 20 Jahren den Profilierungsdruck auf Gymnasien gesteigert. Der zumeist im Anschluss an internationale Vergleichsstudien formulierte, bildungspolitisch ambitionierte und programmatisch stark aufgeladene Schuldiskurs übt zudem einen hohen Innovationsdruck auf die Einzelschulen aller Schulformen und ihre pädagogischen Akteur*innen aus. Es sind v.a. Gymnasien, die sich an ihren Standorten nicht auf den distinktiven Status einer exklusiven Bildungsanstalt zurückziehen können, die sich in dieser Situation mit der Aufforderung konfrontiert sehen, den Bildungserfolg nicht mehr allein in die Verantwortung der Gymnasiast*innen zu legen, sondern als Koproduktion aller Beteiligten zu erachten.

Das Gymnasium zu Beginn des neuen Jahrtausends wird damit unter Reformdruck gestellt, wobei die Transformation zur Ganztagsschule als Modernisierungsoption, als kompensatorisches Reformkonzept (s. Rabenstein u.a. 2009, Neto Carvalho/Veits/Kolbe 2015, Schütz/Steinwand 2015) und als „Schrittmacher des Wandels" (Idel 2013, S. 153) erscheint. In der bildungspolitischen und fachwissenschaftlichen Diskussion um Ganztagsschule fallen verschiedene Motive und Leitideen zur Schulentwicklung zusammen (vgl. Holtappels et al. 2007; Fischer et al. 2013): Es handelt sich auf der einen Seite um sozial- und bildungspolitische Maßnahmen zur Veränderung des Reproduktionsverhaltens v.a. von Akademikerinnen und Steigerung von Schulleistungserträgen, auf der anderen Seite um schulkritisch-reformpädagogische Vorstellungen zur ganzheitlichen Bildung, ohne Trennung zwischen Schule und Freizeit. Die Transformation zur Ganztagsschule verspricht, die als zentral bezeichnete Problemstellung des Gymnasiums, dass es als „neue Hauptschule" (s. z.B. Schwarz-Jung 2012) oder „Schule der Vielen" (Mack 1997) den Umgang mit sozialer Heterogenität und Leistungsheterogenität einer pluralisierten Schüler*innenschaft (s. Kiper 2005) erst noch lernen muss, zu bearbeiten.

Die reformpädagogisch modernisierten Formate des Ganztagsgeschehens unter der Programmformel der „Öffnung von Schule", in der Schule als rhythmisierter Lebensraum gedacht wird, in dem mit allen Sinnen gelernt wird, könnten bislang eher fremde Praktiken in den gymnasialen Alltag einsickern lassen, was zu Grenzverschiebungen, zu Entgrenzungen führen und bereits bestehende ambivalente Strukturen weiter verstärken kann. Dieser veränderte Sachumgang stellt eine neue Herausforderung an Gymnasium und seine Akteur*innen dar. Die Einführung ganztagsschulischer Angebote an Gymnasien wird aber im Diskurs der letzten Jahre in erster Linie aus einer strukturellen Perspektive thematisiert. Im Mittelpunkt steht dabei die Umstellung auf das achtjährige Gymnasium und den dadurch bedingten Verlust an Unterrichtszeit mit der Ausweitung auf ganztägige Bildung zu kompensieren. Durch die Umstellung auf den Ganztagsbetrieb werden aber auch Entwicklungsfreiräume für schulkulturelle Reformen und gymnasiale Bildungsarbeit geöffnet, die unter schulpädagogischer und schultheoretischer Sichtweise ebenfalls beobachtenswert erscheinen, im Diskurs aber noch nicht so sehr in den Blick geraten sind.

Diese Entwicklungskonstellation – die Umstellung auf Ganztagsschule und die damit einhergehende Adaption reformpädagogischer Programmatiken und Arrangements – wurde im Rahmen der vorgelegten Studie entlang des Falls eines kleinstädtischen Gymnasiums betrachtet, welches in Konkurrenz zu anderen Schulformen am Standort steht und sich deshalb mit einer deutlich heterogenen Schüler*innenschaft konfrontiert sieht. Dabei stand die Frage im Mittelpunkt, welche Verschiebungen innerhalb der gymnasialen Lernkultur durch ganztagsschulische Formate, v.a. in Bezug auf einen möglicherweise veränderten Sachumgang und veränderte Subjektadressierungen beobachtet werden können. Es kann nun die schultheoretisch relevante Frage danach, wie sich schulische Angebote als institutionalisierte Problemlösungsmuster zeigen und welche Konsequenzen sich für die Subjektkonstitution in Schule ergeben, wenn nicht abschließend beantwortet, dann doch differenziert beleuchtet werden.

(2) Im Rahmen der Symbolischen Konstruktionen, also im Reden der Akteur*innen des untersuchten Gymnasiums über Schulehalten, erscheint Ganztagsschule zunächst als Ort einer stark strukturierend orientierten Lernkultur angesichts einer leistungs- bzw. bildungsdefizitären Schüler*innenschaft, die Haltungen der Selbständigkeit vermittelt, um Gymnasialität im Sinne des Kollegiums erst herstellen zu können. Die Förderung innerhalb dieses Ganztagsschulbetriebes wird dagegen vorgestellt als die Bearbeitung der Defizite als Vermittlung einer selbstdisziplinierten Haltung, die eigenständiges Lernen ermöglicht. Als Innovation verstehen die Ganztagschul-Anbieter den sogenannten projektartigen Unterricht: eine Fachstunde des Vormittags wird auf den Nachmittag verschoben und dort mit einer projektartigen Ergänzung versehen. Mit dem vorliegenden Angebot bezweckt die Schule, ihre Schüler*innen durch eigene Erfahrungen mit propädeutischen Arbeitstechniken zu fördern. Es ist – der Zuschreibung durch die durchführenden Lehrer*innen zufolge – als Förderangebot zur Herstellung von Arbeitsfähigkeit und damit von „Gymnasialität" zu verstehen. Neben dem Unterricht als Kerngeschäft des Gymnasiums wird v.a. der Hausaufgabenbetreuung ein zentraler Stellenwert zugeschrieben.

Hausaufgaben werden zunächst als unhinterfragte Selbstverständlichkeit der Pflichterfüllung konstruiert, die dennoch ein wesentliches Element des Ganztags bilden, da v.a. hier selbständiges Arbeiten und eine für diese Arbeit als konstitutiv vorgestellte Haltung der Selbstdisziplin eingeübt werden soll. Das Disziplindefizit der noch zu gymnasialisierenden Schüler*innenschaft steht dementsprechend im Mittelpunkt der Konstruktionen der Lehrer*innen. Den Arbeitsgemeinschaften kommt im Entwurf dieser Kultur gymnasialen Lernens die Funktion zu, auf der Basis bereits erreichter Gymnasialität (also ab Klassenstufe 7), spezifischen und vertieften sachlichen Interessen nachgehen zu dürfen. Es besteht der Druck, auch von Seiten der Schüler*innen und Eltern, sich zu öffnen, woraufhin der gymnasiale Anspruch von den pädagogischen Akteur*innen universalisiert auf das gesamte Angebotsspektrum übertragen wird: alles dient der gymnasialisierenden Förderung und soll zu vertieften Beschäftigung mit angemessenen, kulturell wertvollen Sachen und Themen führen. In diesem Szenario kann die Erweiterung zur Ganztagsschule al Modernisierungsvehikel und Problemlösungsmuster gedeutet werden.

Wie zeigen sich nun die schulischen Angebote als institutionalisierte Problemlösungsmuster? Wie findet in den jeweiligen Angeboten, in denen Praktiken in spezifischen pädagogischen Ordnungen aufgeführt werden, eine an die Konstrukte von Selbständigkeit, Selbstdisziplin und Gymnasialität orientierte Adressierung statt und welche Selbstformungsprozesse haben diese zur Folge? Also: *Wie wird man am untersuchten Gymnasium zur Gymnasiastin bzw. zum Gymnasiasten gemacht?*

(3) Betrachtet man die „Oberflächenstruktur" der ausgewählten Lerngeschichten, handelt es sich um maximal kontrastierende Beispiele zur Lernkultur des untersuchten Gymnasiums: Sie sind entlang der Symbolischen Konstruktionen der pädagogischen Akteur*innen des Ganztagsgeschehens in einem reflexiven und interpretativen Prozess ausgesuchte Erzählungen, die sich in ihren Formaten, Inhalten, angedachten Öffnungsgraden und vorab formulierten Ambitionen maximal unterscheiden. Die Rekonstruktion der dahinter liegenden Struktur

offenbart aber, dass sich wenige dominante Praktiken in allen Angeboten durchsetzen, zu den es lediglich kleinere Varianten gibt.

Der Umgang mit der Sache äußert sich in einem distanzierten, formalisierten Zeigen eines Lerngegenstandes, dessen instrumenteller Vollzug im Mittelpunkt steht und der abstraktes, scheinbar allgemeingültiges Wissen hervorbringt. Im Anschluss an dieses Zeigen beobachten und vollziehen die Schüler*innen selbstdiszipliniert nach. An der Sache zeigen sie ein moderates bis begeistertes Interesse, je nachdem wie aktiv sie relevante Erfahrungen an der Sache sammeln können. Durch die Art des Zeigens werden sie in ein Weltverhältnis gesetzt, das behauptet, die Welt bestehe aus mehr oder weniger allgemeingültigen Gesetzen, die durch festgelegte Methoden erfahren werden. Die anzueignende Sache wird dabei als zu homogenisierende begriffen, indem sie in stark formalisierter Weise präsentiert wird und von allen anwesenden Lernsubjekten in gleicher Weise reproduziert werden soll. Den Schüler*innensubjekten wird also ein homogenisierter Nachvollzug der Sache angedacht, an der wiederum eine individuell zu zeigende Leistung erbracht werden soll.

Als Grundzug der Adressierungen wurde ein hohes Potential an Definitionsmöglichkeit der Durchsetzung von Situationsdefinitionen und Bedeutungszuschreibungen für die Position der Lehrpersonen deutlich. Auch eine auf sich selbst und die Sache bezogene Arbeitshaltung wurde herausgearbeitet, welche ein schulspezifisch akzentuiertes Selbstverhältnis Lernender mit impliziert. Durch das spezifische Zeigen wird das Schüler*innensubjekt als Einzel-Leister*in innerhalb eines defizitären Lernkollektivs und als noch zu Disziplinierender hin zu mehr Selbständigkeit adressiert, wozu potenziell die individuelle Möglichkeit besteht. Die Schüler*innensubjekte werden angesprochen als noch Unfertige, die selbständig ihr Defizit zu beheben gedenken. Dabei wird aber in der Kontrastierung klar, dass die rekonstruierten Prozessmerkmale der Subjektivierung nur legitimierbar sind, wenn die Praktik sie als durch die Sache selbst erforderlich darstellen kann und im Prozess ständig als durch die Sache selbst als erfordert erweist. Nur dann entsteht ein Zusammenhang sozialen Sinns, der auf „freiwillige Zustimmungsbereitschaft" beziehungsweise einen wie selbstverständlich ausgeführten Vollzug der Praktiken durch die Beteiligten garantiert. Das als ideal vorgestellte gymnasiale Subjekt erscheint also als sich selbst disziplinierende Schüler*in hin zu einem angemessenen Umgang mit der Sache, wobei den anwesenden Schüler*innen grundsätzlich ein Defizit bei der Selbstdisziplinierung unterstellt wird.

Zusammenfassend kann also die Schul- und Lernkultur des untersuchten Gymnasiums folgendermaßen visualisiert werden:

Bildungspolitische Entscheidungen und erziehungswissenschaftliche Diskurse

Der programmatisch stark aufgeladene Schulreformdiskurs und die Konkurrenz zu anderen Schulen am Standort, lässt das kleinstädtische, finanzschwache Gymnasium unter Innovations- und Profilierungsdruck geraten.

Symbolische Konstruktionen der schulischen Akteur*innen

Die pädagogischen Akteur*innen implementieren im Zuge des Umgangs mit einer von ihnen als heterogen wahrgenommenen Schüler*innenschaft durch die Umstellung auf Ganztagsschule ein Programm zur „Gymnasialisierung" dieser.

Pädagogische Praktiken in lernkulturellen Arrangements des Gymnasiums

Dieses „Gymnasialisierungs"-Programm schlägt sich folgendermaßen in den Praktiken nieder: Der schulspezifische Sachumgang zeigt sich als zu homogenisierende, an der eine individuelle Leistung zu erbringen ist. Das Schüler*innensubjekt wird adressiert als eines, dass sich selbständig hin zu einer Sache zu disziplinieren hat.

Abbildung 23: Das Gymnasium und seine pädagogische Ordnung

Meine zusammenfassende These zur Schul- und Lernkultur der untersuchten Gymnasiums lautet deshalb: Durch die Umgestaltung des Gymnasiums zur Ganztagsschule wurde im Rahmen einer Angebotsentwicklung die vorhandene Angebotsstruktur bereichert. In der Rekonstruktion dieser neuen Formate lassen sich allerdings kaum „Eigentümlichkeiten" finden. Der Beobachter*in kommt alles, auch nach eingehender Interpretation des Geschehens, irgendwie „bekannt" vor. Die rekonstruierte Lernkultur schafft kaum Räume für „Irritationen" bzw. lässt diese kaum zu. Auch wenn in den „neuen" Angeboten leichte Öffnungstendenzen aufscheinen (günstige Lehrer*in-Schüler*in-Relation oder Aneignungsformen, die tendenziell die Schüler*innentätigkeit in den Mittelpunkt stellen), setzt sich auch in diesen die „alte" Lernkultur weiter fort. Deshalb kann im vorliegenden Fall nur bedingt von einer Transformation schulischen Lernens gesprochen werden. Eher lässt sich konstatieren, dass die neuen Formate eine Transformation des Schulischen befördern können, aber nicht müssen. Schule liegt seit ihrer Gründung eine ambivalente Struktur zu Grunde: Diese beinhaltet sowohl emanzipatorische und ermöglichende, aber auch immer unterdrückende, restriktive und die hegemonialen Strukturen der Gesellschaft vermittelnde Elemente. Durch Ganztagsschule und die zeitliche Erweiterung schulischen Lernens werden durchaus ermöglichende Strukturen erweitert. Die Realisierung dieser angelegten, formalisierten Strukturen bringen allerdings nur einen Möglichkeitsspielraum hervor. Pädagogisches Handeln wird, wo es durch Ganztagsschule auf geöffnete Räume trifft, aber auch komplexer, weil das „Mehr-Hören" und „Mehr-Sehen", v.a. in den geöffneten Angeboten, einen sensibleren Umgang mit den Schüler*innen erfordert. Die dargestellten Kontrastierungsergebnisse geben zunächst keinen Hinweis darauf, dass aus Schulentwicklungsperspektive am Gymnasium mit der Ablösung von historisch etablierten Formen des Unterrichtens zu rechnen ist, wie es etwa Reh/Idel u.a. (2015) für stärker reformpädagogisch ambitionierte Schulen entwerfen. Mit diesem „Festhalten" an herkömmlichen Strukturen ist auch ein Subjektverständnis verbunden, das die Schüler*innen eher in ihrer Schüler*innenrolle, denn als ganze Person adressiert. Eine solche erweiterte Positionierung, mit der gesteigerten Anforderung an Selbstpräsentation und -management, enthält auch entgrenzte Zumutungen an das Schüler*innensubjekt (Bröckling 2007, Kolbe/Rabenstein 2009, Reh/Idel u.a. 2015), während der Verweis auf eine Rolle auch ein mögliches Scheitern auf diese begrenzt. In den stärker geöffneten Angeboten des untersuchten

Gymnasiums werden allerdings gegenläufige Tendenzen sichtbar, wenn z.B. der Lehrer in der jugendkulturellen AG schulisch hegemoniale Bearbeitungsanforderungen an die Sache anlegt, der Gegenstand und seine Akteur*innen dann aber vor den Peers präsentiert werden soll, die die Repräsentant*in möglicherweise doch als ganze Person wahrnehmen und dann Scheitern oder Erfolg dieser zuschreiben. Die Ergebnisse der vorliegenden Arbeiten verweisen insgesamt aber darauf, dass reformpädagogische und bildungspolitische Forderungen und Implementierungsvorgaben Grenzen kennen, nämlich diejenigen, die die einzelschulspezifische Kultur formuliert. Schul- und Lernkultur erscheinen vor diesem Hintergrund nicht nur als ermöglichende, sondern auch als limitierende Faktoren. Die „Übersetzungsleistung" der Lehrpersonen lässt sich im vorliegenden Fall als Assimilation des Ganztags an die etablierte Lernkultur beschreiben. Der Kern bildet, in einem engen Passungsverhältnis zu den Konstrukten der Professionellen stehend, das Programm zur „Gymnasialisierung" ihrer Klientel, die quasi „nacherzogen" wird. Die Subjektformung, der Sachumgang und auch das professionelle Handeln verläuft in den klassischen Bahnen, die von der strukturell-funktionalen schulischen Sozialisationstheorie beschrieben wird (z.B. Parsons 1987, Dreeben 1980): Die Schüler_innen werden u.a. durch das gymnasiale Lernarrangement mit dem gesellschaftlichen Leistungsuniversalismus konfrontiert und zu selbständiger Leistungserbringung „erzogen". Dabei wird gegenwärtig die bildungsbedeutsame Sachdiskussion marginalisiert, was die Unterrichtsanalysen von Andreas Gruschka, der die fortschreitende Didaktisierung des gymnasialen Unterrichts als „Entgymnasialisierung" (Gruschka 2014 und 2016) beschreibt, thematisieren.

(4) Die vorliegende Arbeit versteht sich selbst vornehmlich als Beitrag zur schul- und unterrichtstheoretischen Erkenntniserweiterung in Bezug auf den Strukturwandel des Gymnasiums. *Schultheoretisch* schließt sie an die Arbeiten des Hallenser Kreises um Werner Helsper zur Schulkulturtheorie an (z.B. Helsper u.a. 2001; Helsper 2000a, 2006, 2008; Kramer 2002; Budde 2005). Dieser Ansatz eignet sich in besonderem Maße dazu, den wechselseitigen Zusammenhang zwischen Wandel von Gesellschaft und Wandel von Schule zu beschreiben

und zu verstehen. Die Beschreibung mehrerer Ebenen schulbezoge-
nen Redens und Handelns, und damit die Beschreibung von Schulkultur, machen den Einfluss von Diskursen auf Schule transparent und
können auch deren reziproke Verstrickung aufzeigen: Denn durch den
Wandel von Schule wird die Etablierung bestimmter Vergesellschaf-
tungsformen legitimiert (z.B. Leistungsordnung, Individualisierung).
Das Gymnasium – das untersuchte Gymnasium steht dabei beispielhaft als "Miniatur" für einen bestimmten, sehr verbreiteten Typus von
Schule – und Ganztagsschule als reformpädagogisch sich mehr und
mehr durchsetzender Trend in der deutschen Bildungslandschaft,
können als Feld beschrieben werden, innerhalb dessen sich exemplarisch Schulentwicklung beforschen lässt, woraufhin zukünftige Entwicklungen nachgezeichnet werden können. Auch Reh, Idel, Rabenstein und Fritzsche (2015) postulieren, dass sich ganztägiges Lernen
und mit ihm verbundene reformpädagogische Öffnungen und Orientierungen immer weiter ausbreiten werden, weshalb danach gefragt
werden muss, was diese „neue" Art von Schule ausmacht. Die Ergebnisse der vorliegenden Studie zeigen, dass an Schulen, die Ganztagsschule zunächst nicht als Chance einführen, um ihre Lernkultur zu reformieren, bei denen die Orientierung an reformpädagogischen Programmatiken also weniger ambitioniert ausfällt, sondern die Umstrukturierung bspw. aus ökonomischen Gründen geschieht, die ganztagsschulischen Formate zwar Optionen eröffnen, die dann aber in
den pädagogischen Praktiken nicht unbedingt realisiert werden müssen. Dagegen können sich Schulen tendenziell als „beharrlich" zeigen,
wenn es darum geht, an der „alten" Lernkultur festzuhalten. Zugleich
konnten im Rahmen dieser Studie dennoch Chancen und Grenzen von
Modernisierung und ihre ambivalenten Wirkungen auf das Subjekt
aufgezeigt werden. „Die Schule für das Leben zu öffnen ist nur bedingt
eine fruchtbare Forderung, denn dieses vielzitierte ‚Leben' ist ja auch
nicht so unschuldig. Wir werden also nicht bei einer Sozialisationstheorie verweilen dürfen, die kulturelle Modernisierung gewissermaßen
subjekt-blind einfach nur konstatiert und fragt, was Jugendliche ‚brau-
chen'. Wir werden eine Bildungstheorie entwickeln müssen, die danach fragt, wie wir lernen können, mit ambivalenter kultureller Modernisierung so zu verfahren, dass nicht regressive Sicherheits-

bedürfnisse letzthin die Oberhand gewinnen." (Ziehe 1996, S. 95) Zu hinterfragen bliebe, ob am Beispiel tatsächlich ein Wandel untersucht werden konnte. Evtl. müssten im Rahmen einer erneuten Erhebung Längsschnittdaten, z.B. heute, d.h. dreizehn Jahre nach der schulinternen Einführung von Ganztagsschule, erhoben werden, um die These zur „Beharrungskraft" gymnasialer Strukturen weiter empirisch zu sättigen oder, vielleicht vor dem Hintergrund eines sich steigernden Innovationsdrucks, irritieren zu können. [67] Wird das Angebot auf Grund gemachter Erfahrungen und zugespitzter Diskurse verändert? Hat dies Auswirkungen auf die Praxis des gymnasialen Alltags? Das innere Betriebsgeschehen einer Schule und deren Logiken, „the Grammar of Schooling", restrukturiert sich laut Tyack und Tobin (1994) nämlich nur dann, wenn den Professionellen die angestrebten Reformen als funktional erscheinen und sie zum geeignet scheinenden Zeitpunkt zu deren Etablierung aufgefordert werden: „The timing of reforms in the organizational life cycle is important – reforms that got in on the ground floor of organizational developement had a good chance to become institutionalized (ebd., 478)." Um die Ergebnisse der hier entfalteten Fallstudie als Beitrag zur Theorie des Gymnasiums fruchtbar zu machen, muss im Anschluss danach gefragt werden, wie sich die Fall-Schule und ihre Lernkultur in der deutschen Bildungslandschaft verorten lässt. Das untersuchte Gymnasium steht beispielhaft – so die These – für einen bestimmten Typus von Schule und damit für ein bestimmtes Segment der deutschen Bildungslandschaft. Eine Kontrastierung mit anderen Schulformen, anderen Ganztagsgymnasien oder stärker profilierten Gymnasien, deren Lernkultur einen minimalen oder maximalen Kontrast zur untersuchten Schule bilden, muss an den Fall angeschlossen werden, um eine Typisierung von Gymnasien anfertigen zu können und zu stärker verallgemeinerbaren Befunden zu kommen. Ansätze dafür finden sich beispielsweise bei Anna Schütz und Julia Steinwand (2015), die sich kontrastierend auf die hier vorgestellte Fallstudie beziehen. Bezugspunkte für weitere

---

[67] Laut Homepage der Schule (aktualisiert 2015) hat sich zumindest an der Organisation des Ganztags bisher nichts geändert. Bei Informationsveranstaltungen nutzt der GTS-Koordinator, der ebenfalls immer noch derselbe ist, weiterhin Folien aus dem Erhebungszeitraum.

Kontrastierungen finden sich u.a. bei Werner Helsper (2006 und 2012 bzw. Helsper u.a. 2001 für exklusive Gymnasien, aber auch Gymnasien mit verschiedenem Klientel).

Unterrichtstheoretisch knüpft die vorliegende Arbeit an die Lernkulturtheorie an (z.B. Kolbe u.a. 2008; Reh/Rabenstein/Idel 2011; Reh/Rabenstein 2013; Idel 2013; Reh/Idel u.a. 2015; Schütz 2014) und versteht sich damit als Beitrag zur Unterrichtsforschung am Gymnasium. Reh u.a. postulieren vor dem Hintergrund ihrer empirischen Befunde, dass der Symbolischen Konstrukte zum ganztägigen Lernen an Schulen, die auf ein solches umgestellt haben, „in der Tendenz [...] von einem reformpädagogischen Diskurs durchzogen sind" (Reh/Idel u.a. 2015, S. 315) und dass den Schulen ihre reformpädagogischen Bemühungen – und meinen damit die „Überwindung der Trennung von Schule und Leben, die Verbindung von informellen und formellen Prozessen, die Integration von Unterricht und Freizeit" – „nur im Vollzug von Öffnungen als realisierungsfähig erscheinen" (ebd., S. 316). In den von ihnen beobachteten Praktiken zeige sich analog dazu, dass „Öffnung von Schule" v.a. bedeute, „individualisierte Formate des Lehrens und Lernens zu implementieren bzw. auszudehnen" (ebd., S. 2017). Individualisierung bedeute an ihren Schulen, dass die Schüler*innen „individualisierte, ‚passende' Aufgaben und mehr Möglichkeiten [erhalten], selbst Entscheidungen über ihre Aktivitäten und Wahlen zu treffen" (ebd., S. 318). Sie beobachten zudem, dass „Praktiken aus anderen Handlungsbereichen der schulischen Umwelt, insbesondere auch solche der Familie und Freizeit, in die Schule [einsickern]" (ebd., S. 320). Aus ihren Beobachtungen leiten sie folgende Zeitdiagnose ab: Die universalisierte Form des Unterrichts, als „Unterweisung von Lerngruppen" und „Massenlernprozess" (ebd., S. 322) in seiner interaktiven, synchronisierten, teilweise fremddisziplinierten Ausrichtung des „Klassenkollektivs" auf eine gemeinsame Sache, in dem das Rederecht zu Gunsten der Lehrperson verteilt ist, steht kurz vor seiner Ablösung. „Denn in den von uns beobachteten Öffnungsprozessen kommt es zu einer Dezentralisierung der Ordnung, einer Vervielfältigung und Ausdifferenzierung von Aktivitätszentren, einer Flexibilisierung der Zeiten und einer Öffnung der Räume, d.h. es sind territoriale, zeitliche und soziale Verschiebungen zu registrieren." (ebd., S. 323) Eine Auflösung des herkömmlichen Unterrichts im Rahmen ganztagsschulischer Formate, wie Reh u.a. sie auch in anderen Veröffentlichungen postulieren (s. z.B. Reh/Rabenstein/Idel 2011), lässt sich am beobachteten Gymnasium zunächst nicht erkennen. Die Unterschiedlichkeit der Befunde ergeben sich vielleicht daraus, dass Reh u.a. ihren Blick primär auf besonders „reformfreudige" Ganztagsgrundschulen werfen, in deren Unterricht v.a. Individualisierung und Dezentrierung mit ihren Konsequenzen für Subjektivierungsprozesse eine Rolle spielen und/oder auch daraus, dass die Forscher*innengruppe ganz explizit ihr Augenmerk auf „Grenzverschiebungen des Schulischen" (Reh/Idel u.a. 2015, S. 298) richtet und so die Beharrungskräfte von Schulen nicht so gut in den Fokus geraten können. Sowohl der Unterricht als auch die anderen Formate zeigen sich am Gymnasium weiterhin in ihrer „dominanten" Version als Adressierung und Lernen im Klassenkollektiv, das an einer Sache zeitlich begrenzt arbeitet und dessen Disziplin durch Selbst- und Fremddisziplinierung aufrecht erhalten werden muss. Innerhalb der von mir beobachteten Angebote lassen sich dennoch ambivalente Strukturen herausarbeiten, denen ein Modernisierungsschub vorausgegangen ist: Etwa die eigentümlichen Verstrickung von Formalisierung der Sache und Selbstdisziplinierung. Hier zeichnet sich nämlich eine Gemeinsamkeit mit den Befunden von Reh u.a. ab: Auch sie beschreiben, dass die Formalisierungstendezen an ihren Schulen die von ihnen beobachteten Individualisierungsprozesse überlagern oder sogar durchkreuzen. „Eine Diskussion über die Sache, über gegenstandsbezogene Probleme, eine Aushandlung gemeinsamer Bedeutungszuschreibungen und ein Explorieren von Sachverhalten tritt zugunsten einer Kultur des Aufgabenerledigens und von Praktiken eines Lernens von Tätigkeiten zweiter Ordnung zurück." (ebd., S. 321).

Neben schul- und unterrichtstheoretischen Bezügen, lassen sich aber auch andere Anschlüsse erzeugen. Die vorliegende Arbeit versteht sich als Beitrag zur qualitativen Schulforschung, deren Analysen fallbezogen auf mehreren Ebenen angesiedelt sind. Der Ertrag dieses Designs bemisst sich in der differenzierten und gesättigten Beschreibung

und Rekonstruktion einer als beispielhaft gekennzeichneten Schul-
und Lernkultur in ihrem wechselseitigen Verhältnis zu gesellschaftlichen Anforderungen. Sie verortet sich daher *methodisch und methodologisch* in einem Bereich zwischen strukturtheoretisch orientierter Sequenzanalyse in Anlehnung an die Interpretationstechnik der Objektiven Hermeneutik (s. Wernet 2000; Oevermann u.a. 1979; Oevermann 2000) und an einer praxistheoretisch orientierten Rekonstruktion videoethnographischer Aufnahmen von Unterrichtsszenen (Ra-
benstein/Reh   2008;   Idel/Kolbe/Neto   Carvalho   2009;
Reh/Breuer/Schütz 2011; Reh/Rabenstein u.a. 2015. Um zu noch stärker gesättigten Ergebnissen zu kommen müsste m.E. der Bezug zwischen bildungspolitischen, fachwissenschaftlichen und einzelschuli-
schen   Diskursen   und   pädagogischen   Praktiken   theoretisch,
methodologisch und dann auch empirisch noch stärker in Beziehung
gesetzt werden.

Nicht zuletzt können auch *professionstheoretische* Anschlüsse an diese
Arbeit vollzogen werden. Ganztagsschule und ihre neuen „geöffneten"
Formate geben den Blick frei auf eine gesteigerte spannungsvolle
Überlagerung von informalisierten Interaktionen bei bleibender Se-
lektionsfunktion, wie sie von Helsper bereits für den „herkömmlichen"
Unterricht festgehalten worden sind (bspw. Helsper 2002 u. 2004).
Auch wenn die vorliegende Arbeit ambivalente Prozesse der Subjektivierung von Lernenden in den Mittelpunkt stellt, implizieren die Analysen eines gewandelten Unterrichts – zwischen gymnasialer Beharrungskraft und ganztagsschulpädagogischem Reformdruck – eine
professionstheoretische Fragestellung, da praxistheoretisch jede Aufführung von Handeln immer als wechselseitiges Geschehen gedacht
wird. In den jeweiligen Rekonstruktionsergebnissen zu den Lerngeschichten wurde daher auch immer herausgearbeitet, als wer sich die
Lehrperson in der jeweiligen Vermittlungssituation zeigt. Der gesellschaftliche Wandel (heterogene Lebensformen, globaler Wandel, Op-
timierung des Bildungsoutputs, Individualisierung, Inklusion, steigende   Anzahl   formaler   Verordnungen)   und   die   Strukturveränderungen der deutschen Bildungslandschaft (vgl. Helsper 2016),
erzeugt höhere Anforderungen an Schule und ihre Akteur*innen.

Dadurch wird eine Profession unter Druck gesetzt, die ohnehin mit ihrem Selbstverständnis zu kämpfen hat. Ganztagschule stellt ebenfalls neue Ansprüche an Lehrer*innen. Neben höheren Präsenzzeiten und Kooperationszwang[68], sind diese v.a. der Auftrag, den Unterricht und seine Lernkultur zu „erneuern" und aktiv an der Entwicklung der Einzelschule mitzuwirken. Lehrer*innen müssen dazu aber über die Fachfrau oder den Fachmann zum Organisieren von Lernanregungen auch Lehrer*innensein als neue Lebensform begreifen: als jemanden, die oder der gerne mit Kindern und Jugendlichen den ganzen Tag zusammen ist. Lehrpersonen werden vor diesem Hintergrund zu „Beziehungs- und Kulturarbeitern" (Ziehe 1996, S. 88 f.), zu „Lernanreger und Lernbegleiter" (Terhart 2010, S. 564), aber auch, dies kann die vorliegende Arbeit zeigen, zum „Übersetzungsarbeiter*innen", wenn nämlich eine Translation bzw. „Rekontextualisierung" (Fend 2008, S. 174 ff.) von reformpädagogischen Erwartungen in gymnasial-bildungstheoretisch aufgeladene Strukturen geschehen muss. Das Gymnasium als ganztägiger Arbeitsplatz beinhaltet demnach neue Herausforderungen für Professionelle, was einen höheren Reflexionsbedarf erzeugt und eine stärkere Thematisierung in der Lehrer*innen(fort)-bildung erfordert: Strukturbezogenes Wissen, wie es die vorliegende Arbeit offeriert, kann in diesem Rahmen angeboten und Schwierigkeiten können thematisiert werden.

Meine abschließende These lautet, dass „Gymnasialisierung" durch ganztagsschulspezifische Angebote zu einer möglichen Programmvariante des Gymnasiums wird, das die Eignung seiner Klientel nicht mehr schlicht voraussetzen kann. In der Konsequenz bedeutet dies für die Gymnasiallehrer*innen, dass sie „Übersetzungsarbeit" leisten

---

[68] Breuer und Steinwand (2015) können zeigen, dass „mit der Institutionalisierung von kooperativen Arbeitsformen in Unterrichtsteams und (Steuer-)Gruppen an Ganztagsschulen" (ebd., S. 277) nicht nur Räume für Kooperation und gemeinsame Entscheidungen geöffnet, sondern diese auch erzwungen werden. Das Reden über die gemeinsame pädagogische Praxis beinhalte dabei nicht nur die Möglichkeit der Verbesserung dieser, sondern berge auch das Risiko „abwertender Diskurse gegenüber [...] der Praxis der anderen Kolleg/innen. Nicht selten kommt es im Anschluss daran zu ausführlichen Rechtfertigungsdiskursen, die auf die Beteiligten belastend wirken und unter Umständen auch zum Scheitern dieser Teams führen können." (ebd., S. 279)

müssen, um die Adaption einer reformpädagogisch-motivierten Lernkultur in die eigene Schulformspezifik zu vollziehen. In den Symbolischen Konstruktionen der Akteur*innen wird dabei an einem Bildungsideal festgehalten, dass von den Schüler*innensubjekten eine selbstdisziplinierte Haltung einfordert, um sich individuell, d.h. als Asketisch-intellektueller alleine mit der als bildend verstandenen Sache auseinandersetzen zu können. Damit verschiebt sich aber durch die neuen Angebote des Ganztags keine Subjektform, sondern die Kinder und Jugendlichen werden in die bestehende Lernkultur (vielleicht mit neuen Mitteln) hinein habitualisiert. Anhand kursorisch vorgestellter Beispiele in Form sogenannter Lerngeschichten konnte gezeigt werden, dass sich das beobachtete Lehrer*innenhandeln im Horizont zwischen Homogenisierung und Individualisierung sowie zwischen Disziplinierung und Hinführung zu Selbständigkeit verorten lässt. Dabei tritt die Verpflichtung auf die Sache der gymnasialen Bildung zugunsten einer Technologisierung des Lernens in den Hintergrund, da die zu Gymnasialisierenden zunächst weniger erfahren müssen, was eine Gymnasiastin oder ein Gymnasiast lernt, sondern wie er es tut. Dies könnte das Selbstverständnis der Gymnasiallehrer*innenprofession, die sich bisher stark über ihre Orientierung an fachwissenschaftlichen Kulturen definiert hat, weiter in Bedrängnis bringen, wandeln, deren Selbstverhältnis verschieben oder – in letzter Konsequenz – auflösen (vgl. Stichweh 2005, dagegen aber auch Helsper 2016, S. 228 ff.).

10. Literaturverzeichnis

Balzer, Nicole/Ricken, Norbert (2010): Anerkennung als pädagogisches Problem – Markierungen im erziehungswissenschaftlichen Diskurs. In: Schäfer, A./ Thompson, Ch. (Hrsg.): Anerkennung. Paderborn, S. 35-88

Baumert, J./Klieme, E./Prenzel, M./Schiefele, U./Schneider, W./Stanat, P./Tillmann, K.-J./Weiß, M. (Hrsg.). (2001): PISA 2000. Basiskompetenzen von Schülerinnen und Schülern im internationalen Vergleich. Opladen.

Benjamin, Jessica (1993): Phantasie und Geschlecht. Psychoanalytische Studien über Idealisierung, Anerkennung und Differenz. Basel, dann Frankfurt a.m. 1996.

Bohnsack, Ralf (2008): Rekonstruktive Sozialforschung. Einführung in qualitative Methoden. 7. Aufl.. Oppladen/Farmington Hills.

Bohnsack, Ralf (2009): Qualitative Bild- und Videointerpretation. Opladen/Farmington Hills.

Bos, Wilfried/Voss, Albert/Lankes, Eva-Maria/Schwippert, Knut/Thiel, Oliver/Valtin, Renate (2004): Schullaufbahnempfehlungen von Lehrkräften für Kinder am Ende der vierten Jahrgangsstufe. In: Bos, W./Lankes, E.-M./Prenzel, M./Schwippert, K./Valtin, R./Walther, G. (Hrsg.): IGLU: Einige Länder der Bundesrepublik Deutschland im nationalen und internationalen Vergleich. Münster, S. 191–220

Bosse, Dorit (2009a): Von den „D-Zug-Klassen" zur allgemeinen Verkürzung des gymnasialen Bildungsgangs. In: Bosse, D. (Hrsg.): Gymnasiale Bildung zwischen Kompetenzorientierung und Kulturarbeit. Wiesbaden, S. 63-76

Bosse, Dorit (2009b): Das achtjährige Gymnasium – Reformidee und erste Praxiserfahrungen. In: Bosse, D. (Hrsg.): Gymnasiale Bildung zwischen Kompetenzorientierung und Kulturarbeit. Wiesbaden, S. 77-89

Bosse, Dorit (2009c): Gymnasialunterricht aus lehr-lerntheoretischer Sicht. In: Bosse, D. (Hrsg.): Gymnasiale Bildung zwischen Kompetenzorientierung und Kulturarbeit. Wiesbaden, S. 125-136

Bosse, Dorit (2009d): Umgang mit Heterogenität am achtjährigen Gymnasium. In: Bosse, D. (Hrsg.): Gymnasiale Bildung zwischen Kompetenzorientierung und Kulturarbeit. Wiesbaden, S. 169-186

Boßhammer, Herbert/Schröder, Birgit (2012): Von den Hausaufgaben zu Aufgaben in der Ganztagsschule. In: Appel, S./Rother, U. (Hrsg.): Jahrbuch Ganztagsschule 2012. Schulatmosphäre – Lernlandschaft – Lebenswelt. Schwalbach/Ts., S. 67-83

Bourdieu, Pierre (1982): Die feinen Unterschiede. Kritik der gesellschaftlichen Urteilskraft. Frankfurt am Main.

Bourdieu, Pierre (1992): Sozialer Raum und symbolische Macht. In: Bourdieu, Pierre: Rede und Antwort. Frankfurt a.M., S. 135-154

Breidenstein, Georg (2006): Teilnahme am Unterricht. Ethnographische Studien zum Schülerjob. Wiesbaden.

Bräu, Karin (2008): Die Betreuung selbstständigen Lernens – vom Umgang mit Antinomien und Dilemmata. In: Breidenstein, G./Schütze, F. (Hrsg.): Paradoxien in der Reform der Schule. Ergebnisse qualitativer Sozialforschung. Wiesbaden, S. 179-200

Breuer, Anne/Steinwand, Julia (2015): Die Reflexion pädagogischer Praxis in Team- und Gruppensitzungen an Ganztagsschulen. In: Reh, S./Fritzsche, B./Idel, T.-S./Rabenstein, K. (Hrsg.): Lernkulturen. Rekonstruktion pädagogischer Praktiken an Ganztagsschulen. Wiesbaden, S. 264-282

Bröckling, Ulrich (2007): Das unternehmerische Selbst. Soziologie einer Subjektivierungsform. Frankfurt a. M..

Budde, Jürgen (2005): Männlichkeit und gymnasialer Alltag. Doing Gender im heutigen Bildungssystem. Bielefeld.

Budde, Jürgen (2009): Mathematikunterricht und Geschlecht. Empirische Ergebnisse und pädagogische Ansätze. Bundesministerium für Bildung und Forschung. Referat Bildungsforschung (Hrsg.). Bonn/Berlin.

Butler, Judith (1998): Haß spricht. Zur Politik des Performativen. Berlin.

Butler, Judith (2005): Gefährdetes Leben. Politische Essays. Frankfurt am Main.

Butler, Judith (2007): Kritik der ethischen Gewalt. Adorno-Vorlesungen 2002. Frankfurt am Main.

Caruso, Marcelo (2011): Lernbezogene Menschenhaltung. (Schul-)Unterricht als Kommunikationsform. In: Meseth, W./Proske, M./Radtke, F.-O.: Unterrichtstheorien in Forschung und Lehre. Bad Heilbrunn, S. 24-36

Caruso, Marcelo & Ressler, Patrick (2013): Zweigliedrigkeit: Strukturwandel des Schulsystems? Einführung in den Thementeil. In: ZfPäd, 59. Jg. 2013, Heft 4, S. 451-454.

Coelen, Th./Otto, H.-U. (Hrsg.) (2008): Grundbegriffe Ganztagsbildung. Das Handbuch.

Collins, Harry M. (2001): What is tacit knowledge? In: Schatzki, Th. /Knorr-Cetina, K./Savigny, E. (Hrsg.): The Practice Turn in Contemporary Theory. London/New York, S. 107-119

Combe, Arno/Gebhard, Ulrich (2007): Sinn und Erfahrung. Zum Verständnis fachlicher Lernprozesse in der Schule. Opladen/Farmington Hills.

Corsten, M./Krug, M./Moritz, Ch. (Hrsg.) (2010): Videographie praktizieren. Herangehensweise, Möglichkeiten und Grenzen. Wiesbaden.

Dinkelaker, Jörg/Herrle, Matthias (2009): Erziehungswissenschaftliche Videographie. Eine Einführung. Wiesbaden.

Ditton, Hartmut (1992): Ungleichheit und Mobilität durch Bildung. Theorie und empirische Untersuchung über sozialräumliche Aspekte von Bildungsentscheidungen. Weinheim/München.

Ditton, Hartmut (2007): Kompetenzaufbau und Laufbahnen im Schulsystem. Ergebnisse einer Längsschnittuntersuchung an Grundschulen. Münster.

Dreeben, Robert (1980): Was wir in der Schule lernen. Frankfurt a.M.

Ehmke, Timo/Baumert, Jürgen (2007): Soziale Herkunft und Kompetenzerwerb: Vergleiche zwischen PISA 2000, 2003 und 2006. In: Prenzel M./Artelt, C./Baumert, J./Blum, W./Hammann, M./Klieme E./Pekrun R. (Hrsg.): PISA 2006: Die Ergebnisse der dritten internationalen Vergleichsstudie. Münster, S. 309-335

Ehmke, Timo/Jude, Nina (2010): Soziale Herkunft und Kompetenzerwerb. In: Klieme, E./Artelt, C./Hartig, J./Jude, N./Köller, O./Prenzel, M./Schneider, W./Stanat, P. (Hrsg.): PISA 2009. Bilanz nach einem Jahrzehnt. Münster, S. 231-254

Einsiedler, Wolfgang (1999): Das Spiel der Kinder. Zur Pädagogik und Psychologie des Kinderspiels. 3.Aufl.. Bad Heilbrunn.

Engelhardt, Michael von (1997): Arbeit und Beruf der Gymnasiallehrer. In: Liebau, E./Mack, W./Scheilke, Ch. (Hrsg.): Das Gymnasium. Alltag, Reform, Geschichte, Theorie. Weinheim, S. 219-250

Fend, Helmut (1986): „Gute Schulen – schlecht Schulen". Die einzelne Schule als pädagogische Handlungseinheit. In: Die Deutsche Schule, 78. Jg., H. 3, S. 275-293

Fend, Helmut (2008): Neue Theorie der Schule. Einführung in das Verstehen von Bildungssystemen. Wiesbaden.

Fischer, Natalie/Klieme, Eckhard/Holtappels, Heinz Günter/Stecher, Ludwig/Rauschenbach, Thomas (2013): Ganztagsschule 2012/2013. Deskriptive Befunde einer bundesweiten Befragung. Frankfurt a.M..

Foucault, Michel (1978): Dispositive der Macht. Über Sexualität, Wissen und Wahrheit. Berlin.

Foucault, Michel (1987): Warum ich Macht untersuche: Die Frage des Subjekts. In: Dreyfus, H- L./Rabinow, P. (Hrsg.): Michel Foucault. Jenseits von Strukturalismus und Hermeneutik. Frankfurt a. M., S. 243-261

Foucault, Michel (2007): Die Ordnung des Diskurses. 10. Aufl.. Frankfurt a.M.

Freisel, Ludwig (2006): Das Gymnasium im Wandel – Einführung in seine Geschichte. In: Jahnke-Klein, S./Kiper, H./ Freisel, L. (Hrsg.): Gymnasium heute. Zwischen Elitebildung und Förderung der Vielen. Baltmannsweiler, S. 51-68

Friebertshäuser, Barbara/von Felden, Heide/Schäffer, Burkhard (Hrsg.) (2006): Bild und Text. Methoden und Methodologien visueller Sozialforschung in der Erziehungswissenschaft. Opladen/Farmington Hills.

Garlichs, Ariane/ Schmitt, Frauke (1978): Schulwechsel. In: Die Grundschule, 10 (1978) 3, S.114-119

Gasser, Peter (1999): Neue Lernkultur. Eine integrative Didaktik. Aarau.

Gruschka, Andreas (2014): Welche Vorgaben und Rahmenbedingungen benötigen die Gymnasien wirklich (nicht)? In: PROFIL, Januar-Februar 2014, S. 28-35

Gruschka, Andreas (2016): Erfolg als schleichender Weg in die Krise – Zur Situation und Zukunft des Gymnasiums. In: Idel, T.-S./Dietrich, F./Kunze, K./Rabenstein, K./Schütz, A. (Hrsg.): Professionsentwicklung und Schulstrukturreform. Zwischen Gymnasien und neuen Schulformen in der Sekundarstufe. Bad Heilbrunn, S. 189-200

Gudjons, Herbert (2008): Projektunterricht. Ein Thema zwischen Ignoranz und Inflation. In: Pädagogik 01/08, S. 6-10

Haag, Ludwig/Götz, Thomas (2012): Mathe ist schwierig und Deutsch aktuell. Vergleichende Studie zur Charakterisierung von Schulfächern aus Schülersicht. In: Psychologie in Erziehung und Unterricht. 59 (2012), 1. S. 32-46

Habel, Werner/Hansen, Rolf/Krampe, Claudia/Portz, Stefan/Spies, Werner (1992): Das Gymnasium zwischen Bildprogramm und Realität. In: Rolff, H.-G./Bauer, K.-O./Klemm, K./Pfeiffer, H. (Hrsg.): Jahrbuch der Schulentwicklung. Daten, Beispiele und Perspektiven. Band 7. Weinheim/München, S. 93-131

Hage, Klaus/Bischoff, Heinz/Dichanz, Horst/Eubel, Klaus-D./Oehlschläger, Heinz-Jörg/Wittmann, Dieter (1985): Das Methoden-Repertoire von Lehrern. Eine Untersuchung im Unterrichtsalltag der Sekundarstufe I. Opladen.

Hansen, Rolf/Rolff, Hans-Günter (1990): Abgeschwächte Auslese und verschärfter Wettbewerb. Neuere Entwicklungen in den Sekundarschulen. In: Rolff, H.-G. (Hrsg.): Jahrbuch der Schulentwicklung. Daten, Beispiele und Perspektiven. Band 6. Weinheim/Basel, S. 45-79

Heller, Kurt A. (2003): Das Gymnasium zwischen Tradition und modernen Bildungsansprüchen. ZfPäd 49/2003, S. 213-234

Helsper, Werner (2000a): Wandel der Schulkultur. In: ZfE, 3. JHrsg., Heft 1/2000, S. 35-60

Helsper, Werner (2000b): Zum systematischen Stellenwert der Fallrekonstruktion in der universitären LehrerInnenbildung. In: Beck, Ch./Helsper, W./Heuer, B./Stelmaszyk, B./Ullrich, H. (Hrsg.): Fallarbeit in der universitären LehrerInnenbildung. Professionalisierung durch fallrekonstruktive Seminare? Eine Evaluation. Opladen, S. 29-50

Helsper, Werner (2002): Lehrerprofessionalität als antinomische Handlungsstruktur. In: Kraul, M./Marotzki, W./Schweppe, C. (Hrsg.): Biographie und Profession. Bad Heilbrunn, S. 64-85

Helsper, Werner (2004): Antinomien, Widersprüche, Paradoxien: Lehrerarbeit – ein unmögliches Geschäft? Eine strukturtheoretisch-rekonstruktive Perspektive auf das Lehrerhandeln. In: Koch-Priewe, B./Kolbe, F.-U./Wildt, J. (Hrsg.): Grundlagenforschung und mikrodidaktische Reformansätze zur Lehrerbildung. Bad Heilbrunn/Obb., S. 49-98

Helsper, Werner (2006): Elite und Bildung im Schulsystem – Schulen als Institutionen-Milieu-Komplexe in der ausdifferenzierten höheren Bildungslandschaft. In: Ecarius, J./Wigger, L. (Hrsg.): Elitebildung – Bildungselite. Erziehungswissenschaftliche Diskussionen und Befunde über Bildung und soziale Ungleichheit. Opladen, S. 162-187

Helsper, Werner (2008): Schulkulturen – die Schule als symbolische Sinnordnung. In: ZfPäd 54 (2008) 1, S. 63-80

Helsper, Werner (2016): Pädagogische Lehrerprofessionalität in der Transformation der Schulstruktur – ein Strukturwandel der Lehrerprofessionalität? In: Idel, T.-S./Dietrich, F./Kunze, K./Rabenstein,

K./Schütz, Anna (Hrsg.): Professionsentwicklung und Schulstruktur-reform. Zwischen Gymnasien und neuen Schulformen in der Sekun-darstufe. Bad Heilbrunn, S. 217-245

Helsper, Werner/Böhme, Jeanette/Kramer, Rolf-Torsten/Lingkost, Angelika (2001): Schulkultur und Schulmythos. Gymnasien zwischen elitärer Bildung und höherer Volksschule im Transformationsprozeß. Re-konstruktion zur Schulkultur I. Opladen.

Helsper, Werner/Brademann, Sven/Kramer, Rolf-Torsten/Ziems, Caro-lin/Klug, Ron (2008): „Exklusive" Gymnasien und ihre Schüler – Kul-turen der Distinktion in der gymnasialen Schullandschaft. In: Ullrich, H./Strunk, S. (Hrsg.): Begabtenförderung an Gymnasien. Entwicklun-gen, Befunde, Perspektiven. Wiesbaden, S. 216-248

Hirschauer, Stefan (2001): Ethnographisches Schreiben und die Schweigsam-keit des Sozialen. Zur Methodologie der Beschreibung. In: ZfS, Jg. 30, Heft 6, Dezember 2001, S. 429-451

Höhmann, Katrin (2012): Ganztagsschule als Lern-, Lebens-, Erfahrungs- und Kulturraum. In: Appel, S./Rother, U. (Hrsg.): Jahrbuch Ganztags-schule 2012. Schwalbach Ts., S.11-18

Höhmann, Katrin/Kohler, Britta/Mergenthaler, Ziva/Wego, Claudia (2007): Hausaufgaben an der Ganztagsschule. Schwalbach/Ts..

Holtappels, Heinz-Günther (1994): Ganztagsschule und Schulöffnung. Per-spektiven für die Schulentwicklung. Weinheim.

Holtappels, Heinz-Günther (1995): Ganztagsschule und Schulöffnung. Wein-heim/München.

Holtappels, Heinz Günther (2006): Stichwort: Ganztagsschule. In: ZfE , 9.JHrsg., Heft1/2006. S. 5-29

Holtappels, Heinz-Günther/Klieme, Eckard/Rauschenbach, Thomas/Stecher, Ludwig (Hrsg.) (2007): Ganztagsschule in Deutschland. Ergebnisse der Ausgangserhebung der "Studie zur Entwicklung von Ganztags-schulen" (StEG). Weinheim/München.

Honneth, Axel (1992): Kampf um Anerkennung. Frankfurt am M..

Honneth, Axel (2005): Verdinglichung. Eine anerkennungstheoretische Stu-die. Frankfurt a. M..

Hornstein, Walter (1990): Aufwachsen mit Widersprüchen – Jugendsituation und Schule heute. Rahmenbedingungen – Problemkonstellationen – Zukunftsperspektiven. Stuttgart.

Huhn, Norbert/Dittrich, Gisela/Dörfler, Mechthild/Schneider, Kornelia (2012): Videografieren als Beobachtungsmethode – am Beispiel ei-nes Feldforschungsprojekts zum Konfliktverhalten von Kindern. In:

Heinzel, F. (Hrsg.): Methoden der Kindheitsforschung. Ein Überblick über Forschungszugänge zur kindlichen Perspektive. 2. überarbeitete Aufl.. Weinheim/München, S. 134-153

Hummrich, Merle/Kramer, Rolf-Torsten (2011): „Qualitative Mehrebenenanalyse" als triangulierendes Verfahren – zur Methodologie von Mehrebenendesigns in der qualitativen Sozialforschung. In: Ecarius, J./Miethe, I. (Hrsg.): Methodentriangulation in der qualitativen Bildungsforschung. Opladen/Berlin/Farmington Hills, S. 109-134

Idel, Till-Sebastian (2007): Waldorfschule und Schülerbiographie: Fallrekonstruktionen zur lebensgeschichtlichen Relevanz anthroposophischer Schulkultur. Wiesbaden.

Idel, Till-Sebastian (2013): Pädagogische Praktiken im Ganztag. Praxistheoretische Überlegungen zur Verschiebung der Grenzen von Schule. In: Müller, H.-R./Bohne, S./Thole, W. (Hrsg.): Erziehungswissenschaftliche Grenzgänge. Markierungen und Vermessungen. Beiträge zum 23. Kongress der Deutschen Gesellschaft für Erziehungswissenschaft. Opladen/Berlin/Toronto, S. 151-166

Idel, Till-Sebastian/ Kolbe, Fritz-Ulrich/Neto Carvalho, Isabel (2009): Praktikentheoretische Rekonstruktion videographierter Lernkultur. Ein Werkstattbericht. In: sozialersinn 1/2009, 10.Jg, S. 181-198

Idel, Till-Sebastian/Kunze, Katharina (2008): Entwicklungsaufgabe Ganztagsschule. In: Die Deutsche Schule, 100. JHrsg., Heft 1/2008, S. 97-108

Idel, Till-Sebastian/Neto Carvalho, Isabel/Schütz, Anna (2012): Kollegiale Anerkennung und Schulentwicklung. Über Voraussetzungen schulischer Veränderungsbemühungen. In: Kosinar, J./Leineweber, S./Hegemann-Fonger, H./Carle, U. (Hrsg.): Vielfalt und Anerkennung. Internationale Perspektiven auf die Entwicklung von Grundschule und Kindergarten. Baltmannsweiler, S. 54-68

Idel, Till-Sebastian/Rabenstein, Kerstin/Fritzsche, Bettina (2009): Videographie pädagogischer Praktiken. Internes Papier.

Idel, Till-Sebastian/Rabenstein, Kerstin/Reh, Sabine (2013): Transformation der Schule – praxistheoretisch gesehen. Rekonstruktionen am Beispiel von Familiarisierungspraktiken. In: Rürup, M./Bormann, I. (Hrsg.): Innovationen im Bildungssystem. Analytische Zugänge und empirische Befunde. Wiesbaden, S. 249-268

Idel, Till-Sebastian/Stelmaszyk, Bernhard (2015): Cultural Turn in der Schultheorie? Zum schultheoretischen Beitrag des Schulkulturansatzes. In: Böhme, J./Hummrich, M./Kramer, R.-T. (Hrsg.): Schulkultur. Theoriebildung im Diskurs. Wiesbaden, S. 51-70

Jäger, Reinhold S. (1998): Schülerwandel: Leistungs- und intelligenzdiagnostische Veränderungen in der gymnasialen Schülerschaft im 19./20. Jhd. In: Lidtke, M. (Hrsg.): Gymnasium – Neue Formen des Unterrichts und der Erziehung. Bad Heilbrunn/Obb., S. 33-48

Jank, Werner/Meyer, Hilbert (2002): Handlungsorientierter Unterricht. In: dies. (Hrsg.): Didaktische Modelle. 5. völlig überarbeitete Aufl. Berlin, S. 314-334

Jürgens, Eiko (1997): Offener Unterricht im Spiegel empirischer Forschung. In: Pädagogische Rundschau 51. Jg. 1997, S. 677-697

Jürgens, Eiko (1999): Vorwort des Herausgebers. Der Frontalunterricht ist ins Gerede gekommen. In: Aschersleben, K. (1999): Frontalunterricht – klassisch und modern. Eine Einführung. Neuwied/Kriftel, S. VII

Kade, Jochen (1997): Vermittelbar/nicht-vermittelbar: Vermitteln: Aneignen. Im Prozess der Systembildung des Pädagogischen. In: Lenzen, D./Luhmann, N. (Hrsg.): Bildung und Weiterbildung im Erziehungssystem. Lebenslauf und Humanontogenese als Medium und Form. Frankfurt a. M., S. 30–70

Kaden, Christian (2004): Das Unerhörte und das Unhörbare. Was Musik ist, was Musik sein kann. Kassel.

Kadzadej, Brikena (2003): Anrede- und Grußformen im Deutschen und Albanischen (kontrastiver Vergleich). Inaugural-Dissertation. Justus-Liebig-Universität Gießen.

Kalthoff, Herbert (1997): Wohlerzogenheit: Eine Ethnographie deutscher Internatsschulen. Frankfurt a.M./New York.

Kiper, Hanna (2005): Pädagogik des Gymnasiums – quo vadis? In: PF:ue Nr.5/2005, S. 301-306

Kiper, Hanna (2007): Veränderungsprozesse im Gymnasium heute – Zur Bedeutung neuer Steuerungsinstrumente. In: Jahnke-Klein, S./Kiper, H./Freisel, L. (Hrsg.): Gymnasium heute. Zwischen Elitebildung und Förderung der Vielen, S. 69-91

Klieme, Eckhard/Schümer, Gundel/Knoll, Steffen (2001): Mathematikunterricht in der Sekundarstufe I. "Aufgabenkultur" und Unterrichtsgestaltung. (Nebst) CD-ROM. Bonn.

Knoblauch, Hubert (2006): Videography. Focused Ethnography and Video Analysis. In: Knoblauch, H./Schnettler, B./Raab, J. (Hrsg.) (2006): Video-Analysis. Methodology und Methods. Qualitative Audiovisual Data Analysis in Sociology. Frankfurt a.M., S. 35-50.

Kolbe, Fritz-Ulrich (2006): Institutionalisierung ganztägiger Schulangebote – eine Entgrenzung von Schule? In: Otto, H.-U. (Hrsg.): Zeitgemäße Bildung. München u.a., S. 161-177

Kolbe, Fritz-Ulrich (2009): Unterrichtsorganisation aus Sicht der Wissenschaft. Rhythmisierung und Flexibilisierung des Tagesablaufes. In: Prüß, F./Kortas, S./Schöpa, M. (Hrsg.): Die Ganztagsschule: von der Theorie zur Praxis. Anforderungen und Perspektiven für Erziehungswissenschaft und Schulentwicklung. Weinheim/München, S. 203-214

Kolbe, Fritz-Ulrich/Rabenstein, Kerstin (2009): Zum Verhältnis von Schule und Schülern. In: Kolbe, F.-U./Reh, S./Idel, T.-S./Fritzsche, B./Rabenstein, K. (Hrsg.) (2009): Ganztagsschule als symbolische Konstruktion. Fallanalysen zu Legitimationsdiskursen in schultheoretischer Perspektive. Wiesbaden, S. 195-221

Kolbe, Fritz-Ulrich/Reh, Sabine/Fritzsche, Bettina/Idel, Till-Sebastian/Rabenstein, Kerstin (2008): Lernkultur: Überlegungen zu einer kulturwissenschaftlichen Grundlegung qualitativer Unterrichtsforschung. In: ZfE 1/2008, S. 125-143

Kolbe, F.-U./Reh, S./Fritzsche, B./Idel, T.-S./Rabenstein, K. (Hrsg.)(2009): Ganztagsschule als symbolische Konstruktion. Fallanalysen zu Legitimationsdiskursen in schultheoretischer Perspektive. Wiesbaden.

Köller, Olaf (2006): Das Gymnasium zwischen Elitebildung und Förderung der Vielen: Welche Pädagogik braucht das Gymnasium. In: Jahnke-Klein, S./Kiper, H./Freisel, L. (Hrsg.): Gymnasium heute. Zwischen Elitebildung und Förderung der Vielen. Hohengehren, S. 13-35

Krais, Beate (1996): Bildungsexpansion und soziale Ungleichheit in der Bundesrepublik Deutschland. In: Bolder, A./Heinz, W. R./Rodax, K. (Hrsg.): Die Wiederentdeckung der Ungleichheit. Aktuelle Tendenzen in Bildung für Arbeit. Opladen, S. 118-146

Kramer, Rolf-Torsten (2002): Schulkultur und Schülerbiographien. Das „schulbiographische Passungsverhältnis". Rekonstruktionen zur Schulkultur II. Opladen.

Kramer, Rolf-Torsten (2008): Das „schulbiographische Passungsverhältnis" und seine Konsequenzen für Reformprozesse in der Schule. In: Breidenstein, G./Schütze, F. (Hrsg.): Paradoxien in der Reform der Schule. Ergebnisse qualitativer Sozialforschung. Wiesbaden, S. 275-296

Kramer, Rolf-Torsten/Helsper, Werner/Thiersch, Sven/Ziems, Carolin (2009): Selektion und Schulkarriere. Kindliche Orientierungsrahmen beim Übergang in die Sekundarstufe I. Wiesbaden.

Krummheuer, Götz (2002): Der mathematische Anfangsunterricht. Anregungen für ein neues Verstehen früher mathematischer Lehr-Lern-Prozesse. 3. Aufl. Weinheim und Basel.

Kuhlmann, Christian/Tillmann, Klaus-Jürgen (2009): Mehr Ganztagsschulen als Konsequenz aus PISA? Bildungspolitische Diskurse und Entwicklungen in den Jahren 2000 bis 2003. In: Kolbe, F.-U./Reh, S./Fritzsche, B./Idel, T.-S./Rabenstein, K. (Hrsg.): Ganztagsschule als symbolische Konstruktion. Fallanalysen zu Legitimationsdiskursen in schultheoretischer Perspektive. Wiesbaden, S. 23-46

Kunze, Katharina/Kolbe, Fritz-Ulrich (2007): Reflexive Schulentwicklung als professionelle Entwicklungsaufgabe. Ausgewählte Ergebnisse der wissenschaftlichen Begleitstudie zur Entwicklung der Ganztagsschule in Angebotsform in Rheinland-Pfalz. In: Appel, S./Ludwig, H./Rother, U./Rutz, G. (Hrsg.): Jahrbuch Ganztagsschule. Ganztagsschule gestalten, S. 255-264

Kultusministerkonferenz (KMK) (2011): Allgemein bildende Schulen in Ganztagsform in den Ländern in der Bundesrepublik Deutschland – 2005 bis 2009. Bonn (Manuskript)

Kultusministerkonferenz (KMK) (2013): Allgemein bildende Schulen in Ganztagsform in den Ländern in der Bundesrepublik Deutschland – 2007 bis 2011. Bonn (Manuskript)

Kultusministerkonferenz (KMK) (2014): Allgemein bildende Schulen in Ganztagsform in den Ländern in der Bundesrepublik Deutschland – Statistik 2008 bis 2012. Berlin (Manuskript)

Kultusministerkonferenz (KMK) (2015): Schüler, Klassen, Lehrer und Absolventen der Schulen 2005 bis 2014 – Dokumentation Nr. 209. Berlin

Laclau, Ernesto/Mouffe, Chantal (2006): Hegemonie und radikale Demokratie. Zur Dekonstruktion des Marxismus. 3. Aufl.. Wien.

Langer, Antje (2008): Disziplinieren und entspannen. Körper in der Schule – eine diskursanalytische Ethnographie. Bielefeld.

Lüders, Manfred (2011): Die Sprachspieltheorie des Unterrichts. In: Meseth, W./Proske, M./Radtke, F.-O.: Unterrichtstheorien in Forschung und Lehre. Bad Heilbrunn, S. 175-188

Ludwig, Harald (1993): Entstehung und Entwicklung der modernen Ganztagsschule in Deutschland. Bd. 1. Köln/Weimar/Wien.

Ludwig, Harald (2005): Die Entwicklung der modernen Ganztagsschule. In: Ladenthin, V./Rekus, J. (Hrsg.): Die Ganztagsschule. Alltag, Reform, Geschichte, Theorie. Weinheim/München, S. 261-277

Luhmann, N./Lenzen, D. (Hrsg.) (2002): Das Erziehungssystem der Gesellschaft. Frankfurt a.M..

Mack, Wolfgang (1997): Heterogenität und Bildung. Leistungsförderung und Integration im Gymnasium. In: Liebau, E./Mack, W./Scheilke, Ch. (Hrsg.): Das Gymnasium. Alltag, Reform, Geschichte, Theorie. Weinheim/München, S. 353-370

Mayer, Meinert A. (2005): Stichwort: Alte oder neue Lernkultur? In: ZfE, 8. Jg., Heft 1/2005, S. 5-27

Mead, Georg Herbert (1973): Geist, Identität und Gesellschaft aus der Sicht des Sozialbehavoirismus. Frankfurt a.M..

Mehan, Hugh (1979): Learning lessons: Social Oraganization in the Classroom. Camebridge.

Merkens, H./Schründer-Lenzen, A./Kuper, H. (Hrsg.) (2009): Ganztagsorganisation im Grundschulbereich. Münster.

Meser, Kapriel/Urban, Michael/Werning, Rolf (2013): Zur Relation zwischen Schule und Familie an Ganztagsförderschulen des Förderschwerpunkts Lernen – Ergebnisse eines qualitativen Foschungsprojekts. In: Appel, S./Rother, U. (Hrsg.): Jahrbuch Ganztagsschule 2013. Schulen ein Profil geben – Konzeptionsgestaltung in der Ganztagsschule. Schwalbach/Ts., S. 85-97

Meyer, Hilbert (1987): Frontalunterricht. In: ders.: Unterrichtsmethoden. Frankfurt am Main, S. 181-221

Meyer-Drawe, Käte (2008): Diskurse des Lernens. München.

Ministerium für Bildung, Frauen und Jugend und Staatskanzlei Rheinland-Pfalz (Hrgs.) (2001): Alles über Ganztagsschule. Ganztagsschule in Rheinland-Pfalz. Broschüre.

Mohn, Elisabeth (2008): Die Kunst des dichten Zeigens: Aus der Praxis kamera-ethnographischer Blickentwürfe. In: Binder, B./ Neuland-Kitzerow, D./ Noack, K. (Hrsg.): Kunst und Ethnographie: Zum Verhältnis von visueller Kultur und ethnographischem Arbeiten. Berliner Blätter 46/2008, S. 61-72

Mohn, Elisabeth/Amman, Klaus (2005): Lernkörper. Kamera-ethnographi-
    sche Studien zum Schülerjob. IWF
Mohn, Elisabeth/Amann, Klaus (2006a): Lernkörper. Kamera-ethnographi-
    sche Studien zum Schülerjob. Begleitpublikation zur DVD. Göttingen.
Mohn, Elisabeth/Amann, Klaus (2006b): Permanent Work on Gazes. Video
    Ethnography as an Alternative Methodology. In: Knoblauch, H./Raab,
    J./Soeffner, H.-G./Schnettler, B. (Hrsg.): Video Analysis. Methodology
    and Methods. Qualitative Data Analysis in Sociology. Frankfurt a.M.,
    S. 173-181
Neto Carvalho, Isabel (2008): Ganztagsschule in Rheinland-Pfalz. Das Bei-
    spiel: Goethe-Grundschule in Mainz. In: Lohfeld, W. (Hrsg.): Gute
    Schulen in schlechter Gesellschaft. Wiesbaden, S. 114-121
Neto Carvalho, Isabel (2013): Axiopoíisi Méson sto plaísio Anoiktón Morfo-
    tikón Agathón – Mathisiakí Koultoura se germaniká Oloímera
    Scholeía (Einsatz von Medien in „offenen Angeboten" – Lernkultur an
    deutschen Ganztagsschulen). In: Sophós, A./Vratsális, K. (Hrsg.):
    Paidagogikí Axiopoíisi ton Néon Méson stin Ekpaideftikí Diadikasía.
    Athen, S. 243-260
Neto Carvalho, Isabel (2016): „Gymnasialisierung" als Strukturvariante gym-
    nasialen Wandels. Rekonstruktionen zur Lernkultur des Ganztags-
    gymnasiums. In: Idel, T.-S./Dietrich, F./Kunze, K./Rabenstein,
    K./Schütz, A. (Hrsg.): Professionsentwicklung und Schulstrukturre-
    form. Zwischen Gymnasien und neuen Schulformen in der Sekundar-
    stufe. Bad Heilbrunn, S. 201-214
Neto Carvalho, Isabel/Rabenstein, Kerstin/Idel, Till-Sebastian (2008): Arbei-
    ten im Labor. Inszenierungen im naturwissenschaftlichen Unter-
    richt. In: Pädagogik 6/2008, S. 32-35
Neto Carvalho, Isabel/Veits, Sebastian/Kolbe, Fritz-Ulrich (2015): Lernkul-
    turportrait „Napoleongymnasium". In: Reh, S./Fritzsche, B./Idel, T.-
    S./Rabenstein, K. (Hrsg.): Lernkulturen. Rekonstruktion pädagogi-
    scher Praktiken an Ganztagsschulen. Wiesbaden, S. 139-169
Nohl, Arnd-Michael (2011): Pädagogik der Dinge. Kempten.
Oevermann, Ulrich/Allert, Tillmann/Konau, Elisabeth/Krambeck, Jürgen
    (1979): Die Methodologie einer „objektiven Hermeneutik" und ihre
    allgemeine forschungslogische Bedeutung in den Sozialwissenschaf-
    ten. In: Soeffner, H.-G. (Hrsg.): Interpretative Verfahren in den Sozial-
    und Textwissenschaften. Stuttgart, S. 352-434
Oevermann, Ulrich (2000): Die Methode der Fallrekonstruktion in der Grund-
    lagenforschung sowie der klinischen und pädagogischen Praxis. In:

Kraimer, K. (Hrsg.): Die Fallrekonstruktion. Sinnverstehen in der sozialwissenschaftlichen Forschung. Frankfurt a.M., S. 58-156

Parsons, Talcott (1987): Die Schulklasse als soziales System. In: Plake, K. (Hrsg.): Klassiker der Erziehungssoziologie. Düsseldorf, S. 102-124

Petri, Gottfried (1991): Idee, Realität und Entwicklungsmöglichkeiten des Projektlernens. Hrsg. vom Bundesministerium für Unterricht, Kunst und Sport. Zentrum für Schulversuche und Schulentwicklung. Abteilung II – Arbeitsberichte, Reihe II/Nummer 22

Pfeifer, Michael (2011): Bildungsbenachteiligung und das Potenzial von Schule und Unterricht. Lesekompetenz bei sozio-ökonomisch benachteiligten Schülern. Wiesbaden.

Piaget, Jean (1973): Einführung in die genetische Erkenntnistheorie. Frankfurt a.M.

Pongratz, Ludwig A. (2004): Freiwillige Selbstkontrolle. In: Ricken, N./Rieger-Ladich, M. (Hrsg.): Michel Foucault. Pädagogische Lektüren. Wiesbaden, S. 243-260

Prange, Klaus (1995): Die wirkliche Schule und das künstliche Lernen. In: ZfPäd, 41. Jg., Nr. 3, S. 327-333

Prange, Klaus (2002): Zeigend sich zeigen – Zum Verhältnis von Professionalität und Engagement im Lehrerberuf. In: Hansel, T. (Hrsg.): Lehrerbildungsreform. Leitbilder einer alltagstauglichen Lehrerbildung. Herbolzheim, S. 111-122

Prange, Klaus (2005): Die Zeigestruktur der Erziehung. Paderborn.

Prange, Klaus/Strobel-Eisele, Gabriele (2006): Die Formen des Pädagogischen Handelns: Eine Einführung. Stuttgart.

Prenzel, M./Baumert, J./Blum, W./Lehmann, R./Leutner, D./Neubrand, M./Pekrun, Reinhard/Rolff, Hans-Günter/Rost, Jürgen/Schiefele, Ulrich (Hrsg.) (2004): PISA 2003. Der Bildungsstand der Jugendliche in Deutschland – Ergebnisse des zweiten internationalen Vergleichs. Münster/New York/München/Berlin.

Priem, K./König, G. M./Casale, R. (Hrsg.) (2012): Die Materialität der Erziehung. Kulturelle und soziale Aspekte pädagogischer Objekte. Weinheim.

Rabenstein, Kerstin/Kolbe, Fritz-Ulrich/Steinwand, Julia/Hartwich, Kerstin (2009): Fehlende gymnasiale Arbeitshaltung – Legitimationsfiguren an Gymnasien. In: Kolbe, F.-U./Reh, S./Fritzsche, B./Idel, T.-S./Rabenstein, K. (Hrsg.): Ganztagsschule als symbolische Konstruktion. Fallanalysen zu Legitimationsdiskursen in schultheoretischer Perspektive. Wiesbaden, S. 135-150

Rabenstein, Kerstin/Podubrin, Evelyn (2015): Praktiken individueller Zu-
wendung in Hausaufgaben- und Förderangeboten. Empirische Rekonstruktion pädagogischer Ordnungen. In: Reh, S./Fritzsche, B./I-
del, T.-S./Rabenstein, K. (Hrsg.): Lernkulturen. Rekonstruktion
pädagogischer Praktiken an Ganztagsschulen. Wiesbaden, S. 219-
263

Rabenstein, Kerstin/Reh, Sabine: (2007): Kooperative und selbstständig-
keitsfördernde Arbeitsformen im Unterricht. Forschungen und Diskurse. In: dies. (Hrsg.): Kooperatives und selbstständiges Arbeiten
von Schülern. Zur Qualitätsentwicklung von Unterricht. Wiesbaden,
S. 23-38

Rabenstein, Kerstin/Reh, Sabine (2008): Über die Emergenz von Sinn in pädagogischen Praktiken. Möglichkeiten der Videographie im „Offenen
Unterricht". In: Koller, Ch. (Hrsg.): Sinnkonstruktion und Bildungsgang. Opladen/Farmington Hills, S. 137-15

Rahmenlehrplan Naturwissenschaften für die weiterführenden Schulen in
Rheinland-Pfalz. Klassenstufen 5 und 6. Ministerium für Bildung,
Wissenschaft, Jugend und Kultur (Hrsg.). 2010

Rakhkochkine, Anatoli (2003): Das pädagogische Konzept der Offenheit in internationaler Perspektive. Münster

Reckwitz, Andreas (2000): Die Transformation der Kulturtheorien. Zur Entwicklung eines Theorieprogramms. Weilerswist.

Reckwitz, Andreas (2003): Grundelemente einer Theorie sozialer Praktiken.
In: ZfS 32,4, S. 282-301

Reckwitz, Andreas (2006): Das hybride Subjekt. Eine Theorie der Subjektkul-
turen. Weilerswist.

Reckwitz, Andreas (2007): Elemente einer kulturwissenschaftlichen Subjek-
tanalyse. In: ders.: Subjekt. Bielefeld, S. 135-147

Reckwitz, Andreas (2008): Subjekt/Identität. Die Produktion und Subversion
des Individuums. In: ders./Möbius, S. (Hrsg.): Poststrukturalistische
Sozialwissenschaft, Frankfurt 2008, S. 75-92

Reh, Sabine/Breuer, Anne/Schütz, Anna (2011): Erhebung vielfältiger Daten
in einem ethnographischen Design: Diskurse, symbolische Konstruktionen und pädagogische Praktiken als Lernkultur. In: Ecarius,
J./Miethe, I. (Hrsg.): Methodentriangulation in der qualitativen Bildungsforschung. Opladen/Farmington Hills, S. 135-154

Reh, Sabine/Idel, Till-Sebastian/Rabenstein, Kerstin/Fritzsche, Bettina
(2015): Teil 4 – Ganztagsschulforschung als Transformationsfor-
schung. Theoretische und empirische Erträge des Projekts. In: Reh,

S./Fritzsche, B./Idel, T.-S./Rabenstein, K. (Hrsg.): Lernkulturen. Rekonstruktion pädagogischer Praktiken an Ganztagsschulen. Wiesbaden, S. 297-336

Reh, Sabine/Labede, Julia (2012): Kamera-Interaktionen. Videoethnographie im geöffneten Unterricht. In: Friebertshäuser, B./Kelle, H./Boller, H./u.a. (Hrsg.): Feld und Theorie. Herausforderungen erziehungswissenschaftlicher Ethnographie. Opladen/Farmington Hills, S. 89-103

Reh, Sabine/Rabenstein, Kerstin (2013): Die soziale Konstitution des Unterrichts in pädagogischen Praktiken und die Potentiale qualitativer Unterrichtsforschung: Rekonstruktionen des Zeigens und Adressierens. In: ZfPäd, 59. Jg., H. 3, S. 291-308

Reh, Sabine/Rabenstein, Kerstin/Idel, Till-Sebastian (2011): Unterricht als pädagogische Ordnung. Eine praxistheoretische Perspektive. In: Meseth, W./Proske, M./Radtke, F.-O.: Unterrichtstheorien in Forschung und Lehre. Bad Heilbrunn, S. 209-222

Reh, Sabine/Rabenstein, Kerstin/Fritzsche, Bettina/Idel, Till-Sebastian (2015): Teil 1: Die Transformation von Lernkulturen. Zu einer praxistheoretisch fundierten Ganztagsschulforschung. In: Reh, S./Fritzsche, B./Idel, T.-S./Rabenstein, K. (Hrsg.): Lernkulturen. Rekonstruktion pädagogischer Praktiken an Ganztagsschulen. Wiesbaden, S. 19-62

Reh, Sabine/Ricken, Norbert (2012): Das Konzept der Adressierung. Zur Methodologie einer qualitativ-empirischen Erforschung von Subjektivation. In: Miethe, I./Müller, H.-R.: Qualitative Bildungsforschung und Bildungstheorie. Opladen/Berlin/Toronto, S. 35-56

Reichertz, Jo/Englert, Carina (2011): Einführung in die qualitative Videoanalyse. Eine hermeneutisch-wissenssoziologische Fallanalyse. Wiesbaden.

Ricken, Norbert (2009a): Über Anerkennung. Spuren einer anderen Subjektivität. In: Ricken, N./Röhr, H./Ruhloff, J./Schaller, K. (Hrsg.): Umlernen – Festschrift für Käte Meyer-Drawe. München, S. 75-92.

Ricken, Norbert (2009b): Zeigen und Anerkennen. Anmerkungen zur Grundform pädagogischen Handelns. In: Berdelmann, K./ Fuhr, Th. (Hrsg.): Operative Pädagogik. Grundlegung – Anschlüsse – Diskussion. Paderborn, S. 111–134

Röhl, Tobias (2013): Dinge des Wissens. Schulunterricht als sozio-materielle Praxis. Stuttgart.

Rosenthal, Gabriele (2011): Interpretative Sozialforschung. Eine Einführung. Weinheim.

Rumpf, Horst (1981): Die übergangene Sinnlichkeit. Drei Kapitel über die Schule. München.

Rumpf, Horst (1986): Die künstliche Schule und das wirkliche Leben. Über verschüttete Züge im Menschenlernen. München.

Schäfers, Heidemarie (2009): Das lernende Individuum oder wie wird eigentlich gelernt. In: Höhmann, K./Kopp, R./Schäfers, H./Demmer, M. (Hrsg.): Lernen über Grenzen. Auf dem Weg zu einer Lernkultur, die vom Individuum ausgeht. Opladen/Farmington Hills, S. 41-64

Schatzki, Theodor (1996): Social Practices. A Wittgensteinian Approach to Human Activity and the Social. Camebridge.

Schatzki, Theodor (2001): Practice mind-ed orders. In: ders./Knorr-Cetina, K./Savigny, E. (Hrsg.): The Practice Turn in Contemporary Theory. London/New York, S. 42-55

Schelle, Carla/Rabenstein, Kerstin/Reh, Sabine (2010): Ein Studienbuch zur Fallarbeit in der Lehrerbildung. Bad Heilbrunn.

Schimpl-Neimanns, Bernhard (2000): Soziale Herkunft und Bildungsbeteiligung. Empirische Analysen zu herkunftsspezifischen Bildungsungleichheiten zwischen 1950 und 1989. Kölner Zeitschrift für Soziologie und Sozialpsychologie, Jg. 52, Heft 4, 2000, S. 636–669

Schulz-Gade, Herwig/Schulz-Gade, Gunhild (2013): Zur Bedeutung des freien Spiels in der Ganztagsschule – eine Skizze. In: Appel, S./Rother, U. (Hrsg.): Jahrbuch Ganztagsschule 2013. Schulen ein Profil geben – Konzeptionsgestaltung in der Ganztagsschule. Schwalbach/Ts., S. 39-49

Schümer, Gundel (1996): Projektunterricht in der Regelschule. Anmerkungen zur pädagogischen Freiheit des Lehrers. In: Leschinsky, A. (Hrsg.): Die Institutionalisierung von Lehren und Lernen: Beiträge zu einer Theorie der Schule. ZfPäd 1996, 34. Beiheft, Weinheim, Basel, S. 141-158

Schütz, Anna (2015): Schulkultur und Tischgemeinschaft – Eine Studie zur sozialen Situation des Mittagessens an Ganztagsschulen. Wiesbaden.

Schütz, Anna/Steinwand, Julia (2015): Gymnasium zwischen Defizitkompensation und Elite. Kontrastierendes Porträt des Spree-Gymnasiums (Brandenburg). In: Reh, S./Fritzsche, B./Idel, T.-S./Rabenstein, K. (Hrsg.): Lernkulturen. Rekonstruktion pädagogischer Praktiken an Ganztagsschulen. Wiesbaden, S. 170-174

Schwarz-Jung, Silvia (2012): Von der „Höheren Schule" zur neuen „Haupt-schule": Das Gymnasium als neue Nummer 1. In: Statistisches Mo-natsheft Baden-Württemberg 4/2012, S. 31-36

Sekretariat der Ständigen Konferenz der Kultusminister der Länder in der Bundesrepublik Deutschland (Hrsg.) (2016): Allgemeinbildende Schulen in Ganztagsform in den Ländern in der Bundesrepublik Deutschland – Statistik 2010 bis 2014. Berlin.

Solga, Heike/Dombrowski, Rosine (2009): Soziale Ungleichheiten in schuli-scher und außerschulischer Bildung. Stand der Forschung und For-schungsbedarf. Düsseldorf.

Speck, K./Olk, Th./Böhm-Kasper, O./Stolz, H.-J./Wiezorek, Ch. (Hrsg.) (2011): Ganztagsschulische Kooperation und Professionsentwicklung. Stu-dien zu multiprofessionellen Teams und sozialräumlicher Vernet-zung. Weinheim.

Stichweh, Rudolf (2005): Wissen und die Professionen in einer Organisati-onsgesellschaft. In: Klatetzki, T./Tacke, V. (Hrsg.): Organisation und Profession. Wiesbaden, S. 31-45

Stompe, Annelie (2005): Armut und Bildung. PISA im Spiegel sozialer Un-gleichheit. In: Bulletin- Texte. Zentrum für transdisziplinäre Ge-schlechterstudien an der HU Berlin. Heft 29-30/2005, S. 132-144

Terhart, Ewald (2010): Lehrer. In: Benner, D./Oelkers, J. (Hrsg.): Historisches Wörterbuch der Pädagogik. Studienausgabe. S. 548-564

Tillmann, Klaus Jürgen (2013: Ganztagsschulen im Aufwind – auch im Gym-nasium? Ein Blick auf die Entwicklung seit PISA 2000. In: Hellmer, J./Wittek, D. (Hrsg.): Schule im Umbruch begleiten. Opladen, S. 177-192

Tillmann, Klaus Jürgen/Dedering, Kathrin/Kneuper, Daniel/Kuhlmann, Christian/Nessel, Isa (2008): PISA als bildungspolitisches Ereignis. Fallstudien in vier Bundesländern. Wiesbaden.

Todorov, Tzvetan (1998): Abenteuer des Zusammenlebens. Versuch einer all-gemeinen Anthropologie. Frankfurt a. M..

Traub, Silke (2011): Selbstgesteuert lernen im Projekt. Anspruch an Projekt-unterricht und dessen Bewertung aus Sicht von Lehrenden und Ler-nenden. In: ZfPäd, 57. Jg. 2011, Heft 1, S. 93-113

Tuma, René/Schnettler, Bernt/Knoblauch, Hubert (2013): Videographie. Ein-führung in die interpretative Videoanalyse sozialer Situationen. Wiesbaden

Tyack, David/Tobin, William (1994): The „Grammar" of Schooling: Why Has It Been So Hard to Change? In: American Educational Research Journal, Vol. 31, No. 3 (Autnumn, 1994), S. 453-479

Unger, Hans Dietrich (2009): Hausaufgaben – ein notwendiger Bestandteil schulischen Lebens? In: Bosse, D. (Hrsg.): Gymnasiale Bildung zwischen Kompetenzorientierung und Kulturarbeit. Wiesbaden, S. 161-168

Wagner-Willi, Monika (2004): Videointerpretation als mehrdimensionale Mikroanalyse. In: ZBBS. 1/2004, S. 49-66.

Wagner-Willi, Monika (2005): Kinder-Rituale zwischen Vorder- und Hinterbühne. Der Übergang von der Pause zum Unterricht. Wiesbaden.

Walter, Günter (1993): Spiele und Spielpraxis in der Grundschule. Donauwörth.

Wernet, Andreas (2000): Einführung in die Interpretationstechnik der Objektiven Hermeneutik. Opladen.

Wernet, Andreas (2003): Pädagogische Permissivität. Schulische Sozialisation und pädagogisches Handeln jenseits der Professionalisierungsfrage. Opladen.

Wiater, Werner (2001): Überlegungen zu einer Theorie des Gymnasiums. In: Melzer, W./Sandfuchs, U. (Hrsg.): Was Schule leistet. Funktionen und Aufgaben von Schule. Weinheim/München, S. 149-173

Wiater, Werner (2008): Individualisierung und Lernförderung. In: Wiater, W./Pötke, R. (Hrsg.): Gymnasien auf dem Weg zur Exzellenz. Wie lässt sich Qualität am Gymnasium entwickeln? Stuttgart, S. 63-71

Wittmanns, Bernhard (1964): Von Sinn und Unsinn der Hausaufgaben. Berlin.

Wulf, Christoph (2001): Mimesis und Performatives Handeln. Gunter Gebauers und Christoph Wulfs Konzeption mimetischen Handelns in der sozialen Welt. In: Wulf, Chr. (u.a.) (Hrsg.): Grundlagen des Performativen. Eine Einführung in die Zusammenhänge von Sprache, Macht und Handeln. Weinheim/München, S. 253-272

Wunder, Dieter (2007): Perspektiven der Ganztagsschule in Deutschland. In: Kolbe, F.-U./Kunze, K./Idel, T.-S. (Hrsg.): Ganztagsschule in Entwicklung. Empirische, konzeptionelle und bildungspolitische Perspektiven. Gedruckt durch die Johannes Gutenberg-Universität Mainz i.A. des Ministeriums f. Bildung, Wissenschaft, Jugend und Kultur, S. 49-64

Ziehe, Thomas (1996): Zeitvergleiche. Jugend in kulturellen Modernisierungen. 2. Aufl. Weinheim/München.

Internetquellen:

Broschüre des rheinland-pfälzischen Ministeriums für Bildung, Wissenschaft,
   Weiterbildung und Kultur (Doris Ahnen), www.mbwjk.rlp.de/aktu-
   elle-nachrichten/browse/4/article/
   ahnen-gemeinsam-mit-eltern-fuer-bessere-chancen-in-der-bil-
   dung.html?tx_ttnews%5
   BbackPid%5D=11&cHash=d43a01942c; 17.7.2007
Oelkers, Jürgen (2006): Bildungsstandards am Gymnasium? Gymnasium zwischen Hochschulreife und Allgemeinbildung. Vortrag anlässlich der
   Informationsveranstaltung Bildungsstandards – Standardbildung?
   [http://edkwww.unibe.ch/xd/2004/68.pdf]; 28.08.2006
Statistisches Bundesamt o.J.: Schulen, https://www.destatis.de/DE/Zahlen-
   Fakten/GesellschaftStaat/BildungForschungKultur/Schulen/Schu-
   len.html; 19.07.16
StEG-Konsortium (2016): Ganztagsschule: Bildungsqualität und Wirkungen
   außerunterrichtlicher Angebote. Ergebnisse der Studie zur Entwicklung von Ganztagsschulen 2012–2015.Frankfurt am Main.,
   http://www.projekt-steg.de/news/qualit%C3%A4t-und-wirkun-
   gen-von-ganztagsangeboten-brosch%C3%BCre-zu-neuen-for-
   schungsbefunden-von-steg; 26.10.2016